司法部项目“自然保护区采矿权退出法律制度研究”(22SFB5045)
内蒙古自治区高等学校人文社会科学重点研究项目“内蒙古矿区生态修复法律制度研究”(NJSZ23033)

中华人民共和国
矿产资源法
理解与适用

曹　宇　主编
李显冬　审定

法律出版社
LAW PRESS·CHINA
北京

图书在版编目（CIP）数据

中华人民共和国矿产资源法理解与适用 / 曹宇主编. 北京：法律出版社，2025（2025.7 重印）. -- ISBN 978 - 7 - 5197 - 9961 - 8

Ⅰ. D922.625

中国国家版本馆 CIP 数据核字第 20259LZ789 号

中华人民共和国矿产资源法理解与适用
ZHONGHUA RENMIN GONGHEGUO
KUANGCHAN ZIYUANFA LIJIE YU SHIYONG

曹　宇　主编

责任编辑 李争春
装帧设计 李　瞻

出版发行 法律出版社
编辑统筹 法规出版分社
责任校对 张红蕊
责任印制 耿润瑜
经　　销 新华书店

开本 710 毫米 × 1000 毫米　1/16
印张 29.25　　**字数** 493 千
版本 2025 年 1 月第 1 版
印次 2025 年 7 月第 2 次印刷
印刷 北京盛通印刷股份有限公司

地址：北京市丰台区莲花池西里 7 号（100073）
网址：www. lawpress. com. cn
投稿邮箱：info@ lawpress. com. cn
举报盗版邮箱：jbwq@ lawpress. com. cn

销售电话：010 - 83938349
客服电话：010 - 83938350
咨询电话：010 - 63939796

书号：ISBN 978 - 7 - 5197 - 9961 - 8　　**定价**：98.00 元

凡购买本社图书，如有印装错误，我社负责退换。电话：010 - 83938349

主　编：曹　宇

审　定：李显冬

撰稿人：曹　宇　李显冬　孔德峰　聂卫锋　王　峰
武立宏　苏继成　魏　敏　徐　哲　丁小团
王宝新　白荣梅　刘琬乔　尹思雨　刘　冲
袁智雨　张婉莹　屈晨雪　张　瑶　杨嘉茗
何泓霄　石　蕾　赵靖玉　刘　鑫　张清云
特尼贡　罗壹涵　李瑞鑫　祁瑞祥　徐梓秋
赖天雯　张文可　赵英杰　尚凯绮

序

2024年11月8日,《中华人民共和国矿产资源法(修订草案)》经第十四届全国人大常委会第十二次会议审议通过,自2025年7月1日起施行。这是《矿产资源法》自1986年颁布施行以来的第一次大修,是中国矿业法治建设几十年来久久为功的积淀,更是矿业法治高质量发展的再出发。作为《矿产资源法》从制定实施到历次修订的全过程亲历者、见证者、参与者,我衷心地祝贺新《矿产资源法》的隆重问世!衷心地祝贺《中华人民共和国矿产资源法理解与适用》的恰逢其时。

作为矿产资源法治研究初期的新兵,现在已被称为老同志了。我与矿产资源法的缘分可以追溯到1986年。当时,江平老师恰受地质矿产部的委托,带领包括我在内的数名研究生着手中华人民共和国成立以来对矿业权法律制度的首次全面系统研究,并于1991年出版了《中国矿业权法律制度研究》。之后的几十年,矿产资源法治建设始终是我学术研究的最主要的任务。此次《矿产资源法》修订对保障国家矿产资源安全,促进矿业高质量发展具有重大意义,获得了社会各界的好评和期待。我将从以下三个角度谈谈《矿产资源法》的修订意义,是为序。

一、三个方面的观察

对于《矿产资源法》的修订,我一直认为"改比不改好,早改比晚改好,改的条文多比改的条文少好"。

首先,"改比不改好"。矿产资源作为"工业的粮食",毫无疑问是国家经济与社会发展的重要物质基础,可谓"民族的经济命脉"。《矿产资源法》是调整矿产资源开发利用以及保护的基础法律,制定于1986年,1996年、2009年修改过部分条款。这部法律施行30多年来，对于促进矿业发展发挥了积极作用，但因为经济社会发展变化显著，已经不能适应矿产资源领域出现的新情况、新问题，亟须修改完善。尤其是当前我国的矿产资源安全形势较严峻，矿业面临的任务艰巨，对于矿产资源法律的调整和完善尤为迫切。此次《矿产资源法》的修订，充分彰显了国家修法的坚定决心，完成了矿产资源法治建设的重要推进。

其次，“早改比晚改好”。1986年《矿产资源法》颁布施行以来经历了两次修改，此次是第三次修改。1996年《矿产资源法》修改的篇幅并不大，主要是为了更加适应社会主义市场经济的需要。1996年第一次修改后，便陷入了长时间的立法博弈中。2009年前后，几易其稿，历经漫长的讨论，但是最终落实到法条上的修改，只是适应其他法律变化而被动修改的寥寥数笔。在这几十年中，面对矿产资源法律制度的供给不足，不断地“补丁上面打补丁”，出台了很多配套的规范性文件。但是很遗憾，这些规范性文件都没有上升到法律的层面上来，只是具体政策实施的制度性变化，经过无数次尝试和上报，都没有明显推动《矿产资源法》的修改。回顾此轮修订，自然资源部在2019年12月17日发布公告，就《中华人民共和国矿产资源法（修订草案）》（征求意见稿）公开征求意见，并于2020年2月报送国务院。此后，又历时5年，直到2024年11月8日，此轮《矿产资源法》修订算是画上了句号。

最后，“改的条文多比改的条文少好”。从涉及的条文观察，此次《矿产资源法》修订可谓是重构性的修订。这种重构性既体现在条文的数量上，也呈现在条文背后的具体制度上。《矿产资源法》的“新”与“旧”之间从理念、条文、内容等诸多方面焕发的新面貌，无疑再次验证了“改的多比改的少好”的简单朴素的评价标准。值得注意的是，《矿产资源法》第1条在时隔近40年进行了重大的修订。本条的实质性修改是此次《矿产资源法》“重构性”修订在立法目的和价值导引层面的集中呈现。换言之，此次《矿产资源法》修订的亮点正是通过第1条的完善而全面地呈现出来的。修改后的立法目的为《矿产资源法》配套行政法规、地方立法、规章等体系的建设提供重要的价值基础，为规范的适用以及环境资源司法的发展提供清晰的价值牵引，更为矿产资源法学教育研究的深入展开提供有力的价值导向。

二、两个问题的关注

此轮《矿产资源法》修订，涉及两个重要理论问题的学术关切与立法回应。这也是《矿产资源法》修订能够得偿所愿的基础共识。

第一，矿业权法律属性的理论判断以及立法确认。关于矿业权的法律属性之争，无法回避对以下两个层面问题的理解：其一，矿业权是不是私法意义上的权利，如何看待矿业权的公权性色彩，尤其是其设立方式依赖于行政许可或特许的现实。其二，矿业权是不是用益物权，如何看待矿业权的一些非典型物权特征，诸如客体的不特定和复合性。在本书的写作过程中，特别注意到此轮《矿产资源法》修订对于矿业权概念的立法重置，在条文解读中增添了关于矿业权概念和属性的理论解析。与此同时，也将矿业权物权化重置的立法精神体系化地运用到矿业权登记、矿业权收回、矿产资源压覆等关联条款的解读中。

第二，《矿产资源法》中的公法关系与私法关系如何协调，公权与私权如何配置。《矿产资源法》是一部既包含民事权利又包含行政权力的法律，如何处理好行政法律关系和民事法律关系是这部法律的核心问题。矿产资源开发活动中的公权和私权如何平衡，或者说国家的行政管制和市场主体的意思自治怎样结合起来，是《矿产资源法》修订以及理论研究无法回避的论题。

本书的主编曹宇博士就矿产资源开发活动中如何平衡公私权益的问题，在其2018年出版的《矿产资源开发私法机制研究：偏私型公私综合法论及其展开》一书中就给出了“偏私型公私综合法论”的回答，主张矿产资源开发过程之中的开发、环保、安全等诸多社会、经济、生态关系的调整，应通过公私综合法调整的机制予以应对。并且，他强调这种综合机制具有“偏私型”的特质，更加重视私法机制的基础作用。这种理论探索与《矿产资源法》修订的理念一致，可以说是修法层面的正向验证与积极回应。

三、学术传承的关切

时间回拨到2023年12月，《矿产资源法》修订“一审”顺利推进。当时我就找到了我的博士后曹宇，鼓励他担当作为，全过程负责本书的撰写与出版工作。曹宇博士 2015 年入职内蒙古大学法学院，是我的众多学生当中，为数不多的坚持从事矿产资源法教学科研工作的老师。因此，本书写作团队的主要构成是我的学生和学生的学生。武立宏、王峰、曹宇是我带的博士后，孔德峰、丁小团、苏继成、张文可是我带的博士，徐哲则是我在中国地质大学（北京）带的硕士。西安交通大学法学院的聂卫锋教授是我的老师江平先生的学生。除此之外，大量的作者是内蒙古大学法学院的老师和同学。可以说，本书的写作与出版，是以矿产资源法研究为牵引的众多年轻人的通力合作。据我所知，2024 年的新年之后，曹宇就已经组织内蒙古大学的老师和同学们开始了条文写作，尤其是内蒙古大学法学院的研究生们，他们敢打敢拼，勇于超越自己，呈现出非常强的韧劲。

每每在撰写“序”或者“跋”的时候，我总是不断重复那句话：本书说到底是集体智慧的结晶。但这次法律出版社出版《中华人民共和国矿产资源法理解与适用》没有如同之前将自己界定为“编著者”，取而代之的是“审定者”。我选择相信年青一代的矿产资源法治的研究者、践行者，鼓励他们逐步地走向成熟，成为矿产资源法治事业的新一代的建设者。

2024 年 12 月 12 日于法大寓所

目　录

第一章　总　则

第一条　【立法目的和立法依据】为了促进矿产资源合理开发利用，加强矿产资源和生态环境保护，维护矿产资源国家所有者权益和矿业权人合法权益，推动矿业高质量发展，保障国家矿产资源安全，适应全面建设社会主义现代化国家的需要，根据宪法，制定本法。

一、条文主旨

本条是关于立法目的和立法依据的规定。

二、立法目的

本条的实质性修改是此次《矿产资源法》"重构性"修订在立法目的和价值导引层面的集中呈现。换言之，此次《矿产资源法》修订的亮点正是通过第1条的完善而全面地呈现出来的。更新的立法目的为《矿产资源法》配套行政法规、地方立法、规章等渊源体系的建设提供重要的价值基础，为规范的适用以及环境资源司法的发展提供清晰的价值牵引，更为矿产资源法学教育研究的深入展开提供有力的价值导向。可以说，立法目的（第1条）是学习、理解、适用乃至完善矿产资源法治建设的"钥匙"。

三、立法沿革

《矿产资源法》制定于1986年，1996年、2009年修改过部分条款。就"立法目的和立法依据"（第1条）而言，两次修改均不涉及本条。本次《矿产资源法》修订是立足原法第1条结构设置基础上进行的全面升级。

从条文的信息容量考察，修法的新增和优化内容占据了条文的全部构成，即使是"根据宪法，制定本法"也是在原法规定的基础上精简而来的。立法目的规定的全面修订在我国立法修订的实践中并不常见。一方面有《矿产资源法》时隔近40年方才完成的实质性修订的缘故。另一方面是彰显通过此次《矿产资源法》高质量修订，推动矿业高质量发展，保障国家矿产资源安全，适应全面建设社会主义现代化国家需要的初心、决心和信心。

四、规范解读

本条遵从中国立法惯例，昭示《矿产资源法》的立法目的，释明其立法权来源和依据。“立法目的与立法依据是相互区别又紧密相关的问题。立法目的是立法追求的价值目标，立法根据则是立法近前的直接依据。立法目的本身也可以说是一种立法价值根据。”①法律适用功能意义之上，本条不具有直接适用性，不得单独援引为裁判依据，但其可与其他规范相结合，构成法律解释的规范基础。在《矿产资源法》中宣示立法目的和制定依据，与本法第3条规定的“基本原则”同理，具有宣传《矿产资源法》价值理念的特殊意义，具有指引《矿产资源法》理解与适用的指导意义。

就修订的主要内容而言，可归为以下两类：

其一，新增加的内容。例如，《矿产资源法》修订将立法目的的“落脚点”规定为“适应全面建设社会主义现代化国家的需要”。再如，增设规定“维护矿产资源国家所有者权益和矿业权人合法权益”“保障国家矿产资源安全”。

其二，新优化的内容。例如，将“发展矿业”修改为“推动矿业高质量发展”。再如，将“加强矿产资源的勘查、开发利用和保护工作”修改为“促进矿产资源合理开发利用”“加强矿产资源和生态环境保护”。本条的“落脚点”由“保障社会主义现代化建设的当前和长远的需要”与时俱进地优化为“适应全面建设社会主义现代化国家的需要”。

需要说明的是，《矿产资源法》修订过程中，针对第1条修订存在两组因素交织在一起的不同方案。所谓“两组因素”主要是：第一，本条需要标榜的价值目标的具体构成有哪些。哪些需要在条文中明确规定，哪些无须规定。第二，本条表达遵循什么样的逻辑。价值目标的条文表述铺陈是遵从“从小到大”“从大到小”抑或“延续旧法”，争论颇多。考察此轮《矿产资源法》修订，“一审稿”“二审稿”的条文表达，似乎采用了“延续旧法”的方案，对应旧法的条文结构进行了优化和

---

① 龙卫球主编：《中华人民共和国民法典·总则编释义》，中国法制出版社2020年版，第2-3页。

增补,对“矿产资源安全的保障”给予了特别的重视。需要注意的是,《矿产资源法》在修订的“最后关头”(三审)彻底调整了第1条的逻辑结构,采用了“从小到大”的铺陈逻辑,重塑了《矿产资源法》第1条的结构和内容。

(一)促进矿产资源合理开发利用,加强矿产资源和生态环境保护

矿产资源开发利用与保护是《矿产资源法》自制定以来的重要关切。矿产资源高质量的开发利用以及保护是推动矿业高质量发展的主要驱动。此次修法就“加强矿产资源的勘查、开发利用和保护工作”的原有规定存在两个方面的主要变化。其一,概念界定上,“勘查”被“开发利用”吸收。具体的规范表达中,勘查与开采并列。文义解释上,开发利用应属于勘查与开采的上位概念。本法第1条不再保留“勘查”,统一使用“开发利用”。其二,逻辑结构上,分别强调“开发利用”与“保护”。对于前者,强调“促进”,对于后者则突出“加强”。

综合而言,“开发利用”与“保护”是此次《矿产资源法》全面修订中制度重构的主要“靶向”,从“总则”,到“矿业权”,再到“矿产资源勘查、开采”以及“监督管理”“法律责任”等章均涉及矿产资源开发利用与保护的机制完善。申言之,“开发利用”与“保护”是观察此次《矿产资源法》全面修订的主线。具体观察详见下文的诸条文简析,此处不再赘言。

在生态文明建设全面深入推进的新时代,要全面深入贯彻落实党中央、国务院的决策部署,正确把握生态文明建设和矿产资源安全的关系,是此次《矿产资源法》必须回应的基础命题。生态文明建设对《矿产资源法》修订提出了更高的要求。具体而言,此次修法对生态环境保护的回应主要表现在以下方面。

第一,增设“矿区生态修复”专章。相较于旧法,此次修法增加“矿区生态修复”一章作为矿产资源开发利用当中生态环境保护的立法回应。明确矿区生态修复义务主体,矿区生态修复技术规范,鼓励社会资本参与矿区生态修复,要求采矿权人编制矿区生态修复方案并按照方案进行矿区生态修复,明确矿区生态修复应当经验收合格,要求采矿权人按规定提取矿区生态修复费用等。

第二,规范自然保护地范围内的勘查、开采活动。《矿产资源法》修订确认了“自然保护地范围内,可以依法进行符合管控要求的勘查、开采活动”(第26条),聚焦自然保护地,从立法的层面缓释了生态环境保护与矿产资源开发利用的紧张关系,调适了资源安全与生态环境安全之间的价值平衡。

第三,强化探矿权人的生态恢复义务。勘查活动结束后,探矿权人应当及时对勘查区域进行清理或者及时恢复受到破坏的地表植被。若探矿权人未履行勘查活动结束后的恢复义务，由自然资源主管部门责令改正，可以处 5 万元以下罚款；拒不改正的，处 5 万元以上 10 万元以下罚款，由自然资源主管部门确定有关单位代履行，所需费用由探矿权人承担（第 38 条、第 69 条）。

（二）维护矿产资源国家所有者权益和矿业权人合法权益

我国《矿产资源法》历来重视矿产资源国家所有者权益和矿业权人合法权益的维护。《矿产资源法》（2009）第 3 条、第 4 条以及第 19 条等诸多条文规定关注有关权益的保障。此次《矿产资源法》修订将“维护矿产资源国家所有者权益和矿业权人合法权益”纳入第 1 条立法目的，具有重大的价值导引意义。

其一，维护矿产资源国家所有者权益。中共中央办公厅、国务院办公厅印发的《关于统筹推进自然资源资产产权制度改革的指导意见》（2019）中明确指出：所有者不到位、权责不明晰、权益不落实、监管保护制度不健全等问题，导致产权纠纷多发、资源保护乏力、开发利用粗放、生态退化严重。中共中央办公厅、国务院办公厅印发的《全民所有自然资源资产所有权委托代理机制试点方案》（2022）中规定：统筹推进自然资源资产产权制度改革，落实统一行使全民所有自然资源资产所有者职责，探索建立全民所有自然资源资产所有权委托代理机制。矿产资源作为自然资源的有机构成，其所有者权益的维护得到了党中央、国务院的共同重视。此次《矿产资源法》修订将矿产资源所有者权益的维护上升到立法目的层面，是对矿产资源国家所有者权益“主体虚置”“权责不明”“权益不实”等维护不到位问题的法律回应，是对既往政策制定、实施以及实践经验的修法确认。

其二，维护矿业权人合法权益。《矿产资源法》施行过程中，围绕矿业权人的权益纠纷额度大，数量多，对相关利益主体的影响剧烈。矿业权人合法权益的维护，是我国矿产资源立法、矿政管理实践以及环境资源司法实务当中长久以来的难点问题，也是此次《矿产资源法》修订重点回应的问题。接下来列举几例，加以说明。

第一，矿业权物权化的立法重置。此次修法依托矿业权、探矿权、采矿权的概念设置以及矿业权制度重构完成了矿业权物权化的立法重置，实现了“权证分开”的制度跟进。矿业权的属性界定是《矿产资源法》修订的关键技术问题。此次《矿产资源法》修订过程中，全国人大常委会委员吕忠梅建议：在《矿产资源法》

中对矿业权的财产权法律性质作出明确规定，以此维护矿业权人的合法权益。[①]

第二，矿业权转让审批的取消。相较于旧法而言，此次《矿产资源法》修订全面取消了矿政管理中的“审批”，尤其是采矿权转让审批的取消，确立了主要通过私法调整矿业权转让的立法和适法基调，从立法的层面回应了长久以来引发纠纷的不稳定因素，有力地保护了矿业权投资主体，特别是矿业权转让合同守约方的合法利益。[②]

第三，矿业权收回的“公平、合理”标准。此次《矿产资源法》修订增设矿业权的收回制度，其中明确规定矿业权公益性收回的补偿标准为“公平、合理的补偿”。此处的立法表达与《民法典》第 117 条征收的补偿标准表述一致，从补偿标准的角度阐释了维护矿业权人合法权益的立法目的。

（三）推动矿业高质量发展

党的十八大以来，全面贯彻新发展理念，不断深化对我国经济发展阶段性特征和规律的认识，更加强调发展的高质量；党的十九大报告宣告“我国经济已由高速增长阶段转向高质量发展阶段”；党的二十大报告强调“高质量发展是全面建设社会主义现代化国家的首要任务”。“新时代以来，党中央作出一系列重大决策部署，推动高质量发展成为全党全社会的共识和自觉行动，高质量发展成为主旋律。”[③]此次《矿产资源法》第 1 条立法目的的修订，“发展矿业”到“推动矿业高质量发展”的优化，不仅是立法表达的与时俱进，更是矿产资源开发利用和保护工作在新时代的要求，蕴含着高质量修法推动矿业高质量发展的重要期许。

（四）保障国家矿产资源安全

党中央、国务院高度重视矿产资源安全保障工作。习近平总书记强调，加强重要能源、矿产资源国内勘探开发和增储上产，加快规划建设新型能源体系，提升国家战略物资储备保障能力[④]。《矿产资源法》施行 30 多年来，保障国家矿产资源安全问题日益凸显。因此，突出保障国家矿产资源安全目标，着力为加强矿产

---

① 参见赵晨熙：《维护矿业权人合法权益》，载《法治日报》2024 年 1 月 9 日，第 6 版。

② 参见曹宇：《采矿权转让合同行政规制的制度反思与修正理路》，载《中国人民大学学报》2023 年第 4 期。

③ 习近平：《发展新质生产力是推动高质量发展的内在要求和重要着力点》，载《求是》2024 年第 11 期。

④ 参见《油气勘探开发创新突破保障国家能源安全》，载央视网，https://news.cctv.com/2023/03/26/ARTI0I2TL9QXUBF6QY9iXfXd230326.shtml。

资源国内勘探开发和增储上产、提高节约集约利用水平、提升应急保供能力提供制度保障，全方位夯实国家矿产资源安全制度根基是本次《矿产资源法》修订遵循的总体思路。[①] 具体而言，可从以下方面详加观察。

第一，以立法目的、基本原则为牵引，夯实矿产资源安全根基。此次《矿产资源法》修订在第 1 条就旗帜鲜明地突出“保障国家矿产资源安全”是本法的立法目的。同时又在第 3 条将“保障安全”确立为矿产资源开发利用和保护工作应当遵循的首要基本原则。依照我国的立法传统，立法目的与基本原则是贯穿全法的指引性条文。因此可以说“保障国家矿产资源安全”是本次修法在价值理念层面的重大变化和显著跃升。

第二，以完善制度为主线，夯实矿产资源安全根基。保障矿产资源安全要求“找大矿、找好矿、找国家急需的矿”，要求“综合利用，吃干榨尽”，这就要求矿业权，矿产资源勘查、开采等基础制度加速现代化。其一，矿产资源勘查处于矿业产业链的最上游，事关坚守国内矿产资源安全供应的底线。此次《矿产资源法》修订在“鼓励找矿”方面发力良多，规定加强基础性调查工作，探矿权转采矿权的“直通车”模式，鼓励提供探矿权区块来源，探矿权期限等一系列重要制度。其二，矿产资源开采的综合利用，也是此次《矿产资源法》修订的重点区域。不仅增设了矿产资源的综合利用制度，还从规则上确认了“就矿找矿”，完善了矿业用地保障等。本次《矿产资源法》修订从总则到矿业权，再到矿产资源勘查、开采以及法律责任等若干章节，关注的重点正是理顺矿产资源勘查、开采以及保护的基础制度，为保障矿产资源安全提供制度支撑。

第三，以战略性矿产资源为重点，夯实矿产资源安全根基。战略性矿产资源进入《矿产资源法》本身就已经说明了其保障资源安全的重大意义。与之配套，《矿产资源法》“总则”部分就设置 2 个条文，规定制定战略性矿产资源目录，加强战略性矿产资源勘查、开采、保护性开采（第 8 条）以及储备体系和应急体系建设（第 10 条）等内容，此外，还规定“战略性矿产资源原则上不得压覆”（第 32 条）、开采战略性矿产资源的特殊用地制度（第 34 条），更值得特别提及的是，《矿产资源法》增设专章（第五章）“矿产资源储备和应急”规定战略性矿产资源的储备体

---

① 自然资源部部长王广华在十四届全国人大常委会第七次会议上作出的《关于〈中华人民共和国矿产资源法（修订草案）〉的说明》。

系建设以及矿产资源供应安全预测预警体系、应急措施。

（五）根据宪法，制定本法

立法依据“根据宪法，制定本法”的规定，继承了原法的主要内容，但对“根据中华人民共和国宪法，特制定本法”的表达进行了精简。就立法惯例而言，我国立法通常在第 1 条立法依据中标明《宪法》作为制定依据。就文义解释而言，本法所称“根据宪法，制定本法”可以从两个主要方面理解。

第一，说明本法的立法权来源。《矿产资源法》的制定和修改是立法机关的立法行为，事关我国矿产资源法治建设的现代化。《宪法》是《矿产资源法》立法权力和程序上的依据。第二，说明本法的内容来源。本法所规定的内容也是以《宪法》为依据，是《宪法》关于国家所有、矿产资源开发利用、生态环境保护等相关规定在矿产资源领域的具体化。如此意义之上，可以将《矿产资源法》理解成为《宪法》的施行法。

五、资料索引

（一）以美丽中国建设全面推进人与自然和谐共生的现代化①

第六，健全美丽中国建设保障体系。要统筹各领域资源，汇聚各方面力量，打好法治、市场、科技、政策“组合拳”，为美丽中国建设提供基础支撑和有力保障。

要强化法治保障。统筹推进生态环境、资源能源等领域相关法律制定修订，以良法保障善治。完善公益诉讼，加强生态环境领域司法保护。实施最严格的地上地下、陆海统筹、区域联动的生态环境治理制度，全面实行排污许可制。完善自然资源资产管理制度体系，健全国土空间用途管制制度。

要完善绿色低碳发展经济政策。强化财政支持，优化生态文明建设领域财政资源配置，确保投入规模同建设任务相匹配。强化税收政策支持，严格执行环境保护税法，完善征收体系，加快把挥发性有机物纳入征收范围。强化金融支持，大力发展绿色金融，推进生态环境导向的开发模式和投融资模式创新，探索区域性环保建设项目的金融支持模式，引导各类金融机构和社会资本投入。强化价格政策支持，综合考虑企业能耗、环保绩效水平，完善高耗能行业阶梯电价制度。

要推动有效市场和有为政府更好结合。把碳排放权、用能权、用水权、排污权等资源环境要素一体纳入要素市场化配置改革总盘子，支持出让、转让、抵押、入

① 参见习近平：《以美丽中国建设全面推进人与自然和谐共生的现代化》，载《求是》2024 年第 1 期。

股等市场交易行为。加快构建环保信用监管体系。进一步规范环境治理市场,促进环保产业和环境服务业健康发展。

(二)习近平给山东省地矿局第六地质大队全体地质工作者的回信①

矿产资源是经济社会发展的重要物质基础,矿产资源勘查开发事关国计民生和国家安全。希望同志们大力弘扬爱国奉献、开拓创新、艰苦奋斗的优良传统,积极践行绿色发展理念,加大勘查力度,加强科技攻关,在新一轮找矿突破战略行动中发挥更大作用,为保障国家能源资源安全、为全面建设社会主义现代化国家作出新贡献,奋力书写"英雄地质队"新篇章。

(三)认真学习贯彻习近平总书记重要论述　努力为端牢两个"饭碗"贡献自然资源力量②

能源资源安全是关系国家经济社会发展的全局性、战略性问题,对国家繁荣发展、人民生活改善、社会长治久安至关重要。党的十八大以来,习近平总书记多次对提升能源资源保障能力和加强矿产资源勘查开发作出重要论述和指示批示,强调对我们这样一个大国来说,保障好初级产品供给是一个重大战略性问题,要求加大勘探开发力度,夯实国内产量基础,提高自我保障能力。一是能源矿产资源勘查开发关系国家安全。习近平总书记强调,能源保障和安全事关国计民生,是须臾不可忽视的"国之大者";矿产资源是经济社会发展的重要物质基础,矿产资源勘查开发事关国计民生和国家安全。我国是全球矿产资源第一消费大国,也是全球矿产资源第一生产大国和贸易大国,今后一个时期对矿产资源的需求仍将保持在较高水平。我们必须加强战略性矿产资源的调查勘查和开发利用,建立安全可靠的勘探、开发、储备体系,提升能源矿产资源供给体系对国内需求的适配性。二是着力推动矿产资源国内勘探和增储上产。习近平总书记强调,要加大勘查力度,实施新一轮找矿突破战略行动;加快规划建设新型能源体系,提升国家战略物资储备保障能力。我国一些战略性矿产资源外采度高,必须明确重要能源资源国内生产自给的底线,加大矿产资源国内勘探力度,持续推动增储上产,做到在

---

① 参见《习近平回信勉励山东省地矿局第六地质大队全体地质工作者　在找矿突破战略行动中发挥更大作用　奋力书写"英雄地质队"新篇章》,载新华网,http://www.xinhuanet.com/politics/2022-10/04/c_1129050612.htm。

② 参见王广华:《认真学习贯彻习近平总书记重要论述　努力为端牢两个"饭碗"贡献自然资源力量》,载自然资源部北海局网,https://ncs.mnr.gov.cn/n1/n127/n133/231024083352568263.html。

关键时刻保障经济循环畅通。三是妥善处理能源资源开发与生态保护的关系。习近平总书记强调，要积极践行绿色发展理念，加强项目环境保护，实现绿色发展、可持续发展。绿色低碳发展是化解我国资源环境紧约束的根本出路，也是促进经济结构升级的必然要求。我们要树立系统观念，坚持山水林田湖草沙生命共同体理念，将能源资源开发与生态环境保护很好地协调起来，通过绿色矿山建设，推动矿业高质量发展。四是依靠科技进步提高能源矿产资源保障能力。习近平总书记指出，向地球深部进军是我们必须解决的战略科技问题；集中资源攻克关键核心技术，加快清洁高效开发利用，提升能源供给质量、利用效率和减碳水平。随着我国矿产勘查从浅部转向深部，从寻找露头矿转到覆盖区找矿，从低山区转到中高山—深切割区，找矿难度增大，我们必须加强科技创新，让科技创新真正成为实现找矿突破、破解资源利用难题的根本动力。

六、规范链接

（一）《中华人民共和国宪法》（2018 年 3 月 11 日修正）

第九条　矿藏、水流、森林、山岭、草原、荒地、滩涂等自然资源，都属于国家所有，即全民所有；由法律规定属于集体所有的森林和山岭、草原、荒地、滩涂除外。

国家保障自然资源的合理利用，保护珍贵的动物和植物。禁止任何组织或者个人用任何手段侵占或者破坏自然资源。

第二十六条　国家保护和改善生活环境和生态环境，防治污染和其他公害。

国家组织和鼓励植树造林，保护林木。

（二）《中华人民共和国矿产资源法》（2009 年 8 月 27 日修正）

第一条　为了发展矿业，加强矿产资源的勘查、开发利用和保护工作，保障社会主义现代化建设的当前和长远的需要，根据中华人民共和国宪法，特制定本法。

（三）《中华人民共和国矿产资源法（修订草案）》（征求意见稿）（2019 年 12 月 17 日）

第一条　为了规范矿产资源保护、勘查、开采活动，促进矿业高质量发展，维护矿产资源国家所有权和矿业权人合法权益，保障国家资源安全，推进生态文明建设，根据宪法，制定本法。

（四）《中华人民共和国矿产资源法（修订草案）》（二次审议稿）（2024 年 6 月 28 日）

第一条　为了推动矿业高质量发展，保障国家矿产资源安全，促进矿产资源合理开发利用,加强对矿产资源的保护,维护矿产资源国家所有者权益和矿业权人合法权益,推进生态文明建设,适应全面建设社会主义现代化国家需要,根据宪法,制定本法。

(五)《中华人民共和国能源法》(2024 年 11 月 8 日)

第一条 为了推动能源高质量发展,保障国家能源安全,促进经济社会绿色低碳转型和可持续发展,积极稳妥推进碳达峰碳中和,适应全面建设社会主义现代化国家需要,根据宪法,制定本法。

(撰稿人:曹宇)

第二条 【适用范围】在中华人民共和国领域及管辖的其他海域勘查、开采矿产资源,开展矿区生态修复等活动,适用本法。

本法所称矿产资源,是指由地质作用形成、具有利用价值的,呈固态、液态、气态等形态的自然资源。矿产资源目录由国务院确定并调整。

一、条文主旨

本条是关于《矿产资源法》适用范围的规定。

二、立法目的

适用范围条款的设置往往是一部法律调整范围的重要依据。我国立法通常在第 2 条规定“适用范围”。《矿产资源法》自 1986 年制定实施以来,就规定了适用范围的条款(第 2 条)。此次《矿产资源法》的修订,优化了适用范围的表述,增加了对矿区生态修复活动的规范,界定了矿产资源的概念。可以说本条是关于《矿产资源法》适用范围、矿产资源概念界定的关键条款,对于矿产资源的适用实践具有重要意义。

三、立法沿革

从 1996 年到 2009 年,《矿产资源法》的历次修正均不涉及适用范围的调整。本次《矿产资源法》修订注意到了社会经济快速发展与变革产生的挑战,在适用范围和矿产资源概念两个方面进行了较为全面的调整。其一,适用范围方面,吸收了《矿产资源法实施细则》第 4 条的表述,避免了调整范围界定上的重叠和冲突,同时增加了"开展矿区生态修复"的表述,顺应此次《矿产资源法》新增的"矿区生态修复"一章。其二,矿产资源的概念界定的入法。将《矿产资源法实施细则》第 2 条中矿产资源的概念上升到法律层面,为未来的矿产资源管理实践提供法律依据与保障。

四、规范解读

(一)规定本法的适用范围(第 2 条第 1 款)

1. 规定本法的效力范围

一国主权管辖的海域包括内海、领海、毗连区、专属经济区和大陆架,其中内海和领海属于领土的范围。这样《矿产资源法》(2009)第 2 条表述中的"中华人民共和国领域"和"管辖海域"之间就存在概念外延之间的相互交叉重叠。此次修法避免了表述上的冲突,使之更为严谨。

因此,从空间效力来看,本法的适用范围是:(1)中华人民共和国领域,即我国行使主权的全部空间。(2)中华人民共和国管辖的其他海域,指我国领海以外的其他由我国行使管辖权的海域。参照《联合国海洋法公约》的规定,只要是于以上区域勘查、开采矿产资源,开展矿区生态修复等活动,均适用本法。

从对人的效力来看,本法适用于一切在本法的空间效力范围内勘查、开采矿产资源,开展矿区生态修复活动的自然人、法人、其他组织,且无论其是中国人、外国人,还是无国籍人,都必须遵守本法。

2. 增加"开展矿区生态修复等活动"的内容

本次修订新增了"矿区生态修复"一章,明确矿区生态修复责任主体,鼓励社会资本参与矿区生态修复,要求采矿权人编制矿区生态修复方案并按照方案进行矿区生态修复,明确矿区生态修复应当经验收合格,要求采矿权人按规定提取矿区生态修复费用。对矿区生态修复制度进行了健全与完善。

生态文明建设对完善矿区生态修复制度提出了更高的要求,在适用范围的规定中增添了"矿区生态修复"的表述,旨在从法律上健全并回应矿区生态修复制度。这既是对新增的第四章"矿区生态修复"的提炼与统领,又充分体现了生态文明建设的核心思想。

(二)规定矿产资源的概念(第2条第2款)

矿产资源是自然资源中的一类资源,是《矿产资源法》调整的自然客体。本次修订将原来在《矿产资源法实施细则》第2条第1款对于矿产资源的定义明确在法律中,将行政法规确立的成熟的立法概念上升到法律的层面,便于实务中管理与执行。

随着科学技术的发展,人类认识与技术水平的不断提高,探矿、采矿方式的不断改进,未来可能会有更多的矿种被发现。考虑到这一点,本次修订增添了"矿产资源目录由国务院确定并调整"的内容,使条文更科学、目录更灵活,既关注到现在,又着眼于未来。①

但值得注意的是,"矿产资源"概念的修法确认是针对《矿产资源法》适用中核心概念的法律回应,但矿政管理实践当中呈现出来的细致问题仍然需要进一步研究。

其一,《矿产资源法实施细则》第2条第2款规定:矿产资源的矿种和分类见本细则所附《矿产资源分类细目》。那么是否只有纳入《矿产资源分类细目》中的资源才属于矿产资源?新发现但未经命名归类的矿产资源是否属于矿产资源的范畴?②

其二,对于某些特定类型的矿产资源,尽管它们在《矿产资源分类细目》中被列出,但若已丧失了经济利用价值,其是否仍应被归类为矿产资源?

其三,已经被开采出来丢弃的矿产资源,或在开采过程中产生的废料等是否属于矿产资源?此时对于此种资源进行开采行为是否构成非法采矿罪?

"矿"与"非矿"的区别与认定在矿政管理和司法实务中是重要的"难题"。一方面是涉及非法采矿的行政违法、刑事犯罪等规范体系维护的矿业秩序;另一方面是矿产资源综合利用追求的对矿产资源开发的"吃干榨尽"。因此,关于"矿"与"非矿"的认定难题仍然有待《矿产资源法》修订之后理论界与实务界的共同努力与更多共识。

---

① 参见地质矿产部矿产开发管理局编:《〈中华人民共和国矿产资源法实施细则〉条文解释》,地质出版社1995年版,第3页。

② 参见许瀛彪:《国有自然资源:法定性、豁免登记与类型化》,载《北方法学》2023年第3期。

五、典型案例

（一）孙某天、彭某庆涉嫌非法采矿罪案①

1. 基本案情

1992 年至 2001 年，被告人彭某庆与彭某、余某合伙经营原上饶县田墩镇黄坑村清塘坞煤矿（以下简称清塘坞煤矿），2001 年该煤矿被政府关停。清塘坞煤矿在生产期间，将废弃煤矸石堆放在煤矿附近，一直未处理。2018 年 1 月至 2019 年 4 月，被告人彭某庆雇请被告人孙某天使用挖掘机采挖清塘坞煤矿堆放在山林的煤矸石，并以每吨 10 元的价格出售给翁某、徐某辉等人，共计销售金额为 30 万余元，彭某庆获利约 20 万元，孙某天获利约 10 万元。2019 年 8 月 12 日，上饶县自然资源局立案调查彭某庆在清塘坞开采煤矸石的情况，于 2019 年 9 月 9 日对彭某庆作出行政处罚，对其处以没收 21600 元违法所得、并处违法所得 29% 的罚款。

2021 年 5 月 19 日，广信区人民检察院以孙某天、彭某庆犯非法采矿罪向广信区人民法院提起公诉，广信区人民法院审理后判决：被告人孙某天、彭某庆无罪。

2. 裁判要旨

本案涉及被告人开采的废弃清塘坞煤矿是否仍属于矿产资源的范畴。矿业权人采煤过程中将煤矸石采出，并丢弃于煤矿附近，开采行为于矿业权人采矿时既已完成。广信区人民法院认为此煤矸石属于采矿过程中产生的废弃物，不具有矿产资源自然状态的属性，不应成为非法采矿罪的犯罪对象。因此，被告人的行为不构成非法采矿罪。

（二）徐某某非法采矿案②

1. 基本案情

2018 年 12 月至 2020 年，被告人徐某某擅自在上饶市广信区望仙乡望仙村黄岗村搭建了碎石设备，利用原采石厂遗留在当地的花岗岩边角料作为原料，雇请挖掘机、破碎机，将花岗岩边角料进行破碎加工，生产出的碎石出售给他人作为工程建设用材使用。

① 参见江西省上饶市广信区人民法院刑事判决书，（2021）赣 1104 刑初第 214 号。

② 参见江西省上饶市广信区人民法院刑事判决书，（2021）赣 1104 刑初第 287 号。

2020 年 6 月 2 日，上饶市广信区自然资源局发现了徐某某的违法行为，责令徐某某停止并改正在望仙乡望仙村黄岗小组路边违法开采碎石并进行加工的行为。同时将被告人徐某某涉嫌犯罪的线索移送给上饶市广信区公安局侦办。经查证，被告人徐某某出售 4422.5 立方米的花岗岩碎石，销售额为 22.1 万元。经鉴定，被告人徐某某非法开采的花岗岩属于中细粒黑云母钾花岗岩。根据《矿产资源法实施细则》的规定，建筑用花岗岩属于非金属矿产。被告人徐某某经公安机关电话通知到案并如实供述。

被告人徐某某对起诉指控的事实、罪名和量刑建议无异议，当庭提出其所挖的石头是以前某公司堆放的边角料。辩护人对指控的事实及罪名没有异议，提出被告人开采过程中对环境破坏较小，有自首情节，自愿认罪认罚，建议法庭从轻处罚。

江西省上饶市广信区人民法院于 2021 年 11 月 29 日作出（2021）赣 1104 刑初 287 号刑事判决书，判决宣告被告人徐某某无罪。宣判后，没有上诉、抗诉，判决已发生法律效力。

2. 裁判要旨

本案中被告徐某某用于破碎的石材原料，是 2008 年以前旧石材厂丢弃的边角料，并非自然形成，不符合自然状态的属性，不应成为非法采矿罪的犯罪对象。另外，徐某某挖掘用于破碎的石材原料不属于采矿行为。徐某某用于破碎的石材原料，是原石材厂开采遗留下来的废弃物，开采行为已经完成。徐某某将被弃于石材厂边上的边角料加工、出售，不宜认定为采矿行为。

六、资料索引

我国科研人员发现两种新矿物①

记者从中国地质调查局获悉：由我国科研人员发现、命名并申报的新矿物“氟碳钙钕矿”以及“菊兴铜矿”，近日分别获得国际矿物学协会——新矿物命名及分类委员会批准通过。

氟碳钙钕矿由国家地质实验测试中心范晨子研究员联合中国地质科学院矿

① 参见《我国科研人员发现两种新矿物》，载自然资源部网，https://www.mnr.gov.cn/dt/mtsy/202408/t20240825_2856054.html。

产资源研究所、中南大学等单位科研人员发现于内蒙古白云鄂博矿。氟碳钙钕矿的发现，对于认识白云鄂博稀土元素赋存状态和替代机制，了解矿床的形成与演变、元素赋存状态、元素迁移、富集机制等具有重要的意义。

菊兴铜矿由中国地质科学院矿产资源研究所顾枫华助理研究员、中国地质大学（北京）章永梅副教授等发现于西藏甲玛世界级斑岩—矽卡岩型巨型铜多金属矿床中。菊兴铜矿的发现，对于研究斑岩—矽卡岩型矿床的成矿物理化学条件与成矿作用过程具有重要的意义。

七、规范链接

（一）《中华人民共和国矿产资源法》（2009 年 8 月 27 日修正）

第二条　在中华人民共和国领域及管辖海域勘查、开采矿产资源，必须遵守本法。

（二）《中华人民共和国能源法》（2024 年 11 月 8 日）

第二条　本法所称能源，是指直接或者通过加工、转换而取得有用能的各种资源，包括煤炭、石油、天然气、核能、水能、风能、太阳能、生物质能、地热能、海洋能以及电力、热力、氢能等。

（三）《中华人民共和国矿产资源法实施细则》（1994 年 3 月 26 日）

第二条　矿产资源是指由地质作用形成的，具有利用价值的，呈固态、液态、气态的自然资源。

矿产资源的矿种和分类见本细则所附《矿产资源分类细目》。新发现的矿种由国务院地质矿产主管部门报国务院批准后公布。

第四条　在中华人民共和国领域及管辖的其他海域勘查、开采矿产资源，必须遵守《中华人民共和国矿产资源法》（以下简称《矿产资源法》）和本细则。

（撰稿人：张清云、曹宇）

第三条　【基本原则】矿产资源开发利用和保护工作应当坚持中国共产党的领导，贯彻总体国家安全观，统筹发展和安全，统筹国内国际，坚持开发利用与保护并重，遵循保障安全、节约集约、科技支撑、绿色发展的原则。

一、条文主旨

本条是关于基本原则的规定。

二、立法目的

“法律原则是指可以作为法律规则的基础或本源的综合性、稳定性原理和准则。基本原则体现着法的本质和根本价值,是整个法律活动的指导思想,构成一个法律体系的灵魂,决定着法的内在统一性和稳定性。”①此次《矿产资源法》修订增设“基本原则”条款,构成了矿产资源开发利用和保护领域法律的指导思想和直接出发点。

三、立法沿革

本条为此次《矿产资源法》修订的新增条款,归属于第一章“总则”。

四、规范解读

基本原则蕴含着《矿产资源法》的主要价值,其对该法的理解、适用以及解释均具有重要的指导意义,调整的主体范围不仅包括当事人,还包括立法者、裁判者以及执法者等。《民法典》对于基本原则的规定以及适用显示:“基本原则是高度抽象的、最一般的民事行为规范和价值判断标准。基本原则虽不直接涉及当事人的具体权利、义务,但仍然具有广泛的适用范围。”②妥当运用民法基本原则,有助于引导支持法律的解释论作业,发挥漏洞填补的功能。在适用位阶上,优先适用法律规则,避免“向一般条款逃逸”。但这并不意味着基本原则没有适用的场景,当出现重大、疑难、复杂案件,规则缺失或者规则相互之间利益冲突时,基本原则将发挥重要的作用。《矿产资源法》修订增设基本原则条款,无疑是注意到了基本原则在立法价值、立法技术等方面的突出优势,观察到了《民法典》制定实施中基本原则的运行效果以及功能发挥,更是希望通过法律原则的规定更好地规范矿产资源的开发利用和保护工作。

从条文设置的位置以及文意的表述来看,本条为矿产资源开发利用和保护工作的基本原则,可以从“广义与狭义”,区分三个层面进行理解。

第一,广义理解而言,“应当”之后的内容均为基本原则的构成,依照“从大到小”的铺陈逻辑,从宏观、中观和微观三个层面具体呈现。

---

① 本书编写组:《法理学》,人民出版社、高等教育出版社 2010 年版,第 44 页。

② 《民法学》编写组:《民法学》,高等教育出版社 2019 年版,第 26 页。

第二，狭义理解而言，本条明确规定了"遵循保障安全、节约集约、科技支撑、绿色发展的原则"。但具体原则的遵循，依然应当符合如上两个层面的要求。申言之，保障安全、节约集约、科技支撑、绿色发展等原则的贯彻执行、适法援用、解释论作业等也应践行宏观、中观层面的要求。

（一）落实党的领导要求

自然资源是生存之基、发展之要、民生之本、生态之依。矿产资源开发利用和保护工作要坚持以习近平新时代中国特色社会主义思想为指导，积极践行习近平生态文明思想，把党提出的一系列战略部署转化为具体工作任务并扎实推进落实，服务高质量发展，促进人与自然和谐共生，为以中国式现代化全面推进中华民族伟大复兴积极贡献力量。"坚持中国共产党的领导"是矿产资源开发利用和保护工作的首要遵循。

（二）明确关键考量因素

矿产资源安全是总体国家安全观的重要领域，直接关系着国家经济安全和现代化建设，是须臾不可忽视的"国之大者"，对端稳端牢矿产资源饭碗，实现中国式现代化建设的宏伟目标意义重大。"贯彻总体国家安全观"上承本法第 1 条立法目的"保障国家矿产资源安全"，下启本条"保障安全"，进一步凸显"资源安全"是矿产资源开发利用和保护工作的重要考量因素。

"统筹发展和安全，统筹国内国际，坚持开发利用与保护并重"的立法表达，可以从以下几个方面观察：

其一，确认发展和安全并举。发展和安全，如一体之两翼、驱动之双轮。安全是发展的前提，发展是安全的保障。矿产资源开发利用和保护工作中，如何统筹好发展和安全的关系，需要避免割裂安全和效益，割裂发展和安全，割裂局部和整体，割裂部门和总体以及割裂当前和长远等误区。①

其二，明确了国内国际两个因素的关切。新征程上，国家安全面临的外部压力前所未有，自然资源领域安全形势不容忽视。重要能源矿产资源对外依存度高，地理信息安全、地质灾害和海洋灾害防治等都面临严峻形势。严守资源安全底线，充分利用"两个市场、两种资源"是提升矿产资源供应能力的重要路径，是

① 参见陈甲斌：《统筹发展和安全需要处理好五个关系》，载《中国国土资源经济》2024 年第 3 期。

提升矿产资源安全能力的努力方向。[①]《矿产资源法》主要面向国内矿产资源开发利用和保护工作,从法治层面助力国内国际双循环中我国资源保障能力的增强。

其三,明确了矿产资源开发利用和保护工作的辩证统一关系。矿产资源保护并不排斥开发利用,两者不是非此即彼的关系。以往的矿产资源开发利用实践中,出现了将二者对立的处理方案,甚至出现了大量的"无矿县""无矿市"。本法在规则设置上规定的"就矿找矿""矿产资源开采的三率及其法律责任"等诸多规则呈现出高质量的开发利用就是对矿产资源的保护的理念价值,从规则层面践行了"坚持开发利用与保护并重"。

(三)列明具体遵循原则

考察《矿产资源法》第 3 条之规定,结合文义解释,"保障安全、节约集约、科技支撑、绿色发展"为矿产资源开发利用和保护遵循的基本原则。具体的含义理解,本书第 1 条以及相关条文进行了较为详细的解释,此处不再赘述。接下来主要从基本原则的法律适用角度略作观察:

第一,原则上不具有直接适用性。如同本法第 1 条立法目的的适用,基本原则条款通常也不得直接援用作为司法裁判的依据,但其可以与其他规范结合,形成法律解释的规范基础。解释论支撑和司法裁判援引等功能的发掘、发挥仍然需要在本法具体实施中进一步探索和形成。

第二,目的上突出价值宣导作用。相较于《民法典》基本原则的功能,《矿产资源法》基本原则的价值彰显功能更加突出,辐射的重点是矿产资源立法、司法以及管理等工作的指引。

五、资料索引

(一)深入学习宣传贯彻党的二十大精神　为全面推进中国式现代化贡献自然资源力量[②]

深刻领悟推动高质量发展的关键环节。党的二十大报告指出,高质量发展是全面建设社会主义现代化国家的首要任务,强调推动经济社会发展绿色化、低碳

---

① 参见王广华:《深入学习宣传贯彻党的二十大精神　为全面推进中国式现代化贡献自然资源力量》,载《学习时报》2023 年 1 月 11 日,第 1 版。

② 参见王广华:《深入学习宣传贯彻党的二十大精神　为全面推进中国式现代化贡献自然资源力量》,载《学习时报》2023 年 1 月 11 日,第 1 版。

化是实现高质量发展的关键环节。我们要深刻领悟，发展仍然是我们党执政兴国的第一要务，但发展应当是高质量的发展；绿色低碳发展是化解我国资源环境紧约束的根本出路，是促进经济结构升级的必然要求，是满足人民对美好生态环境需要的必然选择。要完整、准确、全面贯彻新发展理念，站在人与自然和谐共生的高度，协同推进降碳、减污、扩绿、增长，推进生态优先、节约集约、绿色低碳发展。

深刻领悟推进国家安全体系和能力现代化的重大任务。党的二十大报告指出，国家安全是民族复兴的根基，社会稳定是国家强盛的前提，强调要以新安全格局保障新发展格局。我们要深刻领悟，构建新安全格局是应对国家安全面临风险挑战的战略安排，全面建设社会主义现代化国家，必须统筹好发展和安全，实现高质量发展和高水平安全良性互动。要坚定不移贯彻总体国家安全观，把涉及自然资源部门的粮食、能源资源、数据、海洋、防灾减灾等重大安全任务牢牢扛在肩上，切实增强维护国家安全的能力。

（二）加快推进人与自然和谐共生的现代化——访自然资源部党组书记、部长王广华[①]

健全自然资源保护利用制度。落实最严格的耕地保护制度，改进耕地占补平衡管理，以“长牙齿”的硬措施严格督察执法，构建耕地数量、质量、生态“三位一体”保护格局。深化矿产资源管理制度改革，建立矿产资源权益金制度。加强海洋资源开发保护管理，建立大陆自然岸线保有率管控制度，加强滨海湿地保护，严格管控围填海。

健全自然资源节约集约和高效利用制度。落实全面节约战略，推进资源总量管理、科学配置、全面节约、循环利用。建立建设用地总量和强度双控制度，引导基础设施建设、产业发展等节约集约用地。建立增量建设用地安排与消化存量建设用地挂钩机制，促进批而未供、闲置土地盘活利用。持续开展低效用地再开发试点，推动城市用地结构调整，促进城乡高质量发展。

六、规范链接

《中华人民共和国能源法》（2024 年 11 月 8 日）

第三条　能源工作应当坚持中国共产党的领导，贯彻新发展理念和总体国家

---

① 参见常钦：《加快推进人与自然和谐共生的现代化——访自然资源部党组书记、部长王广华》，载《人民日报》2024 年 8 月 10 日，第 2 版。

安全观,统筹发展和安全,实施推动能源消费革命、能源供给革命、能源技术革命、能源体制革命和全方位加强国际合作的能源安全新战略,坚持立足国内、多元保障、节约优先、绿色发展,加快构建清洁低碳、安全高效的新型能源体系。

(撰稿人:曹宇)

第四条 【矿产资源国家所有权】矿产资源属于国家所有,由国务院代表国家行使矿产资源的所有权。地表或者地下的矿产资源的国家所有权,不因其所依附的土地的所有权或者使用权的不同而改变。

各级人民政府应当加强矿产资源保护工作。禁止任何单位和个人以任何手段侵占或者破坏矿产资源。

一、条文主旨

本条是关于矿产资源国家所有权的规定。

二、立法目的

(一)重申《宪法》第9条的规定

新修订的《矿产资源法》第1条即开宗明义地指出了本法与《宪法》的关系:"根据宪法,制定本法。"其中的"根据宪法",最直接的就是根据我国现行《宪法》第9条第1款中的规定:"矿藏、水流、森林、山岭、草原、荒地、滩涂等自然资源,都属于国家所有,即全民所有。"

同时,该条规定也和我国《民法典》的相关规定保持一致。《民法典》第247条规定:"矿藏、水流、海域属于国家所有";第246条规定:"法律规定属于国家所有的财产,属于国家所有即全民所有。国有财产由国务院代表国家行使所有权。法律另有规定的,依照其规定。"

《矿产资源法》和《民法典》之所以都明确规定矿藏(矿产资源)属于国家所有,就在于矿产资源是国民经济和社会发展的重要物质基础,只有严格按照《宪法》的规定,坚持矿产资源的国家所有,即全民所有,才能保障我国矿产资源的合理开发、利用、节约与保护,满足各方面对矿产资源日益增长的需求。

（二）明确矿产资源所有权与其依附的土地权属的关系

矿产资源与土地关系密切。土地中的矿产资源，本为土地的构成部分，但基于矿产资源的特殊性及它在国计民生中的重要作用，各国矿产资源法大多规定：土地中的矿产资源与土地所有权的内容是分离的，国家享有对矿产资源的所有权。我国法律亦将矿产资源与其所依附的土地的所有权相分离。2009 年《矿产资源法》第 3 条也作了相同的规定。

（三）强调各级政府对矿产资源保护的职责

国家作为矿产资源主权者，在行使对矿产资源合理开发利用和保护的监督管理职能时是一个公权力主体。各级政府是国家的行政机关，当然具有保障我国矿产资源的合理开发、利用、节约与保护的职责。

三、立法沿革

《矿产资源法》（2009）第 3 条第 1 款、第 2 款规定："矿产资源属于国家所有，由国务院行使国家对矿产资源的所有权。地表或者地下的矿产资源的国家所有权，不因其所依附的土地的所有权或者使用权的不同而改变。国家保障矿产资源的合理开发利用。禁止任何组织或者个人用任何手段侵占或者破坏矿产资源。各级人民政府必须加强矿产资源的保护工作。"本次修订在此基础上仅作了个别词句的修改。

四、规范解读

（一）矿产资源所有权的主体

在我国，矿产资源所有权的主体是统一、唯一的，即国家。国家作为矿产资源所有者，在行使和实现矿产资源所有权时是一个民事主体；国家作为矿产资源主权者，在行使对矿产资源合理开发利用和保护的监督管理职能时是一个公权力主体。因此，国家既具有实现矿产资源所有权及其有关财产权的职能，又具有保障矿产资源的合理开发利用与保护以及所有权保护的职能。

本条第 1 款明确了"由国务院代表国家行使矿产资源的所有权"。由此可见，国家行使矿产资源所有权的主体是国务院。这与《民法典》第 246 条规定的"国有财产由国务院代表国家行使所有权"也是一致的。如此规定主要是考虑到"国家"本身具有一定的抽象性，而国家机关又包括立法机关、司法机关、行政机关和监察机关等多个机关。就行政机关而言，其既包括作为最高行政机关的国务院，也包括各级地方行政机关。因此有必要明确由哪一个机关、哪一级机关代表国家行使矿产资源所有权，而由作为最高行政机关的国务院代表国家行使矿产资源所有权应当是最为合适的。

（二）矿产资源所有权的客体

从法律意义上讲，在我国境内，不论矿产资源是否被发现都是所有权的客体，均属于国家所有。国家拥有客观上存在但没有被发现的矿产资源所有权，是一种法律上拟制的所有权，当它被发现时才具有实际意义。这种拟制的所有权在另一层意义上决定了作为所有人的国家有权决定是否允许他人勘查尚未发现的矿产资源，而且这些矿产资源无论何人、何时发现，国家都对其拥有所有权。

（三）矿产资源所有权的内容（四项权能）

国家对其所有的矿产资源所拥有的占有、使用、收益和处分四项权能，是矿产资源所有权的内容。

1. 占有权。占有权是指国家对矿产资源的实际控制的权利。国家作为特殊民事主体，国家对矿产资源的占有是名义上的占有或称为法律上的占有。

2. 使用权。使用权是指国家依矿产资源的性质和用途对其加以开发利用的权利，从而实现国家利益。国家作为特殊民事主体不便也不可能全部亲自使用矿产资源。国家可以通过建立矿产资源勘查、开采审批登记制度，设定探矿权、采矿权，由探矿权人、采矿权人进行勘查、开发矿产资源的活动，达到矿产资源使用的目的。所有权与使用权“两权分离”的理论，是建立探矿权、采矿权法律制度的基础。

3. 收益权。收益权是指国家基于使用矿产资源而取得收益的权利。通过矿产资源行政管理机关授权其他民事主体占有、使用矿产资源。这些民事主体通过占有、使用矿产资源所取得的利益，上交国家一部分作为所有者基于矿产资源所有权的收益。国外大多数国家通过权利金制度实现国家（或王室）对矿产资源的收益权。我国则采用向采矿权人征收矿产资源补偿费、资源税的办法，实现国家对矿产资源的收益权。

4. 处分权。处分权是指国家在事实上或法律上决定矿产资源命运的权利，又分为事实上的处分权和法律上的处分权。事实上的处分权是指变更或消灭矿产资源；法律上的处分权包括设置和出让探矿权、采矿权等。处分权是拥有所有权的根本标志，它最直接地反映了所有权人对物的支配。国家对矿产资源的处分权反映为由矿产资源行政管理机关对矿产资源的规划权，决定探矿权、采矿权的设定、变更、终止。在国家或者社会公众利益需要的情况下，国家可以对探矿权、采矿权进行征用等。

五、典型案例

浙江新昌俞某华等人非法采矿案①

1. 基本案情

2021 年 6 月，浙江省新昌县公安局根据工作中发现线索，侦破一起非法采矿案，抓获犯罪嫌疑人 10 名。经查，2021 年 5 月以来，犯罪嫌疑人俞某华等人在未取得采矿许可证的情况下，以项目施工为掩护，非法开采玄武岩 8000 余立方米，造成地形地貌发生改变，破坏耕地 20 余亩。

2. 典型意义

该案作为“公安机关依法严厉打击非法采矿犯罪　全力保护环境资源安全”背景下，公安部公布的 10 起典型案例之一，为保障国家对矿产资源的所有权及持续强化对矿产资源的保护起到了显著的示警、示范作用。

本条第 1 款巩固了国家作为矿产资源所有者的主体地位，为矿产资源的管理、保护和开发利用提供坚实的法律基础。矿产资源归国家所有，国家对矿产资源的勘查、开采实施严格的许可证管理制度。在浙江新昌俞某华等人非法采矿案中，俞某华等人在未取得采矿许可证的情况下非法开采玄武岩，这一行为直接挑战了矿产资源的国家所有权。该案例以实际的违法事件为切入点，生动地阐释了国家对矿产资源的排他性所有权。

本条第 2 款明确了各级政府在矿产资源保护中的主导地位和核心责任，要求政府积极作为，将矿产资源保护纳入日常工作的重要范畴。在该典型案例中，公安部门在工作中发现线索、高效侦破，体现出政府部门在履行矿产资源保护职责方面的积极作为。这一案例为政府履行保护职责提供了具体的实践范例，表明政府在维护矿产资源国家所有权方面承担着核心责任。政府需要通过建立健全监管体系、加强执法力度、完善管理制度等多种手段，确保矿产资源得到有效的

---

①　参见《公安机关依法严厉打击非法采矿犯罪　全力保护环境资源安全——公安部公布 10 起典型案例》，载公安部网 2024 年 11 月 25 日，https://app.mps.gov.cn/gdnps/pc/content.jsp?id=8549096。

保护。

六、规范链接

(一)《中华人民共和国煤炭法》(2016 年 11 月 7 日修正)

第三条 煤炭资源属于国家所有。地表或者地下的煤炭资源的国家所有权，不因其依附的土地的所有权或者使用权的不同而改变。

(二)《中华人民共和国矿产资源法实施细则》(1994 年 3 月 26 日)

第三条 矿产资源属于国家所有，地表或者地下的矿产资源的国家所有权，不因其所依附的土地的所有权或者使用权的不同而改变。

国务院代表国家行使矿产资源的所有权。国务院授权国务院地质矿产主管部门对全国矿产资源分配实施统一管理。

(三)《乡镇煤矿管理条例》(2013 年 7 月 18 日修订)

第三条 煤炭资源属于国家所有。地表或者地下的煤炭资源的国家所有权，不因其所依附的土地的所有权或者使用权的不同而改变。

国家对煤炭资源的开发利用实行统一规划、合理布局的方针。

(四)《中华人民共和国对外合作开采海洋石油资源条例》(2013 年 7 月 18 日修订)

第二条第一款 中华人民共和国的内海、领海、大陆架以及其他属于中华人民共和国海洋资源管辖海域的石油资源，都属于中华人民共和国国家所有。

(撰稿人:武立宏)

第五条 【勘查、开采矿产资源的权利依据】勘查、开采矿产资源应当依法分别取得探矿权、采矿权，本法另有规定的除外。

国家保护依法取得的探矿权、采矿权不受侵犯，维护矿产资源勘查、开采区域的生产秩序、工作秩序。

一、条文主旨

本条是关于勘查、开采矿产资源的权利依据的规定。

二、立法目的

本条的主要目的在于明确探矿权、采矿权是勘查、开采矿产资源的权利依据。探矿权与采矿权是合法勘查、合法开采的权利基础。“权利基础”是物权视角下的观察效果,但这并不意味着取得探矿权、采矿权就可以直接行使权利。本次《矿产资源法》修订对于“权证分开”的立法应用,区别调整权利的归属与行使。例如,依照本法第 33 条的规定,探矿权人、采矿权人行使其权利,需要获得勘查许可证、采矿许可证。其他相关法律若有要求,探矿权、采矿权的行使仍然需要满足合法性要求。当然“本法另有规定的除外”考虑到无需取得探矿权、采矿权的“例外规定”,并于第 28 条(探矿权的豁免)、第 29 条(采矿权的豁免)相衔接。此外,本条第 2 款规定探矿权、采矿权不受侵犯。

三、立法沿革

本条是对《矿产资源法》(2009)第 3 条内容的沿袭与优化。其一,第 1 款内容在表述上进行了优化。“新法”与“旧法”同是规定勘查、开采矿产资源的合法性依据,也同是要求勘查、开采矿产资源需要取得探矿权、采矿权。条文表述上,本次修订的《矿产资源法》表述更加的简洁精练。但实质性的变动与差异远大于文字内容的变化。《矿产资源法》修订确认由“权证分开”,迭代“旧法”的“权证合一”,探矿权、采矿权含义与内容的变化,决定了此处修订的重要变化。其二,第 2 款内容是对“旧法”的沿袭。

四、规范解读

(一)矿产资源勘查、开采依据的权利化

1. 勘查、开采矿产资源以依法取得的探矿权、采矿权为权利基础

依法取得探矿权、采矿权是矿业权人勘查、开采矿产资源的权利基础。但取得矿业权并不意味着权利人可以直接从事勘查、开采矿产资源的行为。《矿产资源法》修订对矿业权的持有与行使进行了法律上的区分,不再是杂糅式的混合规定。

但需要注意的是,按照本法第 33 条第 1 款的规定,矿业权人依照本法有关规定取得矿业权后,进行矿产资源勘查、开采作业前,应取得勘查许可证、采矿许可证;未取得许可证的,不得进行勘查、开采作业。

2. 勘查、开采矿产资源存在无须取得探矿权、采矿权的例外

“本法另有规定的除外”是作为“例外”正当性存在的法律依据,其理解主要

表现为：其一，"本法"的限定可以理解为对"例外"的严加限制。如此规定，意味着其他法律无权规定无需探矿权、采矿权的勘查、开采行为。法律以外的渊源，如行政法规、部门规定更是无权作出例外规定。其二，本法第 28 条、第 29 条分别规定无需探矿权、采矿权的勘查、开采的具体情形。但第 28 条、第 29 条均又规定了"国务院和国务院自然资源主管部门规定的其他情形"的兜底条款。这意味着这两条规定对第 5 条要求的"本法"进行了扩大，将狭义的"本法"进行了较大幅度的扩张。

（二）国家保护依法取得的矿业权不受侵犯

《矿产资源法》修订以来，一直存在强化矿业权人合法权益保护的呼声。此次《矿产资源法》修订在立法目的（第 1 条）中明确给予回应，规定"维护矿产资源国家所有者权益和矿业权人合法权益"。第 5 条第 2 款可谓立法目的中"维护矿业权人合法权益"的具体展开，明确规定"国家保护依法取得的探矿权、采矿权不受侵犯"。相较于《矿产资源法》（2009）而言，增加了"依法取得"的前置条件。

五、资料索引

全国人大常委会委员建议明确矿业权法律性质，维护矿业权人合法权益[①]

在沈春耀委员看来，修订草案一个较大的变化，就是在法律上引入了矿业权的概念，即将探矿权和采矿权统称为矿业权。矿业权作为一种物权，是很重要的一类财产权利，但沈春耀注意到，当前在修订草案中，既有矿业权人的表述，也有探矿权人、采矿权人的表述，多种概念均有出现，且在民法典中并没有矿业权这一概念，而只有探矿权、采矿权的概念。他认为在法律中引入这一新概念时，需要进一步研究，将其界定清楚。

吕忠梅委员也关注到了矿业权问题，她认为，法律上应明确规定矿业权的财产权属性，以此来维护矿业权人的合法权益。

"从定义来看，矿业权是由矿产资源所有者授予的、在规定的范围和时间内勘查和开采矿产资源的权利，并有权处置已经形成的矿业权，有权出售开采的矿产品。"吕忠梅指出，矿业权价值是依附于矿产资源之上的，是在天然形成的矿产

① 参见赵晨熙：《维护矿业权人合法权益》，载《法治日报》2024 年 1 月 9 日，第 6 版。

资源净价值基础上的增值，二者共同构成了矿产资源资产的价值。因此，尊重和维护矿业权的财产权，是加强商业性矿产勘查的一个核心问题。当前大部分国家都把矿业权作为矿产相关立法的核心内容，明确矿业权的物权属性。我国在原国土资源部于2000年出台的《矿业权出让转让管理暂行规定》第三条中也有类似规定，"探矿权、采矿权为财产权，统称为矿业权，适用于不动产法律法规的调整原则。依法取得矿业权的自然人、法人或其他经济组织称为矿业权人。矿业权人依法对其矿业权享有占有、使用、收益和处分权"。但按照立法法"物权法定"原则，规范性文件无权对物权作出界定。因此，建议在矿产资源法中对矿业权的法律性质作出明确规定。

六、规范链接

《中华人民共和国矿产资源法》(2024年11月8日修订)

第二十八条　有下列情形之一的，无需取得探矿权：

(一)国家出资勘查矿产资源；

(二)采矿权人在登记的开采区域内为开采活动需要进行勘查；

(三)国务院和国务院自然资源主管部门规定的其他情形。

第二十九条　有下列情形之一的，无需取得采矿权：

(一)个人为生活自用采挖只能用作普通建筑材料的砂、石、黏土；

(二)建设项目施工单位在批准的作业区域和建设工期内，因施工需要采挖只能用作普通建筑材料的砂、石、黏土；

(三)国务院和国务院自然资源主管部门规定的其他情形。

有前款第一项、第二项规定情形的，应当遵守省、自治区、直辖市规定的监督管理要求。

第三十三条　矿业权人依照本法有关规定取得矿业权后，进行矿产资源勘查、开采作业前，应当按照矿业权出让合同以及相关标准、技术规范等，分别编制勘查方案、开采方案，报原矿业权出让部门批准，取得勘查许可证、采矿许可证；未取得许可证的，不得进行勘查、开采作业。

矿业权人应当按照经批准的勘查方案、开采方案进行勘查、开采作业；勘查方案、开采方案需要作重大调整的，应当按照规定报原矿业权出让部门批准。

(撰稿人：曹宇)

第六条 【费用、资源税】勘查、开采矿产资源应当按照国家有关规定缴纳费用。国务院可以根据不同情况规定减收或者免收有关费用。

开采矿产资源应当依法缴纳资源税。

一、条文主旨

本条是关于勘查、开采矿产资源应当缴纳的费用、资源税的规定。

二、立法目的

本条的修订是对矿产资源权益金制度改革的修法确认，是将权益金改革实践的有益经验上升为国家立法，是为进一步深化改革提供扎实充分的法律依据。2017 年 4 月 13 日国务院印发《矿产资源权益金制度改革方案》（国发〔2017〕29 号）以来，矿产资源开发利用需要缴纳的费用发生了重大变化。此次《矿产资源法》修订（第 6 条）采用高度概括的立法表达，为进一步深化改革预留了充分的法律空间。

三、立法沿革

本条是以《矿产资源法》（2009）第 5 条为基础，结合矿产资源管理改革文件以及矿政管理实践优化而来的。内容层面，删除已经被矿产资源权益金改革制度替代的“资源补偿费”。表述方面，更加的凝练直接，将相关内容概括性地加以表述。仅从条文本身考察，本条的实际改动远大于文字方面的改动，只是这种剧烈的变化没有从条文表达中呈现出来。

四、规范解读

（一）“按照国家有关规定缴纳费用”之理解

1. “费用”的规范依据以及主要类型

《矿产资源权益金制度改革方案》的正式出台，标志着矿产资源权益金制度改革正式进入实施阶段。勘查、开采矿产资源需要缴纳的费用相较于《矿产资源法》（2009）以及三个配套的行政法规发生了根本性的变化。（1）在矿业权出让环节，将探矿权、采矿权价款调整为矿业权出让收益。（2）在矿业权占有环节，将探矿权、采矿权使用费整合为矿业权占用费。（3）在矿产开采环节，组织实施资源税改革。（4）在矿山环境治理恢复环节，将矿山环境治理恢复保证金调整为矿山环境治理恢复基金。

表1　矿产资源权益金制度改革方案所涉费用对照[①]

序号	收取阶段	原有规范	现有规范
1	出让	探矿权采矿权价款（不再收取）	收取矿业权出让收益
2	占有	探矿权采矿权使用费（不再收取）	收取矿业权占用费
3	开采	资源税（改革）	组织实施资源税改革
4	环境治理恢复	矿山环境治理恢复保证金（替代）	矿山环境治理恢复基金

对于矿产资源权益金制度改革所涉的四项具体制度，仅有矿业权占用费《矿产资源法》修订并未提及，其他三项制度均有专设的条文加以回应。例如，矿业权出让收益规定在第20条、第21条；资源税规定在第6条；矿山环境治理恢复基金规定在第49条。

2.“规定”的制定主体以及渊源形式

《矿产资源法》对缴纳费用和减免费用的规则制定主体进行了明确的区分。减免规则的制定主体明确限定为国务院，相较而言更为严格。缴纳费用的规则制定主体显然包括但不限于国务院，依照文义解释应该还包括国务院的部门。例如，2023年3月财政部、自然资源部、税务总局发布《矿业权出让收益征收办法》（财综〔2023〕10号），进一步优化矿业权出让收益的缴纳事宜。如此，该规定属于“国家有关规定”的范畴。但对于费用的减免而言，该办法则无权作出，制定主体并不适格。需要注意的是，渊源形式方面《矿产资源法》并未进行特定要求。

（二）“依法缴纳资源税”的法律适用意义

《资源税法》（2019）第1条第1款规定，“在中华人民共和国领域和中华人民共和国管辖的其他海域开发应税资源的单位和个人，为资源税的纳税人，应当依照本法规定缴纳资源税”。仅就条文（第6条第2款）的规范意义而言，“开采矿产资源应当依法缴纳资源税”的条文设置并非裁判规范的基本构造，即使没有此款规定，其实也不影响开采矿产资源适用《资源税法》的效果。但此款在宣导和引致两个维度依然发挥了重要的作用。一是本条第2款的设置可以发挥宣传引导的功能。法律条文除却裁判的功能，兼具普法的意义。二是本条第2款某种程

① 参见《国务院关于印发矿产资源权益金制度改革方案的通知》（国发〔2017〕29号）。

度上可以理解为引致条款，具有打通《矿产资源法》与《资源税法》联动适用的通道作用。

五、资料索引

“净矿”出让当中“政策处理费”的合理性与合法性之辩①

1. 基本概念

“政策处理费”是地方政府为特定项目而制定并收取的一种地方费用。具体到砂石采矿权“净矿”出让工作来说，前期的踏勘、规划、设计、评审，中期的征地、耕地与林地调整，以及村庄、坟墓搬迁，到后期的下发招拍挂公告、确定招标人等，都需要一定的费用。

2. 典型样态

示例一：2023 年年底南方某省自然资源网上交易中心出让的一宗砂石采矿权，挂牌出让起始价为 159000 万元，而政策处理费用则高达 129765.6884 万元，再加上矿山地质环境治理恢复与土地复垦基金 7148.53 万元，中标人需要在采矿权有偿出让合同签订之日起 30 天内一次性支付 136914.2184 万元，与采矿权起始价仅相差 2 亿多元。据了解，该省各地这几年来相继推出了一大批砂石采矿权，均设置了不菲的“政策处理费”。

示例二：南方某省邻省的某地在 2023 年 3 月底挂牌出让一个资源储量近 1.3 亿吨、年设计生产规模 400 万吨的一宗砂石采矿权，起始价为 1.57 亿元，而所谓的“政策处置费”则高达 15 亿元，主要用于已完成的矿山土地征收、青苗赔偿、三杆四线及坟墓等迁移、矿山开采运输道路的修造、居民住宅的拆迁补偿等。

3. 合理性之争

“政策处理费”是一把“双刃剑”。其一，按照地方政府的“土政策”，从矿山到砂石采矿权并缴纳了价格不菲的“政策处理费”后，由政府牵头组织开展前期工作，对矿山企业而言，减少了外部环境干扰，省去了许多不必要的麻烦，进场容易，开工快速，矿山很快就能落地见效。其二，“政策处理费”偏高会增加矿山企业的财务成本和经济负担。同时“政策处理费”归属地方财政，无须按照采矿权

① 参见王琼杰：《这项涉矿费用，没有明确法条，却大行其道！》，载微信公众号“矿业界”2024 年 7 月 8 日，https://mp.weixin.qq.com/s/N659Dx8YvOlptKvkP1ifCQ。

出让收益4:6分成。在当前市县两级财政紧张的情况下,容易引发地方政府滥用"政策处理费"的冲动。

4. 合法性之争

有观点认为:"政策处理费"没有明确的法律依据支持,法理上也难以成立。出让矿业权进行前期工作所产生的费用,是出让采矿权的成本支出,也是获得矿业权出让收益的对价,不应当让矿业权人再次支付。

六、规范链接

《中华人民共和国矿产资源法》(2024年11月8日修订)

第二十条　出让矿业权的,矿业权出让部门应当与依法确定的受让人以书面形式签订矿业权出让合同。

矿业权出让合同应当明确勘查或者开采的矿种、区域,勘查、开采、矿区生态修复和安全要求,矿业权出让收益数额与缴纳方式、矿业权的期限等事项;涉及特定战略性矿产资源的,还应当明确保护性开采的有关要求。矿业权出让合同示范文本由国务院自然资源主管部门制定。

第二十一条　矿业权出让合同约定的矿业权出让收益数额与缴纳方式等,应当符合国家有关矿业权出让收益征收的规定。

矿业权出让收益征收办法由国务院财政部门会同国务院自然资源主管部门、国务院税务主管部门制定,报国务院批准后执行。制定矿业权出让收益征收办法,应当根据不同矿产资源特点,遵循有利于维护国家权益、调动矿产资源勘查积极性、促进矿业可持续发展的原则,并广泛听取各有关方面的意见和建议。

第四十九条　采矿权人应当按照规定提取矿区生态修复费用,专门用于矿区生态修复。矿区生态修复费用计入成本。

县级以上人民政府自然资源主管部门应当会同财政等有关部门对矿区生态修复费用的提取、使用情况进行监督检查。

矿区生态修复费用提取、使用和监督管理的具体办法由国务院财政部门会同国务院自然资源主管部门制定。

(撰稿人:曹宇)

第七条 【地质调查】国家建立健全地质调查制度，加强基础性地质调查工作，为矿产资源勘查、开采和保护等提供基础地质资料。

一、条文主旨

本条是关于建立健全地质调查制度的规定。

二、立法目的

地质调查工作是经济社会发展重要的先行性、基础性工作，服务于经济社会的各个方面。地质调查对于掌握国家资源分布和储量状况，进行矿产资源开发利用和支持基础设施建设等具有深远意义。地质调查工作所形成的地质资料也是各级政府掌握矿产资源分布储量数据，从而合理规划资源开发战略，制定符合实际的产业发展政策的依据来源。在21世纪初，我国就认识到了地质调查工作的重要意义。2006年1月20日发布的《国务院关于加强地质工作的决定》指出，基础地质调查是提高国土调查程度的基本手段。在重要经济区域、重点成矿区带、重大地质问题地区，要按照多目标、多学科、多技术的要求，系统开展区域地质、地球物理、地球化学和遥感地质等调查，建立地质图文更新机制，为社会提供有效快捷的地质信息服务。随着中国社会发展进入新时代，地质调查活动的背景也发生改变，早期的相关法律体系不足以支撑目前地质调查行业的革新。自然资源的重要性也随着经济社会的发展得到广泛认知，社会大众和各级政府机构对于地质调查的要求不断变化，地质调查工作内涵更加丰富，工作复杂程度不断提升，服务领域日益扩大。建立健全地质调查制度，有助于支撑地质工作高效高质进行，推动地质工作的法治化进程。①

三、立法沿革

本条是此次《矿产资源法》修订的新增条款，归属于第一章"总则"。

四、规范解读

值得注意的是，无论是《矿产资源法(修订草案)》(2023)(以下简称一审稿)还是《矿产资源法(修订草案)(二次审议稿)》(以下简称二审稿)均没有在"总

① 参见施俊法、朱丽丽:《关于地质调查立法研究》，载《地球科学进展》2013年第7期。

则”部分直接规定地质调查制度的总括性内容。直到2024年11月的“三审稿”在“总则”中增加本条规定，统领和辐射到第三章“矿产资源勘查、开采”第30条关于地质调查工作部门和第31条地质资料汇交义务的规定。在地质调查专门立法尚未制定的情况下，从制度构建、职责主体和地质资料汇交三个方面系统勾勒了地质调查法律规范体系的骨骼，力图为构建完善的地质调查法律规范体系，提供有力的法律支撑。

（一）建立健全地质调查制度

地质调查作为一种公益性工作，不仅在整个地质工作中具有先导作用和服务性的功能，而且在我国国民经济可持续发展中具有基础性地位。地质调查工作服务于矿产勘查、资源管理、生态文明保护与利用以及基础设施建设等诸多方面，其发展过程中的诸多问题均需要明确的法律规范来铺路架桥，但此前一直存在专项立法供给不足，内容碎片化、规范层级较低等问题[①]。在“大国土”“大资源”“大地质”的理念框架下，地质调查综合性、基础性、公益性等特点日益突出，进行地质调查立法的国家需要和社会需要日益彰显。本条规定正是对立法需求的回应，表达了完善地质调查制度的决心。

本条规定明确国家作为地质调查制度的制定主体，可从以下三个维度予以深入剖析。

其一，在适用范围层面，地质调查制度是一项具有全域性特质的制度架构，其法律效力辐射至中华人民共和国领域及所管辖的其他海域，旨在对该区域内地质构造、地层信息、矿产赋存等地质状况以及与之相关的资源开发利用行为实施规范性约束。这一制度基于地球科学理论，遵循地质勘查规范，确保调查范围的科学性与完整性。

其二，从具体工作维度审视，此处的“国家”并非抽象化的宏观概念，而是由全国各级自然资源主管部门构成的协同体系。这些部门依据地质调查规程，通过地球物理勘探、地球化学勘查、钻探采样等多种专业手段，上下联动、紧密配合、齐心协力地投身于地质调查制度的深度探索与优化完善。

其三，在调查对象方面，该制度依据地质成矿理论和区域地质规律，于全国范

① 参见宦吉娥、陈潞镓、孙君：《中国地质调查立法的路径选择》，载《中国国土资源经济》2024年第9期。

围内针对不同地质构造单元、各类地质区域、多样化的地质特性以及不同相关行业展开全面而深入的调查评估。通过地质统计学分析、资源储量估算等专业方法,精准掌握国内地质资源情形与开发利用潜力,进而为地质资源相关工作的科学规划、高效开展提供有力支撑。

总体而言,强调国家的主体地位旨在凸显建立地质调查制度在地质资源管理领域的规范层级与重大意义。最终目标是在国家组织统筹下构建一个以地质资源的科学认知与合理利用为导向,以精准的地质信息采集与分析为根基,融合现代地质科学理论与前沿技术,具备合理的调查指标,能够有力保障国家地质资源战略安全,推动地质事业可持续发展的制度体系。

(二)加强基础性地质调查,提供基础地质资料

作为地质调查工作的承担者,地质调查工作单位发挥着举足轻重的作用。《矿产资源法》第 30 条中规定:县级以上人民政府自然资源主管部门会同有关部门组织开展基础性地质调查。该规定明确了开展基础性地质调查的权责主体,有助于加强基础性地质调查工作的贯彻落实。基础性地质调查作为地质调查一个重要组成部分,正是其先导性和基础性特点的集中体现。2023 年中国地质调查局党组在全国地质调查工作会议上指出,基础地质调查包括区域地质调查和地质资源环境国情调查,是公益性地质服务和战略地质工作的立足之本,旨在通过长期、系统、稳定的逐轮部署实施,不断提升对地球系统和资源环境国情的认知水平。①

从《矿产资源法》角度出发,基础性地质调查可以说是矿业活动的起点,正如本条规定所言,地质调查工作的目的在于为矿产资源勘查、开采和保护等提供基础地质资料。这些地质资料信息是地质工作成果的重要体现,是矿业活动的信息资源和数据资产。通过对地层、构造、岩石等基本地质要素的调查,能够勾勒出一个地区的地质轮廓,从而确定可能存在矿产的区域。基础性地质调查所得到的区域地质构造、元素背景值等信息,能够帮助缩小找矿范围,更精准地定位可能的矿源。并且,掌握矿床地质结构的数据信息,能够帮助开发者选择合适的开采方式,提高开采效率,降低开采成本。重视地质资料的收集、整理、保存和利用工作,是推动我国矿业活动持续健康发展的关键环节。《矿产资源法》第 31 条规定,开展

---

① 参见杨建锋、张万益等:《基础性地质调查的机遇》,地质出版社 2024 年版,序言。

地质调查和矿产资源勘查、开采活动，应当按照国家有关规定及时汇交原始地质资料、实物地质资料和成果地质资料。汇交的地质资料应当依法保管、利用和保护。此条规定通过加强对地质资料汇交过程的监督管理，致力于提高汇交质量，让地质资料更好地服务矿产资源的勘探开发。

五、资料索引

（一）中国地质调查局召开地质调查立法推进研讨会①

9月27日上午，自然资源部中国地质调查局在京召开地质调查立法推进研讨会，围绕深入学习贯彻习近平法治思想，研究推进地质调查立法工作展开深入交流。自然资源部党组成员、中国地质调查局局长李金发出席研讨会并致辞，局党组成员、副局长颜成义主持研讨会。原地质矿产部部长宋瑞祥，原国土资源部副部长、中国地质调查局原局长寿嘉华出席研讨会并讲话。

会议指出，党的十八大以来，地质调查系统深入贯彻落实习近平总书记关于地质调查工作的重要指示批示精神和党中央重大决策部署，服务经济社会发展取得了有效成果。随着新时代地质调查工作改革发展不断深入，国家对新时代地质工作的战略性部署、整体性推进和规范性实施提出了更高的要求，亟须加快推进地质调查立法工作，充分发挥地质调查工作在经济社会高质量发展中基础性、先行性作用，促进地质行业健康有序发展，保障从业者合法权益，为保障能源资源安全、全面推进美丽中国建设提供坚强法治保障。

会议听取了地质调查立法工作推进进展及《地质调查法（草案试拟稿）》起草情况的汇报，并为首批聘请的法治专家颁发了聘书。与会专家进行了研讨发言，一致认为推动地质调查立法是贯彻全面依法治国战略部署的必然要求，必须坚持科学立法、民主立法、依法立法，灵活运用调研、座谈等方式，积极采取有力措施，加强科学论证、难题攻关，凝聚广泛共识，全力推动地质调查立法工作向纵深推进。

全国人大常委会法工委经济法室有关负责同志，司法部立法四局有关处室负责同志，自然资源部有关司局负责同志，中国地质调查局机关有关部室、有关局属单位负责同志，有关专家学者参加研讨会。

---

① 参见张然、徐晶晶：《中国地质调查局召开地质调查立法推进研讨会》，载中国地质调查局网2024年10月3日，https://www.cgs.gov.cn/xwl/ddyw/202409/t20240930_773335.html。

(二)《中国矿产资源报告 2024》关于基础地质调查①

2023 年,利用中央财政资金完成 1∶5 万区域地质调查 7365 平方千米,工作程度提高到 46.1% 。航空重磁综合调查 12960 平方千米,完成陆域大地电磁测深点 527 个。通过开展区域地质调查、专题地质调查和综合研究,聚焦中国陆块聚散与资源环境效应等关键基础地质问题,查明调查区基础地质特征,提供一批高质量基础地质图件和数据,在青藏高原、扬子陆块、中亚造山带等取得地质构造演化新认识,新发现一批古生物新种属。桐柏 - 大别成矿带、西南三江成矿带等重点成矿区带,松辽盆地、柴达木盆地、河套盆地等重要含油气盆地成矿、成油的关键基础地质问题研究取得突破。

六、规范链接

《中华人民共和国矿产资源法》(2024 年 11 月 8 日修订)

第三十条 县级以上人民政府自然资源主管部门会同有关部门组织开展基础性地质调查;省级以上人民政府自然资源主管部门会同有关部门组织开展战略性矿产资源、重点成矿区远景调查和潜力评价。

第三十一条 开展地质调查和矿产资源勘查、开采活动,应当按照国家有关规定及时汇交原始地质资料、实物地质资料和成果地质资料。

汇交的地质资料应当依法保管、利用和保护。

(撰稿人:何泓霄、曹宇)

第八条 【战略性矿产资源】国家完善政策措施,加大对战略性矿产资源勘查、开采、贸易、储备等的支持力度,推动战略性矿产资源增加储量和提高产能,推进战略性矿产资源产业优化升级,提升矿产资源安全保障水平。

战略性矿产资源目录由国务院确定并调整。

对国务院确定的特定战略性矿产资源,按照国家有关规定实行保护性开采。

① 参见中华人民共和国自然资源部编:《中国矿产资源报告·2024》,地质出版社 2024 年版,第 1 页。

一、条文主旨

本条是关于国家建立战略性矿产资源特殊保护制度的规定。

二、立法目的

党的二十大报告明确指出,加强重点领域安全能力建设,确保粮食、能源资源、重要产业链供应链安全。我国作为全球矿产资源第一消费大国,也是全球矿产资源第一生产大国和贸易大国,未来我国对战略性矿产资源的需求总体呈上升趋势。习近平总书记作出重要指示批示,指出矿产资源是经济社会发展的重要物质基础,矿产资源勘查开发事关国计民生和国家安全,要求加大勘查力度,实施新一轮找矿突破战略行动,保障国家能源资源安全。① 本次《矿产资源法》修订明确规定国家建立战略性矿产资源特殊保护制度,将关系国家经济安全、国防安全和战略性新兴产业发展需求的重要矿产资源纳入战略性矿产资源目录,并对其中部分特殊矿产资源实行保护性开采,不仅为切实提升矿产资源安全保障水平提供法律保障,亦是能源资源安全"国之大者"具体实践的修法确认,进而为中国式现代化提供强有力的支撑。

三、立法沿革

本条为此次《矿产资源法》修订的新增条款,归属于第一章"总则"。

本条第3款是对《矿产资源法》(2009)第17条的修订。保护性开采制度历来受到《矿产资源法》的重视,《矿产资源法》(1986)第15条、《矿产资源法》(1996)第17条以及《矿产资源法》(2009)第17条,都是有关保护性开采的规定,都归属于第二章"矿产资源勘查的登记和开采的审批"。此次修订,将保护性开采制度纳入战略性矿产资源特殊保护制度并置于第一章"总则",更加彰显该制度的重要性,体现了国家对战略性矿产资源安全的进一步关注。在过去,"保护性开采的特定矿种"是《矿产资源法》中的概念定式,《矿产资源法》并非规定"保护性开采如何适用",只是规定"对保护性开采的特定矿种怎么处理"。本次修订既进一步明确了"特定战略性矿产资源"的名单由"国务院"确定并调整,又将保护性开采制度供给的充分空间延续。同时,本条第3款是本法(2024)矿业权出

① 参见《习近平回信勉励山东省地矿局第六地质大队全体地质工作者　在找矿突破战略行动中发挥更大作用　奋力书写"英雄地质队"新篇章》,载新华网,http://www.xinhuanet.com/politics/2022-10/04/c_1129050612.htm。

让合同(第 20 条)“涉及特定战略性矿产资源的,还应当明确保护性开采的有关要求”的关联性规定。

四、规范解读

(一)规定国家建立战略性矿产资源特殊保护制度的主要内容(第 8 条第 1 款)

本条规定了国家在战略性矿产资源管理方面的职责目的,即建立战略性矿产资源特殊保护制度,提升矿产资源安全保障水平,夯实矿产资源安全制度根基。为此,国家通过完善政策措施,针对勘查、开采、贸易、储备等环节出台系列矿政管理新政,建立健全矿产资源开发利用调查评估等常态化制度,规范繁荣矿业市场,加强矿产资源国内勘探开发和增储上产,实现高质量发展和高水平安全良性互动。《推进资源型地区高质量发展“十四五”实施方案》(发改振兴〔2021〕1559 号)特别强调“保障国家资源能源安全”,并将其作为独立章节进行阐述。

本条第 1 款明确国家建立战略性矿产资源特殊保护制度的主要内容,通过完善和优化政策措施,加强战略性矿产资源国内勘探开发和增储上产,提升战略性矿产资源的自主保障能力。战略性矿产资源是指对国家经济、社会发展、国防安全必不可少而国内不能保证的矿产资源及可影响国际市场的矿产资源。[①] 鉴于矿业项目普遍具有周期长、投资大、风险高的特点,对政策供给的科学性、系统性、稳定性依赖较大,国家在完善政策措施时,主要聚焦于以下三个关键方面。

其一,加大对战略性矿产资源勘查、开采、贸易、储备的支持力度。加强战略性矿产资源勘查、保护和合理开发,提升开采效率,提高有效供给。矿产资源勘查属于高风险投资行为,其平均投资周期为 17 年且成功率较低。国家强化政策支持,着重划定重点勘查区、重要矿山深部,开展找矿预测和矿体定位等工作,加大“攻深找盲”力度。《自然资源部关于完善矿产资源规划实施管理有关事项的通知》(自然资发〔2024〕53 号)指出,大力支持能源资源基地和国家规划矿区内战略性矿产勘查开采。加强战略性矿产资源贸易支持,一方面畅通国内市场,优化矿产资源配置;另一方面聚焦双循环下中国矿业产业层次和全球布局,推进中外战略性矿产资源产业链供应链产能双向转移,提升战略性矿产资源产业链、供应链竞争力。加大对战略性矿产资源储备的支持力度,本次《矿产资源法》修订首次以法律形式明确矿产资源储备的法律地位,构建产品储备、产能储备和产地储

---

① 参见陈毓川:《建立我国战略性矿产资源储备制度和体系》,载《国土资源》2002 年第 1 期。

备相结合的战略性矿产资源储备体系。

其二，推动战略性矿产资源储量增加和产能提高。实施新一轮找矿突破战略行动，尊重地质规律，充分发挥我国制度优势和市场优势，推动战略性矿产资源增储上产。2022 年，习近平总书记给山东省地矿局第六地质大队全体地质工作者的重要回信，发出了新一轮找矿突破战略行动的动员令。2023 年，围绕加强重要能源矿产资源国内勘探开发和增储上产，新一轮战略性矿产国内找矿行动全面启动。

其三，推进战略性矿产资源产业优化升级。国家加强政策供给，推进战略性矿产资源产业优化升级，努力为繁荣矿业市场提供支撑。《推进资源型地区高质量发展"十四五"实施方案》明确规定提升产业链供应链竞争力。加强创新链和产业链对接，持续挖掘和巩固提升比较优势，积极发展装备制造、精细化工、新能源等产业，提升产业链的创新能力和附加值，培育一批新兴支柱产业。加快构建战略性矿产资源现代产业体系。

（二）规定战略性矿产资源目录的确定主体（第 8 条第 2 款）

1. 规定战略性矿产资源目录的确定

本条第 2 款规定制定战略性矿产资源目录，明晰战略性矿产资源种类，建立战略性矿产资源特殊保护制度，完善资源安全保障体系。《全国矿产资源规划（2016—2020 年）》首次提出制定"战略性矿产目录"，将 24 种矿产分为能源矿产、金属矿产和非金属矿产三大类。其中能源矿产包括石油、天然气、页岩气、煤炭、煤层气、铀；金属矿产包括铁、铬、铜、铝、金、镍、钨、锡、钼、锑、钴、锂、稀土、锆；非金属矿产包括磷、钾盐、晶质石墨、萤石。《新时代中国战略性关键矿产目录厘定》将 21 种资源品种列为战略性关键矿产，包含铬、铜、钴、锂、铍、铌、钽、锆、硒、铼、钒、钨、锑、镓、锗、铟、稀土、石墨、石油、铀、天然气。

当前，逆全球化思潮抬头，世界进入新的动荡变革期，亟待制定符合我国自身发展安全战略及长远利益的新型战略性矿产资源目录。《自然资源部办公厅关于开展全国矿产资源规划（2021—2025 年）重大专题研究的函》（自然资办函〔2019〕1734 号）重点将"战略性矿产资源安全保障研究"独立为一项，强调研究提出符合我国自身发展安全战略和利益的战略性矿产目录。

2. 规定国务院为战略性矿产资源目录的确定主体

规定国务院为战略性矿产资源目录的确定主体，与本法第 2 条第 2 款的规定相一致,即矿产资源目录同样由国务院确定并调整。这一规定确保了矿产资源目录与战略性矿产资源目录确定主体的统一性,体现了法律的协调性和系统性。

规定国务院为战略性矿产资源目录的确定主体,是对确定战略性矿产资源目录实践有益经验的法律确认。2016 年,经国务院批复同意,由原国土资源部会同国家发展改革委、工业和信息化部、财政部、原环境保护部、商务部制定《全国矿产资源规划(2016—2020 年)》并首次确定战略性矿产目录。同时,赋予国务院对战略性矿产资源目录的调整权,根据国内外市场变化、资源供需形势以及国家发展战略的需要,对战略性矿产资源目录进行及时更新和动态调整,以应对复杂严峻的国内外形势,夯实资源安全制度支撑。因此,将国务院明确为战略性矿产资源目录的确定主体,不仅是对既有成功经验的法律确认,更是为切实提升矿产资源安全保障水平提供了扎实的制度保障。

(三)规定特定战略性矿产资源的保护性开采(第 8 条第 3 款)

1. 规定特定战略性矿产资源的名单划定主体

本条第 3 款规定特定战略性矿产资源由国务院确定。虽然本法强化了“保护性开采”的法定性,但究其本质,过去所称“保护性开采的特定矿种”与如今的“特定战略性矿产资源”(以下简称保护性矿种)在功能价值追求上是一致的,具体内涵仍然是《矿产资源法实施细则》(1994)规定的“国务院根据国民经济建设和高科技发展的需要,以及资源稀缺、贵重程度确定的,由国务院有关主管部门按照国家计划批准开采的矿种”,以及《保护性开采的特定矿种勘查开采管理暂行办法》(国土资发〔2009〕165 号,以下简称 165 号文)规定的“按照有关规定,由国家实行有计划勘查、开采管理的矿种”。有学者认为,“保护性开采特定矿种”是一个法律用语,在矿产资源核查、矿产资源形势研判、矿产资源规划研究中都应尽量使用该名称①,但实际上,从来没有任何一部法律或者规范性文件明确过“保护性开采特定矿种”就是简称,《矿产资源法实施细则》在解释用语时称呼的是(第 6 条)“国家规定实行保护性开采的特定矿种”,因此不应武断地确定某一个用语的法定性。不过,通过立法来给“保护性矿种”明确一个简称当然是有必要的,“保护性开采特定矿种”是一个比较合适的方案。

---

① 参见胡魁:《保护性开采特定矿种保护监管亟待加强》,载微信公众号“资法微谈”2024 年 8 月 8 日,https://mp.weixin.qq.com/s/ipqjLUz6fxY_Swa292qlrQ。

“战略性矿产资源”是本次修订相较于旧法的新概念，但该概念早在20世纪就已经见于我国学者的笔端。[①] 不过，保护性开采涉及的“特定”的战略性矿产资源，只是战略性矿产资源中的一小部分。

迄今为止，国务院确定过的保护性矿种有黄金、钨、锡、锑、离子型稀土共五个。其中，黄金现已不再作为保护性矿种进行特殊管控。

黄金是五个保护性矿种里唯一的紧缺金属矿产，这必然与黄金在货币、金融等领域的特殊价值有关。1988年，国务院发布《关于对黄金矿产实行保护性开采的通知》（国发〔1988〕75号，已失效，以下简称75号文），将黄金列为保护性矿种。75号文说明了对黄金特殊管控的原因是“黄金矿产是国家极其宝贵的资源，对国民经济具有重要价值”，“当前大量的个体采矿者涌入黄金矿山和勘查矿区乱采滥挖”。2016年国务院发布《关于宣布失效一批国务院文件的决定》（国发〔2016〕38号），至此75号文失效，我国正式将保护性矿种减至四个。[②]

保护性开采的优势矿产的范围在三十多年间没有发生变化。1991年，国务院发布《关于将钨、锡、锑、离子型稀土矿产列为国家实行保护性开采特定矿种的通知》（国发〔1991〕5号），将钨、锡、锑、离子型稀土列入保护性矿种，其共性在于我国的储量巨大，并且深刻影响着我国的国际竞争力。

根据《矿产资源法实施细则》第28条的规定，国务院有关主管部门可以提出确定或者撤销保护性矿种。但自《矿产资源法》（1986）首次提出保护性矿种的概念以来，三十年间名单的变动微乎其微，目前的保护性矿种范围是否还能适应新的形势、新的变化，饱受社会各界争议。其他的优势矿产，以及一些紧缺矿产，是否始终没有保护性开采的必要呢？对原有保护性开采特定矿种以及当前未列入而应列入保护性开采特定矿种的矿产进行重新审视和评价已成为一件急迫的事情。[③] 例如，近年来国内锑矿石的供应能力下降，我国成为锑净进口国，国内锑冶炼企业依赖进口矿石才能满足生产，对锑的保护性开采是否不利于我国资源安

---

① 参见胡长顺、吴正章等：《加快中西部地区发展的对策》，载《经济研究参考》1996年第F8期。

② 有学者认为黄金的保护性矿种地位没有改变，但自然资源部官网《关于继续保留黄金作为保护性开采特定矿种，保障黄金产业有序健康发展的建议复文摘要》一文（2016年7月13日调控和监测司发布，https://www.mnr.gov.cn/gk/jyta/jydf/2016/201609/t20160906_1997152.html）指出，“国家不再将黄金作为保护性开采特定矿种进行特殊管控”。

③ 参见方一平、张福良等：《浅谈国家保护性开采特定矿种的内涵及外延》，载《中国矿业》2016年第25卷增刊2。

全，有悖于总体国家安全观的意旨？同处保护性矿种的名单内，却拥有着不同的自然和经济价值、面临着不同的供需形势、给予着不同的政策调控，名单的内在价值究竟还剩几何？这些问题是值得深究的。此外，还有研究认为，找矿成果爆发性增长的钼矿等应纳入保护性开采的范围，显然，保护性矿种的划定标准已经到了不规定不可的地步了。

2. 规定特定战略性矿产资源的特殊管控要求

本法规定对特定战略性矿产资源的特殊管控要求是“保护性开采”，具体方法遵照国家有关规定。在过去的实践中，“国家有关规定”主要是国务院规范性文件以及部委的政策，原则规定出现在165号文，即“统一规划、总量控制、合理开发、综合利用”。保护性开采的具体实现方式有增加批准程序、划定开采范围、上收登记审批权限、禁止个人开采、暂停许可证审批与颁发、下达总量控制指标、国家鼓励矿业权人提高资源利用率等。

1990年，《国家黄金管理局关于开采黄金矿产审批手续有关规定的通知》（国金地字第39号，已失效）规定了开采黄金矿产必须经国家黄金管理局批准，生产和开采指标也由其下达；1995年经国务院批准后，原国家计划委员会、原国家经济贸易委员会、原对外贸易经济合作部将黄金采、选、冶炼、加工列为限制外商投资项目；2007年之后，工信部增加了对黄金矿业权项目的前置审批环节，要求开采黄金矿申请人先通过工信部的《开采黄金矿产批准书》审批后，原国土资源部才能办理采矿许可证，直到2016年国务院发布《关于取消13项国务院部门行政许可事项的决定》（国发〔2016〕10号），该审批才被取消，同年还取消了黄金的保护性矿种地位；2017年的《矿业权出让制度改革方案》规定资源储量规模大型以上金矿的采矿权由原国土资源部审批，其他权限下放；根据2020年《自然资源部关于申请办理矿业权登记有关事项的公告》（自然资源部公告2020年第21号）的规定，金矿审批权限进一步下放。黄金管控的松绑是我国矿业法治建设不断完善与黄金管理体制改革的必然结果，也反映出我国黄金行业自我发展与竞争能力已经显著增强。

出于规范开采与出口秩序、优化矿业权布局的目的，原国土资源部于1999年暂停了稀土、钨、锡、锑等矿种采矿许可证的颁发（暂停至2000年12月31日，暂停持续了20个月）；2002年、2006年、2009年先后对钨、稀土、锑实施开采总量指标控制管理政策，按年度下达开采总量控制指标（对钨矿、稀土矿下达开采指标延续至今，锑矿则于2014年起停止下达开采指标）；2004年至2005年公告了符合开采资格的全国钨、锡、锑和稀土矿山名单，2012年重新公告了稀土探矿权和采矿权名单；2007年将新设钨、稀土探矿权、采矿权发证权限上收部里统一办理；2009年规定，在2010年6月30日前除特殊情形外，全国暂停受理钨、锑和稀土矿探矿权和采矿权申请；在2012年的《国土资源部关于印发〈开采总量控制矿种指标管理暂行办法〉的通知》（国土资发〔2012〕44号，已失效）中，进一步细化了保护性矿种的开采总量控制指标管理措施；针对我国钨矿共伴生矿较多的实情，2014年对钨矿综合利用指标试行指导性指标等。一系列管理措施推进了专项整治和资源开发整合工作，适应了国家战略需要。

值得关注的是，本法第20条规定：（矿业权出让合同）涉及特定战略性矿产资源的，还应当明确保护性开采的有关要求。过去，165号文仅规定了控制指标要求须在合同书中体现，本次修订显然留下了制度完善的空间，使其他保护性开采的要求也有望从单纯的法律和管理规范到兼具合同约定的效力，是《矿产资源法》属于“偏私型公私综合法”的又一例证，并将更有助于保障保护性开采的全流程落实。

当然，将一部分战略性矿产资源列为保护性矿种，不是规范和加强矿产资源开发利用与保护工作的唯一路径。提高各种矿产资源的管理服务水平，推进相关行业持续健康发展，是国家对管理部门始终不变的要求，也注定是一个极其复杂的系统工程。因此，做好保护性开采和其他调控措施的衔接，进一步明晰保护性开采的战略意义和保护性矿种名单的战略地位，是配套制度完善的重要方向。

五、资料索引

（一）高举中国特色社会主义伟大旗帜　为全面建设社会主义现代化国家而团结奋斗[①]

增强维护国家安全能力。坚定维护国家政权安全、制度安全、意识形态安全，加强重点领域安全能力建设，确保粮食、能源资源、重要产业链供应链安全，加强

---

① 参见《习近平：高举中国特色社会主义伟大旗帜　为全面建设社会主义现代化国家而团结奋斗——在中国共产党第二十次全国代表大会上的报告》，载人民政府网，https://www.gov.cn/xinwen/2022-10/25/content_5721685.htm。

海外安全保障能力建设，维护我国公民、法人在海外合法权益，维护海洋权益，坚定捍卫国家主权、安全、发展利益。提高防范化解重大风险能力，严密防范系统性安全风险，严厉打击敌对势力渗透、破坏、颠覆、分裂活动。全面加强国家安全教育，提高各级领导干部统筹发展和安全能力，增强全民国家安全意识和素养，筑牢国家安全人民防线。

（二）《中国矿产资源报告（2023）》显示我国油气和非油气矿产地质勘查投资实现双增长①

10 月 26 日，在 2023 中国国际矿业大会上，自然资源部发布了《中国矿产资源报告（2023）》（以下简称《报告》）。《报告》显示，2022 年我国油气和非油气矿产地质勘查投资实现双增长，新发现矿产地 132 处。

《报告》着重介绍了 2022 年以来我国在地质矿产调查评价、矿产资源勘查开发、矿山生态修复、绿色矿山建设等方面的新进展，矿产资源政策法规的新变化，矿产资源管理等方面的新举措，科技创新等方面的新动态，以及国际地质矿产合作的新成果。

《报告》显示，我国推进实施新一轮找矿突破战略行动效果显著，资源保障能力进一步提升。截至 2022 年年底，全国已发现 173 种矿产，其中能源矿产 13 种、金属矿产 59 种、非金属矿产 95 种、水气矿产 6 种。2022 年，我国油气勘查在塔里木、准噶尔、渤海湾和四川等大型含油气盆地的新层系、新类型和新区带获得重大突破，非油气矿产中煤、铁、铜、金、“三稀”等矿产勘查取得重大进展。

基础地质调查工作程度进一步提高，重要矿产资源调查评价取得新进展。我国完成全国地下水资源年度评价和储存变化量调查；持续推进海域基础地质调查、矿产资源调查以及大洋地质调查等工作。

采矿业固定资产投资持续增长，主要矿产品产量继续保持增长。我国煤、石油、天然气等能源矿产保供成效明显，自给率上升，能源消费结构持续优化。

（三）推动稀土产业高质量发展②

《稀土管理条例》将稀土开采、稀土冶炼分离实行总量调控管理以法律法规的形式进一步明确，并要求加强环境保护，不但有利于从源头强化资源开发管理，

---

① 参见王瑜：《〈中国矿产资源报告（2023）〉显示我国油气和非油气矿产地质勘查投资实现双增长》，载中国自然资源报网 2023 年 10 月 27 日，https://www.iziran.net/news.html?aid=5277661。

② 参见黄鑫：《推动稀土产业高质量发展》，载《经济日报》2024 年 7 月 9 日，第 6 版。

而且充分表明了我国走生态优先、绿色低碳发展之路的坚强决心。此外，《稀土管理条例》鼓励支持稀土综合利用产业合规有序发展，将有效缩减行业对不可再生矿产资源的需求，延长矿产资源开采使用年限，降低废弃物排放对自然生态的危害，有力推动稀土产业安全绿色可持续发展。

中国稀土集团将坚持保护资源与开发利用并重。在大型资源利用基地建设和产业优化布局中，聚焦高端化、智能化、绿色化发展。供给端坚持稳中求进、加快构建现代化产业体系，需求端着力创新驱动、不断拓展新的应用场景，两端发力实现稀土产业链供应链有序均衡发展，更好服务传统产业改造提升和战略性新兴产业发展。

六、规范链接

（一）《稀土管理条例》（2024 年 6 月 22 日）

第十条　国家根据稀土资源储量和种类差异、产业发展、生态保护、市场需求等因素，对稀土开采和稀土冶炼分离实行总量调控，并优化动态管理。具体办法由国务院工业和信息化主管部门会同国务院自然资源、发展改革等部门制定。

稀土开采企业和稀土冶炼分离企业应当严格遵守国家有关总量调控管理规定。

第二十一条　稀土开采企业和稀土冶炼分离企业违反总量调控管理规定进行稀土开采、冶炼分离的，由自然资源、工业和信息化主管部门按照职责分工责令改正，没收违法生产的稀土产品和违法所得，并处违法所得 5 倍以上 10 倍以下的罚款；没有违法所得或者违法所得不足 50 万元的，并处 100 万元以上 500 万元以下的罚款；情节严重的，责令停产停业，对主要负责人、直接负责的主管人员和其他直接责任人员依法给予处分。

（二）《推进资源型地区高质量发展“十四五”实施方案》（发改振兴〔2021〕1559 号）

二、保障国家资源能源安全

（六）加强资源能源保障能力建设。依据资源禀赋、开发利用等情况，布局一批能源资源基地和国家规划矿区，打造战略性矿产资源稳定供应的核心区。实施矿产地储备工程，构建产品、产能和产地相结合的战略性矿产资源储备体系。加大石油、天然气、铜、铬、钨、稀土、晶质石墨等战略性矿产资源勘查，做好重要矿产资源战略接续。

三、引导资源型地区创新发展

（九）提升产业链供应链竞争力。加强创新链和产业链对接，持续挖掘和巩固提升比较优势，积极发展装备制造、精细化工、新能源等产业，提升产业链的创新能力和附加值，培育一批新兴支柱产业。鼓励资源型地区积极融入全球供应链，支持加快构建自主可控、安全高效的资源能源供应链体系。

（三）《全国矿产资源规划（2016—2020年）》（2016年11月2日）

六、强化矿产资源宏观管理

制定战略性矿产目录。为保障国家经济安全、国防安全和战略性新兴产业发展需求，将石油、天然气、煤炭、稀土、晶质石墨等24种矿产列入战略性矿产目录，作为矿产资源宏观调控和监督管理的重点对象，并在资源配置、财政投入、重大项目、矿业用地等方面加强引导和差别化管理，提高资源安全供应能力和开发利用水平。

（四）《自然资源部办公厅关于开展全国矿产资源规划（2021—2025年）重大专题研究的函》（自然资办函〔2019〕1734号）

二、战略性矿产资源安全保障研究

把握经济全球化的新形势新特征，对百年未有之大变局中我国战略性矿产资源安全保障的主要影响因素进行研判。分析2025和2035全球和我国重要矿产资源供需格局变化，预测重要矿产资源保障程度，研究提出符合我国自身发展战略和利益的战略性矿产目录，明确提高战略性矿产资源安全保障能力的总体思路和差别化的政策措施建议。

（五）《保护性开采的特定矿种勘查开采管理暂行办法》（国土资发〔2009〕165号）

第四条 国土资源部会同有关部门提出保护性开采的特定矿种的设立或撤销名单，经国务院批准后，公布实施。

（六）《自然资源部关于完善矿产资源规划实施管理有关事项的通知》（自然资发〔2024〕53号）

（二）开展规划年度实施监测分析。

各级自然资源主管部门根据本级规划内容，确定规划年度实施监测指标与任务，主要反映资源增储上产、总量调控、结构调整、综合利用、绿色矿山建设等情况，能源资源基地、国家规划矿区和重点勘查开采区建设情况，勘查开采规划区块引导矿业权投放情况。年度实施监测分析工作依托全国矿产资源规划编制实施管理系统(简称“规划管理系统”)开展,省级自然资源主管部门应当在每年5月底前组织完成本地区上年度规划实施监测分析工作。

(六)大力支持能源资源基地和国家规划矿区内战略性矿产勘查开采。

加强能源资源基地和国家规划矿区建设,布局一批重大勘查开采项目,优先保障战略性矿产勘查开采,在矿业权出让、开采总量调控指标、资金安排、用地保障以及相关产业政策等方面给予大力支持。支持大型矿产资源企业发挥领军作用,整合资源勘查开采,推动新建、改扩建一批大中型矿山,加快在建矿山达产达效,构建以大中型矿山为主体的开发格局。

(撰稿人:张婉莹、尚凯绮、曹宇)

第九条　【矿产资源规划】国家对矿产资源勘查、开采实行统一规划、合理布局、综合勘查、合理开采和综合利用的方针。

国务院自然资源主管部门会同国务院发展改革、应急管理、生态环境、工业和信息化、水行政、能源、矿山安全监察等有关部门,依据国家发展规划、全国国土空间规划、地质调查成果等,编制全国矿产资源规划,报国务院或者其授权的部门批准后实施。

省级人民政府自然资源主管部门会同有关部门编制本行政区域矿产资源规划,经本级人民政府同意后,报国务院自然资源主管部门批准后实施。

设区的市级、县级人民政府自然资源主管部门会同有关部门根据本行政区域内矿产资源状况和实际需要,编制本行政区域矿产资源规划,经本级人民政府同意后,报上一级人民政府自然资源主管部门批准后实施。

一、条文主旨

本条是关于矿产资源规划的规定。

二、立法目的

自2012年起,自然资源部(原国土资源部)制定《矿产资源规划编制实施办法》(2019 年修正)、《关于完善矿产资源规划实施管理有关事项的通知》(自然资发〔2024〕53 号)等多部规章、部门工作文件,不断加强矿产资源规划编制管理并促进规范落实。《矿产资源法》(2009)虽确立了国家对矿产资源的勘查、开采实行统一规划、合理布局的方针,但是未对矿产资源规划的法律效力作出明确规定,矿产资源规划体系及编制、审批、实施、监督管理的规定严重缺失,导致矿产资源规划难以有效发挥对矿产资源勘查开发利用与保护活动的引领支撑作用。

为适应经济社会发展的新形势,贯彻落实党的二十大精神与国家"十四五"规划和 2035 年远景目标纲要的工作要求,本条规定旨在强化由国家对矿产资源实行统一规划、综合利用的方针,将矿产资源规划的编制任务落实到中央、省、市(地)和县四级,进一步发挥矿产资源规划的引领支撑作用,更好地引导矿产资源合理勘查开采,提高矿产资源保障能力,推动矿业绿色转型和高质量发展。

三、立法沿革

1998 年以来,我国按照自上而下、上下联动、压茬推进的原则已编制实施了四轮矿产资源规划。首轮矿产资源规划于 2001 年实施,结束了我国矿产资源管理无规划可依的历史。第二轮矿产资源规划自 2008 年实施,贯彻落实了节约资源与保护环境的基本国策,矿产资源对经济社会可持续发展的保障能力不断提高。第三轮矿产资源规划以 2015 年为基期,目标年为 2020 年。以提高资源保障能力为目标,切实发挥规划的宏观指导和监管依据作用。第四轮矿产资源规划以 2020 年为规划基期,2025 年为目标年。以推动矿业绿色发展为目标,促进资源开发利用与生态环境保护相协调。多轮矿产资源规划在超前谋划发展举措、统筹协调工作布局、规范矿业开发管理等方面发挥了重要作用。

为适应矿业形势深刻变化和矿产资源管理改革发展的需要,2012 年原国土资源部颁布《矿产资源规划编制实施办法》(国土资源部第 55 号令),对矿产资源规划的编制要求、规划体系、报批程序等予以明确规定。2013 年《国土资源部关于贯彻落实〈矿产资源规划编制实施办法〉严格规划管理的通知》(国土资厅发〔2013〕24 号,已失效),细化了矿产资源规划编制实施办法的有关规定。2015 年《国土资源部办公厅关于印发〈省级矿产资源总体规划编制技术规程〉和〈市县级矿产资源总体规划编制指导意见〉的通知》(国土资厅〔2015〕9 号,已失效)明确了省、市县级规划编制要点、技术要求和成果要求等。随着矿业领域全面深化改革,为更好地引导矿产资源合理勘查开采,2023 年自然资源部出台《关于进一步完善矿产资源勘查开采登记管理的通知》（自然资规〔2023〕4 号）和《关于深化矿产资源管理改革若干事项的意见》（自然资规〔2023〕6 号）。2024 年自然资源部印发《关于完善矿产资源规划实施管理有关事项的通知》（自然资发〔2024〕53 号），进一步强调发挥规划的引领支撑作用、优化规划年度实施制度。

四轮矿产资源规划和部门规章的有益探索和实践经验需通过上位法律固定下来，故本次《矿产资源法》的修订明晰了矿产资源规划的法律地位、细化了编制与审批程序。相较于《矿产资源法》（2009）第 7 条，本条第 2 款、第 3 款、第 4 款为新增条款，明确了各级矿产资源规划编制的责任主体、审批主体、审批流程，为科学合理开发矿产资源提供了完备的法律依据。

四、规范解读

矿产资源规划是国家或地区以保障一定时期内国民经济和社会发展对矿产资源的需求，有效地保护与合理开发利用矿产资源、保护生态环境为目标，根据全国或地区矿产资源的特点，对矿产资源的调查评价、勘查、开发利用与保护、矿山生态环境保护等，在时间上和空间上所作的总体安排和布局。矿产资源规划在谋划发展、统筹协调、规范管理、引导资金投入等方面起到了重要保障作用，是矿产资源科学配置、矿山合理布局的重要依据。

（一）国家对矿产资源的管理方针（第 9 条第 1 款）

该款延续、强化了国家对矿产资源“统一规划、合理布局、综合勘查、合理开采和综合利用”的管理方针，体现了矿产资源管理的整体性和系统性要求，各地区在勘查和开采矿产资源时，必须遵循国家的统一规划和合理布局，避免无序开发和资源浪费。

统一规划：意味着从国家层面，对矿产资源的勘查和开采活动进行整体性、系统性的规划安排，以确保资源开发活动符合国家的整体利益和发展战略，避免各自为政、盲目开发的现象。

合理布局：根据不同地区的资源禀赋、地理条件、经济发展需求等因素，对矿产勘查和开采活动在空间上进行科学、合理的规划，提高资源开发的效率和效益，同时减少资源开发对环境和生态的负面影响。

合理开采：强调在开采过程中，根据资源的储量、品位、开采条件等因素，采用科学、合理的开采方法和工艺，提高资源的采收率，减少资源的浪费，同时保障开采活动的安全和可持续性。

综合利用:要求在矿产资源开发过程中,对矿石中的各种有用组分进行充分回收和利用,提高资源的利用效率,减少废弃物的排放,降低对环境的污染,实现资源开发的经济效益、社会效益和环境效益的统一。

(二)全国矿产资源规划的编制和审批(第9条第2款)

该款规定明确了全国矿产资源规划编制的牵头主体及协同部门。其一,全国矿产资源规划编制的牵头主体为国务院自然资源主管部门,并协同国务院发展改革、应急管理、生态环境、工业和信息化、水行政、能源、矿山安全监察等有关部门。"会同"体现了国务院自然资源主管部门与其他有关部门"由重到轻"的责任程度区分。其二,该款规定了全国矿产资源规划编制的依据,包括国家发展规划、全国国土空间规划、地质调查成果等。矿产资源规划与国家发展规划、国土空间规划同步编制,有利于强化矿产资源勘查开发的空间落位,从规划编制源头解决矿业权、国家规划矿区等与生态保护红线、永久基本农田等重要控制线的矛盾冲突。借助地质调查成果了解矿产资源的分布、储量、品质等基础信息,为规划提供数据支撑,从而实现对全国矿产资源勘查、开采活动的科学指导和统筹安排。矿产资源规划时依据如上信息,对于加强矿产资源规划管理与国土空间规划"一张图"的监督发挥了重要作用,并进一步推进规划信息与地质调查成果、矿业权登记等相关信息的整合,为规划实施管理提供综合性信息支撑。其三,全国矿产资源规划编制完成后,须报国务院或者其授权的部门批准后实施。自然资源部形成全国规划草案、完善规划文本、组织规划论证后,应联合发展改革委、工业和信息化部、生态环境部等上报国务院审批。"国务院授权部门"所指为何本款尚未明确,后续需通过行政法规等方式进一步确定。

(三)省级矿产资源规划的编制和审批(第9条第3款)

该款规定明确了省级矿产资源规划的编制和审批程序。其一,由省级人民政府自然资源主管部门会同有关部门编制本行政区域的矿产资源规划。省级规划应与全国规划同步部署、同步研究、同步编制,发挥省级规划承上启下和统筹协调作用。"会同有关部门"指各地自然资源主管部门要在同级人民政府领导下,加强与发展改革、工业和信息化、生态环境等相关部门的协调配合,共同做好规划编制,提高规划的科学性和可操作性。其二,经本级人民政府同意后,报国务院自然资源主管部门批准后实施。根据《自然资源部关于全面开展矿产资源规划(2021—2025年)编制工作的通知》(自然资发〔2020〕43号)的规定,省级矿产资源规划的编制应首先完成省级规划草案，然后报自然资源部论证衔接，在与全国规划对接的基础上，完成规划编制和规划环境影响评价工作，再经省级人民政府审核同意报自然资源部审批，最后由省级人民政府发布实施。也就是说，强调省级规划编制过程中应与全国规划动态衔接，落实全国规划的目标任务，同时体现地区特色。

（四）设区的市级、县级矿产资源规划的编制和审批（第9条第4款）

该款规定明确了设区的市级、县级矿产资源规划的编制和审批程序。其一，设区的市级、县级矿产资源规划的编制具体由各市、县自行确定，需结合本行政区域内的矿产资源状况和实际需要确定是否编制、编制范围等，原则上有矿业活动的市县都要编制规划。市县规划要突出精细管理和监管依据作用，落实上级规划部署要求，对本级审批发证的矿产资源勘查、开发与保护活动进行详细部署安排。“有关部门”亦指发展改革、工业和信息化、生态环境等相关部门。其二，市县级规划经同级人民政府审核同意后，须报上一级自然资源主管部门审批，并由同级人民政府发布实施。

本法第9条明确了国家对矿产资源勘查、开采的管理方针和规划体系，有利于实现矿产资源的合理开发、节约利用和有效保护。同时，通过明确的编制和审批流程，确保了矿产资源规划的科学性、合理性和权威性，为矿产资源勘查、开采的规范化、法治化管理提供了有力保障。

五、规范链接

（一）《中华人民共和国煤炭法》（2016年11月7日修正）

第十五条　国务院煤炭管理部门根据全国矿产资源规划规定的煤炭资源，组织编制和实施煤炭生产开发规划。

省、自治区、直辖市人民政府煤炭管理部门根据全国矿产资源规划规定的煤炭资源，组织编制和实施本地区煤炭生产开发规划，并报国务院煤炭管理部门备案。

（二）《自然资源部关于完善矿产资源规划实施管理有关事项的通知》（自然资发〔2024〕53号）

各级自然资源主管部门根据本级规划内容，确定规划年度实施监测指标与任务，主要反映资源增储上产、总量调控、结构调整、综合利用、绿色矿山建设等情况，能源资源基地、国家规划矿区和重点勘查开采区建设情况，勘查开采规划区块引导矿业权投放情况。年度实施监测分析工作依托全国矿产资源规划编制实施管理系统（简称“规划管理系统”）开展，省级自然资源主管部门应当在每年5月底前组织完成本地区上年度规划实施监测分析工作。

（三）《矿产资源规划编制实施办法》（2019年7月16日修正）

第五条 矿产资源规划的编制和实施，应当遵循市场经济规律和地质工作规律，体现地质勘查和矿产资源开发的区域性、差异性等特点，鼓励和引导社会资本进入风险勘查领域，推动矿产资源勘查开发。

第八条 矿产资源总体规划包括国家级矿产资源总体规划、省级矿产资源总体规划、设区的市级矿产资源总体规划和县级矿产资源总体规划。

国家级矿产资源总体规划应当对全国地质勘查、矿产资源开发利用和保护进行战略性总体布局和统筹安排。省级矿产资源总体规划应当对国家级矿产资源总体规划的目标任务在本行政区域内进行细化和落实。设区的市级、县级矿产资源总体规划应当对依法审批管理和上级自然资源主管部门授权审批管理矿种的勘查、开发利用和保护活动作出具体安排。

下级矿产资源总体规划应当服从上级矿产资源总体规划。

第十条 自然资源部负责全国的矿产资源规划管理和监督工作。

地方各级自然资源主管部门负责本行政区域内的矿产资源规划管理和监督工作。

（撰稿人：刘琬乔）

第十条 【储备体系和应急体系】 国家加强战略性矿产资源储备体系和矿产资源应急体系建设，提升矿产资源应急保供能力和水平。

一、条文主旨

本条是关于战略性矿产资源储备体系和矿产资源应急体系建设的规定。

二、立法目的

战略性矿产资源储备和应急相关制度的规范定型化。党的十八大以来，以习近平同志为核心的党中央高度重视初级产品供给保障。习近平总书记强调“能源安全是关系国家经济社会发展的全局性、战略性问题”。面对战略性矿产资源国际竞争形势的加剧，国内战略性矿产资源储供需失衡的持续以及对外依存度的居高不下等挑战，亟须在法律层面确立战略性矿产资源储备和应急相关制度，提升应急保供能力和水平，全方位夯实国家矿产资源安全制度根基。基于此，本次《矿产资源法》修订明确建立战略性矿产资源储备和应急体系，增加“矿产资源储备和应急”专章，为战略性矿产资源储备和应急相关制度的完善提供扎实的法律依据。

三、立法沿革

本条为此次《矿产资源法》修订的新增条款，归属于第一章“总则”。统领第五章“矿产资源储备和应急”（第50条到第55条），旨在加强战略性矿产资源储备体系和矿产资源应急体系建设。

四、规范解读

保障战略性矿产供应安全从关键处发力，以加强战略性矿产资源储备体系为关键手段，以强化矿产资源应急体系建设为重要举措，最终达到提升矿产资源应急保供能力和水平的根本目标，在关键时刻发挥保底线的调节作用，为健全国家安全体系提供根本遵循。

（一）规定国家加强战略性矿产资源储备体系建设

为保障能源资源安全保驾护航，以加强战略性矿产资源储备体系建设为关键手段，旨在确保重要产业链供应链安全，提升战略性矿产资源应急保供能力。本条规定国家加强战略性矿产资源储备体系建设，并在新增的第五章“矿产资源储备和应急”中进行具体展开。对应条款详细规定国家构建产品储备、产能储备和产地储备相结合的战略性矿产资源储备体系，并就矿产品储备的组织实施、产能储备的责任落实、战略性矿产资源储备地的划定进行明确。

“手中有矿，心中不慌。”战略性矿产资源储备体系建设的重要性日益凸显。“十五”时期以来，我国已逐步建立起战略性矿产资源储备体系。2016年，《国民经济和社会发展第十三个五年规划纲要》提出健全国家战略物资储备，构建产品产能产地储备相结合的国家战略资源能源储备体系。2021年，《国民经济和社会发展第十四个五年规划和2035年远景目标纲要》在“强化国家经济安全保障”一章中重点强调"加强战略性矿产资源规划管控，提升储备安全保障能力，实施新一轮找矿突破战略行动"。2024年，党的二十届三中全会进一步提出"完善战略性矿产资源探产供储销统筹和衔接体系"。紧随其后，《自然资源部关于保护和永续利用自然资源扎实推进美丽中国建设的实施意见》（自然资发〔2024〕150号）明确指出，大力推进新一轮找矿突破战略行动，推动完善战略性矿产资源探产供储销统筹和衔接体系。

（二）规定国家加强矿产资源应急体系建设

为健全国家矿产资源安全保障体系，提升矿产资源应急保供能力和水平，以加强矿产资源应急体系建设为重要举措。矿产资源应急体系建设，旨在提高应急治理韧性，统筹发展与安全，构建常态与应急结合的战略性矿产资源应急体系。本条规定国家加强矿产资源应急体系建设，本法相应新增第五章"矿产资源储备和应急"的第54条和第55条，对建立和完善矿产资源供应安全预测预警体系、矿产资源应急状态及应急处置措施作出具体规定。此外，新增第72条详细约定有关单位和个人违反应急义务和应急处置措施的法律责任。

尽管"十五"时期我国已经提出逐步建立矿产资源应急体系，但是矿产资源应急体系建设发展缓慢。《国民经济和社会发展第十三个五年规划纲要》（2016）首次指出提高能源、矿产资源等方面的风险防控能力。同年，《全国矿产资源规划（2016—2020年）》提出建立战略性矿产监测预警报告制度。《国民经济和社会发展第十四个五年规划和2035年远景目标纲要》（2021）强调完善能源风险应急管控体系。2024年，《自然资源部关于保护和永续利用自然资源扎实推进美丽中国建设的实施意见》（自然资发〔2024〕150号）提出建设矿产资源市场监测体系。

（三）规定提升矿产资源应急保供能力和水平

为实现提升矿产资源应急保供能力和水平的根本目标，通过加强战略性矿产资源储备体系和矿产资源应急体系建设，多措并举，切实提升矿产资源供给体系对国内需求的适配性，以"稳"为本提升矿产资源保供能力。随着战略性矿产资源储备体系和矿产资源应急体系建设的逐步建立与完善，矿产资源应急保供能力和水平亦在稳步提升。2014年，习近平总书记创造性提出"总体国家安全观"，将资源安全纳入国家安全体系，战略性矿产资源首次提升至国家安全高度。2015年，《国家安全法》以立法的形式确定国家合理利用和保护资源能源方面全面提升应急保障能力的根本目标。2022 年，习近平总书记在党的二十大报告中进一步强调："巩固优势产业领先地位，在关系安全发展的领域加快补齐短板，提升战略性资源供应保障能力。"2024 年，十四届全国人大二次会议再次强调要强化能源资源安全保障。在国家发展与安全统筹兼顾的背景之下，关键战略性矿产资源安全与矿产资源对我国生产制造供应链保障已成为健全国家安全体系的重要一环，是推进中国式现代化建设行稳致远的重要基础。

五、资料索引

（一）高举中国特色社会主义伟大旗帜　为全面建设社会主义现代化国家而团结奋斗[①]

十一、推进国家安全体系和能力现代化，坚决维护国家安全和社会稳定

（一）健全国家安全体系。坚持党中央对国家安全工作的集中统一领导，完善高效权威的国家安全领导体制。强化国家安全工作协调机制，完善国家安全法治体系、战略体系、政策体系、风险监测预警体系、国家应急管理体系，完善重点领域安全保障体系和重要专项协调指挥体系，强化经济、重大基础设施、金融、网络、数据、生物、资源、核、太空、海洋等安全保障体系建设。健全反制裁、反干涉、反"长臂管辖"机制。完善国家安全力量布局，构建全域联动、立体高效的国家安全防护体系。

（二）推动重要能源和矿产资源增储上产[②]

加快构建新发展格局要求提高重要能源和矿产资源的自主保障能力。当前，逆全球化思潮抬头，单边主义、保护主义明显上升，局部冲突频发，世界进入新的动荡变革期。加快构建新发展格局，是以习近平同志为核心的党中央立足实现第二个百年奋斗目标、统筹发展和安全作出的战略决策，是把握我国未来发展主动权的战略部署。构建新发展格局的前提是确保极限情况下国内大循环的稳定畅通，这就要求必须确保国防、民生等基本需求的矿产资源的有效供给。近年来，我国石油、铁等战略性矿产资源外采度居高不下，国际供应风险急速攀升。随着战略性新兴产业快速发展及碳达峰、碳中和稳步推进，战略性矿产需求将发生结构

---

① 参见《习近平：高举中国特色社会主义伟大旗帜　为全面建设社会主义现代化国家而团结奋斗——在中国共产党第二十次全国代表大会上的报告》，载人民政府网，https://www.gov.cn/xinwen/2022-10/25/content_5721685.htm。

② 参见王广华：《推动重要能源和矿产资源增储上产》，载《经济日报》2023 年 11 月 8 日，第 1 版。

性变化，铁、锰、铝等消费量将保持高位运行，锂、钴、镍等清洁能源和新兴产业所需矿产的需求将持续快速增长。面对国内外环境发生的深刻变化，必须强化底线思维、极限思维，明确重要战略性矿产资源国内生产自给的战略底线，加强国家战略物资储备制度建设，努力将重要能源和矿产资源保障放在自己力量的基点上，做到“手中有矿、心中不慌”。

六、规范链接

表 2　战略性矿产资源储备体系和矿产资源应急体系建设法律法规政策及权威论述

时间	名称	相关内容
2001 年	《关于国民经济和社会发展第十个五年计划纲要的报告》	逐步建立战略性矿产资源储备和安全供应体系
2006 年	《中华人民共和国国民经济和社会发展第十一个五年规划纲要》	完善重要资源储备制度
2008 年	《全国矿产资源规划（2008—2015年）》（已失效）	实行战略矿产储备制度
2011 年	《中华人民共和国国民经济和社会发展第十二个五年规划纲要》	建立重要矿产资源储备体系
2015 年	《中华人民共和国国家安全法》	第二十一条 国家合理利用和保护资源能源，有效管控战略资源能源的开发，加强战略资源能源储备，完善资源能源运输战略通道建设和安全保护措施，加强国际资源能源合作，全面提升应急保障能力，保障经济社会发展所需的资源能源持续、可靠和有效供给
2016 年	《中华人民共和国国民经济和社会发展第十三个五年规划纲要》	实施矿产资源……保护和储备工程。提高……矿产资源……等方面风险防控能力。健全国家战略物资储备，构建产品产能产地储备相结合的国家战略资源能源储备体系

续表

时间	名称	相关内容
2016 年	《全国矿产资源规划（2016—2020 年）》	制定战略性矿产目录。 建立战略性矿产监测预警机制。 探索建立矿产资源储备制度，建立……矿产品和矿产地相结合的战略储备体系
2019 年	《自然资源部办公厅关于开展全国矿产资源规划（2021—2025 年）重大专题研究的函》	战略性矿产资源安全保障研究，研究提出符合我国自身发展战略和利益的战略性矿产目录
2021 年	《中华人民共和国国民经济和社会发展第十四个五年规划和 2035 年远景目标纲要》	完善能源风险应急管控体系……加强战略性矿产资源规划管控
2021 年	《推进资源型地区高质量发展“十四五”实施方案》	加强资源能源保障能力建设……构建产品、产能和产地相结合的战略性矿产资源储备体系
2022 年	《高举中国特色社会主义伟大旗帜　为全面建设社会主义现代化国家而团结奋斗——在中国共产党第二十次全国代表大会上的报告》	巩固优势产业领先地位，在关系安全发展的领域加快补齐短板，提升战略性资源供应保障能力。 完善国家……风险监测预警体系、国家应急管理体系
2023 年	《中国矿产资源报告（2023）》	煤、石油、天然气等能源矿产保供成效明显，自给率上升，能源消费结构持续优化
2023 年	《国家发展改革委关于〈关于建立煤矿产能储备制度的实施意见（征求意见稿）〉公开征求意见的通知》	建立煤矿产能储备制度
2024 年	《第十四届全国人民代表大会第二次会议关于 2023 年国民经济和社会发展计划执行情况与 2024 年国民经济和社会发展计划的决议》	强化能源资源安全保障……构建大国储备体系
2024 年	《中共中央关于进一步全面深化改革　推进中国式现代化的决定》	加快完善国家储备体系。完善战略性矿产资源探产供储销统筹和衔接体系

续表

时间	名称	相关内容
2024 年	《自然资源部关于保护和永续利用自然资源扎实推进美丽中国建设的实施意见》	推动能源和重要矿产资源增储上产。大力推进新一轮找矿突破战略行动,加大矿业权投放力度,推动能源和重要矿产资源勘探开发……建设矿产资源市场监测体系,加强全球资源形势动态分析研判,推动完善战略性矿产资源探产供储销统筹和衔接体系

(一)《中华人民共和国能源法》(2024 年 11 月 8 日)

第七条 国家完善能源产供储销体系,健全能源储备制度和能源应急机制,提升能源供给能力,保障能源安全、稳定、可靠、有效供给。

(二)《中华人民共和国国民经济和社会发展第十三个五年规划纲要》(2016 年 3 月 16 日)

提高能源、矿产资源、水资源、粮食、生态环保、安全生产、网络等方面风险防控能力。健全国家战略物资储备,构建产品产能产地储备相结合的国家战略资源能源储备体系。

(三)《中华人民共和国国民经济和社会发展第十四个五年规划和 2035 年远景目标纲要》(2021 年 3 月 13 日)

坚持立足国内、补齐短板、多元保障、强化储备,完善产供储销体系,增强能源持续稳定供应和风险管控能力,实现煤炭供应安全兜底、油气核心需求依靠自保、电力供应稳定可靠。夯实国内产量基础,保持原油和天然气稳产增产,做好煤制油气战略基地规划布局和管控。扩大油气储备规模,健全政府储备和企业社会责任储备有机结合、互为补充的油气储备体系。加强煤炭储备能力建设。完善能源风险应急管控体系,加强重点城市和用户电力供应保障,强化重要能源设施、能源网络安全防护。多元拓展油气进口来源,维护战略通道和关键节点安全。培育以我为主的交易中心和定价机制,积极推进本币结算。加强战略性矿产资源规划管控,提升储备安全保障能力,实施新一轮找矿突破战略行动。

(四)《第十四届全国人民代表大会第二次会议关于 2023 年国民经济和社会发展计划执行情况与 2024 年国民经济和社会发展计划的决议》(2024 年 3 月 11 日)

(九)强化重点领域安全能力建设,切实维护经济安全。牢牢守住粮食安全底线，强化能源资源安全保障，打好关键核心技术攻坚战，加快构建数据基础制度，构建大国储备体系，加强公共安全能力建设。

(五)《中共中央关于进一步全面深化改革　推进中国式现代化的决定》(2024年7月18日)

(12)健全提升产业链供应链韧性和安全水平制度。……加快完善国家储备体系。完善战略性矿产资源探产供储销统筹和衔接体系。

(六)《全国矿产资源规划(2016—2020年)》(2016年11月2日)

六、强化矿产资源宏观管理

建立战略性矿产监测预警机制。加强监测预警能力建设，建立预警指标、安全临界值及综合评价模型，系统开展国内外矿产品供需和资源形势分析，强化应对国际重大冲突资源安全预警能力。建立战略性矿产监测预警报告制度，支撑政府决策，引导行业发展，加强政策储备，建立风险处置预案，增强风险防控能力。

(撰稿人：张婉莹、曹宇)

第十一条　【科技创新】国家鼓励、支持矿产资源勘查、开采、保护和矿区生态修复等领域的科技创新、科技成果应用推广，推动数字化、智能化、绿色化建设，提高矿产资源相关领域的科学技术水平。

一、条文主旨

本条是关于鼓励矿产资源领域科技创新的规定。

二、立法目的

在矿产资源开发利用过程中，鼓励和支持科技创新及其成果的应用推广，实现矿产资源的可持续开发和利用，保护和修复矿区生态环境，推动数字化、智能化、绿色化建设，提升矿产资源产业的整体技术水平和竞争力，促进矿产资源的可持续开发和利用，从而支持国家的长远发展目标。

三、立法沿革

自《矿产资源法》(1986)颁布起，科技创新便以法律条文形式被明确鼓励，成为矿产资源开发的重要导向。1996 年与 2009 年的两次法律修改,虽对多项条款进行了调整以适应时代变迁,但鼓励科技创新的核心内容始终未变,仅条文位置有所调整。这体现了立法者对科技创新的持续重视,以及对矿产资源领域法治稳定性与创新灵活性的兼顾。通过不断优化法律框架,为我国矿产资源领域的科技进步提供了坚实的法治支撑,激励着行业不断创新,探索更高效、绿色的开发路径,推动矿产资源管理迈向现代化。

四、规范解读

在经济发展新常态背景下,我国正面临着发展转型、增速换挡、产业结构调整等众多挑战,而科技创新是引领经济高质量发展的核心驱动力。[①] 自然资源科技创新是国家科技创新体系的重要方面,是推动构建新发展格局、实现高质量发展、深层次解决资源环境问题的重要途径。[②] 本条体现了国家对矿产资源可持续发展战略的重视,强调了科技创新在促进矿产资源合理开发、有效保护和生态修复中的关键作用。通过鼓励和支持科技创新及其成果的应用推广,推动数字化、智能化、绿色化建设,旨在提升矿产资源相关领域的整体科技水平,推动矿产资源产业的绿色、低碳、可持续发展。

(一)鼓励矿产资源开发科技创新沿袭了《矿产资源法》的一贯做法

《矿产资源法》(1986)第 7 条就规定了鼓励科学技术研究和先进技术推广的内容,1996 年和 2009 年修正后的第 8 条完整地保留了原先第 7 条的内容。此次修订仍然保留了此前的主要内容,鼓励矿产资源勘查、开发科技创新,全面提高矿产资源开发利用水平。之所以一以贯之地鼓励和支持加强资源勘查开发技术创新,主要有以下几个目的:一是促进矿产资源高效利用。通过科技创新,可以发展和应用更高效、更经济的勘查和开采技术,可以有效控制矿产资源的开采强度,提高矿产资源的利用率,减少资源浪费,从而支持可持续发展的资源利用策略。例如,通过地球物理和地球化学探测技术的创新,可以更准确地定位矿产资源,减少盲目勘探带来的资源浪费。二是提升产业竞争力。通过支持矿产资源领域的科技创新,可以促进矿产资源产业的技术进步和产业升级,增强国内矿产资源产业

① 参见成金华、左芝鲤、李咏麟:《科技创新与矿业经济高质量发展研究——基于矿产资源产业差异视角》,载《华中师范大学学报(自然科学版)》2021 年第 5 期。

② 参见王少勇:《科技创新赋能自然资源事业高质量发展》,载《中国自然资源报》2023 年 1 月 6 日,第 7 版。

的国际竞争力。三是促进经济结构调整和转型升级。随着科技水平的提高,传统的矿产资源开采和利用方式将会发生根本性变化,这有助于推动经济结构的调整和转型升级,促进经济发展方式从资源依赖型向技术创新型转变。四是保障国家资源安全。科技创新能够提升矿产资源勘查的准确性和效率,增加资源储备,提高资源的开发利用水平,从而为国家资源安全提供保障。

(二)突出强调矿区生态修复过程中科技创新的重要性和必要性

与修订前的《矿产资源法》(2009)相比,本条新增了在矿区生态修复中以科技引领创新驱动,推广和应用科技创新的内容,体现了近年来我国生态文明建设的新实践、新要求。党的十八大以来,随着生态文明建设要求的日益提高,党中央、国务院把生态文明建设纳入中国特色社会主义事业"五位一体"总体布局,全面贯彻习近平生态文明思想,落实生态文明建设重要决策,矿业绿色高质量转型势在必行。本次《矿产资源法》修订增加了"矿区生态修复"一章,明确规定矿区生态修复的责任主体,鼓励社会资本参与矿区生态修复,要求采矿权人按规定提取矿区生态修复费用等内容。与"矿区生态修复"一章对应,本条强调在矿区生态修复中以科技引领创新驱动,推广和应用科技创新。鼓励和支持科技创新能够促进更加环保的开采技术和方法的发展,以及矿区生态修复技术的进步,如生态工程技术、土壤修复技术等,这些技术有助于加快矿区生态系统的恢复,减少生态环境的长期损害,实现生态文明建设目标。

(三)重点强调数字化、智能化在矿产资源领域的重要作用

随着信息时代的到来,数字化和智能化在矿产资源领域具有举足轻重的地位:一是能够大幅提升矿产资源的勘探、开采和加工效率。通过高精度地质勘探、三维建模、智能开采等技术手段,可以更加准确地定位矿体,优化开采方案,减少资源浪费,提高开采效率。二是有助于提升矿山运营的安全性。通过实时监测矿山环境和设备状态,及时发现并处理安全隐患,降低事故发生率,保障矿工的生命安全。同时,智能控制系统可以实现对矿山生产过程的精准控制,提高生产过程的稳定性和可靠性。[①] 三是能够推动矿山的可持续发展。通过大数据分析、能源管理和优化等技术手段,可以更加科学地管理矿山资源,降低能耗和排放,减少对环境的影响,实现绿色、低碳、循环的矿山运营模式。为此,新修订的《矿产资源

---

① 参见杨广洲等:《矿产资源勘探与开发的技术创新策略》,载《中国有色金属》2024年第15期。

法》明确要求推动数字化、智能化、绿色化建设，将其作为推动矿业转型升级、实现可持续发展的重要途径。

自然资源部研究出台了《自然资源数字化治理能力提升总体方案》（自然资发〔2024〕33号），以全面提升自然资源信息化服务能力为导向，充分应用云计算、大数据、人工智能、视联网、物联网等新一代信息技术，建成包括矿产资源在内的自然资源"一张网、一张图、国土空间基础信息平台"。可以预期，全面贯彻新修订的《矿产资源法》和《自然资源数字化治理能力提升总体方案》，必须积极推动矿产资源全业务数字化、智能化转型，实现算力资源高效利用、数据资源共融共享、平台应用智能开放、场景服务敏捷协同、线上线下安全可靠，有效服务矿产资源有效保护、合理利用和生态质量提升。

（四）为多措并举推动矿产资源领域科技创新及成果应用提供法律依据

本条有助于促进制定和完善矿产资源勘查、开采、保护和生态修复等领域的技术标准和操作规范，引导行业健康发展。同时，本条也是制定矿产资源领域科技创新资金扶持、科技成果转化支持、科技创新平台建设等方面政策的重要法律依据。具体而言：一是财政资助和税收优惠政策。如为矿产资源领域的科技创新项目和研究提供直接的财政资助，包括科研经费支持、创新项目资金等，以降低企业和研究机构的研发成本。对从事矿产资源勘查、开采、保护和生态修复技术研发和应用的企业，提供税收减免或优惠政策，如增值税优惠、所得税减免等。二是科研项目支持政策。如通过国家科技计划、自然资源部专项基金等形式，支持矿产资源勘查、开采技术创新，矿区生态修复等领域的科研项目，鼓励产学研合作，推动科研成果转化。同时，可以加快建设和更新技术创新平台、研发中心等，为科技创新提供设施支持和技术服务。近年来，自然资源部以高水平科创平台建设为抓手，持续强化国家战略科技力量培育，打造跨学科、跨技术领域、跨区域、产学研用协同的自然资源高效科技创新体系。积极参与国家实验室建设和全国重点实验室重组，建设工程技术中心、工程研究中心和野外科学观测研究站等14个国家级创新平台，加强部级科技创新平台建设，让科创平台成为聚集优秀人才的高地和原始创新的策源地，自然资源科技创新活力、动力竞相迸发。① 三是人才培养和引进政策。如可以通过设立奖学金、研究资助、海外培训等方式，培养矿产资源

① 参见王广华：《以自然资源科技创新赋能高质量发展》，载《光明日报》2022年10月12日，第4版。

领域的高级专业人才。也可以实施人才引进计划,吸引国内外顶尖科学家和技术专家参与中国的矿产资源科技创新活动。科技创新归根结底要靠人才实力。近年来,自然资源部不断深化使命导向的科技体制改革,先后出台一系列政策文件,切实优化人才激励机制,为广大科技工作者"松绑减负",初步搭建起由科技领军人才、创新团队、青年科技人才等组成的高层次人才梯队,科研人员内生动力不断激发。四是加强国际合作与交流政策。如积极参与国际矿产资源领域的合作项目,引进先进的技术和管理经验,提升国内矿产资源科技创新的国际竞争力。鼓励和支持国内企业与国外先进企业进行技术合作,引进先进技术,并通过消化吸收和再创新,提升自主创新能力。科学技术具有世界性、时代性,国际科技合作是大趋势。自然资源部积极推动国际科技合作,主动融入全球创新网络,积极参与并推动地球观测组织(GEO)、国际大陆科学钻探计划(ICDP)等国际科技组织或计划发展,积极发起并组织地球科学和自然资源领域的国际大科学计划,在华成功建立联合国全球地理信息知识与创新中心,推动建立中国—东盟卫星遥感应用中心、中国—东盟地学信息大数据平台等,深化国际科技合作创新共赢。①

五、规范链接

(一)《中华人民共和国能源法》(2024年11月8日)

第九条　国家加强能源科技创新能力建设,支持能源开发利用的科技研究、应用示范和产业化发展,为能源高质量发展提供科技支撑。

(二)《自然资源数字化治理能力提升总体方案》(自然资发〔2024〕33号)

为贯彻落实党中央、国务院决策部署,依据《中华人民共和国国民经济和社会发展第十四个五年规划和2035年远景目标纲要》《中共中央　国务院关于全面推进美丽中国建设的意见》《数字中国建设整体布局规划》《"十四五"自然资源保护和利用规划》《国务院关于加强数字政府建设的指导意见》《国家信息化发展战略纲要》《"十四五"国家信息化规划》《"十四五"推进国家政务信息化规划》等,制定本文件。本文件是指导今后一个时期(2024—2030年)全国自然资源数字化发展的纲领性文件,是制定自然资源领域其他专项业务信息化、数字化建设实施方案或总体设计、统筹相关项目、部署年度工作的重要依据。

---

① 参见王广华:《以自然资源科技创新赋能高质量发展》,载《光明日报》2022年10月12日,第4版。

(三)《关于加强自然资源领域基础研究的若干举措》(自然资发〔2024〕118号)

二、强化自然资源科技基础性工作和重大科学工程建设

基于自然禀赋特征,依托资源、生态、海洋、林草等领域野外科学观测研究站,按统一指标、技术、标准的原则,拓展优化代表性、典型性观测研究站和本底观测场的布局,支持业务观测站网通过升级改造提升服务基础研究的功能,强化山水林田湖草沙等多要素、长时序定点综合观测和站网建设。鼓励建立自然资源观测研究站等重大科技基础设施联盟。推进实施自然资源重大科学工程、基础性工作和科学考察专项。

六、发挥科技创新平台的引领作用

加快创建自然资源领域全国重点实验室,完善自然资源部重点实验室建设布局,联合企业共建实验室,探索部省共建新型研发机构,落实科技创新平台"科研特区"政策。围绕重要应用场景,定期发布关键科技问题攻关目录,鼓励国家和部级重点实验室联合优势研究力量联合攻关,定期发布基础研究成果。

十一、构建政府、企业和社会力量多元投入渠道

在国家科技计划项目中加强自然资源领域基础研究任务的布局,设立长周期项目,提升国家重点研发计划青年科学家项目占比。积极推动与国家自然科学基金委设立自然资源联合基金项目。推动实施自然资源部年度重点基础问题和科技项目清单制管理。鼓励科研院所利用基本科研业务费、按规定可使用的结余经费和自有资金,引导地方、企业和社会资金等,以多元化方式支持基础研究工作。依托单位应对国家级、部级基础研究科技创新平台提供稳定支持。

(四)《中共自然资源部党组关于贯彻落实党的二十大精神　进一步提升自然资源科技创新能力的意见》(自然资党发〔2022〕56号)

以习近平新时代中国特色社会主义思想为指导,认真贯彻落实党的二十大关于深入实施科教兴国战略、人才强国战略、创新驱动发展战略有关要求,贯彻落实习近平总书记关于科技创新和自然资源工作的重要指示批示精神,特别是习近平总书记给山东省地矿局第六地质大队重要回信精神,加强顶层设计和协同创新,强化深地探测、深海极地探测、深空对地观测"三深引领"攻关,统筹推进科技研发、科技平台、科技人才、科技合作"四维支撑"布局,重点推进耕地保护与能源资源保障、国土空间规划、生态保护修复、灾害监测防治、调查监测与智能化测绘技

术“五系协同”建设，切实发挥科技创新的基础性、战略性支撑作用，赋能自然资源事业高质量发展，着力形成核心技术攻关更有成效、业务技术体系更加完善、战略科技力量更加优化、创新效能更加显著的自然资源科技创新新局面。

（五）《自然资源部高层次科技创新人才工程实施方案》（自然资党发〔2020〕64号）

为贯彻落实中央深化人才体制机制改革精神，按照部人才发展规划，在细化补充《中共自然资源部党组关于深化科技体制改革提升科技创新效能的实施意见》（自然资党发〔2018〕31号，以下简称《实施意见》）和《中共自然资源部党组关于激励科技创新人才的若干措施》（自然资党发〔2019〕2号，以下简称《若干措施》）有关政策措施的基础上，推动解决十九届中央第五轮巡视反馈意见中提出的国家级科技创新人才较少、流失较为严重的问题，制定了自然资源部高层次科技创新人才工程（以下简称“科技人才工程”）实施方案，着力加强科技创新人才队伍建设。

（六）《自然资源部科技创新平台管理办法（试行）》（自然资办发〔2020〕49号）

第一条　为深入贯彻落实创新驱动发展战略，提高自然资源科技创新能力，集聚高水平科技创新人才，加强和规范自然资源部科技创新平台（以下简称“创新平台”）的建设与运行管理，依据国家科技创新平台管理相关规定，结合自然资源工作实际，制定本办法。

（七）《中共自然资源部党组关于深化科技体制改革提升科技创新效能的实施意见》（自然资党发〔2018〕31号）

为全面贯彻党的十九大和十九届二中、三中全会精神，以习近平新时代中国特色社会主义思想为指导，深入学习贯彻习近平总书记在中国科学院第十九次院士大会、中国工程院第十四次院士大会上的重要讲话精神，落实中共中央、国务院有关科技体制改革等系列文件要求，自然资源部党组就深化科技体制改革，进一步提升科技创新效能，特提出如下意见。

（八）《矿产资源节约与综合利用专项资金管理办法》（财建〔2013〕81号）

第十二条　专项资金重点用于以下方面：

（一）综合利用相关技术工艺的科技攻关，工程化、工业化技术研究及生产实验研究；

（二）提高开采回采率、选矿回收率、综合利用率水平，尾矿及固体废弃物综合利用相关的工程建设及设备采购；

（三）成熟先进技术、方法、工艺的转化、推广与应用；

（四）技术标准规范的制定、发布，总结推广相关的技术标准、规范以及生产管理模式的相关支出。

（撰稿人：丁小团）

第十二条 【科技创新表彰、奖励】对在矿产资源勘查、开采、保护和矿区生态修复工作中做出突出贡献以及在矿产资源相关领域科技创新等方面取得显著成绩的单位和个人，按照国家有关规定给予表彰、奖励。

一、条文主旨

本条是关于表彰、奖励矿产资源领域科技创新先进单位和个人的规定。

二、立法目的

本条体现了国家对矿产资源领域科技创新、生态保护和行业发展的重视，通过表彰和奖励激励相关单位和个人，树立标杆、明确导向，激励促进、形成氛围，有力推动矿产资源行业高质量发展。

三、立法沿革

《矿产资源法》(1986)第 8 条规定："在勘查、开发、保护矿产资源和进行科学技术研究等方面成绩显著的单位和个人，由各级人民政府给予奖励。"《矿产资源法》(1996)保留这一条文，仅仅将序号改为第 9 条。2009 年修正时依然保留了这一条款。

四、规范解读

（一）科技奖励对社会创新的影响机理

科技奖励体系是以激励机制强化科研人员的创新动机，通过导向机制设置相关奖励条件，引导优势科技资源向重点发展的技术领域、产业方向聚集，通过竞争机制筛选出优秀的科研成果和人才、营造良好的社会创新环境，以"动机+资源+环境"的模式推动社会创新进程和成果转化、产生经济效益，进而继续加强对科技奖励的投入，循环往复地推动社会创新不断发展。具体而言：一是以激励机制激发创新原动力。科技奖励体系以国家政策为支撑，通过表彰和授奖仪式将科研工作者精神层面的价值需求进行具象转化，通过对科研成果的认可及物质奖励的吸引强化科研人员的创新动机。采取精神奖励和物质奖励相结合的形式，使科技奖励与个人切身利益和荣誉挂钩，对于改善科研工作者待遇、优化科研工作条件意义重大，有利于调动科技工作者的积极性和创造性。科技奖励不能直接推动创新行为的产生，需要以科研工作者为作用媒介，形成"需求—满足—强化—需求"的激励过程。科研工作者的需求在获奖前已然存在，获奖即需求得到满足的过程，获奖后这种需求又被进一步加强，激发了科研工作者的内在创新动机，持续推进社会创新。二是以导向机制引导资源优化配置。科技奖励体系具有特定的结构层次，其设置的专业领域、奖励数量、金额大小、颁布频率等均具有导向性，潜移默化地控制着科技生产资源的分配，引导科技发展走向。利用导向机制设置科技奖励措施时，通过设立新奖项、调整获奖标准、增加奖项数量、提升奖励金额等方式，引导科技资源向重点发展的技术领域、产业方向聚集，以吸引更多科研工作者从事聚焦国家发展战略、区域重大产业计划和重点、前沿技术领域的相关研究，从而间接起到调节研究方向的作用，促进专业人才、优势资源向特定技术领域和产业集聚，形成"高精尖"科研团队，不断提升特定领域的研发能力，加速科技成果转移转化。三是以竞争机制营造良好创新环境。正如默顿所言，在为人类科学知识作贡献的有组织的竞赛中，谁跑得最快谁首先作出了贡献，谁就将赢得这场比赛。[①] 竞争机制通过作用于创新主体推动科技成果产出速度和效率的提升，加强科研工作者的创新意识和提升意识，形成一种正向的外部性作用，进而推动科技事业发展。科技奖励将竞争机制引入科研领域，激发科研工作者的积极性，激励科研工作者产出高质量的科技成果。[②]

（二）奖励机制对矿产资源领域科技创新具有重要促进作用

本条着重强调了通过建立奖励机制来促进科技创新和环境保护，对于提升我

---

① 参见［美］R. K. 默顿：《科学社会学》，鲁旭东、林聚任译，商务印书馆 2003 年版，第 403 页。

② 参见郑茜：《科技奖励对社会创新的影响机理——基于广东的探索性案例分析》，载《科技管理研究》2020 年第 24 期。

国矿产资源行业的整体水平、推动矿产资源行业绿色低碳及可持续发展具有重要意义。一是激励创新动力。矿产资源勘查、开采、保护和矿区生态修复等工作涉及复杂的技术和科学问题,对在这些领域取得显著成绩的科技创新单位和个人进行表彰和奖励,有助于激发广大科研人员的积极性和创造力,推动科技创新成果的产生,推动科技成果向市场转化和产业化。二是树立典型示范。表彰和奖励矿产资源相关领域科技创新的先进单位和个人,可以树立科技创新的典型示范,为其他单位和个人树立榜样,引导他们向优秀单位和个人学习与借鉴,促进相关工作的全面提升。特别是对在矿区生态修复方面取得显著成绩的单位和个人进行表彰和奖励,可以激励更多的企业和个人关注生态环境保护,加大生态修复力度,实现经济效益与生态效益的良性互动。三是加强科研合作与交流。通过表彰和奖励科技创新的先进单位和个人,有利于促进科研机构之间、企业与科研机构之间的合作与交流,推动矿产资源相关领域科技创新工作的深入开展。四是有助于推动行业转型升级。表彰和奖励不仅是对成绩的肯定,更是对未来发展方向的引导。通过表彰和奖励在矿产资源相关领域取得显著成绩的单位和个人,可以促使整个行业更加注重技术创新、绿色开采和生态保护,推动行业向高质量发展、绿色发展、可持续发展方向转型升级。

(三)需进一步明确和细化的问题

本条是制定矿产资源领域科技创新表彰、奖励相关政策的重要法律依据。具体而言:一是针对本条提到的“显著成绩”,需要制定明确的评定标准和指标体系。由于矿产资源勘查、开采、保护、生态修复和科技创新等方面都涉及复杂的技术和管理问题,如何客观准确地评估成绩的显著性,需要进一步细化。如在技术创新和应用方面,需评估所采用技术、方法或流程的新颖性,是否为行业内首创或有明显改进;相关技术或创新应用后,在提高资源开采效率、降低成本、增加资源回收率、矿区生态恢复的速度范围以及生物多样性的恢复等方面的实际效果;创新成果在促进矿产资源可持续利用、维护生态平衡方面是否具有广泛的应用前景和推广价值,能否为行业标准或示范项目等。二是本条“按照国家有关规定”的内容,意味着奖励和表彰的实施需要和国家其他相关法律法规、政策相衔接,可能涉及自然资源部以及财政部、科技部等多个部门的合作。同时,在制定相应的奖励政策,明确奖励的形式、标准和额度等具体内容时,需要加强对奖励政策的落实和执行力度,确保奖励政策能够真正落到实处,激励相关单位和个人积极投入矿产资源领域的工作中。

五、规范链接

(一)《中华人民共和国能源法》(2024 年 11 月 8 日)

第十四条　对在能源工作中做出突出贡献的单位和个人,按照国家有关规定给予表彰、奖励。

(二)《关于加强自然资源领域基础研究的若干举措》(自然资发〔2024〕118 号)

四、培养造就基础研究领军人才

支持一批自然资源部高层次科技创新领军人才在自然资源重大基础研究与业务实践的融合中,担当领衔重点攻关任务,培养造就一批基础研究战略科学家。在自然资源领域基础研究重大战略、重大规划咨询和重大任务实施中,加大对青年科技人才的使用,培养领军人才。鼓励充分利用"科教融合"平台和政策,给予承担国家重点研发计划等专项任务的优秀青年科学家单列招生指标,培养后备人才队伍。

五、完善支持基础研究人才潜心研究的评价考核机制

科学建立长周期、低频次、差异化的评价考核机制。应用基础研究项目重点评价解决自然资源领域事关国家经济社会发展和国家安全需求的关键科技问题的效能和应用价值。基础研究项目重点评价新发现、新方法、新规律的原创性科学价值,注重评价代表性成果水平。鼓励有条件的单位实施基础研究科技人才年薪制。优化实验技术人才等基础研究支撑人员的考核机制,支持凭技能提升待遇。建立对自由探索和颠覆性创新活动的容错机制。

(三)《中共自然资源部党组关于贯彻落实党的二十大精神　进一步提升自然资源科技创新能力的意见》(自然资党发〔2022〕56 号)

(七)完善科技奖励机制

推动有关学会整合设立自然资源科学技术奖,组建自然资源科学技术奖励委员会。出台自然资源科学技术奖章程,尽快完成奖项备案等工作,开展第一届评奖工作。通过整合奖项,进一步规范自然资源领域有关社会力量办奖,充分发挥设奖学会作用,不断提升奖项的权威性和影响力,以高质量奖项强化对自然资源领域青年科技人才培养激励,提升自然资源领域科技创新效能,更好发挥引领带动作用。落实对取得具有重大国际影响力的科学发现、重大原创性的科技发明、重大经济价值科技成果的主要完成人和科技创新团队奖励的规定。

（四）《关于进一步落实科技创新有关政策的若干措施》（自然资办发〔2021〕69 号）

（六）重奖科技创新突出贡献团队（个人）。落实部党组“重奖高层次创新人才围绕主责主业干事创业”的要求，对在国家重大需求、自然资源部主责主业的重大工程等重点工作中，开展研究式调查，做出重大科技创新贡献和重要业务革新的部系统团队或个人，部给予物质奖励。鼓励各单位对国家科技奖、部科技创新突出贡献团队（个人）等匹配奖金，加大激励力度。

（五）《自然资源部高层次科技创新人才工程实施方案》（自然资党发〔2020〕64 号）

重奖高层次创新人才围绕主责主业干事创业。对围绕国家重大需求、自然资源部主责主业做出重大科技创新贡献，在运用先进理念、技术、方法等，创造性地破解业务难题，促进工作质量、提升效率等方面做出突出业绩，及在业务工作中取得小发明、小创造的高层次创新人才、创新团队和青年科技人才，部给予物质奖励。

（六）《中共自然资源部党组关于激励科技创新人才的若干措施》（自然资党发〔2019〕2 号）

三、重奖业绩突出的创新人才

（九）重奖国家科技奖获奖人才。对部属研发单位为第一完成单位获国家科学技术奖一等奖的创新团队，部一次性奖励 100 万元；获二等奖的创新团队，部一次性奖励 20 万元。允许和鼓励研发单位对获得国家科学技术奖的个人及团队配套奖励。对成果前三位完成人的奖金分配应不低于奖励总额的 50%。

（十）奖励突出贡献创新人才。对获自然资源科学技术奖一等奖的创新团队予以重奖，部一次性奖励 30 万元/项。允许和鼓励获奖单位给予配套奖励，并根据对成果贡献情况，对主要贡献人员，在年度评优、评先以及职务、职称晋升中予以倾斜。为科研人员拓宽创新业绩成长空间，在自然资源科学技术奖申报中，除科研院所外，其他单位的对成果确有创新贡献、但在厅局级领导岗位的人员，排名不在前 3 名。

（七）《中共自然资源部党组关于深化科技体制改革提升科技创新效能的实施意见》（自然资党发〔2018〕31 号）

（十二）强化高层次创新人才绩效激励

加大创新人才薪酬激励。按照国家有关规定，对全时全职承担国家关键领域核心技术攻关任务的团队负责人以及引进的高端人才，实行一项一策、清单式管理和年薪制，年薪所需经费在项目经费中单独核定，在本单位绩效工资总量中单列，相应增加单位当年绩效工资总量；对领衔国家科技重大项目、重点研发专项的项目负责人，牵头承担国家重点实验室创建任务的科技创新团队负责人，国家重点实验室首席专家可实行协议工资，协议工资标准可以参考同行同类人员的工资水平并结合本单位职工收入水平合理确定，由用人单位根据科研业绩考核结果合理发放；改革研发单位绩效分配制度，建立以实绩和贡献为主要依据、注重科技创新成效的绩效工资内部分配办法，向创新成效显著的科技创新平台、科技创新团队和优秀青年科技人才倾斜。

加大科技成果转化激励。鼓励研发单位发挥技术优势，在保障完成公益任务的同时，开发满足社会需求的科技成果，并建立完善的转化激励机制，取得正当收益，用于人才激励、科技研发等。科研人员获得的职务科技成果转化现金奖励计入当年本单位绩效工资总量，但不受总量限制，不纳入总量基数。从职务科技成果转化收入中给予科技人员的现金奖励，可减按50%计入科技人员当月“工资、薪金所得”，依法缴纳个人所得税。

（十六）强化创新人才精神激励

建立专家联系机制，将高层次科技创新人才纳入部级联系范围，在工作环境、高端研修、医疗保健、休假疗养、后勤保障等方面加强支持和服务保障。加强科技创新优秀人物、创新成果的宣传报道，在各单位办公场所、门户网站等显要位置张挂创新人物形象，激发科研人员创新成就感、荣誉感，激励引导广大科技工作者强化责任意识，献身自然资源事业。鼓励学术民主和自由探索，对已履行勤勉尽责义务但因技术路线选择失误导致难以完成预定目标的项目负责人予以免责。

（十七）重奖科技创新突出贡献者

对取得具有重大国际影响力的科学发现、重大原创性的科技发明、重大经济价值科技成果的主要完成人和科技创新团队，部予以奖励。部设立科技奖励专项资金，对获国家科学技术奖一等奖排名第一的创新团队，一次性奖励100万元，其它等别参照此标准授奖。所获奖励对成果前三位完成人的分配不低于奖励总额的50%。

（撰稿人：丁小团）

第十三条　【照顾民族自治地方利益】国家在民族自治地方开采矿产资源，应当照顾民族自治地方的利益，作出有利于民族自治地方经济建设的安排，照顾当地群众的生产和生活。

民族自治地方的自治机关根据法律规定和国家的统一规划，对可以由本地方开发的矿产资源，优先合理开发利用。

一、条文主旨

本条是关于开采矿产资源时照顾民族自治地方利益的规定。

二、立法目的

为了帮助民族自治地方加快经济和社会的发展，增进民族团结，促进各民族共同繁荣，铸牢中华民族共同体意识，贯彻《宪法》第118条规定的"民族自治地方的自治机关在国家计划的指导下，自主地安排和管理地方性的经济建设事业。国家在民族自治地方开发资源、建设企业的时候，应当照顾民族自治地方的利益"而制定本条。

本条中关于开采矿产资源时照顾民族地方利益的规定并非凭空创设，而是有着充分的规范支撑。除《宪法》外，《民族区域自治法》也作了相关规定。《民族区域自治法》(2001)第28条规定："民族自治地方的自治机关依照法律规定，管理和保护本地方的自然资源。民族自治地方的自治机关根据法律规定和国家的统一规划，对可以由本地方开发的自然资源，优先合理开发利用。"

三、立法沿革

我国的矿产资源立法历来重视照顾民族自治地方的矿产资源开发利用。《矿产资源法》自1986年制定伊始，就引入了在民族自治地方开采矿产资源时应当照顾民族自治地方利益的条款，且一直延续至今。本次修订继续沿用了"应当照顾民族自治地方的利益"和"优先合理开发利用"等表述，但对该条款作了小幅度修改。其中，将"当地少数民族群众"改为"当地群众"，去掉了"少数民族"四字，不再局限于照顾少数民族群众，而是将照顾的范围扩大到可能受开采矿产资源影响的当地各民族群众，从而保障当地各民族群众的生产生活，促进民族团结，铸牢中华民族共同体意识。

四、规范解读

(一)扩展受照顾的民族自治地方人群的范围(第13条第1款)

新条文相比旧条文的重要变化在于将"照顾当地少数民族群众"修改为"照顾当地群众"。矿产资源开发利用会对矿产地群众的生产生活产生影响。此次《矿产资源法》修订不在表述上突出"少数民族",而是将照顾的范围扩展至"当地群众"。这一变化是实现好、维护好各民族的根本利益,促使各民族不分你我,广泛交往交流交融,促进各民族在理想、信念、情感、文化上的团结统一,使各民族在中华民族大家庭中像石榴籽一样紧紧抱在一起的立法回应。

习近平总书记指出:"铸牢中华民族共同体意识是维护各民族根本利益的必然要求,只有铸牢中华民族共同体意识,构建起维护国家统一和民族团结的坚固思想长城,各民族共同维护好国家安全和社会稳定,才能有效抵御各种极端、分裂思想的渗透颠覆,才能不断实现各族人民对美好生活的向往。"[①]此次修订这一看似简单的变化,实则是对习近平总书记在中央民族工作会议上所强调的铸牢中华民族共同体意识的深度贯彻。

(二)贯彻民族自治地方矿产资源开发利用的"照顾原则"与"优先原则"

民族自治地方通常是我国的矿产资源富集地区。国家在民族自治地方开发资源、进行建设的时候,照顾当地的利益,带动当地经济的发展,是《宪法》和《民族区域自治法》的一贯方针。《民族区域自治法》和《国务院实施〈中华人民共和国民族区域自治法〉若干规定》的若干条文,都多次使用"照顾"与"优先"的表述。如《民族区域自治法》(2001)第28条第2款规定:民族自治地方的自治机关根据法律规定和国家的统一规划,对可以由本地方开发的自然资源,优先合理开发利用。《国务院实施〈中华人民共和国民族区域自治法〉若干规定》第8条第1款、第2款规定:国家根据经济和社会发展规划以及西部大开发战略,优先在民族自治地方安排资源开发和深加工项目。在民族自治地方开采石油、天然气等资源的,要在带动当地经济发展、发展相应的服务产业以及促进就业等方面,对当地给予支持。国家征收的矿产资源补偿费在安排使用时,加大对民族自治地方的投入,并"优先"考虑原产地的民族自治地方。

---

① 《习近平在中央民族工作会议上强调　以铸牢中华民族共同体意识为主线　推动新时代党的民族工作高质量发展》,载《人民日报》2021年8月29日,第1版。

本条从基本原则和精神的层面规定了优先合理开发利用，但实际操作的指引规范尚需配套法规以及政策的跟进，可以在制定矿产资源规划、矿产资源出让收益分配、矿区生态修复等制度的实施当中加以考虑。

五、规范链接

（一）《中华人民共和国宪法》（2018 年 3 月 11 日修正）

第一百一十八条 民族自治地方的自治机关在国家计划的指导下，自主地安排和管理地方性的经济建设事业。

国家在民族自治地方开发资源、建设企业的时候，应当照顾民族自治地方的利益。

（二）《中华人民共和国民族区域自治法》（2001 年 2 月 28 日修正）

第二十八条 民族自治地方的自治机关依照法律规定，管理和保护本地方的自然资源。

民族自治地方的自治机关根据法律规定和国家的统一规划，对可以由本地方开发的自然资源，优先合理开发利用。

第六十五条 国家在民族自治地方开发资源、进行建设的时候，应当照顾民族自治地方的利益，作出有利于民族自治地方经济建设的安排，照顾当地少数民族的生产和生活。国家采取措施，对输出自然资源的民族自治地方给予一定的利益补偿。

国家引导和鼓励经济发达地区的企业按照互惠互利的原则，到民族自治地方投资，开展多种形式的经济合作。

（三）《国务院实施〈中华人民共和国民族区域自治法〉若干规定》（2005 年 5 月 19 日）

第八条 国家根据经济和社会发展规划以及西部大开发战略，优先在民族自治地方安排资源开发和深加工项目。在民族自治地方开采石油、天然气等资源的，要在带动当地经济发展、发展相应的服务产业以及促进就业等方面，对当地给予支持。

国家征收的矿产资源补偿费在安排使用时，加大对民族自治地方的投入，并优先考虑原产地的民族自治地方。

国家加快建立生态补偿机制，根据开发者付费、受益者补偿、破坏者赔偿的原则，从国家、区域、产业三个层面，通过财政转移支付、项目支持等措施，对在野生动植物保护和自然保护区建设等生态环境保护方面作出贡献的民族自治地方，给予合理补偿。

（撰稿人：石蕾、曹宇）

第十四条　【监督管理部门】国务院自然资源主管部门会同有关部门负责全国矿产资源勘查、开采和矿区生态修复等活动的监督管理工作。

县级以上地方人民政府自然资源主管部门会同有关部门负责本行政区域内矿产资源勘查、开采和矿区生态修复等活动的监督管理工作。

国务院授权的机构对省、自治区、直辖市人民政府矿产资源开发利用和监督管理情况进行督察。

一、条文主旨

本条是关于矿产资源开发的监督管理部门的规定。

二、立法目的

为明确自然资源部及有关部门对矿产资源开发的监督管理职责，确保矿产资源的合理勘查、开采和利用，防止资源浪费和非法开采，促进国家矿产资源的可持续利用。本条强化了国务院自然资源主管部门、县级以上地方人民政府自然资源主管部门及有关部门在矿产资源勘查、开采及矿区生态修复活动中的监督管理职责，有助于建立权责清晰、分工明确的监管体系，提高监管效率和效果。

为健全矿区生态修复制度，本次修法除增加“矿区生态修复”一章的细致规定外，在本条中增加了对矿区生态修复活动的监督管理规范，旨在强化矿区生态环境的恢复和改善，实现经济发展与环境保护的协调统一，促进绿色矿山建设。

同时本条规定了国务院授权机构对省、自治区、直辖市人民政府矿产资源开发利用和监督管理情况进行督察的职责。这一规定旨在通过更高层次的督察机制，加强对地方政府矿产资源管理工作的监督和指导，确保各项政策措施得到有效执行，推动矿产资源管理和生态保护工作的深入开展。

三、立法沿革

1987 年国务院颁布了《矿产资源监督管理暂行办法》，我国初步建立了矿产督察员制度和国家、地方两级矿产督察员队伍。矿产督察员是受自然资源主管部门委托，从事矿产督察工作的专业技术人员。监督对象主要是矿业权人、中介机构、自然人或其他经济组织。监督方式主要有实地检查、核查、日常巡视等。监督内容主要是矿业权人履行法定义务情况、非法违法勘查开采行为查处等。通过不断完善矿产资源监督管理机制，较好地维护了矿产资源勘查开采秩序，保障了国家和矿业权人的合法权益。①

1989 年，为加强对矿产资源合理开发利用和保护的监督管理工作，原地质矿产部出台《矿产督察员工作暂行办法》，对督察员职权、督察程序等进行了规定。

2001 年，原国土资源部颁发《关于加强矿产资源勘查开采监督管理工作的通知》（已失效），要求各级地矿行政主管部门依法履行矿产资源勘查开采监督管理职责。

2009 年，为维护矿产资源勘查开发秩序，原国土资源部下发《关于健全完善矿产资源勘查开采监督管理和执法监察长效机制的通知》，要求对矿业权人勘查开采活动进行严格监管，加强矿产资源的合理开发与利用。

2018 年，中共中央办公厅、国务院办公厅印发《自然资源部职能配置、内设机构和人员编制规定》，设立了国家自然资源督察机构。矿产资源督察主体是国家自然资源督察机构，督察对象涵盖省级、计划单列市人民政府及所辖地方政府。督察方式包含入驻省级人民政府，辅以下沉市、县级人民政府。督察内容是地方政府对党中央、国务院关于矿产资源重大方针政策、决策部署及法律法规的落实、执行情况等。由此，矿产资源勘查、开采的监督管理工作转向督企督政，协同推动矿产资源行业高质量发展。

本次《矿产资源法》修订将矿产资源勘查、开采的责任落实到各级自然资源主管部门，并增加了对矿区生态修复等活动的监督管理以及关于国务院授权的机构对省、自治区、直辖市人民政府矿产资源开发利用和管理情况进行督察的规定。将责任明确到各级自然资源主管部门，有利于解决责任不清、多头管理的情况。

---

① 参见王世虎、袁国华等：《推进国家矿产资源督察工作的若干思考》，载《中国国土资源经济》2023 年第 2 期。

同时强调对矿区生态修复等活动的监督管理，可以确保矿区生态修复工作切实执行，推动矿产资源开发与生态环境保护相协调。

四、规范解读

本条文构建了一个权责清晰、分工明确、协同合作、全面覆盖的矿产资源勘查、开采及矿区生态修复活动的监督管理体系。这一体系的建立有助于保护国家矿产资源、维护生态环境安全、推动经济社会可持续发展。同时，本条的实施也将对地方政府和相关企业的行为产生约束，使其更加重视矿产资源的合理开发利用和生态环境的保护修复工作。

（一）监管主体的明确

作为中央层面的主要监管机构，国务院自然资源主管部门承担着全国范围内矿产资源勘查、开采及矿区生态修复活动的监督管理工作，确保国家层面对于矿产资源开发利用和生态保护的统一规划和协调。根据国家行政体制改革现状，2018 年 3 月，国务院组建自然资源部，整合了原国土资源部、国家发展和改革委员会等部门或部门中与自然资源管理相关的职责，形成了统一的自然资源管理部门。本次修订将原主管机构由各级地质矿产主管部门修订为自然资源主管部门。

在地方层面，县级以上地方人民政府自然资源主管部门负责各自行政区域内的矿产资源勘查、开采及矿区生态修复活动的监督管理工作。多层级监管体系的建构有助于实现监管工作的具体化和精细化，确保各项政策措施在地方得到有效执行。

各级政府的自然资源主管部门以公权力介入市场经济，对矿业权人勘查开发矿产资源的行为进行行政干预，必须遵循行政管理相关规范，坚持依法行政。

（二）多部门协同合作

本条中规定"会同有关部门"表明了在矿产资源勘查、开采及矿区生态修复活动的监督管理过程中，须强化多个部门的协同合作。我国之前的矿产资源监管存在多头并行之问题，各部门之间职能重叠交错，不同部门的监管举措执行难以获得相关部门的支持与配合，监管范围及内容存在遗漏或抵触现象。本次修订从监管体制机制层面加以协调和规范，促进多部门协同合作，有助于形成监管合力，提高监管效率，确保各项政策措施的顺利实施。

（三）监管内容的全面覆盖

本条明确了监管内容涵盖矿产资源的勘查、开采以及矿区生态修复等活动的全过程。这意味着从矿产资源的发现、评估、开采到开采后的生态修复，矿产资源勘查与采选活动造成的环境损害主要包括矿山土地毁损、生态完整性破坏、水土流失、土地沙漠化和环境污染等。

故每一个环节都应受到严格监管，全面预防资源浪费、环境污染和生态破坏等问题。并且新增、强调了对矿区生态修复的监督管理，健全矿山生态修复机制，有利于加强矿山生态环境保护与恢复治理，促进可持续发展的区域生态安全屏障保护。

（四）矿产资源督察机制的建立

本条强调了国务院授权机构对省、自治区、直辖市人民政府矿产资源开发利用和监督管理情况进行督察的职责。这一督察机制的建立有助于加强对地方政府矿产资源管理工作的监督和指导，推动地方政府认真履行职责，确保矿产资源管理和生态保护工作的深入开展。同时，督察机制还能够及时发现和纠正地方政府在矿产资源管理和生态保护工作中的问题和不足，推动政策措施的完善和优化。但条文尚未明确何为“国务院授权机构”，需后续通过司法解释、行政法规等进一步明确其职权范围。根据我国的矿产资源督察工作实践，通常由省自然资源厅负责督察全省矿产资源开发、利用情况，有关市（县、区）自然资源主管部门负责进行协助配合工作。

五、典型案例

（一）某地级市原国土资源和规划管理局不履行矿产资源开采监督职责被诉案①

1. 基本案情

公益诉讼人某市检察院诉称，公益诉讼人在履行职责时，发现本市甲、乙煤矿涉嫌非法开采，后经实地走访确认其在采矿许可证过期后仍进行煤矿开采活动。公益诉讼人于2016年9月9日向被告发出检察建议书，督促被告履行工作职责，严厉打击查处非法开采煤矿的违法行为；加强对被破坏煤矿资源的恢复治理，促使受损生态环境资源得以有效恢复。被告虽作出回复，并在涉案煤矿张贴《责令停止违法行为通知书》，但并未采取其他有效措施全面履行法定职责。公益诉讼人回访发现，甲、乙煤矿仍未停止煤矿开采行为，国家利益和社会利益受到持续

① 参见贵州省福泉市人民法院行政判决书，(2017)黔2702行初1号。

损害。

公益诉讼人认为，根据《矿产资源法》等相关规定，该市原国土资源局对本行政区域内资源开采负有法定的监管职责，有权对无开采许可证开采矿产资源的行为作出行政处罚。

法院认为，根据《矿产资源法》等的规定，该市原国土资源局作为矿产监督管理行政主管部门对本行政区域内矿产资源负有法定的监管职责。确认被告本市原国土资源和规划管理局（不动产登记局）对甲、乙煤矿企业违法生产的行为怠于履行监管职责的行为违法。

2. 法理分析

本案的争议焦点是涉案的甲、乙煤矿的整顿关闭工作以及非法生产的查处，原国土资源和规划管理局是否有监督管理职责。法院认为根据《贵州省矿产资源管理条例》第7条、第40条的规定，地级市原国土资源局作为矿产监督管理行政主管部门对本行政区域内矿产资源负有法定的监管职责。地级市原国土资源局作为矿产监督管理行政主管部门对本辖区内煤炭企业在生产中的违法行为，应当按照法律法规的规定进行立案查处。因此，公益诉讼人诉请确认被告怠于履行煤矿资源监管职责的行为违法理由成立，法院予以支持。

（二）自然资源部不履行土地查处职责被诉行政不作为案①

1. 基本案情

申请人李某良、李某荣系河北省某市村民，依靠承包本村集体土地务农为生，依法持有土地承包经营权证书。后因河北省某建设项目被征收土地而失去生存依靠，故向当地相关机关寻求法律帮助但未重获失地。遂向自然资源部（原国土资源部）申请查处土地被占用之违法行为，但自然资源部始终未予查处、答复。故申请人诉自然资源部行政不作为，一审、二审法院均以“申请人要求自然资源部履行相应职责，涉及信访机构履行信访职责问题，不属于人民法院行政诉讼受案范围”为由不予立案。

最高人民法院认为，申请人向自然资源部邮寄《查处申请书》反映土地违法行为，请求自然资源部履行土地查处职责，自然资源部未处理，构成行政不作为。一审、二审法院适用法律错误，裁定撤销一审、二审行政裁定，并指令北京市第一

---

① 参见最高人民法院行政裁定书，（2020）最高法行再253号。

中级人民法院立案受理。

2. 法理分析

本案的争议焦点为申请人向自然资源部提出查处土地被占用破坏后，自然资源部不予回复之行为是否构成行政不作为。根据行政不作为之构成要件分析：第一，行政不作为的主体必须是行政主体。自然资源部是享有国家行政权力、以自己名义从事行政管理活动的组织。第二，行政主体具有作为的行政义务。根据《土地管理法》第67条第1款之规定，县级以上人民政府自然资源主管部门对违反土地管理法律、法规的行为进行监督检查。本案中，申请人在寻求当地相关部门查处时未获答复，故向自然资源部申请查处违法行为。根据《自然资源行政处罚办法》的相关规定，自然资源部应当管辖或指令下级自然资源主管部门管辖立案。第三，行政主体在客观上具有不履行行政义务的事实。本案中自然资源部未予答复或指令下级机关处理。第四，行政主体有履行行政义务的可能性。综上，自然资源部构成行政不作为。

本案虽为土地占用案件，但从《矿产资源法》第14条与《土地管理法》第67条的规范比较来看，首先，其内在法理具有一致性，均强调了县级以上人民政府自然资源主管部门对涉及矿产资源、土地管理之行为的监督检查职责。其次，自然资源部作为国家主管部门应对各下级自然资源主管部门进行监督管理，本案的典型意义不仅在于强化自然资源部对矿产资源、土地管理等职责的行政履职行为，同时强调自然资源部应落实对各级自然资源部门的监管职能。

六、规范链接

《中华人民共和国煤炭法》(2016年11月7日修正)

第十二条 国务院煤炭管理部门依法负责全国煤炭行业的监督管理。国务院有关部门在各自的职责范围内负责煤炭行业的监督管理。

县级以上地方人民政府煤炭管理部门和有关部门依法负责本行政区域内煤炭行业的监督管理。

（撰稿人：刘琬乔）

第十五条　【国际合作】国家坚持平等互利、合作共赢的方针，积极促进矿产资源领域国际合作。

一、条文主旨

本条是关于矿产资源领域国际合作的规定。

二、立法目的

《矿产资源法》修订的重要目的是建设矿产资源安全保障法治体系。对矿产资源领域国际合作的鼓励和支持，是矿产资源安全法治保障的重要内容。我国历来重视矿产资源领域的国际合作，重视矿产资源海外市场的资源供应能力与安全。从现实层面考量，我国矿产资源“走出去”之路充满艰辛。为应对激烈的国际矿产资源市场竞争以及风险，消弭矿产资源领域国际合作的关键障碍，充分运用国际市场巩固我国矿产资源安全，本条从法律层面夯实矿产资源领域国际合作的法治基础，努力擘画“平等互利、合作共赢”的矿产资源国际合作新局面。

三、立法沿革

本条为此次《矿产资源法》修订的新增条款，归属于第一章“总则”。

四、规范解读

（一）确认矿产资源领域国际合作的基本方针

平等互利、合作共赢是矿产资源领域国际合作的基本方针。平等互利是矿产资源国际开发利用的前提与基础，而合作共赢是矿产资源国际开发利用的目标与方向。由于矿产资源全球空间分布客观上具有不均匀性，世界上没有哪一个国家的矿产资源是应有尽有或者能够完全满足需求的。保障国家矿产资源安全，必须用好两种资源、两个市场，促进国内国际双循环。[①] 为贯彻落实这一基本方针，应充分协调资源输出国与资源输入国、企业与环境保护之间的利益与诉求，以保障矿业的高质量发展。这要求在国际合作中寻求平衡，确保各方利益得到妥善处理，同时促进环境的可持续性。

---

① 参见魏莉华：《新矿产资源法的十大亮点》，载《中国矿业报》2024 年 11 月 11 日，第 1 版。

(二)确认国家对矿产资源领域国际合作的基本对策

积极促进矿产资源领域的国际合作是我国在国际上开发利用矿产资源方面采取的基本对策。在此次修订之前,我国矿产资源领域国际合作并未得到矿产资源法层面的积极鼓励与支持。制度建设更多的关注点是外资投资我国矿业的市场准入、合同效力、行政审批等内容,具体散见于行政法规、部门规章、司法解释等诸多的渊源形式。对于如何实现我国矿业高质量的"走出去",相关部门与社会力量一直在持续进行艰苦探索。本条明确表达对加强我国矿产资源国际合作的充分支持与肯定,从法律层面打破了当前矿业国际合作的僵局。

当然,本条目的是在法律层面提出矿产资源领域国际合作的方针和态度,并未提供矿产资源国际合作的实操指南。如何夯实矿产资源国际合作的基础,真正实现矿产资源国内国际双循环,保障国家矿产资源安全,亟待社会各界的进一步努力。如此意义之上,本条仅是加强矿产资源领域国际合作的开始。

五、资料索引

(一)高举中国特色社会主义伟大旗帜　为全面建设社会主义现代化国家而团结奋斗①

中国坚持在和平共处五项原则基础上同各国发展友好合作,推动构建新型国际关系,深化拓展平等、开放、合作的全球伙伴关系,致力于扩大同各国利益的汇合点。促进大国协调和良性互动,推动构建和平共处、总体稳定、均衡发展的大国关系格局。坚持亲诚惠容和与邻为善、以邻为伴周边外交方针,深化同周边国家友好互信和利益融合。秉持真实亲诚理念和正确义利观加强同发展中国家团结合作,维护发展中国家共同利益。中国共产党愿在独立自主、完全平等、互相尊重、互不干涉内部事务原则基础上加强同各国政党和政治组织交流合作,积极推进人大、政协、军队、地方、民间等各方面对外交往。

中国坚持对外开放的基本国策,坚定奉行互利共赢的开放战略,不断以中国新发展为世界提供新机遇,推动建设开放型世界经济,更好惠及各国人民。中国

---

① 参见《习近平:高举中国特色社会主义伟大旗帜　为全面建设社会主义现代化国家而团结奋斗——在中国共产党第二十次全国代表大会上的报告》,载人民政府网,https://www.gov.cn/xinwen/2022-10/25/content_5721685.htm。

坚持经济全球化正确方向，推动贸易和投资自由化便利化，推进双边、区域和多边合作，促进国际宏观经济政策协调，共同营造有利于发展的国际环境，共同培育全球发展新动能，反对保护主义，反对“筑墙设垒”、“脱钩断链”，反对单边制裁、极限施压。中国愿加大对全球发展合作的资源投入，致力于缩小南北差距，坚定支持和帮助广大发展中国家加快发展。

……

构建人类命运共同体是世界各国人民前途所在。万物并育而不相害，道并行而不相悖。只有各国行天下之大道，和睦相处、合作共赢，繁荣才能持久，安全才有保障。中国提出了全球发展倡议、全球安全倡议，愿同国际社会一道努力落实。中国坚持对话协商，推动建设一个持久和平的世界；坚持共建共享，推动建设一个普遍安全的世界；坚持合作共赢，推动建设一个共同繁荣的世界；坚持交流互鉴，推动建设一个开放包容的世界；坚持绿色低碳，推动建设一个清洁美丽的世界。

（二）《中国矿产资源报告 2024》关于国际矿产资源合作的新动态①

继续通过多种方式开展矿产资源领域国际交流合作，积极保持与有关能源资源国家、国际组织的联系，通过中国国际矿业大会等国际交流平台，推进地质矿产领域务实合作，进一步夯实友好合作关系。

2023 年，矿产资源领域国际合作持续提质增效，积极保持与主要能源资源国家、国际组织的联系，通过中国国际矿业大会、中国—东盟矿业合作论坛等国际交流平台，推进地质矿产领域务实合作，进一步夯实多双边友好合作关系。

一、双边与多边合作机制

1. 双边合作

积极推动与沙特、巴基斯坦、哈萨克斯坦、白俄罗斯、塞尔维亚、土耳其、澳大利亚、洪都拉斯、古巴、苏里南、乌拉圭、智利、巴西等国在地质矿产领域的务实合作，进一步促进在地学研究、地质调查、矿产资源开发管理、矿产勘查技术方法、矿业投资等方面的合作关系，进一步拓展了双边合作网络。

中国—巴基斯坦地质矿产领域合作纳入中巴两国联合声明，中国—塞尔维亚地质矿产领域合作纳入中塞两国联合声明。与俄罗斯、阿根廷、巴基斯坦、白俄罗

① 参见中华人民共和国自然资源部编：《中国矿产资源报告 · 2024》，地质出版社 2024 年版，第 11、41 – 44 页。

斯、波兰、乌兹别克斯坦、越南、秘鲁、尼日利亚、委内瑞拉、刚果(金)、比利时、日本、伊朗、苏里南、乌拉圭、塞尔维亚等国家签署地学合作谅解备忘录或双边合作协议。访问智利、巴西地矿部门,为双边新能源关键矿产技术合作奠定互信基础。

……

2. 多边合作

"化学地球"大科学计划新增秘鲁、古巴等国,全球尺度地球化学基准网采样覆盖面积约40万平方千米,有效落实全球发展高层对话会主席声明……

"全球岩溶"大科学计划与克罗地亚和斯洛伐克大学签署谅解备忘录,成功举办第16届国际培训班,发布全球岩溶科技创新合作倡议……

参与推动深时数字地球(DDE)国际大科学计划,积极参加东亚东南亚地学计划协调委员会(CCOP)第80、81、82届指导委员会会议和第59届年会……

参加联合国资源管理专家组第15届年会,持续跟踪联合国资源分类框架(UNFC)与联合国资源管理系统(UNRMS)的研发和应用进展……

自然资源部专家担任联合国能源转型关键矿物小组成员并积极履职,促进关键矿物全球价值链公正公平管理……

二、国际矿业合作平台

1. 2023中国国际矿业大会

2023(第二十五届)中国国际矿业大会在天津以"线下+线上"相结合的方式成功举办……共有来自28个国家和地区的5000多名代表参会,参会参展人员总数超过10000人次。

2. 2023中国—东盟矿业合作论坛

2023(第十二届)中国—东盟矿业合作论坛在南宁成功举办……共有来自24个国家的1500多名代表参加了论坛。

3. 中国—非洲地学合作中心

2023年由中国和非洲国家地质调查机构、科研机构和高等院校等共同建设的中国—非洲地学合作中心正式成立……

4. 上合组织国家地学合作与矿业投资论坛

2023年中国—上合组织地学合作研究中心主办"上合组织国家地学合作与矿业投资研讨会",共有来自10多个国家地矿管理部门、科研院所和矿业企业的

300 余名代表参加。与白俄罗斯、哈萨克斯坦、亚美尼亚地矿管理机构、地学研究机构新签署 3 份双边合作协议，发布《上合组织国家矿业发展报告》。

5. 中国—阿拉伯国家地学国际合作研讨会

2023 年第四届中国—阿拉伯国家地学国际合作研讨会成功举办，会上介绍了沙特地盾精细地质填图、全球矿产资源信息系统建设等中阿地学国际合作领域的新进展。

6. 其他

"一带一路"国际地学教育培训中心建设纳入第三届"一带一路"国际合作高峰论坛务实合作项目清单。

六、规范链接

(一)《中华人民共和国矿产资源法》(2024 年 11 月 8 日修订)

第三条　矿产资源开发利用和保护工作应当坚持中国共产党的领导，贯彻总体国家安全观，统筹发展和安全，统筹国内国际，坚持开发利用与保护并重，遵循保障安全、节约集约、科技支撑、绿色发展的原则。

第七十七条　外商投资勘查、开采矿产资源，法律、行政法规另有规定的，依照其规定。

第七十九条　中华人民共和国缔结或者参加的国际条约与本法有不同规定的，适用国际条约的规定；但是，中华人民共和国声明保留的条款除外。

(二)《中华人民共和国能源法》(2024 年 11 月 8 日)

第十条　国家坚持平等互利、合作共赢的方针，积极促进能源国际合作。

(三)《矿产资源勘查区块登记管理办法》(2014 年 7 月 29 日修订)

第三十八条　中外合作勘查矿产资源的，中方合作者应当在签订合同后，将合同向原发证机关备案。

(四)《矿产资源开采登记管理办法》(2014 年 7 月 29 日修订)

第二十九条　中外合作开采矿产资源的，中方合作者应当在签订合同后，将合同向原发证机关备案。

(撰稿人：赵英杰、袁智雨、曹宇)

第二章　矿业权

第十六条　【矿业权有偿取得、矿业权概念】国家实行探矿权、采矿权有偿取得的制度。

探矿权、采矿权统称矿业权。

一、条文主旨

本条是关于矿业权有偿取得和矿业权概念的规定。

二、立法目的

延续矿业权有偿取得制度，维护矿产资源国家所有者权益。

本条第2款是此次《矿产资源法》修订最大的变化之一！仅从规范的表达观察，本条确实承载不起“最大变化”。似乎矿业权概念的“入法”更多的是对矿政管理政策中通用表达的一种法律确认。但本条第2款（矿业权的概念）与本法第22条（矿业权登记）、第23条（探矿权、采矿权）的内容共同完成了矿业权概念的立法重置，实现了矿业权概念的物权化改造。

三、立法沿革

本条第1款规定的矿业权有偿取得制度，是延续《矿产资源法》（2009）第5条之规定，并无表述变化。此次《矿产资源法》修订“一审稿”“二审稿”删除了该制度的法律表达，第三次审议之后，有偿使用作为相较于“一审稿”“二审稿”的新增内容被置于第16条第1款。

《矿产资源法》（1986）采用了探矿权、采矿权的立法表达。同年颁布的《民法通则》（第81条）规定“国家保护合法的采矿权”，但没有提及“探矿权”，亦没有“矿业权”的表述。1996年、2009年《矿产资源法》两次修正，均不涉及“矿业权”

的"入法"。原《物权法》以及后续的《民法典》也均使用了"探矿权""采矿权"的立法表达。此次《矿产资源法》修订对于矿业权概念的"入法"几乎没有争议，但其置于何处以及如何表达则比较"纠结"。"一审稿""二审稿"均在第5条规定矿业权的概念，大概是因为此处是本法第一次出现探矿权、采矿权的表达，按照习惯应该在此处回应。只是"一审稿"采用了"以下统称矿业权"的简要处理方式，而"二审稿"将矿业权的概念单独规定为一款。"纠结"的例证在于，正式修订通过的《矿产资源法》又将"探矿权、采矿权统称矿业权"置于第16条第2款。这样的处理可能有如下考虑：其一，就近第二章"矿业权"，在本章的第一条对其予以明确。其二，"总则"部分使用探矿权、采矿权的表达，次数并不多，似乎在篇幅上不过分冗余。

当然，穿透"探矿权""采矿权"表达似乎并无变化的表象，其概念构成以及理论基础发生了重构性的转变。

四、规范解读

（一）规定矿业权有偿取得

《矿产资源法》（1986）第5条规定，"国家对矿产资源实行有偿开采。开采矿产资源，必须按照国家有关规定缴纳资源税和资源补偿费"。《矿产资源法》（1996）修正在原法有偿开采制度的基础上，新增"探矿权、采矿权有偿取得"的法律表达。我国矿产资源立法上存在的矿产资源无偿使用，针对的是矿业权的取得环节。有偿开采其实是我国矿业立法一以贯之的原则，发生变化的仅是矿业权的取得是否有偿。《矿产资源法》（1996）确立了我国矿产资源有偿使用制度，包括矿业权有偿取得和有偿开采两部分。需要说明的是，"矿产资源有偿使用制度"并非我国矿产资源法的立法表达，仅是矿产资源管理与研究中的常用概念。[①]

矿业权有偿取得制度是我国矿业权市场化建设中的基础制度，是矿业权从"无偿划拨"到"有偿取得"的法律基础。尽管矿业权出让的实践以及竞争性出让的规则，显示了国家继续实行有偿取得制度，此处不厌其烦地再次强调，无疑是突出维护矿产资源国家所有者权益。

---

① 参见曹宇：《矿产资源开发私法机制研究——偏私型公私综合法论及其展开》，中国法制出版社2018年版，第48-51页。

(二)矿业权概念的立法确认

规范意义上“矿业权”概念的使用要追溯到原国土资源部2000年颁布的规范性文件《矿业权出让转让管理暂行规定》(国土资发〔2000〕309号)。该规定第3条第1款规定,“探矿权、采矿权为财产权,统称为矿业权,适用于不动产法律法规的调整原则”。此后自然资源主管部门制定的一系列规范性文件使用了“矿业权”概念。如《国土资源部关于进一步规范矿业权出让管理的通知》(国土资发〔2006〕12号)、《矿业权交易规则(试行)》(国土资发〔2011〕242号,已失效)、《矿业权出让交易规则》(自然资规〔2023〕1号)等。但相关的立法以及政策并未明确界定矿业权的含义,仅是指明矿业权包括探矿权和采矿权。对于探矿权和采矿权,国务院颁布的《矿产资源法实施细则》给出了明确的界定(第6条)。即探矿权,是指在依法取得的勘查许可证规定的范围内,勘查矿产资源的权利。采矿权,是指在依法取得的采矿许可证规定的范围内,开采矿产资源和获得所开采的矿产品的权利。

此次《矿产资源法》修订(第16条第2款),明确规定“探矿权、采矿权统称矿业权”,完成了矿业权概念的“入法”。本法第23条同时规定了探矿权、采矿权的概念,共同完成了对“矿业权”“探矿权”“采矿权”等矿产资源立法中基础概念的立法确认。

(三)矿业权概念的立法功能

法律概念是对法律现象的高度抽象,法律现象则是一定时期经济活动的反映。矿业权作为一个法律概念要受制于其所反映并规范的经济活动。纵观我国矿业法治建设的历史进程,不论是中国古代矿业法律和政策,还是近代清末改制及中华民国制定的矿业法规都同当时的经济社会发展紧密结合。① 中华人民共和国成立以来矿产资源法治建设,伴随着经济社会发展和改革开放的深入而渐进式向前发展。矿业权作为矿产资源国家所有权的实现方式,从功能主义的角度观察,其应该是矿产资源领域“充分发挥市场在资源配置中的决定性作用,更好发挥政府作用”的关键立法技术。

矿业权(探矿权与采矿权)是矿产资源法律的基础概念,其法律设计是矿产资源立法的逻辑起点,是相关法律制度构建的关键支点。勘查与开采是矿产资源

① 参见李显冬:《中国矿业立法理论与实务》,中国政法大学出版社2015年版,第43-44页。

开发利用最为核心的两个环节，涉及谁可以勘查和谁可以开采这两个根本问题的回答。我国矿产资源立法具体制度的法律构建是紧密围绕探矿权与采矿权这两个中心概念，分别以矿业权和矿业权人展开具体规范。[①] 此次《矿产资源法》修订，不仅明确了矿业权的概念表达，同时规定了探矿权人与采矿权人的主要权利内容，更是比照不动产登记创新了矿业权登记制度。可以说，此次《矿产资源法》的重构性修改，正是借助矿业权概念的立法重置加以实现。

（四）矿业权性质的理论解读

关于矿业权性质的定性问题，一直以来是矿产资源法理论研究与实务观察需要直面的首要难题。这个难题在具体的论证当中又呈现为债权说、准物权说、用益物权说、准用益物权说、特许物权说、经济权利说、特别物权说、所有权说、分权说、土地类物权说、资源权说等诸多不同的观点分歧。原《物权法》第123条将探矿权与采矿权宣言式地纳入用益物权编。但种种观点的纷争并没有因为原《物权法》出台而终结。原《物权法》对于探矿权、采矿权的概念采取了"宜粗不宜细"点到为止的立法策略，巧妙地处理了矿业权的法律属性界定。依据法律的体系解释，可将"用益物权编"的探矿权与采矿权解释为用益物权或者准用益物权，但因为探矿权与采矿权的行政许可属性而难以周延。[②] 与之对应，针对准物权概念的定性的批评也格外尖锐，孟勤国教授就指出，"准物权"概念存在不确定性，是从东瀛舶来的"不三不四的词儿"，并不能很好地彰显权利的本质属性。[③]

考察我国《矿产资源法》以及配套规定的规范形态，矿业权的法律设计在形式上采取了私法权利的外观，但是其取得、变更以及行使与行政管理关系密切，并呈现为私法形式与行政管理相互交织的复杂规范形态。其中最为突出的是，《矿产资源法》中的矿业权是捆绑着矿山企业设立的审批，矿业经营权的审批以及矿产资源财产权设立三大要素的法律设置。[④]《矿产资源法》修订以立法重置的方式完成了矿业权的物权化改造，实现了矿业权"权证合一"向"去证留权"的根本

---

① 参见曹宇：《矿产资源开发私法机制研究——偏私型公私综合法论及其展开》，中国法制出版社2018年版，第40-41页。

② 参见曹宇：《矿产资源开发私法机制研究——偏私型公私综合法论及其展开》，中国法制出版社2018年版，第116-123页。

③ 参见孟勤国：《有思想无行动——评物权法草案的用益物权》，载《法学评论》2006年第1期。

④ 参见曹宇：《矿产资源开发法律机制的理论重构——偏私型公私综合法论》，载《内蒙古社会科学（汉文版）》2018年第2期。

转变。《矿产资源法》(2009)对于矿业权的立法设置采取了"权证合一"的模式,即行政许可与民事物权打包的方式,此次修订剥离了矿业权概念中行政许可的因素,即代表行政许可的"证",不再保留,仅保留民事物权的因素,完成"去证留权"。如此一来,矿业权是一种由矿产资源所有权派生的,受公法规制的私权。矿业权是矿产资源所有权让渡其权能所形成的用益物权。[①]

五、资料索引

(一)自然资源部法规司负责人指出,应特别注重对矿业权人合法权益的保护[②]

保护矿业权人合法权益,是优化矿业营商环境、吸引矿业投资、繁荣矿业市场、促进矿业可持续发展的关键。新矿产资源法围绕保护矿业权人合法权益作出多项制度安排。

一是不再对国有、集体和个体矿山企业区别对待。新矿产资源法落实民法典关于平等保护物权的原则,删除了1996年矿产资源法有关"国有矿山企业是开采矿产资源的主体"以及第五章关于"集体矿山企业和个体采矿"的规定。二是建立矿业权收回补偿制度。第二十六条明确:矿业权期限届满前,为了公共利益的需要,原矿业权出让部门可以依法收回矿业权。矿业权被收回的,应当依法给予公平、合理的补偿。三是对油气矿业权实行探采合一制度。第三十六条明确:石油、天然气等矿产资源勘查过程中发现可供开采的石油、天然气的,探矿权人依法履行相关程序后,可以进行开采,但应当在国务院主管部门规定的期限内依法取得采矿权和采矿许可证。四是延长探矿权期限。《矿产资源勘查区块登记管理办法》规定的探矿权有效期最长是三年,每次延续时间不得超过二年。实践中,矿山企业普遍反映探矿权期限太短,导致企业不是在续期就是在续期的路上。为了鼓励更多的资本投入地质勘查,新矿产资源法对探矿权期限作出优化调整。第二十四条明确:探矿权的期限为五年。探矿权期限届满,可以续期,续期最多不超过三次,每次期限为五年。五是赋予矿业权人优先取得新发现矿产资源的权利。第二十三条规定:矿业权人有权依法优先取得登记的勘查、开采区域内新发现的其他矿产资源的矿业权。

---

① 参见李显冬:《中国矿业立法理论与实务》,中国政法大学出版社2015年版,第57-65页。

② 参见魏莉华:《新矿产资源法的十大亮点》,载《中国矿业报》2024年11月11日,第1版。

（二）《最高人民法院关于审理矿业权纠纷案件适用法律若干问题的解释》（以下简称《审理矿业权司法解释》）明确要求审判实践中应突出矿业权的物权属性[①]

由于受历史条件及立法技术的制约，我国现行《矿产资源法》强调公法管制，通过限制矿业权的取得、行使以及追究违法者公法责任保护国家矿产资源所有权，忽略了矿业权的私法保护。原《物权法》明确将矿业权界定为用益物权，系对矿产资源立法理念的革新，对于强化矿业权保护，建立产权明晰、高效有序的矿业权流转市场具有重要意义。在《矿产资源法》尚未修改的情况下，人民法院在个案审理中应进一步突出矿业权的物权属性，将矿业权的财产属性和行政许可属性适当分离，尽量消除阻碍矿业权流转的不合理因素，弱化公法规范及行政审批对矿业权流转合同效力的影响。应以矿业权用益物权属性为基础。虽然在现行制度框架内矿业权仍是财产权和特许权的结合，但占主导地位的应是物权属性，这也决定着矿业权人能够通过行政许可的方式获得实际勘查、开采的权利。

六、规范链接

（一）《中华人民共和国矿产资源法》（2024 年 11 月 8 日修订）

第二十二条　设立矿业权的，应当向矿业权出让部门申请矿业权登记。符合登记条件的，矿业权出让部门应当将相关事项记载于矿业权登记簿，并向矿业权人发放矿业权证书。

矿业权变更、转让、抵押和消灭的，应当依法办理登记。

矿业权的设立、变更、转让、抵押和消灭，经依法登记，发生效力；未经登记，不发生效力，法律另有规定的除外。

矿业权登记的具体办法由国务院自然资源主管部门制定。

第二十三条　探矿权人在登记的勘查区域内，享有勘查有关矿产资源并依法取得采矿权的权利。

采矿权人在登记的开采区域内，享有开采有关矿产资源并获得采出的矿产品的权利。

矿业权人有权依法优先取得登记的勘查、开采区域内新发现的其他矿产资源

---

① 参见杜万华主编，最高人民法院环境资源审判庭编著：《最高人民法院审理矿业权纠纷司法解释理解与适用》，中国法制出版社 2017 年版，第 40 页。

的矿业权,具体办法由国务院自然资源主管部门制定。

在已经登记的勘查、开采区域内,不得设立其他矿业权,国务院和国务院自然资源主管部门规定可以按照不同矿种分别设立矿业权的除外。

(二)《矿业权出让转让管理暂行规定》(国土资发〔2000〕309号)

第三条 探矿权、采矿权为财产权,统称为矿业权,适用于不动产法律法规的调整原则。

依法取得矿业权的自然人、法人或其他经济组织称为矿业权人。

矿业权人依法对其矿业权享有占有、使用、收益和处分权。

(撰稿人:曹宇)

第十七条 【矿业权出让方式、权限及平台】矿业权应当通过招标、拍卖、挂牌等竞争性方式出让,法律、行政法规或者国务院规定可以通过协议出让或者其他方式设立的除外。

矿业权出让权限划分由国务院规定。县级以上人民政府自然资源主管部门按照规定权限组织矿业权出让。

矿业权出让应当按照国家规定纳入统一的公共资源交易平台体系。

一、条文主旨

本条是关于矿业权出让的方式、权限以及平台等方面的一般规定。

二、立法目的

本条是矿业权出让规范探索与实践经验的修法确认。矿业权出让,是指国家作为矿产资源所有权人,委托主管机关以法定的方式将探矿权、采矿权授予矿业权申请人的行为。《矿产资源法》(1986)并没有设置市场化意义之上的矿业权出让制度,而是采用行政审批的方式无偿授予矿业权。《矿产资源法》(1996)在矿业领域的市场化改革方面迈出了尝试的脚步。之后的若干年,国务院以及自然资源主管部门承担了矿业权出让规则建设的任务,陆续出台了诸多行政法规与部门规章以及其他规范性文件,以应对矿业权出让规范层面的短缺。例如,原国土资源部2000年制定实施的《矿业权出让转让管理暂行规定》(国土资发〔2000〕309号),迈出了我国矿业权市场化改革的关键一步,明确规定了矿业权出让的含义界定、类型,大幅突破了相关规定。再如,2023年自然资源部制定实施《矿业权出让交易规则》(自然资规〔2023〕1号),专门补强了矿业权出让规范的供给不足。历经多年的政策实验与实践探索,《矿产资源法》修订明确规定矿业权出让规则,一方面将成熟经验上升到法律层面,另一方面为矿业权出让制度的继续探索完善提供扎实的法律依据。

三、立法沿革

本条为此次《矿产资源法》修订的新增条款,归属于第二章"矿业权"。《矿产资源法》(1986)制定以后历次修改均未规定矿业权出让,此次《矿产资源法》修订标志着矿业权出让制度的正式"入法"。

四、规范解读

(一)矿业权出让以竞争性出让为原则,以协议出让等为例外(第17条第1款)

1. 明确矿业权出让的竞争性出让原则

不论是被称为"小矿法"的《自然资源部关于推进矿产资源管理改革若干事项的意见(试行)》(自然资规〔2019〕7号,已失效),还是作为其升级版的《自然资源部关于深化矿产资源管理改革若干事项的意见》(自然资规〔2023〕6号),均大篇幅地规定矿业权出让规则,均强调"全面推进矿业权竞争性出让""严格控制矿业权协议出让"。《矿产资源法》本次修订规定的矿业权出让规则,尽管在立法上属于新增条款,但在矿政管理实践当中显然已经是"老朋友"了。

值得注意的是,文件反复强调的积极推进"净矿"出让,并未在《矿产资源法》修订中得到直接的体现。这样的处理可能存在如下考虑:其一,"净矿"出让主要的适用场景是砂、石、黏土等矿业权的出让,实践此等出让规则的制定主体通常在省、市,而且各地呈现出不同的制定主体以及渊源形式。其二,本法第18条关于矿业权出让先期工作的要求,从解释论层面是可以包括"净矿"出让的要求的。

2. 明确协议出让等其他方式以及规范要求

"法律、行政法规或者国务院规定"是矿业权竞争性出让例外的规范要求。不同于本法的其他多处规定,此处并未将"国务院自然资源主管部门"增加进来,显然是对“例外规则”提出了更高的要求。除法律、行政法规外，仅有国务院的一般规范性文件可以规定例外，自然资源部的规章、规范性文件等均不得就“例外”规则作出规定。

3. 关于矿业权“申请在先”取得方式的争议以及空间

“申请在先”（或者说“先到先得”）取得探矿权的规则，是世界矿业立法重要的共识性规则，也是随着矿业发展而生的古老规则。作为《矿产资源法》配套行政法规的《矿产资源勘查区块登记管理办法》（1998，已被修改），从行政法规的层面确认了“申请在先”作为探矿权取得的方式之一。

但随着矿业经济的不断发展，探矿权“申请在先”的取得方式在我国的矿政管理实践中暴露出了严重的问题。尤其是恶意串通，隐瞒地质资料真实信息，恶意适用针对空白地的“申请在先”规则取得探矿权，扭曲了“申请在先”鼓励探矿的制度初心，甚至造成了严重的国有资产流失。有鉴于此，以《自然资源部关于推进矿产资源管理改革若干事项的意见（试行）》为典型示例的系列矿政管理改革，均反复强调矿业权的竞争性出让，“申请在先”规则几乎失去了适用的空间。

从发生学的视角考察，“申请在先”恰是重要的竞争性取得探矿权的方式，其规则的预设功能在于鼓励探矿。实践中规则运行的异化，导致了有关部门的“痛下狠心”。面对显著的矿业投资下滑，复杂的国际局势，国家矿产资源安全面临更加严峻的挑战。因此，本法规定的矿业权设立的“其他方式”从解释论的角度可以认为是给“申请在先”规则开一个“小口子”。“开口子”是为了更好地发挥“申请在先”鼓励矿业投资的制度功能，尤其是高风险矿种的勘查投资，“小口子”是因为希望克服规则异化适用弊端的审慎选择，即使“申请在先”得到适用支持，其仍需要设置严格的适用条件。例如，严格限定该规则适用于高风险矿种的勘查，设置严苛的适用程序以及跟进特殊的面积缩减规则等。

（二）规定矿业权的出让权限（第 17 条第 2 款）

矿业权出让权限的划分，《矿产资源法》采取了“迂回处理”的方式。本条没有明确规定具体的矿业权出让权限划分，但是设置了授权条款，将划分的权限交给“国务院规定”。《矿产资源法》诸多此类授权条款的设置意味着，仅修订《矿产资源法》或面临着无法实施的可能。无须过分担心的是，从《自然资源部 2024 年立法工作计划》（自然资办函〔2024〕1112 号）可以发现，《矿产资源法》的配套行政法规已经在路上。该规划显示：拟报国务院审查的行政法规就包括《矿产资源法》的配套行政法规，如自然资源部配合《矿产资源法》修订进程，研究起草《矿产资源法实施条例》。

依照当前矿政管理政策以及矿业权出让的实践，自然资源部、省级自然资源主管部门、省级以下自然资源主管部门存在有序的范围划分。“自然资源部负责石油、烃类天然气、页岩气、天然气水合物、放射性矿产、钨、稀土、锡、锑、钼、钴、锂、钾盐、晶质石墨的矿业权出让登记；省级自然资源主管部门负责其他战略性矿产的矿业权出让登记，并落实矿产资源规划管控措施。省级及以下自然资源主管部门负责其余矿种的矿业权出让登记。”①由此可以发现，自然资源部的矿业权出让权限是确定的，省级自然资源主管部门有必须出让的矿业权。至于划定权限没有明确的，实践中各省依据各自矿产资源禀赋特征以及具体实际，存在不同的出让权限划分方式。

（三）规定矿业权出让的平台要求（第 17 条第 3 款）

依照《国务院办公厅关于印发整合建立统一的公共资源交易平台工作方案的通知》（国办发〔2015〕63 号）、《国务院办公厅转发国家发展改革委关于深化公共资源交易平台整合共享指导意见的通知》（国办函〔2019〕41 号）等的相关规定，自然资源部 2023 年印发的《矿业权出让交易规则》明确规定了“矿业权出让应当依照国家有关规定通过公开的交易平台进行交易，并纳入统一的公共资源交易平台体系”。本款“矿业权出让应当按照国家规定纳入统一的公共资源交易平台体系”规定的脉络，自无须赘言。需要说明的是，本款未对相关规定的主体、渊源等进行明显的要求，而是采取较为笼统的表达方式，“国家规定”的立法表达预留了较大的解释空间与实施余地。

五、典型案例

傅某其与仙游县社硎乡人民政府采矿权纠纷案②

1. 基本案情

2003 年 1 月 16 日，社硎乡人民政府与傅某其签订合同，约定由傅某其开发

---

① 《自然资源部关于深化矿产资源管理改革若干事项的意见》（自然资规〔2023〕6 号）。

② 参见《人民法院关于依法审理矿业权民事纠纷案件典型案例》，载最高人民法院网 2016 年 7 月 12 日，https://www.court.gov.cn/zixun/xiangqing/23431.html。

仙游县社硎乡塔林顶伊利石矿山。合同签订后，傅某其依约投资道路等设施并实施探矿行为。2005 年 1 月 24 日，仙游县人民政府批准挂牌出让案涉矿山采矿权。2007 年 7 月，仙游县人民政府将案涉矿山列入禁采范围。傅某其未能依法取得案涉矿山的采矿许可证。傅某其提起诉讼，请求社硎乡人民政府赔偿损失，并支付投资款在资金占用期间的利息。

2. 裁判结果

福建省莆田市中级人民法院一审查明傅某其实际投资 153.3561 万元，判令社硎乡人民政府承担 50% 的赔偿责任。福建省高级人民法院二审认为，社硎乡人民政府明知自己无权出让辖区内矿产资源，未经有权机关审批以签订承包合同的方式将案涉矿山交由傅某其开发，所签合同应为无效。案涉矿山已被列为禁采区，不具备办理合法审批手续的可能，由此产生的法律后果应依傅某其投入资产性质分类处理，其中押金属于社硎乡人民政府因合同收取的保证金，应直接返还；所修公路位于社硎乡人民政府辖区范围，属于其获益部分，应按照实际支出折价补偿；其余投资属于履行合同受到的损失，应按照过错比例承担民事赔偿责任。遂判令社硎乡人民政府返还傅某其押金和修路支出费用共计 67.0712 万元，对傅某其 86.2849 万元投资损失承担 80% 的赔偿责任。

3. 典型意义

矿业权的出让应由县级以上自然资源主管部门根据法定权限依法进行，乡级政府并非适格的矿业权出让主体。在不拥有矿山勘查、采矿许可证的情况下，乡级政府签订合同擅自将国家所有的矿产资源交由他人勘查、开采，不仅严重侵害国家对矿产资源的所有权、造成矿业权税费流失，而且极易造成矿产资源的乱采滥挖，甚至导致环境污染、生态破坏。对此类合同应给予否定性法律评价。人民法院应在认定合同无效的前提下，区别返还财产和赔偿损失等不同责任方式，在维护矿产资源国家所有权的同时，综合考虑过错因素，保护当事人的合法利益和矿业权流转市场的交易秩序。

六、规范链接

（一）《矿业权出让转让管理暂行规定》（国土资发〔2000〕309 号）

第十五条 矿业权出让是指登记管理机关以批准申请、招标、拍卖等方式向矿业权申请人授予矿业权的行为。

（二）《矿业权出让交易规则》（自然资规〔2023〕1 号）

（一）本规则所称矿业权是指探矿权和采矿权，矿业权出让交易是指县级以上人民政府自然资源主管部门和新疆生产建设兵团所属自然资源主管部门（以下简称自然资源主管部门）出让矿业权的行为。

（二）矿业权出让适用本规则，矿业权转让可参照执行。

铀矿等国家规定不宜公开矿种的矿业权出让交易不适用本规则。

（四）矿业权出让应当依照国家有关规定通过公开的交易平台进行交易，并纳入统一的公共资源交易平台体系。

（三）《自然资源部关于深化矿产资源管理改革若干事项的意见》（自然资规〔2023〕6 号）

一、全面推进矿业权竞争性出让

除协议出让等特殊情形外，矿业权一律按照《矿业权出让交易规则》（自然资规〔2023〕1 号）以招标、拍卖、挂牌方式公开竞争出让。在矿业权交易中推广使用保函或保证金，探索建立相关规则，确保矿业权交易顺利进行。

竞争出让油气（包括石油、烃类天然气、页岩气、煤层气、天然气水合物）探矿权，按照自然资源部、财政部《关于制定矿业权出让收益起始价标准的指导意见》确定起始价。

二、严格控制矿业权协议出让

稀土、放射性矿产勘查开采项目或国务院批准的重点建设项目，自然资源主管部门可以协议方式向特定主体出让矿业权。自然资源部协议出让矿业权应当征求省级人民政府意见，地方自然资源主管部门协议出让矿业权须报请同级地方人民政府同意。

基于矿山安全生产和矿业权设置合理性等要求，需要利用原有生产系统进一步勘查开采矿产资源（普通建筑用砂石土类矿产除外）的已设采矿权深部或上部、周边、零星分散资源，以及属同一主体相邻矿业权之间距离 300 米左右的夹缝区域，自然资源主管部门可以直接以协议方式出让探矿权或采矿权。

（四）《最高人民法院关于审理矿业权纠纷案件适用法律若干问题的解释》（2020 年 12 月 23 日修正）

第二条　县级以上人民政府自然资源主管部门作为出让人与受让人签订的矿业权出让合同，除法律、行政法规另有规定的情形外，当事人请求确认自依法成立之日起生效的,人民法院应予支持。

(撰稿人:曹宇)

第十八条 【矿业权出让要求】县级以上人民政府自然资源主管部门应当加强对矿业权出让工作的统筹安排,优化矿业权出让工作流程,提高工作效率,保障矿业权出让工作与加强矿产资源勘查、开采的实际需要相适应。矿业权出让应当考虑不同矿产资源特点、矿山最低开采规模、生态环境保护和安全要求等因素。

国家鼓励单位和个人向县级以上人民政府自然资源主管部门提供可供出让的探矿权区块来源;对符合出让条件的,有关人民政府自然资源主管部门应当及时安排出让。

国务院自然资源主管部门应当加强对矿业权出让工作的指导和监督。

法律、行政法规规定在一定区域范围内禁止或者限制开采矿产资源的,应当遵守相关规定。

一、条文主旨

本条是关于矿业权出让工作中具体要求的规定。

二、立法目的

(一)规范矿业权出让工作

本法第 17 条规定了矿业权出让的方式,本条第 1 款则规定了矿业权出让工作中的具体要求,强调县级以上人民政府自然资源主管部门在矿业权出让工作中,应当优化工作流程,提高服务效率。强调矿业权出让工作必须从实际情况出发。各地自然资源禀赋不同,矿业权出让工作面临的问题也不同,自然资源主管部门在矿业权出让工作的过程中,应考虑不同地区矿产资源的特点,全面考虑矿业权各个要素,合理进行资源配置,贯彻习近平生态文明思想,注重生态环境保护,并从矿业权的源头保障安全生产等各项基本要求的落地。

（二）完善矿业权出让启动机制

《矿产资源勘查区块登记管理办法》（2014 年 7 月 29 日修订）规定了矿业权出让的程序。此次《矿产资源法》修订则更进一步，完善了矿业权出让启动机制。长期以来，矿业权出让主要由政府有关部门为主导进行启动。本次修订则规定单位和个人也可以向自然资源主管部门提供探矿权区块来源，符合出让条件的，对有关部门应当及时安排出让。鼓励单位和个人提供区块来源丰富了自然资源主管部门探矿权区块来源资源，有利于拓宽找矿渠道，提高矿产资源利用效率。

（三）强调国务院自然资源主管部门发挥指导和监督作用

国务院自然资源主管部门应当加强对矿业权出让工作的指导和监督，在建设全国统一大市场的大背景下，在矿业权出让市场化的大趋势中，应深化要素市场改革，着力推进矿业权要素市场化配置，牢牢把握矿产资源的特殊属性，强调国家对矿业权出让工作的统筹管理，确保矿业权出让工作的健康、平稳运行。

（四）保障法秩序的统一性

本条第 4 款规定矿业权出让工作应当遵守法律、行政法规关于禁止或限制开采矿产资源的相关规定。基于生态环境保护、资源的合理开发利用文物保护、国家安全等原因，相关法律、行政法规会禁止或限制一定范围内的矿产资源开发、开采。为维护法秩序的统一性，在矿业权出让的限制性规定方面，《矿产资源法》应当与其他法律法规保持一致。

三、立法沿革

本条第 1 款、第 2 款、第 3 款为此次《矿产资源法》修订的新增条款，归属于第二章“矿业权”。

第 4 款来源于《矿产资源法》（2009）第 20 条：“非经国务院授权的有关主管部门同意，不得在下列地区开采矿产资源：（一）港口、机场、国防工程设施圈定地区以内；（二）重要工业区、大型水利工程设施、城镇市政工程设施附近一定距离以内；（三）铁路、重要公路两侧一定距离以内；（四）重要河流、堤坝两侧一定距离以内；（五）国家划定的自然保护区、重要风景区，国家重点保护的不能移动的历史文物和名胜古迹所在地；（六）国家规定不得开采矿产资源的其他地区。”

四、规范解读

(一)规定矿业权出让工作的基本要求(第18条第1款)

本条第1款是关于矿业主管机关矿业权出让工作中的具体要求。县级以上人民政府自然资源主管部门负责统筹安排各项矿业权出让工作。在具体执行出让工作的过程中,对主管机关提出了优化工作流程,提高服务效率的要求。在矿业权出让的数量上,出让工作需要考虑矿产资源勘查、开采的实际需要,避免盲目勘查、开采,保障矿产资源的合理、有序、高效利用,提高节约集约利用水平。在矿业权出让的质量上,出让工作应当考虑矿山最低开采规模、生态环境保护、安全要求等因素。注重对生态环境的保护,是贯彻习近平生态文明思想,保障矿业可持续发展的必要措施。出让工作对安全因素的考虑,也是基于过往的实践经验。我国矿山企业先前存在“多、小、差”的情况,导致政府有关部门监管困难。从对以往矿山安全生产事故的分析来看,中小型矿山发生安全生产事故的频率远高于大型矿山。因此,安全生产等矿业管理要关口前移,在矿业权出让的前端就进行合理规划和科学布局,以系统论思维提升矿业管理水平。矿业权出让过程中要签订好矿业权出让合同。矿业权出让合同是提高行政管理和服务效率,加强合同双方权利与义务履行的重要手段。[①] 通过出让合同来提前防范和化解安全生产风险。

(二)规定矿业权出让工作的启动方式(第18条第2款)

本条第2款是本次修订的新增条款,是助力找矿突破行动的重要举措,也是本次《矿产资源法》修订的亮点之一。“探矿权区块来源”不等于“探矿区块”。根据《矿产资源勘查区块登记管理办法》(2014年7月29日修订)的规定,探矿区块指的是矿产资源勘查工作区范围,以经纬度1′×1′为一个基本单位区块,不同的勘查项目范围由不同数量的基本单位区块组成。实践中,探矿权人可能会在本勘察项目工作区范围之外的区块发现存在矿产资源。根据相关规定,此时探矿权人无权对该区块进行探矿。针对此类情形,本次《矿产资源法》修订后,对于可能存在矿产资源的区块,国家鼓励相关单位和个人可以向自然资源主管部门提供探矿权区块来源线索。

但本条第2款并未明确具体的鼓励措施,只是表述单位和个人可以向县级以上人民政府自然资源主管部门提供可供出让的探矿权区块来源。因此,具体的鼓

---

① 参见史瑾瑾、王飞跃:《矿业权出让合同法理及实践探析》,载《经济师》2022年第5期。

励措施还需要在总结各地经验的基础上,通过出台条例、实施细则、办法等,进一步细化相关规则。

(三)强化对矿业权出让工作的统筹管理,保障法律规范的统一适用(第18条第3款)

矿业权出让工作已明确由县级以上自然资源主管部门统筹安排。但就全国范围而言,不同地域矿业资源禀赋、矿业种类差别巨大;另外,各地矿业管理能力、管理经验参差不齐。各地在执行相关政策,推进矿业权出让工作的过程中也不可避免地存在理解不到位、执行不到位的情况。这要求国务院自然资源主管部门强化指导监督作用,及时提供理念、政策、技术等方面的支持,对地方矿业权出让工作中出现的问题及时予以分析、研究,不断总结经验,确保矿业权出让工作的健康平稳运行,确保全国范围内,在《矿产资源法》和其他特别法的规定基础上,矿业权出让领域法律适用的统一性。

(四)规定矿业权禁止和限制出让的范围(第18条第4款)

本条第4款通过适用其他法律法规的方式,规定了矿业权禁止和限制出让的范围。例如,《青藏高原生态保护法》第26条第3款第1句规定:"禁止在星宿海、扎陵湖、鄂陵湖、若尔盖等泥炭沼泽湿地开采泥炭。"又如,《黄河保护法》第30条第2款规定:"禁止在黄河上游约古宗列曲、扎陵湖、鄂陵湖、玛多河湖群等河道、湖泊管理范围内从事采矿、采砂、渔猎等活动,维持河道、湖泊天然状态。"在矿业权出让时,应当遵守这些特别的规定。

五、典型案例

郑州鑫廒矿业有限公司与河南省自然资源厅资源行政管理:其他(资源)行政赔偿案[①]

1. 基本案情

原告诉被告河南省自然资源厅行政赔偿一案,2013年9月,原告通过探矿权转让成为探矿权人;同年10月22日,被告河南省自然资源厅作出探矿权变更〔2013〕0052号《颁发矿产资源勘查许可证通知》,原告取得涉案矿区的勘查许可证,有效期为2013年6月5日至2015年6月4日。2015年6月,原告取得了涉

---

① 参见河南省郑州高新技术产业开发区人民法院行政赔偿判决书,(2020)豫0191行赔初2号。

案矿区的探矿权证，证号为 T41120080902014018。

2014 年 1 月 24 日，原告就涉案矿区向被告申请划定矿区范围；2015 年 8 月，被告以原告申请划定的矿区范围大部分位于某省级自然保护区内为由，作出豫采不予办字〔2015〕9 号《不予批准采矿登记通知》。2015 年 10 月 26 日，原告向河南省人民政府申请行政复议；2017 年 9 月 14 日，河南省人民政府作出豫政复决〔2015〕1800 号《行政复议决定书》，认定被告河南省自然资源厅作出的《不予批准采矿登记通知》认定事实清楚，适用依据正确，但超过法定期限作出，程序违法。2019 年 9 月 11 日，原告向被告申请行政赔偿；2019 年 9 月 12 日，被告收到原告上述申请，后被告通过电话向原告告知因没有相应的规定和专项的资金，无法对其进行补偿。2020 年 5 月 7 日，原告诉至人民法院，请求判决被告依法赔偿原告实际损失 1 亿元。

2. 裁判结果

《国家赔偿法》第 4 条第 1 项规定："行政机关及其工作人员在行使行政职权时有下列侵犯财产权情形之一的，受害人有取得赔偿的权利：违法实施罚款、吊销许可证和执照、责令停产停业、没收财物等行政处罚的。"《行政诉讼法》第 38 条第 2 款规定，在行政赔偿案件中，原告应当对行政行为造成的损害提供证据。本案系原告以河南省人民政府作出的复议决定书确认被告于 2015 年 8 月作出的《不予批准采矿登记通知》违法提起的行政赔偿诉讼。

经审理查明，被告对原告申请划定的矿区范围不予批准的原因是涉案矿区与某自然资源保护区重合；根据《自然保护区条例》第 26 条及《矿产资源法》(2009)第 20 条的规定，原告的申请在客观上无法获得批准，且河南省人民政府在该行政复议决定书中从实体上对这一事实也予以确认，仅是认定被告超出法定期限作出确认其程序违法。

公民或法人提起行政赔偿的前提是行政机关行使行政职权的过程中侵害到了行政相对人的合法权益并造成了实际损害。本案中，被告依职权对原告公司的申请作出的不予批准的通知，在实体处理上并无不当，仅是程序违法，但程序违法并不必然导致行政赔偿。原告公司是通过受让取得涉案矿区的探矿权的，原告为涉案矿区的探矿勘查确实投入了一定的经济成本，但探矿勘查活动自身就具有一定的风险性，该风险成本并不属于原告公司申请行政赔偿的范围，且原告也未向法庭举证证明其因此受到的直接经济损失及该损失与被告行政行为之间的因果关系。故原告的申请不属于行政赔偿的范围,法院不予支持。原告在向被告申请探矿勘查时向被告缴纳过一定数额的探矿权价款,原告可就该部分探矿权价款另行向被告申请退还,被告当庭陈述因矿区范围与自然资源保护区重合而无法获得行政许可的,可以参照国家及地方相关政策规定予以处理。

法院判决驳回原告的诉讼请求。

3. 典型意义

为了国家的可持续发展,坚持开发资源和保护环境并重,为矿业开采、开发设定了一些限制。近年来,国家十分重视生态环境保护。本次《矿产资源法》修订进一步明确,法律、行政法规规定在一定区域范围内禁止或者限制开采矿产资源的,应当遵守相关规定。这提醒矿业权人在矿产资源开发中,既要考虑经济收益,也要考虑对环境的影响,有意识地保护和修复生态环境。

同时,矿产资源勘探、开发活动本身具有一定的风险性,矿业投资一定程度上讲也是风险投资。在矿业权出让中,要提前做好环境资源领域的尽职调查。矿产资源开发中要做好环境影响评价,为生态环境保护留下一定的空间,从而解决好《矿产资源法》与生态环保等其他法律法规的冲突,实现开发与保护并重。

六、规范链接

(一)《中华人民共和国矿产资源法》(2009 年 8 月 27 日修正)

第二十条　非经国务院授权的有关主管部门同意,不得在下列地区开采矿产资源:

(一)港口、机场、国防工程设施圈定地区以内;

(二)重要工业区、大型水利工程设施、城镇市政工程设施附近一定距离以内;

(三)铁路、重要公路两侧一定距离以内;

(四)重要河流、堤坝两侧一定距离以内;

(五)国家划定的自然保护区、重要风景区,国家重点保护的不能移动的历史文物和名胜古迹所在地;

(六)国家规定不得开采矿产资源的其他地区。

(二)《矿产资源勘查区块登记管理办法》(2014 年 7 月 29 日修订)

第三条　国家对矿产资源勘查实行统一的区块登记管理制度。矿产资源勘查工作区范围以经纬度 1′×1′划分的区块为基本单位区块。每个勘查项目允许登记的最大范围:

（一）矿泉水为 10 个基本单位区块；

（二）金属矿产、非金属矿产、放射性矿产为 40 个基本单位区块；

（三）地热、煤、水气矿产为 200 个基本单位区块；

（四）石油、天然气矿产为 2500 个基本单位区块。

（三）《中共中央办公厅、国务院办公厅关于进一步加强矿山安全生产工作的意见》（2023 年 9 月 6 日）

一、严格矿山安全生产准入

（二）严格非煤矿山源头管控。严格按照矿产资源规划、国土空间规划和用途管制要求，科学合理设置矿山。矿产资源勘查应达到规定程度，相邻矿山生产建设作业范围最小距离应满足相关安全规定，普通建筑用砂石露天矿山不得以山脊划界。除符合规定的情形外，新设采矿权范围不得与已设采矿权垂直投影范围重叠，可集中开发的同一矿体不得设立 2 个以上采矿权。采矿许可证证载规模是拟建设规模，矿山设计单位可在项目可行性研究基础上，充分考虑资源高效利用、安全生产、生态环境保护等因素，在矿山初步设计和安全设施设计中科学论证并确定实际生产建设规模，矿山企业应当严格按照经审查批准的安全设施设计建设、生产。

（撰稿人：王峰）

第十九条　【竞争性出让要求】通过竞争性方式出让矿业权的，出让矿业权的自然资源主管部门（以下称矿业权出让部门）应当提前公告拟出让矿业权的基本情况、竞争规则、受让人的技术能力等条件及其权利义务等事项，不得以不合理的条件对市场主体实行差别待遇或者歧视待遇。

一、条文主旨

本条是关于以竞争性方式出让矿业权时，出让主体应尽的告知义务、平等对待义务的相关规定。

二、立法目的

市场作为矿业权出让的主导因素，是未来矿业权出让制度的发展趋势。对以竞争性方式出让矿业权的出让主体应尽的告知义务内容作出明确规定，通过列举义务与禁止性规定的方式保障矿业权出让过程的公平公正。

本条明确列举了自然资源主管部门具体的公告义务。在此次修订前，矿业权的出让制度虽未在《矿产资源法》中明文体现，但各地有着丰富的实践积淀，具有一定的政策规范储备，形成了较为清晰的改革脉络。本法第 19 条总结、概括了矿业权出让主体在竞争性出让前期应尽的公开公示的告知义务，应尽的公开责任，从出让主体角度维护矿业权出让的公平竞争环境。同时，本条明确禁止以不合理的条件对市场主体实行差别待遇或者歧视待遇，为矿业权出让活动提供公开透明的制度保障，引导市场主体在同一起跑线上展开公开、良性竞争。

三、立法沿革

本条是本次《矿产资源法》修订的新增条款，归属于第二章“矿业权”。2000 年 10 月 31 日原国土资源部发布《矿业权出让转让管理暂行规定》（国土资发〔2000〕309 号），在已有批准申请、招标出让方式的基础上，首次将“拍卖”规定为矿业权出让方式之一。2003 年原国土资源部印发《探矿权采矿权招标拍卖挂牌管理办法（试行）》（国土资发〔2003〕197 号），在批准申请、招标、拍卖等出让方式的基础上，又增加了挂牌出让方式。由此，矿业权出让方式由行政性审批逐步向竞争性过渡。在坚持市场竞争取向，遵循矿业发展规律，充分发挥市场配置资源的决定性作用的背景下，矿业权出让的总体原则为：全面推行矿业权竞争性出让，严格限制矿业权协议出让。

2019 年发布的《自然资源部关于推进矿产资源管理改革若干事项的意见（试行）》（自然资规〔2019〕7 号），本着全面推进矿业权竞争性出让的目的，规定了出让主体在政府公开平台公告不得少于 20 日的公示义务。2023 年《矿业权出让交易规则》（自然资规〔2023〕1 号）第二部分，将公告义务的内容进一步细化。

四、规范解读

（一）规定自然资源主管部门的公开公告义务

为激发市场竞争的活力，我国以竞争性方式出让矿业权的，一般都在统一的公共资源交易平台体系中进行。因此，交易平台的公告公示是竞标者和竞拍者及时、充分知晓信息的重要渠道。公开透明的信息公示，保障公平公正的市场交易。本条呼应《国务院办公厅关于推进公共资源配置领域政府信息公开的意见》（国办发〔2017〕97 号），该意见明确提出了“谁批准、谁公开，谁实施、谁公开，谁制作、谁公开”的原则，致力于实现公共资源配置全流程的透明化，优化资源配置。

本条规定的公告义务包括出让矿业权的基本情况、竞争规则、受让人的技术能力等条件及其权利义务等概括性事项。2023 年《矿业权出让交易规则》（自然资规〔2023〕1 号）第二部分第 10 条详细规定了公告的具体内容：“（十）出让公告应当包括以下内容：1. 出让人和交易平台的名称、住所；2. 拟出让矿业权的简要情况，包括项目名称、矿种、地理位置、拐点范围坐标、面积、资源储量（勘查工作程度）、开采标高、拟出让年限、资源开发利用情况、多目标管理、开发全过程的动态管理要求，以及土地复垦、矿山地质环境保护与治理恢复、海洋生态环境保护要求等；3. 法律、法规、政策文件规定的投标人或者竞买人的资质条件；4. 投标人或者竞买人需具备的与勘查开采相匹配的资金实力等要求；5. 出让方式及交易的时间、地点；6. 获取招标、拍卖、挂牌文件的途径和申请报名的起止时间及方式；7. 确定中标人、竞得人的标准和方法；8. 风险提示；9. 对交易矿业权异议的处理方式；10. 违约责任、公共资源交易领域失信联合惩戒相关提示；11. 需要公告的其他内容。”本条与《矿业权出让交易规则》呼应，使自然资源主管部门的公示公告义务正式成为必须遵守的法定义务。

（二）强调交易过程中竞争主体平等

矿业权的出让是政府推进公共资源合理配置的重要工作内容，矿业项目的招标投标具有公有性、公益性和社会高度关注的特点，亦对经济社会发展、民生改善有直接、广泛的重要影响。在公共资源配置过程中，应强调交易主体被平等对待，尊重市场优胜劣汰的竞争规律，激发市场竞争活力，从而不断提高公共资源使用效益，维护参与竞争的市场主体的合法权益。

2024 年 8 月 1 日《公平竞争审查条例》施行，进一步要求行政机关平等对待各类市场主体。本条明确规定了自然资源主管部门的公开公告义务。这也是营造市场化、法治化、国际化营商环境的必然要求。一方面保证了潜在受让主体可以公平地获知矿业权出让信息，另一方面也强化了社会各界对矿业权出让工作的监督。尽管在竞争性出让过程中，可以对潜在受让主体在技术能力等方面作出必要限制，但仍应当遵循公平原则，不得设置不合理条件，避免差别待遇或歧视待遇，不能进行地方保护，应当兼顾程序公平与实质公平，使参与竞争的市场主体都有均等的竞争机会，坚决杜绝为某一个市场主体量身定做矿业权出让的情况。

五、典型案例

汪某宝等诉临海市国土资源局其他行政行为案[①]

1. 基本案情

2014 年 4 月 30 日，被告临海市原国土资源局发布《临海市汇溪镇黎明村双往山建筑用花岗岩矿采矿权挂牌出让公告》等挂牌出让文件，以公开挂牌方式出让位于临海市汇溪镇黎明村（以下简称黎明村）双往山的建筑用花岗岩矿的采矿权。经公开竞买，第三人科农公司于 2014 年 6 月 4 日竞得该宗采矿权。原告汪某宝、汪某灿等村民认为被告未按照法律法规的规定对原告等村民进行政策处理，既未签订协议，又未作补偿，亦未按法规政策要求将政策处理情况在矿区所在乡镇及村设置的信息公示栏中公示，未按规定实行“净采矿权”出让，即对黎明村双往山的建筑用花岗岩矿采矿权挂牌出让。原告主张被告的行为侵犯了原告等村民的农村土地承包经营权，要求撤销被告出让黎明村双往山建筑用花岗岩矿采矿权的行为。

被告认为，《矿产资源法》（2009）、国务院的《矿产资源开采登记管理办法》和《探矿权采矿权转让管理办法》等法律和行政法规并没有强制性地规定采矿权出让政策处理情况要在乡镇及村信息公示栏中予以公示，况且，汇溪镇人民政府将政策处理的具体事项在镇和村进行了公示，被告也将政策处理的具体事项载入出让公告在《台州日报》上向社会进行了公示。

2. 法院裁判

法院认为，人民法院审理行政案件，是对行政行为是否合法进行审查。根据《矿产资源法》（2009）及原国土资源部的《探矿权采矿权招标拍卖挂牌管理办法（试行）》和《关于进一步规范矿业权出让管理的通知》的相关规定，该案被告有权对讼争矿的采矿权进行出让，被告亦根据原浙江省国土资源厅浙土资厅函〔2014〕84 号文件确定的出让方式，将讼争矿采矿权按招拍挂方式出让，在《台州日报》上发布《临海市汇溪镇黎明村双往山建筑用花岗岩矿采矿权挂牌出让公告》，后科农公司以 9010 万元拍得，双方于 2014 年 6 月 25 日签订了《浙江省采矿权有偿出让合同》。被告出让讼争矿的采矿权，程序合法。对于原告诉称的被告

① 参见浙江省三门县人民法院行政判决书，（2016）浙 1022 行初 13 号。

未按规定实行"净采矿权"出让的主张,法院认为,从被告提供的证据可以看出,当地政府已对讼争矿涉及的山皮、土地等权属予以明确,同时与涉矿各村委会签订了协议,可以认定各方已对政策处理等事项作了相应的处理,虽然被告对汇溪镇人民政府所提交的部分资料未尽到详细审查义务,但被告出让讼争矿采矿权的行为并不违反"净采矿权"出让的相关规定。综上,原告的诉讼请求理由不足,法院不予采纳。第三人提出的其他辩解,并不影响法院对该案事实的认定。

依照《行政诉讼法》(2012)第69条之规定,判决如下:

驳回原告汪某宝、汪某灿、汪某军、汪某旦、汪某积、汪某光、汪某贵、郑某英、汪某春的诉讼请求。

3. 典型意义

矿业权出让应当在阳光下进行。自然资源主管部门应当将矿业权出让的各个要素都通过公告的形式,向社会公众公示。通过公开和公示,可以让大众充分了解矿业权出让的各个程序,可以消弭社会公众对矿业权出让的误解。该案中法院也指出:被告对汇溪镇人民政府所提交的部分资料未尽到详细审查义务。这也提示自然资源主管部门要将矿业权出让工作考虑细致,尽量将能公告的因素都公示出来,落实详细审查的义务,以便让参与矿业权出让的各个主体及社会公众对矿业权出让的全过程都能进行监督,使矿业权出让公开、公平、公正地进行。

六、规范链接

(一)《国务院办公厅关于推进公共资源配置领域政府信息公开的意见》(国办发〔2017〕97号)

二、主要任务

本意见所称公共资源配置,主要包括保障性安居工程建设、保障性住房分配、国有土地使用权和矿业权出让、政府采购、国有产权交易、工程建设项目招标投标等社会关注度高,具有公有性、公益性,对经济社会发展、民生改善有直接、广泛和重要影响的公共资源分配事项。各地区、各部门要根据区域、行业特点,进一步明确本地区、本行业公共资源配置信息公开范围,细化公开事项、内容、时限、方式、责任主体、监督渠道等,纳入主动公开目录清单。

(一)突出公开重点。

1. 住房保障领域。在项目建设方面,主要公开城镇保障性安居工程规划建设方案、年度建设计划信息（包括建设计划任务量、计划项目信息、计划户型）、建设计划完成情况信息（包括计划任务完成进度、已开工项目基本信息、已竣工项目基本信息、配套设施建设情况）、农村危房改造相关政策措施执行情况信息（包括农村危房改造政策、对象认定过程、补助资金分配、改造结果）；在住房分配方面，主要公开保障性住房分配政策、分配对象、分配房源、分配程序、分配过程、分配结果等信息。

2. 国有土地使用权出让领域。主要公开土地供应计划、出让公告、成交公示、供应结果等信息。

3. 矿业权出让领域。主要公开出让公告公示、审批结果信息、项目信息等信息。

4. 政府采购领域。主要公开采购项目公告、采购文件、采购项目预算金额、采购结果、采购合同等采购项目信息，财政部门作出的投诉和监督检查等处理决定、对集中采购机构的考核结果，违法失信行为记录等监督处罚信息。

5. 国有产权交易领域。除涉及商业秘密外，主要公开产权交易决策及批准信息、交易项目信息、转让价格、交易价格、相关中介机构审计结果等信息。

6. 工程建设项目招标投标领域。主要公开依法必须招标项目的审批核准备案信息、市场主体信用等信息。除涉及国家秘密、商业秘密外，招标公告（包括招标条件、项目概况与招标范围、投标人资格要求、招标文件获取、投标文件递交等）、中标候选人（包括中标候选人排序、名称、投标报价、工期、评标情况、项目负责人、个人业绩、有关证书及编号、中标候选人在投标文件中填报的资格能力条件、提出异议的渠道和方式等）、中标结果、合同订立及履行等信息都应向社会公布。

（二）明确公开主体。

按照“谁批准、谁公开，谁实施、谁公开，谁制作、谁公开”的原则，公共资源配置涉及行政审批的批准结果信息由审批部门负责公开；公共资源项目基本信息、配置（交易）过程信息、中标（成交）信息、合同履约信息由管理或实施公共资源配置的国家机关、企事业单位按照掌握信息的情况分别公开。此外，探索建立公共资源配置“黑名单”制度，逐步把骗取公共资源等不良行为的信息纳入“黑名单”，相关信息由负责管理的部门分别公开。

(二)《矿业权出让转让管理暂行规定》(国土资发〔2000〕309 号)

第二十二条 矿业权招标出让是指登记管理机关依照有关法律法规的规定，通过招标方式使中标人有偿获得矿业权的行为。

第二十三条 登记管理机关可以作为招标人在其矿业权审批权限内直接组织招标，也可以委托中介机构代理招标。

第二十四条 登记管理机关采用招标方式出让矿业权时，应将确定的拟招标区块或矿区范围、招标时间和投标人的资质条件要求，在《国土资源报》发布公告。

第二十五条 招标文件发布之日起至投标人提交投标文件截止之日止，最短不得少于 20 日。

第二十六条 登记管理机关采用招标方式出让矿业权时，应委托评估机构对矿业权进行评估。经依法确认的评估结果可以作为确定标底的依据。

第二十七条 登记管理机关可以根据矿业权的情况，以矿业权价款、资金投入或其他指标设定单项或综合标底。

第二十八条 设定资金投入为标底进行招标的，中标人在办理登记时须向登记管理机关指定银行的押金专户交纳押金。押金的数额根据中标人投标时承诺投入资金总额的一定比例确定。押金的比例在标书公告中明确。年度审查时根据资金投入的数额，登记管理机关按比例返还押金。未按承诺投入资金的，押金不予退还，由登记管理机关上缴同级财政。

第二十九条 登记管理机关、招标人和矿业权评估机构应对矿业权评估价值、招标标底严格保密。

第三十条 登记管理机关组织评标，依法组建评标委员会，采取择优的原则确定中标人。

第三十一条 矿业权拍卖出让是指登记管理机关遵照有关法律法规规定的原则和程序，委托拍卖人以公开竞价的形式，向申请矿业权竞价最高者出让矿业权的行为。

第三十二条 登记管理机关在其矿业权审批权限内组织矿业权拍卖。

第三十三条 拟拍卖矿业权的区块或范围、拍卖时间和对竞买人的资质条件要求由登记管理机关确定，并在《国土资源报》发布公告。

第三十四条 拍卖出让经勘查形成矿产地的矿业权，由登记管理机关委托评估机构评估，经依法确认的评估结果可以作为拍卖标的的保留价。

第三十五条　买受人应在规定时间内，按规定缴纳有关费用和拍卖价款，依法办理登记手续，领取许可证。逾期未缴齐费用和价款、未办理登记手续的，视买受人自动放弃买受行为，并承担相应的违约责任。

（三）《矿业权出让交易规则》（自然资规〔2023〕1号）

二、公告

（八）以招标、拍卖、挂牌方式出让矿业权的，交易平台依据出让人提供的相关材料发布出让公告。

（九）交易平台或者自然资源主管部门应当在下列平台同时发布出让公告：

1. 自然资源部门户网站；

2. 同级自然资源主管部门（或人民政府）门户网站；

3. 交易平台网站、交易大厅；

4. 有必要采取的其他方式。

（十）出让公告应当包括以下内容：

1. 出让人和交易平台的名称、住所；

2. 拟出让矿业权的简要情况，包括项目名称、矿种、地理位置、拐点范围坐标、面积、资源储量（勘查工作程度）、开采标高、拟出让年限、资源开发利用情况、多目标管理、开发全过程的动态管理要求，以及土地复垦、矿山地质环境保护与治理恢复、海洋生态环境保护要求等；

3. 法律、法规、政策文件规定的投标人或者竞买人的资质条件；

4. 投标人或者竞买人需具备的与勘查开采相匹配的资金实力等要求；

5. 出让方式及交易的时间、地点；

6. 获取招标、拍卖、挂牌文件的途径和申请报名的起止时间及方式；

7. 确定中标人、竞得人的标准和方法；

8. 风险提示；

9. 对交易矿业权异议的处理方式；

10. 违约责任、公共资源交易领域失信联合惩戒相关提示；

11. 需要公告的其他内容。

（十一）以招标、拍卖、挂牌方式出让矿业权的，应当在投标截止日、公开拍卖日或者挂牌起始日20个工作日前发布公告。

出让公告发布期间，公告内容发生变化的，应当按原发布渠道重新发布出让公告或者变更出让公告。涉及矿种、范围、出让年限等重大变化的，投标截止日、公开拍卖日或者挂牌起始日应当按照20个工作日的时间要求顺延。

（撰稿人：王峰）

第二十条 【矿业权出让合同】出让矿业权的，矿业权出让部门应当与依法确定的受让人以书面形式签订矿业权出让合同。

矿业权出让合同应当明确勘查或者开采的矿种、区域，勘查、开采、矿区生态修复和安全要求，矿业权出让收益数额与缴纳方式、矿业权的期限等事项；涉及特定战略性矿产资源的，还应当明确保护性开采的有关要求。矿业权出让合同示范文本由国务院自然资源主管部门制定。

一、条文主旨

本条是关于签订矿业权出让合同相关内容的规定。

二、立法目的

（一）统一矿业权出让合同形式要件，为矿业权出让合同的签订提供立法保障

我国矿业权出让主要分为三种方式：招标、拍卖、挂牌方式出让，协议出让，以申请在先方式出让。在本次《矿产资源法》修订之前，“签订出让合同”的规定主要约束“招拍挂方式出让”和“协议出让”，并不涉及“申请在先方式出让”。本次《矿产资源法》修订后，无论是以哪种方式出让矿业权，出让方必须与受让方以书面形式签署出让合同，最大限度地保证出让过程的公开化、透明化，保障双方合法权益，保证矿业权交易的合法性、规范性、稳定性。

（二）矿业权出让合同主要内容的进一步完善

本条修订充分吸收了先前各个矿业权交易规则中关于矿业权出让合同主要内容的规定，进一步明确了矿业权出让合同的具体内容，为矿业权出让提供了更加完备的合同保障和制度保障。

三、立法沿革

本条为此次《矿产资源法》修订的新增条款，归属于第二章"矿业权"。原国土资源部在2011年印发《矿业权交易规则（试行）》（国土资发〔2011〕242号，已失效）；2017年修订印发《矿业权交易规则》（国土资规〔2017〕7号，已失效），该规则第26条规定了矿业权出让合同的相关内容。2017年，中共中央办公厅、国务院办公厅印发的《矿业权出让制度改革方案》（厅字〔2017〕12号）中明确规定"实施矿业权出让合同管理"。自然资源部2023年1月3日发布《矿业权出让交易规则》（自然资规〔2023〕1号），该交易规则的第五部分第31条明确规定了矿业权出让合同需要明确的事项："招标、拍卖、挂牌方式出让矿业权的，矿业权出让成交信息公示无异议的，出让人与中标人或者竞得人应当根据中标通知书或者成交确认书签订矿业权出让合同。矿业权出让合同应当包括下列基本内容：1. 出让人、中标人或者竞得人和交易平台的名称、住所、法定代表人；2. 出让矿业权的简要情况，包括项目名称、矿种、地理位置、拐点范围坐标、面积、资源储量（勘查工作程度）、开采标高等，资源开发利用、多目标管理、开发全过程的动态管理要求，以及土地复垦、矿山地质环境保护与治理恢复要求等；3. 出让矿业权的年限；4. 成交价格、付款期限、要求或者权益实现方式等；5. 申请办理矿业权登记手续的时限及要求；6. 争议解决方式及违约责任；7. 需要约定的其他内容。以协议方式出让矿业权的，参照上述内容签订出让合同。"

四、规范解读

（一）建立矿业权出让签订书面合同制度（第20条第1款）

矿业权出让合同为自然资源管理部门与矿业权人之间协商一致签订的行政协议。矿业权出让合同是自然资源管理部门履行矿产资源国家所有职责，提高资源配置效率的客观结果；矿业权出让合同是提高行政管理和服务效率，加强合同双方权利与义务履行的重要手段。① 矿业权出让合同体现了矿产资源管理方式的创新，体现了行政效能提升和物尽其用原则，保障了自然资源管理部门与矿业权人双方的权利，明确了双方义务，同时也体现了平等、互利、协商的合同属性。

较过往的规定，本次修订突出了主体和形式两方面的全面完善。从主体上

---

① 参见史瑾瑾、王飞跃：《矿业权出让合同法理及实践探析》，载《经济师》2022年第5期。

看，扩大和明确了签订合同的范围。从形式上看，相较之前的规定，突出了合同形式必须为书面形式，更加规范了矿业权出让工作。

（二）规定了矿业权出让合同主要内容（第20条第2款）

1. 明确本条第1款与第2款的关系

第2款对第1款“矿业权出让合同”的主要内容进行了明确。对具体内容采用了不完全列举的形式，即“等外等”的列举方式，对矿业权出让合同的重点内容进行了着重提示。第2款明确矿业权出让合同示范文本由国务院自然资源主管部门制定。

2. 明确了矿业权出让合同的特殊要素

除一般合同要素（合同标的、标的物数量、标的物质量、价款或者报酬；合同履行期限、履行地点和履行方式；合同的违约责任及争议解决方式）外，针对矿业权合同特殊的合同要素，进行了进一步的强调和突出，通过在合同中明确矿种、区域，勘查、开采、矿区生态修复和安全要求，矿业权出让收益数额与缴纳方式、矿业权的期限等有别于一般合同的特殊合同要素，来充分体现矿业权交易的基本特征。

五、典型案例

某矿业公司与某高速公路公司财产损害赔偿纠纷案①

1. 基本案情

2016年11月，某矿业公司与某区原国土资源和房屋管理局签订《采矿权出让合同》1份，约定某矿业公司取得位于某区冯家街道沿溪沟采石场的采矿权，矿区面积0.1129平方公里，出让矿种为建筑石料用灰岩矿。同月，某区原国土资源和房屋管理局为某矿业公司办理了采矿许可证，有效期从2016年11月26日至2019年11月26日。2016年，某市发展改革委以“某发改交〔2016〕04号”文件批准了“某市过境高速公路（东南环线）”，后该项目名称变更为“某区过境高速公路（渝湘高速联络线）”，而该项目具体实施需压覆某矿业公司开办的沿溪沟采石场的部分采矿区域。

① 参见重庆市黔江区人民法院民事判决书，（2019）渝0114民初6069号；重庆市第四中级人民法院民事判决书，（2021）渝04民终1118号、（2022）渝04民再6号。

基于此,2017 年 4 月,某区高速公路建设工程指挥部(甲方)与某矿业公司(乙方)签订了《某区过境高速公路(渝湘联络线)项目压覆矿业权补偿框架协议书》。

2017 年 10 月 12 日,某高速公路公司与某矿业公司签订了《建设项目压覆矿产资源补偿协议》,该协议的主要内容为:某高速公路公司实施"某区过境高速公路(东南环线)"项目需压覆某矿业公司沿溪沟采石场的矿产资源,压覆矿产资源的储量以最终实际勘测且双方签字认可的量为准。压覆资源储量估算面积以最终实际勘测且双方签字认可的面积为准。某高速公路公司同意按照有关规定给予某矿业公司补偿。某矿业公司同意放弃压覆矿产资源的勘查开采权利,并承诺放弃压覆范围。建设项目压覆矿产资源补偿费用支付方式为:待最终补偿金额确定后,以双方签订的正式协议为准。该协议签订次日,某矿业公司即停止了对压覆区域内矿产资源的开采,而在压覆区域外,某矿业公司未停止开采。但因矿区内的回风巷道(回风及行人安全通道)在压覆区域内,而压覆区域内不能进行生产、不能布置回风巷道,某区安全生产监督管理局于 2018 年 8 月 31 日责令某矿业公司停产整改。后某矿业公司一直停产。

因此,某矿业公司将某高速公路公司诉至法院,请求某高速公路公司对其损害进行赔偿。

不同观点:

第一种:某矿业公司对于损失的发生并无过错。某高速公路公司未完善压覆矿产资源所需手续,在未与某矿业公司就赔偿达成一致意见的情况下强行开工,其压覆行为导致整个矿山由于缺乏安全生产条件而停产,并恶意拖延解决问题,应当承担全部赔偿责任。

第二种:(1)某矿业公司的采矿权系违法取得,不享有相应权利。在某矿业公司依法成立前半年左右,某区原国土资源和房屋管理局就已为其办理采矿权许可证,因而某矿业公司基于原有违法采矿权许可获得的续期也是违法的。(2)依法规划审批设计的公共建设项目不构成侵权。

2. 裁判结果

该案审理经历了一审、二审、再审,是一个较为典型的案例。

(1)一审

一审法院认为:该案中,某矿业公司通过合法方式取得的采矿权,依法应受到保护。某矿业公司关停矿区并由此产生的损失与某高速公路公司的行为存在明显的因果关系。但因某高速公路公司建设的工程系公共工程,某高速公路公司经相关部门审批立项、规划,并在压覆某矿业公司矿区前,征得了其同意,与某矿业公司签订了相关协议,对于某矿业公司损失的产生,某高速公路公司在主观上并无过错。在双方均无过错,但某矿业公司损失确已发生的情况下,根据《侵权责任法》(已失效)第24条的规定,某高速公路公司需分担某矿业公司的损失,即对某矿业公司的损失进行适当补偿。一审法院酌定由某高速公路公司分担上述损失中的50%。

一审法院遂判决:①某高速公路公司自判决生效之日起10日内补偿某矿业公司关停矿区的经济损失638.4555万元。②某高速公路公司自判决生效之日起10日内支付某矿业公司评估费4.104万元。③驳回某矿业公司的其他诉讼请求。案件受理费99346元,由某矿业公司负担54346元,某高速公路公司负担45000元。

(2)二审

二审法院认为:《矿产资源法》(2009)第3条、第4条规定,矿产资源属于国家所有,国家保障依法设立的矿山企业开采矿产资源的合法权益。该案中,某矿业公司对沿溪沟采石场享有合法的采矿权在先,某高速公路公司对沿溪沟采石场所占地享有建设用地使用权在后,某高速公路公司修建高速公路时已预见到将压覆沿溪沟采石场,对损害的发生具有过错;某矿业公司配合高速公路建设,对损害的发生自身并无过错。因此,应当由某高速公路公司承担赔偿责任,一审适用公平责任错误。

二审法院遂判决:①撤销一审民事判决;②某高速公路公司于判决生效之日起10日内赔偿某矿业公司损失1276.9111万元;③驳回某矿业公司的其他诉讼请求。一审案件受理费99346元,由某矿业公司负担932元,某高速公路公司负担98414元;评估费41040元,由某高速公路公司负担;二审案件受理费99346元,由某矿业公司负担932元,某高速公路公司负担98414元。

(3)再审

再审法院认为:根据原《物权法》第123条"依法取得的探矿权、采矿权、取水权和使用水域、滩涂从事养殖、捕捞的权利受法律保护"的规定,某区原国土资源和房屋管理局向某矿业公司颁发了采矿许可证,某矿业公司的采矿权受法律保护。某高速公路公司压覆某矿业公司名下采矿权的行为不具违法性，主观上亦不存在过错，不构成侵权。根据《建设项目压覆矿产资源补偿协议》的规定，某矿业公司应获得的是“补偿”。因此，无论从法律规定还是当事人约定的角度，某矿业公司的采矿权被压覆的损失应给予补偿，而非赔偿。

关于采矿权价值损失，某矿业公司因回风巷道在压覆区而停产时，其获得的采矿许可尚未到期，因此，相应的采矿权价值损失应由某高速公路公司予以补偿。该案的剩余矿产储量价值的评估仍然属于矿业权价值的评估，其应当由具备矿业权评估资质的人员和机构来完成，但根据现有证据，某评估公司并不具备相应的矿业权评估资质。因此，某评估公司对沿溪沟采石场剩余矿产储量价值所作的评估，法院不予采信。法院认为对采矿权价值损失已无再次鉴定的必要。除上述因素，再结合某矿业公司取得采矿权所支付的出让价款，以及某高速公路公司自认的采矿权价值损失金额 71.99 万元，法院酌定某矿业公司的采矿权价值损失为 71.99 万元，某高速公路公司应按此金额予以补偿。

关于实物资产损失，法院认定某矿业公司的实物资产损失为某评估公司评估的实物资产价值 442.4 万元，扣除 2018 年 4 月修建的石子库钢棚、破碎车间砂库钢棚价值 15.529 万元，所得 426.871 万元作为某矿业公司的实物资产损失，某高速公路公司应按此金额予以补偿。

关于经营损失，法院按照某评估公司的评估结论认定某矿业公司的经营损失为 130.36 万元，某高速公路公司应按此金额予以补偿。

再审法院遂判决：①撤销二审民事判决；②某高速公路公司在本判决生效后 10 日内补偿某矿业公司各项损失合计 635.901 万元；③驳回某矿业公司的其他诉讼请求。

3. 典型意义

在某矿业公司与某高速公路公司财产损害赔偿纠纷案中，对某矿业公司是否依法通过矿业权出让取得采矿权产生争议。某矿业公司与某区原国土资源和房屋管理局签订《采矿权出让合同》1 份，约定某矿业公司取得位于某区采石场的采矿权，后因某高速公路公司建设某区过境高速公路工程压覆某矿业公司矿区，导致某矿业公司停止了全部矿区的开采从而造成了严重损失。

根据原《物权法》第 123 条“依法取得的探矿权、采矿权、取水权和使用水域、滩涂从事养殖、捕捞的权利受法律保护”的规定，某区原国土资源和房屋管理局向某矿业公司颁发了采矿许可证，某矿业公司的采矿权受法律保护，某高速公路公司关于某矿业公司的采矿权系违法取得的主张不能成立。

根据此案例可知，矿产资源属于国家所有，国家保障依法设立的矿山企业开采矿产资源的合法权益，合法取得的矿业权、合法签订的矿业权出让合同是受法律保护的。

六、规范链接

（一）《矿业权出让制度改革方案》（厅字〔2017〕12号）

《中华人民共和国矿产资源法》及其相关配套法规，逐步确立了矿业权出让管理制度。我国矿业权出让经历了从无偿到有偿、从申请在先方式到竞争性取得等深刻变化，在优化资源配置、维护国家所有者权益等方面发挥了重要作用。但还存在市场竞争不充分、有偿使用不到位、制度体系不完善等问题，亟需深化改革，进一步完善矿业权出让制度。

（二）《矿业权出让交易规则》（自然资规〔2023〕1号）

（三十一）招标、拍卖、挂牌方式出让矿业权的，矿业权出让成交信息公示无异议的，出让人与中标人或者竞得人应当根据中标通知书或者成交确认书签订矿业权出让合同。矿业权出让合同应当包括下列基本内容：

1. 出让人、中标人或者竞得人和交易平台的名称、住所、法定代表人；

2. 出让矿业权的简要情况，包括项目名称、矿种、地理位置、拐点范围坐标、面积、资源储量（勘查工作程度）、开采标高等，资源开发利用、多目标管理、开发全过程的动态管理要求，以及土地复垦、矿山地质环境保护与治理恢复要求等；

3. 出让矿业权的年限；

4. 成交价格、付款期限、要求或者权益实现方式等；

5. 申请办理矿业权登记手续的时限及要求；

6. 争议解决方式及违约责任；

7. 需要约定的其他内容。

以协议方式出让矿业权的，参照上述内容签订出让合同。

（撰稿人：王峰）

第二十一条　【矿业权出让收益】矿业权出让合同约定的矿业权出让收益数额与缴纳方式等，应当符合国家有关矿业权出让收益征收的规定。

矿业权出让收益征收办法由国务院财政部门会同国务院自然资源主管部门、国务院税务主管部门制定，报国务院批准后执行。制定矿业权出让收益征收办法，应当根据不同矿产资源特点，遵循有利于维护国家权益、调动矿产资源勘查积极性、促进矿业可持续发展的原则，并广泛听取各有关方面的意见和建议。

一、条文主旨

本条是关于矿业权出让收益的规定。

二、立法目的

矿业权出让收益是本次《矿产资源法》修订的关键议题。自 2017 年该制度诞生以来，尚处于“襁褓”阶段的它在理论与实务中就饱受争议。这些争议主要源于这一新兴制度在旧有法律框架下，难以找到充分的支持。然而，此次《矿产资源法》的修订，通过立法的形式为该制度提供坚实的法律基础，根本扭转其在《矿产资源法》中“无米之炊”的尴尬局面，从而确认并肯定了与之相关的政策和实践。

三、立法沿革

本条为此次《矿产资源法》修订的新增条款，归属于第二章“矿业权”。

但从《矿产资源法》修订草案的变革中，矿业权出让收益并非完全陌生的法律概念。《矿产资源法（修订草案）》（征求意见稿）（2019）第 24 条曾全面引入《矿产资源权益金制度改革方案》（国发〔2017〕29 号）中的费用，包括矿业权出让收益、资源税和矿业权占用费。至一审稿第 18 条不再使用费用，而是突出矿业权出让收益。二审稿进一步细化矿业权出让收益表述，第 18 条、第 19 条均涉及具体规定。此次修法标志着国家对矿业权出让收益作为矿产资源国家所有权实现形式的立法确认。

四、规范解读

（一）矿业权出让收益居于矿业权出让合同的核心地位

本条第 1 款可从两方面进行解读。

第一,矿业权出让收益数额与缴纳方式是矿业权出让合同的必备条款。条文中的“等”字表示非穷尽式列举,为矿业权出让收益相关的其他规范性文件的动态发展预留空间。采取上述的立法表述,确认了矿业权出让收益数额与缴纳方式在矿业权出让合同中的重要性。

第二,规定矿业权出让合同的约定必须符合相关规定的要求。立法是引领、推动和保障政策改革的“关键一招”,维持矿业权出让收益制度的“生命”,核心在既保留政策灵活,又兼顾法律的稳定与周延。① “相关规定”的立法表述主要指现行有效的制定法及规范性文件,但不完全援引“相关规定”的原因在于矿业权出让收益制度相关内容较为丰富,很难完整列举,同时矿业权出让收益制度也在规则补充与完善的进程中,可能会诞生新的要求。因此,本款仅作出原则性规定。

第 1 款规定是为矿业权出让收益制度实施过程中的整体协调完善留出缓冲地带,进一步指明矿业权出让收益居于矿业权出让合同的核心地位。

(二)规定《矿业权出让收益征收办法》的制定主体与程序要件

第一,规定《矿业权出让收益征收办法》的制定主体,即国务院财政部门、国务院自然资源主管部门、国务院税务主管部门负责制定矿业权出让收益征收办法。与一审稿相比,《矿产资源法》增加财政部门“会同”其他部门的表述,明确国务院财政部门在矿业权出让收益征收办法制定中的重要作用。

第二,规定《矿业权出让收益征收办法》的批准程序,即须报国务院批准后执行。

第三,对地方矿业权出让收益征收办法的制定程序具有示范效应。地方矿业权出让收益征收办法应在地方财政部门主导下,与同级自然资源主管部门、税务主管部门联合制定,并报本级政府批准后执行。

(三)规定《矿业权出让收益征收办法》的制定原则

本条第 2 款明确矿业权出让收益征收办法的制定原则为根据不同矿产资源特点,遵循有利于调动矿产资源勘查积极性、促进矿业可持续发展、维护国家权益的原则,并广泛听取各有关方面的意见和建议。

第一,本条第 2 款制定原则吸取矿政管理的经验,更加强调促进矿产资源合理开发利用、矿产资源的分类管理和促进矿业可持续发展。2023 年全国两会期间,自然资源部部长王广华在“部长通道”公开表示:“在政策制定方面,将进一步

---

① 参见张文显主编:《法理学》(第 5 版),高等教育出版社 2018 年版,第 233 页。

调整矿业权出让收益的征收方式。我们希望调整为按照矿山生产真正的销售收入按年收取。这样既能保证国家的资源资产的权益不受损失，又能够大幅度有效地降低企业负担，更加繁荣我国矿业市场。”

第二，本条第2款制定原则的特殊性在于要求《矿业权出让收益征收办法》（财综〔2023〕10号）须维护国家权益。矿山企业多次提出矿业权出让收益和资源税存在税费重叠、功能交叉的问题。① 本次修订中，首先，资源税并未采用维护国家权益的表达；其次，在篇章体例上，资源税位于第一章“总则”，矿业权出让收益位于更强调私法自治的第二章“矿业权”；再次，解释论上矿业权出让收益为矿产资源国家所有权的实现形式；最后，还要求广泛听取各有关方面的意见和建议，实际上是要求矿业权出让收益征收办法的制定应探寻有效市场和有为政府的“黄金分割点”。

五、典型案例

杨某与某集团有限公司、某有限责任公司合同纠纷执行监督案②

2021年3月1日，山西省太原铁路运输中级人民法院（以下简称太原铁路中院）立案执行申请执行人杨某与被执行人某集团有限公司、某有限责任公司合同纠纷一案。执行过程中，太原铁路中院冻结了被执行人某有限责任公司的采矿许可证及其项下的资源价款等相关费用。

2022年6月8日，山西省自然资源厅对太原铁路中院向其核实的某有限责任公司采矿许可证情况以及能否退还出价款等问题进行了答复。该函说明：某有限责任公司采矿许可证已于2016年2月底到期；截至2018年，某有限责任公司应缴出让收益（价款）9301.5万元已缴清；某有限责任公司暂不具备办理延续变更采矿登记条件；某有限责任公司开展停产整治以来，未对储量进行重新核实，现保有储量未知，同时采矿许可证虽过期但当地政府未实施关闭程序，不符合现有退还出让收益（价款）相关政策要求，暂时无法退还出让收益（价款）。

因被执行人无可供执行的财产，太原铁路中院裁定终结本次执行程序。后杨某向太原铁路中院提出书面异议，恢复对该案的执行，并依法强制执行扣划被执

---

① 参见李刚、栾鹏等：《新发展阶段背景下矿业权出让收益制度研究》，载《地方财政研究》2023年第5期。

② 参见最高人民法院执行裁定书，（2023）最高法执监348号。

行人某有限责任公司在山西省自然资源厅已经缴纳的采矿权资源价款。太原铁路中院审查后驳回杨某的异议。杨某不服原裁定,向山西省高级人民法院申请复议,请求撤销原裁定。

最高人民法院认为,该案中,山西省自然资源厅明确回复山西省高级人民法院和太原铁路中院,明确某有限责任公司的采矿许可证已经到期且暂不具备办理延期的条件。在此情况下,采矿权是否可以延期存在不确定性。而采矿权是否延期,对采矿权价值影响重大,是否准许延期是行政机关的职权范围,目前采矿权是否可以延期尚不确定,故人民法院推进采矿权处置程序的条件尚不成熟,如果继续推进采矿权处置,可能由此产生新的纠纷,不利于矛盾化解。故执行法院对采矿权采取查封措施,未对采矿权进行处置,并无明显不当。另关于本案中的出让收益(价款)是否应予执行的问题。根据山西省自然资源厅的回函,目前该款项暂不具备退还的条件,执行法院因此判断该款项暂不宜执行并无明显不当。

矿业权人依法向矿产资源主管部门缴纳的矿业权出让收益,是否可以作为矿业权人的财产执行,主要看后期是否具备退还的法定条件,如不具备退还条件,矿业权人已经缴纳的矿业权出让收益不能作为其财产进行执行。矿产资源主管部门接受执行法院协助执行通知书及民事裁定书后,负有协助法院冻结、扣划被执行人名下可退还矿业权出让收益的法定义务。

六、资料索引

(一)财政部、自然资源部、税务总局有关负责人就〈矿业权出让收益征收方法〉答记者问①

《矿业权出让收益征收办法》延续执行了现行办法大部分条款,并结合征收管理实际情况,对部分条款进行了细化、调整和补充。主要有四个方面:

一是在征收管理体制上,促进了征收管理政策与时俱进。在保持中央与地方总体分成比例稳定的基础上,细化明确不同情形矿业权出让收益的分成规定。

二是在出让收益征收方式上,减轻了企业的支付压力。

三是在缴款和退库上,提升了管理和服务效果。

四是在新旧政策衔接上,分类明确了新老矿业权的出让收益征收政策。

---

① 参见《财政部、自然资源部、税务总局有关负责人就〈矿业权出让收益征收办法〉答记者问》,载中央人民政府网,https://www.gov.cn/zhengce/2023-04/15/content_5751657.htm。

（二）解决矿业权出让收益问题的关键在于税费金各归其位、实至名归[①]

我国目前的收益分配制度存在权益关系不明、重复征收增加矿山企业负担等问题。只有将市场经济体制和财税体制的协调配合作为新的立足点，发挥市场对资源配置的作用，国家宏观调控从旁协助，构建中央与地方在财力财权分配上并举的新路线，才能使资源税、费、金等各司其职，在资金征缴、治理与支出全过程中发挥该有的效用。

首先，要厘清“税、费、金”的法律关系，使“税、费、金”各归其位，资源税就不应该包括在权益金中，因为两者法律属性不同。将矿产资源补偿费并入资源税不符合税收的强制性和无偿性要求，混淆了国家所有权与国家税赋权力的界限。“税收法定”，任何税要征收必须有明确的法律依据。

其次，全面落实“税收法定原则”已成为现代财政体制改革的重要内容，下一步，要避免把政府的财产性收益与行政性收费混同。既防止国有资产流失，又促进企业健康发展，既鼓励企业强化市场竞争、赚取更高利润，又调节企业过高收入、减少行业暴利。

还要充分考虑中央和地方的财力分配、中央和地方在矿产资源行业管理与发展方面的职责，建立中央和地方的收益分享机制，既体现矿产资源全民所有，又反映地方支持行业发展的努力。

七、规范链接

（一）《中华人民共和国矿产资源法》（2024年11月8日修订）

第六条　勘查、开采矿产资源应当按照国家有关规定缴纳费用。国务院可以根据不同情况规定减收或者免收有关费用。

开采矿产资源应当依法缴纳资源税。

第四十九条　采矿权人应当按照规定提取矿区生态修复费用，专门用于矿区生态修复。矿区生态修复费用计入成本。

县级以上人民政府自然资源主管部门应当会同财政等有关部门对矿区生态修复费用的提取、使用情况进行监督检查。

矿区生态修复费用提取、使用和监督管理的具体办法由国务院财政部门会同国务院自然资源主管部门制定。

---

① 本处内容系笔者依据对相关资料深入研究后重新梳理整合而成，详细原文内容参见王雅洁：《专访李显冬：矿产资源法修订难在何处》，载《经济观察报》2024年6月17日，第3版。

(二)《矿业权出让收益征收办法》(2023 年 3 月 24 日)

第一条 为健全矿产资源有偿使用制度,规范矿业权出让收益征收管理,维护矿产资源国家所有者权益,促进矿产资源保护与合理利用,根据《中华人民共和国矿产资源法》、《国务院关于印发矿产资源权益金制度改革方案的通知》(国发〔2017〕29 号)等有关规定,制定本办法。

第二条 矿业权出让收益是国家基于自然资源所有权,依法向矿业权人收取的国有资源有偿使用收入。矿业权出让收益包括探矿权出让收益和采矿权出让收益。

(三)《自然资源部、财政部、税务总局关于矿业权出让收益征收中矿产品销售收入计算有关问题的通知》(自然资发〔2024〕173 号)

一、矿业权人应按财综 10 号文所附《按矿业权出让收益率形式征收矿业权出让收益的矿种目录(试行)》中规定的矿种、计征对象,逐年计算并申报缴纳矿业权出让收益。原矿产品是指采出后未进行选矿或加工直接销售的产品。选矿产品包括富集的精矿或研磨成粉、粒级成型、切割成型的原矿加工品等。

(四)《自然资源部、财政部关于制定矿业权出让收益起始价标准的指导意见》(自然资发〔2023〕166 号)

一、非油气矿产(不含稀土、放射性矿产)矿业权出让收益起始价标准主要依据矿业权面积,综合考虑成矿条件、勘查程度等因素确定。……

起始价 = 起始价标准 × 成矿地质条件调整系数 × 勘查工作程度调整系数 × 矿业权面积。

二、油气矿产矿业权出让收益起始价标准按附件 2 执行。

(五)《自然资源部办公厅关于印发〈矿业权出让收益市场基准价制定指南〉的通知》(自然资办函〔2023〕1905 号)

3.2　矿业权出让收益市场基准价

矿业权出让收益市场基准价是指基于市场条件下,按照地质勘查工作程度、区域成矿地质条件、资源储量、矿石品级、矿产品价格、开发难易程度、地区差异等影响因素,确定的某一区域一定时期内的矿业权出让收益基础价格标准。

矿业权出让收益市场基准价,原则上以单位储量价格的形式发布,不能评价为储量的以单位面积价格的形式发布,并可根据实际需要设置调整系数。

(撰稿人:袁智雨、曹宇)

第二十二条 【矿业权登记】设立矿业权的，应当向矿业权出让部门申请矿业权登记。符合登记条件的，矿业权出让部门应当将相关事项记载于矿业权登记簿，并向矿业权人发放矿业权证书。

矿业权变更、转让、抵押和消灭的，应当依法办理登记。

矿业权的设立、变更、转让、抵押和消灭，经依法登记，发生效力；未经登记，不发生效力，法律另有规定的除外。

矿业权登记的具体办法由国务院自然资源主管部门制定。

一、条文主旨

本条是关于矿业权登记的规定。

二、立法目的

本条比照不动产登记，规定了矿业权登记。将原本仅作为管理流程的“登记”或者说不具有民法意义的矿业权登记进行了重大升级，可谓此次《矿产资源法》修订最大的变化之一。本法第5条（勘查、开采矿产资源的权利依据）、第16条第2款（矿业权概念）、第22条（矿业权登记）、第23条（探矿权、采矿权的内容）共同完成了矿业权概念的立法重置，实现了矿业权概念的物权化改造。

三、立法沿革

《矿产资源法》（1996）第3条就明确规定，勘查、开采矿产资源需要申请、批准并登记。《矿产资源法实施细则》亦多处涉及矿业权登记的内容。国务院1998年发布《矿产资源勘查区块登记管理办法》（1998）与《矿产资源开采登记管理办法》（1998），进一步细化了矿产资源勘查与登记的要求与程序。此外，地方结合本地区矿业管理的实际，也出台了矿业权登记的地方性法规与规章。不论是法律还是法规，抑或规章、政策都对登记情有独钟。但“登记”在之前的《矿产资源法》范畴内仅作为获取许可证的环节存在，不具备现代民法上的蕴意，不具有变动矿业权的效力。[①] 尽管矿政管理政策早已规定了矿业权“适用于不动产法律法规的调整原则”，《民法典》以及不动产登记的行政法规、部门规章等不动产登记法律规范体系也日臻成熟，但矿业权登记受限于《矿产资源法》以及矿业权登记体系

---

① 参见曹宇：《矿业权登记的理论反思与修正面向》，载《河北法学》2014年第5期。

等原因，一直没有完成与不动产登记的深度衔接。此次《矿产资源法》修订，全面沿袭了《民法典》关于不动产登记的规定，旨在从法律层面破除矿业权登记制度现代化的障碍。

四、规范解读

本条的内容构成上，具有鲜明的《民法典》关于不动产登记的相关条文的印记。此次《矿产资源法》修订对矿业权概念的立法重置，有赖于矿业权登记条文的增设以及矿业权登记制度的再造。

需要特别说明的是，《矿产资源法》修订没有简单地沿袭矿政管理政策"适用于不动产法律法规的调整原则"的规定，而是专条增设矿业权登记制度，彰显了重构矿业权登记的立法决心。"登记"在原《矿产资源法》范畴内仅作为获取许可证的环节存在，不具备现代民法上的蕴意，与《民法典》中"登记"的含义存在"代差"。[①] 为了避免与之前既存的矿业权登记的"历史纠葛"，以及"概括性表述"引发的适法困境，本次《矿产资源法》修订不厌其烦地近乎"复制"式的条文表述蕴含着重构矿业权概念以及基础制度的良苦用心。

（一）矿业权登记的类型（第 22 条第 1 款、第 2 款）

1. 矿业权的设立登记

结合本条第 1 款、第 2 款的规定，《矿产资源法》规定了矿业权的设立、变更、转让、抵押和消灭五种基本登记类型。条文基本内容的表达借鉴了《民法典》的规定，理解层面也并无特殊性可言。但是，矿业权登记类型并非仅限于这五种基本类型。《不动产登记暂行条例》第 3 条规定，"不动产首次登记、变更登记、转移登记、注销登记、更正登记、异议登记、预告登记、查封登记等，适用本条例"。从不动产登记相关立法可以发现，矿业权登记的其他类型以及内容也会在未来制定矿业权登记具体办法的时候详加规定。

2. 矿业权登记簿与矿业权证书

"矿业权登记簿"首次出现在我国矿产资源立法中，其借鉴"不动产登记簿"功能的意图无须赘言。与矿业权登记簿配套的"矿业权证书"也毫无意外地出现在了《矿产资源法》中。但《矿产资源法》并没有就二者内容之间冲突的解决规则予以规定，并无《民法典》第 217 条中"记载不一致的，除有证据证明不动产登记

---

① 参见曹宇：《矿业权登记的理论反思与修正面向》，载《河北法学》2014 年第 5 期。

簿确有错误外，以不动产登记簿为准”的类似规定。尽管如此，从制度的引进以及条文的表述观察，理解矿业权登记、矿业权登记簿、矿业权证书之间的关系与不动产登记相关制度并无明显差异，可以参照相关法理、法律理解适用。例如，应认可“矿业权登记簿”作为矿业权权属的“源证明”，当然如同不动产登记的相关规则，允许通过有效证据等变更矿业权登记簿的记载内容。

（二）矿业权登记的法律效力（第22条第3款）

矿业权登记的法律效力的条文设置，显然重点参考了《民法典》第209条关于不动产登记效力的规定。从条文对比可以发现，两个条文的主要区别是“矿业权”与“不动产物权”的差异。这种一致性在二审稿第20条（矿业权登记）呈现得更加强烈，除却调整对象的差异外，条文表述包括标点符号都完全一致。尽管《矿产资源法》最终修订将“抵押登记”增添至本条，大概率是《矿产资源法》修订背景下矿业权抵押登记实践的剧烈变化，为避免不必要的文义解释的空间，修法方才明确“抵押登记”的效力。

表3　《矿产资源法》与《民法典》对照

《矿产资源法》第22条第3款	《民法典》第209条第1款
矿业权的设立、变更、转让、抵押和消灭，经依法登记，发生效力；未经登记，不发生效力，法律另有规定的除外。	不动产物权的设立、变更、转让和消灭，经依法登记，发生效力；未经登记，不发生效力，但是法律另有规定的除外。

矿业权登记具备权利创设和权利推定两项主要的功能。其一，矿业权登记的设权效力，是指变动矿业权，自登记时发生效力。矿业权经依法登记，发生效力；未经登记，不发生效力。其二，矿业权登记的权利推定效力，是指记载于矿业权登记簿上的矿业权。法律推定权利人享有该矿业权。综上，矿业权登记的条文表达、制度构成等引介或者说对接不动产登记制度的思路可谓“跃然法上”。

（三）规定矿业权登记具体办法的制定（第22条第4款）

本款释放了矿业权登记会有后续配套政策的重要信息。显然立法者意识到矿业权登记仅靠《矿产资源法》的规则供给是远远不够的，因此采用了“授权制定配套办法”的模式，对矿业权登记规则进行扩容，并明确将具体办法的制定主体规定为国务院自然资源主管部门。具体办法的制定意味着矿业权登记制度体系的重建，如何从当前的矿业权登记系统优化升级，将是配套办法需要解决的首要问题。如果说，《矿产资源法》在法律层面解决了矿业权登记的重构，那么矿业权登记办法则是在制度实施层面完成矿业权登记的重构。

五、典型案例

矿业权代持是否可以排除强制执行①

1. 基本案情

贵州银行金沙支行诉连云矿业公司等金融借款合同纠纷一案，人民法院依法查封了连云矿业公司名下的案涉采矿权。振兴煤矿在提出执行异议被驳回后提起了案外人执行异议之诉，一审法院驳回了振兴煤矿的诉讼请求，振兴煤矿提起上诉。贵州银行金沙支行的债权形成于 2013 年 2 月至 5 月。2013 年 12 月 30 日，振兴煤矿将其所持有的煤矿 51% 股权转让给连云矿业公司，并约定 51% 股权转让为名义转让，双方均不主张对此股权实质性转让。

2. 裁判观点

最高人民法院裁判认为：该案应排除强制执行。主要理由如下。

振兴煤矿是案涉采矿权的实际权利人，具有排除强制执行的民事权益基础。不过，并非所有享有执行标的实际权利的案外人都可以排除强制执行，享有执行标的实际权利只是排除强制执行的必要条件，但不是排除强制执行的充分条件。实际权利人如需排除强制执行，则执行标的不能存在需要让位的优先权利和需要保护的信赖利益，必须达到足以排除强制执行的权利保护程度。

首先，该案不存在实际权利人需要让位优先权利的情形。案涉采矿权被查封，系依据另案贵州银行金沙支行诉连云矿业公司等金融借款合同、担保合同纠纷一案，但在此案金融借款合同中，并未在案涉采矿权上设立担保物权。同时，该案系普通的金钱债权纠纷引发的保全查封转执行查封债权，亦不存在建筑工程优先权和居住权等优先权利的情形。

其次，该案执行标的不存在需要保护的信赖利益问题。信赖利益的保护问题，涉及交易者的安全和所有者的安全如何调和的问题，核心是基于信赖利益的交易安全的保护限度问题。在不存在执行标的权利名实不符的情况下，作为债务人实际所有的财产，无论申请强制执行债权发生在何时，执行标的均可被执行追及。如果执行标的存在权利名实不符的情况，执行债权人是否享有信赖利益是执

---

① 参见最高人民法院民事判决书，(2019) 最高法民终 287 号。

行标的能否被执行追及的主要考量因素。若执行标的权利名实不符情况发生在申请强制执行债权形成之前，债权人存在基于对债务人的该名义财产权利的信赖才与债务人进行交易的可能，则可以认定债权人对债务人的名义财产享有信赖利益，执行时可以追及；若执行标的权利名实不符情况发生在申请强制执行债权形成之后，因不存在债权人基于对该名义财产权利的信赖而与债务人进行交易的可能，所以不能认定债权人对债务人此后的名义财产权利享有信赖利益，即此时的名义财产不是债务人对该债权的责任财产，也就不存在信赖利益保护问题，执行时不能追及该名义财产权利。

该案中，贵州银行金沙支行的债权形成于2013年2月至5月，此时的连云矿业公司并未与振兴煤矿完成形式上的兼并重组，而案涉采矿权也尚未变更至连云矿业公司名下（案涉采矿权于2013年12月发生变更）。也就是说，债权产生或者交易发生时，连云矿业公司尚不存在案涉采矿权名义上的权利，那么，也就不存在贵州银行金沙支行基于连云矿业公司的案涉采矿权的产生需要保护的信赖利益的问题。据此，在已可明确振兴煤矿是案涉采矿权的实际权利人，且在贵州银行金沙支行并不存在优先受偿权利和信赖利益保护的情况下，该案排除强制执行更符合实际情况。

3. 裁判要旨

并非所有享有执行标的实际权利的案外人都可以排除强制执行，享有执行标的实际权利只是排除强制执行的必要条件，但还不是排除强制执行的充分条件。案外人如需排除强制执行，则执行标的不能存在需要让位的优先权利和需要保护的信赖利益，必须达到足以排除强制执行的权利保护程度。

4. 延伸思考

实践中"权证信息"与"实际权利"之间的"名实不副"纠纷往往案情复杂，争议激烈，诉讼持久。《矿产资源法》修订实施之后，尤其是"权证分开"的确立，使得"名实之争"纠纷将继续存在并呈现出新的特点。

其法律适用需要关注如下两个方面：

第一，实际权利人的确认以及保护。矿业权登记名义人与实际权利人的分割，是当事人对矿业权登记秩序作出的不同安排。此种安排意味着当事人对于权利确认本身的风险已有预判。司法实践中应综合考虑合同约定、出让收益缴纳、税费承担、实际投资以及风险负担等诸多因素加以判断。当然，实际权利人依照合同约定,主张登记名义人履行合同、承担违法责任,原则上应得到支持。

第二,实际权利人能否排除强制执行。申请执行人对矿业权是否具有“信赖利益”是实际权利人能否排除强制执行的关键点。该案中最高人民法院判决书的论理部分代表了司法实践当中理解适用的重要观点。

六、资料索引

矿业权登记应纳入不动产统一登记的范围

《矿产资源法》修订的过程中,围绕矿业权登记纳入不动产统一登记的思考由来已久。不动产的登记问题既是个民生问题,又是个法律问题。不动产统一登记工作需要处理好私权体系的构建,即如何才能构建起抵御公权力滥用的篱笆墙的问题。《民法典》《不动产登记暂行条例》等法律法规的陆续颁行,弥补了我国长期以来不动产登记基本法的缺位,使不动产统一登记这一重大问题做到“于法有据”。[①] 不动产统一登记制度的创设为矿业权登记的改进与纳入提供了重要机遇。

矿业权登记纳入不动产统一登记的理由简言之就是:矿业权登记关于自然资源领域深入贯彻《民法典》精神的要求,事关不动产统一登记的程度与范围。只有统一登记才能顺应当前政府机构改革与职能转变的要求,解决分散登记问题,从而提升政府管理服务水平。自然资源主管部门负责不动产统一登记工作,同时也负责矿业权的登记。当前自然资源主管部门推进的探矿权、采矿权登记信息化建设积累了丰富的经验,矿业权登记的具体操作以及信息化、电子化没有技术层面的障碍。[②]

值得注意的是,2022 年自然资源部发布的《不动产登记法》(征求意见稿)在登记类型、抵押登记、参照适用等条文中均将探矿权、采矿权纳入其中。加之此次《矿产资源法》修订对矿业权概念的立法重置,对矿业权登记的法律确认,均呈现出矿业权登记纳入不动产统一登记的积极因素。

七、规范链接

(一)《中华人民共和国民法典》(2020 年 5 月 28 日)

第二百零九条 不动产物权的设立、变更、转让和消灭,经依法登记,发生效

---

① 参见李显冬主编:《〈不动产登记暂行条例〉条文解析》,中国政法大学出版社 2015 年版,序言。

② 参见李显冬主编:《中国矿业立法理论与实务》,中国政法大学出版社 2015 年版,第 204 – 211 页。

力;未经登记,不发生效力,但是法律另有规定的除外。

依法属于国家所有的自然资源,所有权可以不登记。

第二百一十四条　不动产物权的设立、变更、转让和消灭,依照法律规定应当登记的,自记载于不动产登记簿时发生效力。

第二百一十五条　当事人之间订立有关设立、变更、转让和消灭不动产物权的合同,除法律另有规定或者当事人另有约定外,自合同成立时生效;未办理物权登记的,不影响合同效力。

第二百一十六条　不动产登记簿是物权归属和内容的根据。

不动产登记簿由登记机构管理。

第二百一十七条　不动产权属证书是权利人享有该不动产物权的证明。不动产权属证书记载的事项,应当与不动产登记簿一致;记载不一致的,除有证据证明不动产登记簿确有错误外,以不动产登记簿为准。

(二)《不动产登记法》(征求意见稿)(2022 年 10 月 30 日)

第六条　下列不动产权利,依法进行登记:

……

(十二)探矿权和采矿权;

……

第七十三条　当事人以其有权处分的下列财产进行抵押的,应当向不动产登记机构申请不动产抵押权登记:

……

(七)探矿权、采矿权;

……

第一百二十一条　探矿权、采矿权、取水权等不动产权利,参照本法有关规定办理不动产登记。

(撰稿人:曹宇)

第二十三条　【探矿权、采矿权的内容】探矿权人在登记的勘查区域内,享有勘查有关矿产资源并依法取得采矿权的权利。

采矿权人在登记的开采区域内，享有开采有关矿产资源并获得采出的矿产品的权利。

矿业权人有权依法优先取得登记的勘查、开采区域内新发现的其他矿产资源的矿业权，具体办法由国务院自然资源主管部门制定。

在已经登记的勘查、开采区域内，不得设立其他矿业权，国务院和国务院自然资源主管部门规定可以按照不同矿种分别设立矿业权的除外。

一、条文主旨

本条是关于探矿权、采矿权内容的规定。

二、立法目的

本条主要着眼探矿权与采矿权内容构成的立法界定，在某种程度上也是对探矿权、采矿权概念的立法表述。本法第 5 条（勘查、开采矿产资源的权利依据）、第 16 条第 2 款（矿业权概念）、第 22 条（矿业权登记）、第 23 条（探矿权、采矿权的内容）共同完成了矿业权概念的立法重置，实现了矿业权概念的物权化改造。

三、立法沿革

我国《矿产资源法》（1986）制定伊始，就在第 3 条引入了探矿权、采矿权的概念。但对于二者的具体概念界定，《矿产资源法》（1986）并未言明。直到《矿产资源法实施细则》（1994）的颁布，才在第 6 条对如上两个概念予以了明确。此次修法一是将探矿权、采矿权概念纳入《矿产资源法》，二是对概念的构成进行了重置，尤其是剥离了探矿权、采矿权与勘查许可证、采矿许可证的绑定关系，完成了“权证分开”的法律表达。此外，对探矿权的权利内容进行了强化，强调了其取得与采矿权的关系。

四、规范解读

（一）探矿权的主要内容（第 23 条第 1 款）

探矿权的内容构成包括两个主要方面：其一，勘查有关矿产资源的权利。其二，依法取得采矿权的权利。前者自不必言，是探矿权设置初始就具备的主要内容，但后者的纳入为探矿权的概念注入了鲜活的生命。

第一,增加探矿权内容的意义。仅就探矿权人勘查矿产资源的权利而言,与其说是权利,更多体现的是义务,是需要探矿权人的勘查投入。真正体现探矿权人利益的内容正是“探转采”,是依据勘查活动而转来的采矿权。当然,从“探转采”的条款可以展开相应的解释论路径,但此次修法从探矿权的概念出发,明确“依法取得采矿权”是探矿权的主要内容。从条文的表述而言,寥寥几字,其蕴含着修正探矿权概念,理顺“探转采”关系,“鼓励找矿”的雄心壮志。

第二,勘查“有关矿产资源”的理解。“有关矿产资源”的理解范围与综合勘查制度紧密相关。综合勘查鼓励探矿权人对登记的勘查区域进行全面勘查,原则上不受限于“证载”矿种,鼓励找矿。因此条文的表述是“有关矿产资源”,而非“登记的”或者“证载的”矿产资源。考察自然资源部相关的政策实践,可以发现“有关矿产资源”的范围并非没有任何限制,而是形成了较为全面的限制规则。其一,砂石土等以招标拍卖挂牌方式直接出让采矿权的矿产资源不属于此范围。其二,同一勘查区域内,除油气可以兼探铀矿、钾盐、氦气、二氧化碳气,煤炭兼探煤层气外,油气探矿权人不得进行非油气矿产勘查,非油气探矿权人不得进行油气矿产勘查,非煤探矿权人不得进行煤炭资源勘查。其三,铀矿探矿权人原则上不得申请变更勘查开采矿种,勘查发现其他矿产的,应当进行综合勘查。其四,涉及国家限制或者禁止勘查开采矿种的,依照相关规定管理。①

(二)采矿权的主要内容(第23条第2款)

采矿权的内容构成包括两个主要方面:其一,开采矿产资源的权利;其二,获得采出的矿产品的权利。从权利的内容考察,修订的《矿产资源法》沿袭了《矿产资源法实施细则》关于采矿权主要内容的规定。需要特别说明两点:

第一,矿产品及其所有权。矿产品所有权的概念设置是在既有的矿产资源国家唯一所有权框架内,矿产资源权利市场化配置的解释论处理。矿产资源的开采引发的法律变化在于,“矿产资源”到“矿产品”的转变。“矿产资源为不动产,矿产品为动产,当矿产资源被人类劳动从地壳中分离之后,实现了从不动产向动产的转变。”②具体到法律制度层面,由于矿产品所有权没有国家专有的限制,所以

---

① 参见《自然资源部关于进一步完善矿产资源勘查开采登记管理的通知》(自然资规〔2023〕4号)。

② 吕忠梅、尤明青:《试论我国矿产资源所有权及其实现论矿产资源所有权的实现》,载《资源与人居环境》2007年第24期。

可以通过市场主体的意思自治投入市场中。采矿权不仅具备开采的权能，而且具有导致矿产品所有权取得的法律效果。[①]

第二，从“许可证范围”到“登记范围”的转变。《矿产资源法实施细则》分别将勘查许可证、采矿许可证作为探矿权、采矿权的确权依据，规定权利的范围有赖于许可证规定的范围。这也是我国矿产资源立法采用的许可证制度的集中体现。此次《矿产资源法》修订，一个重要的转变是从“许可”到“登记”，矿业权登记成为确认探矿权、采矿权的效力依据。

（三）新发现的其他矿产资源的矿业权（第23条第3款）

“就矿找矿”是矿产勘查的一种重要指导思想和找矿方法，它是根据已知找矿线索而开展的一种找矿工作。“就矿找矿”论在找矿突破战略行动中，在已知矿区中找共生矿方面取得重大突破。例如，在内蒙古大营地区煤田中“就煤找铀”，找与煤矿共生的铀矿取得重大突破，探明了一个具有世界级规模的大型铀矿。又如，在河南豫西地区通过“就煤找铝”也探明了一个大型铝土矿。[②] 此次《矿产资源法》修订增设矿业权人就新发现的其他矿产资源有权依法优先取得矿业权的规定，正是对“就矿找矿”理论探索、政策实施以及实践经验的法律化表达。

具体而言，主要呈现为两种类型，四种情况。本款条文可以表述为：矿业权人（探矿权人、采矿权人）有权依法优先取得登记的勘查、开采区域内新发现的其他矿产资源的矿业权（探矿权、采矿权），具体办法由国务院自然资源主管部门制定。

1.探矿权人在登记的勘查区域内新发现其他矿产资源。就权利的运行轨迹而言，探矿权人可以取得新发现的其他矿产资源的探矿权，也可能是取得采矿权。这一点在《矿产资源法》层面得到确认，至于具体取得何种权利，则依赖于勘查的程度或者“探转采”条件的成熟度。例如，《自然资源部关于进一步完善矿产资源勘查开采登记管理的通知》（自然资规〔2023〕4号，以下简称4号文）规定，“对综合勘查发现的矿产资源，具备转采矿权条件的，按照相关规定向具有登记权限的管理机关提出采矿权新立登记申请”。

---

① 参见曹宇：《矿产资源开发私法机制研究——偏私型公私综合法论及其展开》，中国法制出版社2018年版，第219页。

② 参见朱训：《关于就矿找矿论的几个问题》，载《中国工程科学》2015年第2期。

2. 采矿权人在登记的开采区域内新发现的其他矿产资源。对于采矿权人新发现的其他矿产资源，采矿权人可以获得探矿权，也可获得采矿权。具体获得的权利形态，与上述探矿权的情况同理。此处修订的主要变化在于采矿权人对于登记的开采区域具有综合勘查的权利，具有优先获得新发现的其他矿产资源的矿业权的权利。

（四）原则上禁止矿业权重叠（第23条第4款）

矿业权重叠是指两个以上分属不同矿业权人的矿业权，其客体在空间或垂直投影范围内发生的交叉或重叠。在重叠形态上，矿业权重叠既包括矿业权客体在立体空间范围内的交叉或重叠，也包括矿业权客体虽然在立体空间范围内不交叉不重叠但在垂直投影范围内全部或部分重叠。①

《矿产资源法》（2009）并未就矿业权重叠进行规定。2001年《国务院办公厅转发国土资源部关于进一步治理整顿矿产资源管理秩序意见的通知》（国办发〔2001〕85号，已失效）中规定“一个矿山原则上只能审批一个采矿主体。不能违法重叠和交叉设置探矿权、采矿权”。矿业权重叠导致的权利行使冲突，在矿政管理实践中呈现出“矿业权撤销”“不予延续”“补偿、赔偿不足”等多元的复杂样态。有鉴于此，自然资源主管部门的一系列规范性文件注意到了矿业权重叠问题并从政策文件的层面予以回应。例如，2023年自然资源部“4号文”规定“新立探矿权采矿权申请范围不得与已设矿业权垂直投影范围重叠”。此次《矿产资源法》修订中“在已经登记的勘查、开采区域内，不得设置其他矿业权”的规定，从立法上确立了原则上禁止矿业权重叠。

对于矿业权重叠的例外，《矿产资源法》设置了较为宽松的授权通道，即“国务院和国务院自然资源主管部门规定可以按照不同矿种分别设立矿业权的除外”。矿产资源的自然禀赋特征决定了矿业权的重叠无法避免，需要认真应对。禁止重叠的主要考量在于对存续矿业权行使的保护。例外规定的设置则是关注矿产资源的综合勘查、节约集约以及综合利用。

---

① 参见王克稳：《论避免矿业权不当重叠及重叠矿业权的处理规则》，载《上海政法学院学报（法治论丛）》2021年第3期。

五、典型案例

郴州饭垄堆矿业有限公司诉中华人民共和国国土资源部案①

1. 关于采矿权矿区范围垂直投影能否重叠的问题

最高人民法院认为：采矿权矿区范围垂直投影重叠，是指两个分别处于上、下位置的采矿权矿区范围，虽然不发生物理交叉，但垂直投影后在平面上形成重叠。考虑到矿产资源的共生和伴生过程，以及不同类型的矿产资源可能分别蕴藏于不同的垂直分层这一地质现象，如果简单强调在同一矿区范围已经存在采矿权的情况下，不考虑矿产资源种类和开采工艺的差别，对垂直投影重叠的其他采矿权一律不予设置，或者要一律撤销已经设立的重叠的采矿权，既不利于推进有限矿产资源的全面节约与循环高效利用，也与既有规定不相一致。

总之，基于特定的矿藏以及不同开采工艺水平限制等因素考虑，强调在特定历史时期，垂直投影重叠的采矿权原则上由同一个矿业权人拥有，有其积极意义，应当得到支持。而在现行法律、法规并未禁止设立垂直投影重叠的采矿权的情形下，原国土资源管理部门对因历史原因已经设立的部分重叠的采矿权，则应在不影响安全生产和环境保护且更有利于不同种类矿产资源全面节约利用的前提下，综合衡量矿产资源形成状态和地质条件，尊重不同矿业权人的不同开采意向、开采能力与开采工艺以及矿藏的开发规律等因素，区别进行处理。

2. 关于重叠采矿许可证的处理与撤销的条件问题。

实践中，解决重叠有多种方式，包括将不同采矿权主体推动整合为同一采矿权主体、调整并缩小采矿许可证范围以解决重叠问题、在不同采矿权主体间建立开采协调机制、区分矿产资源开发时序且在确保安全生产的前提下签订承诺协议、撤销一方采矿许可并通过补偿或者赔偿等方式弥补损失等。据此，对于采矿权主体不同且采矿权重叠之情形，处理方式是多重的且可以综合运用的，撤销重叠的采矿许可仅为其中一种处理方式。

六、规范链接

（一）《中华人民共和国矿产资源法》（2024 年 11 月 8 日修订）

第五条 勘查、开采矿产资源应当依法分别取得探矿权、采矿权，本法另有规定的除外。

① 参见最高人民法院行政判决书，（2018）最高法行再 6 号。

国家保护依法取得的探矿权、采矿权不受侵犯，维护矿产资源勘查、开采区域的生产秩序、工作秩序。

第十六条　国家实行探矿权、采矿权有偿取得的制度。

探矿权、采矿权统称矿业权。

（二）《中华人民共和国矿产资源法实施细则》（1994年3月26日）

第六条　《矿产资源法》及本细则中下列用语的含义：

探矿权，是指在依法取得的勘查许可证规定的范围内，勘查矿产资源的权利。取得勘查许可证的单位或者个人称为探矿权人。

采矿权，是指在依法取得的采矿许可证规定的范围内，开采矿产资源和获得所开采的矿产品的权利。取得采矿许可证的单位或者个人称为采矿权人。

……

（三）《自然资源部关于进一步完善矿产资源勘查开采登记管理的通知》（自然资规〔2023〕4号）

（二）规范探矿权变更登记管理。

3. 探矿权申请变更主体涉及重叠且符合本通知第（十一）条规定情形的，受让人应当提交互不影响和权益保护协议或者不影响已设矿业权人权益承诺。属同一主体的已设采矿权与其上部或者深部勘查探矿权，不得单独转让。

4. 探矿权人对勘查区域内的矿产资源（除普通建筑用砂石土等以招标拍卖挂牌方式直接出让采矿权的矿产外，以下简称“砂石土类矿产”）开展综合勘查、综合评价的，无须办理勘查矿种变更（增列）登记，按照实际发现矿产的地质储量（油气）/资源量（非油气）编制矿产资源储量报告。

对综合勘查发现的矿产资源，具备转采矿权条件的，按照相关规定向具有登记权限的管理机关提出采矿权新立登记申请。

同一勘查区域内，除油气可以兼探铀矿、钾盐、氦气、二氧化碳气，煤炭兼探煤层气外，油气探矿权人不得进行非油气矿产勘查，非油气探矿权人不得进行油气矿产勘查，非煤探矿权人不得进行煤炭资源勘查。铀矿探矿权人原则上不得申请变更勘查开采矿种，勘查发现其他矿产的，应当进行综合勘查。涉及国家限制或者禁止勘查开采矿种的，依照相关规定管理。

（十一）新立探矿权采矿权申请范围不得与已设矿业权垂直投影范围重叠，但下列情形除外：

1. 申请范围与已设矿业权范围重叠，申请人与已设矿业权人为同一主体的；

2. 油气与非油气之间，探矿权申请范围与已设探矿权重叠，申请人向登记管理机关提交不影响已设探矿权人权益承诺的；申请范围与已设采矿权范围重叠，申请人与已设采矿权人签订了互不影响和权益保护协议的；

新立油气探矿权申请范围与小型露天开采砂石土类矿产采矿权范围重叠，申请人向登记管理机关提交不影响已设矿业权人权益承诺的；

3. 油气与非油气之间，新立采矿权与已设矿业权重叠，双方签订了互不影响和权益保护协议的；其中，新立油气采矿权与已设小型露天开采砂石土类矿产采矿权重叠，或新立小型露天开采砂石土类矿产采矿权与已设油气矿业权重叠，申请人向登记管理机关提交了不影响已设矿业权人权益承诺的；

4. 可地浸砂岩型铀矿申请范围与已设煤炭矿业权范围重叠，申请人与已设煤炭矿业权人签订了互不影响和权益保护协议的；

5. 已设矿业权已公告废止或已列入政府关闭矿山名单的。

（十三）各级自然资源主管部门应当根据工作需要，建立油气矿业权人、非油气矿业权人、自然资源主管部门三方工作协调机制，对涉及油气与非油气矿业权重叠相关问题进行交流沟通、协调推进工作，妥善解决有关问题。

（撰稿人：曹宇）

第二十四条　【矿业权期限】探矿权的期限为五年。探矿权期限届满，可以续期，续期最多不超过三次，每次期限为五年；续期时应当按照规定核减勘查区域面积。法律、行政法规另有规定的除外。

探矿权人应当按照探矿权出让合同的约定及时开展勘查工作，并每年向原矿业权出让部门报告有关情况；无正当理由未开展或者未实质性开展勘查工作的，探矿权期限届满时不予续期。

采矿权的期限结合矿产资源储量和矿山建设规模确定，最长不超过三十年。采矿权期限届满，登记的开采区域内仍有可供开采的矿产资源的，可以续期；法律、行政法规另有规定的除外。

期限届满未申请续期或者依法不予续期的，矿业权消灭。

一、条文主旨

本条是关于矿业权期限的规定。

二、立法目的

本条的重要目的在于规定探矿权、采矿权的期限以及续期的主要内容。司法实务与矿政管理中，矿业权的期限以及续期问题往往是利益相关主体密切关注的重大问题，其直接关系到矿业权的存废与价值。此次《矿产资源法》修订分别就探矿权、采矿权的期限与续期进行了规定。探矿权的期限设置，在期限、续期次数等方面给予了探矿权人稳定的预期，同时为“鼓励找矿”规定了续期时面积核减规则以及不予续期的情形。采矿权的期限设置，主要是对行政法规相关规定的确认，规定了期限长度的考虑因素以及续期的情形。此外，“矿业权消灭”作为期限届满或者不予续期的法律效果得到了《矿产资源法》的确认。

三、立法沿革

本条为此次《矿产资源法》修订的新增条款，归属于第二章“矿业权”。

四、规范解读

（一）规定探矿权的期限以及续期（第 24 条第 1 款）

其一，明确规定了探矿权期限为 5 年，续期最多不超过 3 次，每次续期为 5 年的规则。探矿权作为一种有期限的权利，或者说有期限的物权，其期限及续期是关乎探矿权人重要利益的条文，是关乎国家矿产资源勘查事业持续发展的制度。有鉴于此，此次《矿产资源法》修订，在尊重和吸收我国矿产资源法治实践和矿政管理有益经验的基础上，明确规定了探矿权的期限以及续期，增强了探矿权法律层面的稳定性，回应了探矿权期限、续期等期限过短、多变的实践难题，给予了矿业权人以及相关主体较为明确和稳定的预期。

其二，确认了探矿权续期时的面积核减规则。《矿产资源法》修订汲取了矿政管理政策探索的成熟做法，并将其法律化为“续期时应当按照规定核减勘查区域面积”。一方面，确认了探矿权续期应当核减勘查区域面积的基本规则。从问题导向而言，主要是针对“圈而不探”等顽疾。从目的导向而言则在于“鼓励找矿”。另一方面，对于具体的面积核减规则，《矿产资源法》修订采用了“按照规定”的概括性表达，将具体的规则制定交给了后续配套政策与矿政管理实践。例如，2023 年《自然资源部关于深化矿产资源管理改革若干事项的意见》（自然资规

〔2023〕6 号，以下简称 6 号文）对于面积核减规则给出了较为细致的规定：“申请探矿权延续登记时应当扣减勘查许可证载明面积的 20%，非油气已提交资源量的范围/油气已提交探明地质储量的范围不计入扣减基数，已设采矿权深部或上部勘查不扣减面积。油气探矿权可以扣减同一盆地的该探矿权人其他区块同等面积，但新出让的油气探矿权 5 年内不得用于抵扣该探矿权人其他区块应扣减面积。”再如，2023 年自然资源部 4 号文规定了面积核减的抵扣规则：“因不可抗力或其他非申请人自身原因，无法继续勘查或者转为采矿权的勘查区域，可凭相关证明文件，抵扣按相关规定需缩减的面积。”

其三，规定探矿权期限、续期以及续期时面积核减规则的例外。《矿产资源法》对此采取了严格授权的立法路径，即规定“法律、行政法规另有规定的除外”，从效力等级和制定主体两个维度进行了较为严格的限制。值得注意的是，相较于一审稿，二审稿对“例外规定的概括授权”的辐射范围进行了扩展，将一审稿仅规范采矿权期限和续期，增扩至“续期时面积核减规则”。《矿产资源法》修订最终延续了二审稿的意见。

其四，探矿权续期的办理主体问题。《矿产资源法》（2009）并未规定探矿权人向谁提出延续申请，也没有规定探矿权续期的办理主体。依照《矿产资源勘查区块登记管理办法》（2014）第 10 条的规定，探矿权延续的办理主体是“登记管理机关”。针对实践中接受申请的主体与办理延续的主体存在不一致的情况，《国土资源部关于办理矿产资源行政复议案件有关意见的通知》（国土资发〔2009〕180 号）规定，按照相关规定“向下级国土资源行政主管部门递交矿业权行政许可申请”可以视为“向登记管理机关提出了申请”，起算时间也按照此时间点计算。

（二）规定探矿权不予续期的情形（第 24 条第 2 款）

“鼓励找矿”是设置探矿权制度的重要目标，也是世界诸多矿业立法例共同的价值导引。本款规定了探矿权人应当及时开展勘查工作，并且按年报告相关情况。同时对“无正当理由未开展或者未实质性开展勘查工作”的情况给予“不予续期”的严厉后果。就探矿权而言，其“生命”与期限直接相关。不予续期，将意味着探矿权的消灭。《矿产资源法》修订增加此款规定正是对探矿权人履行勘查义务的督促与强制，是对实践中“圈而不探”难题解决的制度支撑，更是对“鼓励找矿”价值目标实现的法律回应。

关于本款适用有几个问题需要后续的配套政策以及矿政管理实践加以明确。

其一,何为"正当理由"。"正当理由"的构成将成为不予续期的免责事由。但何为"正当理由"《矿产资源法》没有直接规定,或者说也无法作出妥当的规定。"正当理由"的判断直接关系到探矿权的续期以及存续,在自然资源主管部门不认可探矿权人提出的理由构成正当理由的时候,将容易引发行政复议和诉讼。因此,"正当理由"的判断标准需要在法律适用过程中不断探索和完善。从维护矿业权人的合法权益出发,结合以往的矿政管理实践,不可归责于探矿权人的原因应属于"正当理由"成立的重要因素。

其二,"未实质性开展勘查工作"的判断。作为探矿权不予续期的重要条件,"未开展或者未实质性开展勘查工作"的理解与适用具有重要意义,是关系到探矿权存废的关键内容。考察《矿产资源法》的条文表述,"未开展勘查工作"的判断似乎相对容易把握,但"未实质性开展勘查工作"的判断,尤其是对"实质性"的把握则存在继续深化研究的空间。从制度的横向比较而言,闲置土地处置相关规定和实践中,关于闲置土地的认定规则及经验对于"未实质性开展勘查工作"有一定的参考,但矿业领域的特殊性问题仍然需要特殊考虑。

其三,"无正当理由未开展或者未实质性开展勘查工作"是探矿权不予续期的重要理由之一,并非全部理由。依照我国既往的矿政管理实践以及政策适用情况,探矿权的延续需要满足主体、时限、申请材料、勘查方案、最低勘查投入、扣减面积等诸多方面的要求。《矿产资源法》修订后的实施,需要加速推进矿政管理法律、法规以及配套文件的"立改废"工作,明确《矿产资源法》适用过程中的相关问题。

(三)规定采矿权的期限以及续期(第24条第3款)

采矿权的期限以及续期,是《矿产资源法》本次修订的新增条款。该条文的制定参考借鉴了《矿产资源开采登记管理办法》(2014)第7条的规定。该办法区分"大型以上的""中型的""小型的"三种不同的矿山建设规模,分别设置了30年、20年和10年的最长采矿权期限。本款的规定显然没有简单的复制配套法规的相关规定,而仅进行了原则性的规定。一方面,规定了采矿权期限设置需参考矿产资源储量和矿山建设规模两个重要因素;另一方面,规定了最长不超过30年的限制。

关于采矿权的续期,此次《矿产资源法》修订明确规定了续期的适用条件,即期限届满之后"登记的开采区域内仍有可供开采的矿产资源"。但矿政管理实践、司法实务中呈现的关于采矿权期限的争议问题,仍然需要《矿产资源法》配套政策的进一步跟进。其一,短期限的问题。《矿产资源法》规定了采矿权期限的最长时限,但采矿权期限设置偏短的问题需要注意。实践中出现过不匹配资源储量和矿山规模的1年、2年等短期的采矿权期限设置,使采矿权人在续期问题上消耗大量的精力。与此同时,为了避免无法续期的不利后果,出现了采矿权人过度开采、"采富弃贫"、不进行长期投资等系列问题。因此,实践中需要进一步根据资源储量和矿山规模设置合理的采矿权期限,避免不匹配的短期限问题。其二,"可以续期"的具体把握问题。"可以续期"和"可以不续期"两种不同的解释路径将会对采矿权的稳定性产生重要的影响。矿政管理实践中,应考虑细化采矿权续期的条件清单,规范自由裁量权的行使。

(四)规定因续期导致的矿业权消灭(第24条第4款)

本款规定了"期限届满未申请续期""依法不予续期的"将导致矿业权消灭。矿业权消灭存在诸多不同的情形,本款规定了因续期导致的矿业权消灭。

司法实务中出现了大量围绕采矿权续期产生的不同裁判以及规则适用争议。"按期申请,尚未批准"这种"空档期"的法律效力将是本款适用时需要注意的问题。此处并非不予延续,仅是主管机关暂未作出延续与否的决定。针对采矿权"按期申请,尚未批准"的法律效力,最高人民法院有裁判认为"采矿权处于一种不确定的状态"①;陕西省宝鸡市中级人民法院的裁判认为"登记机关逾期未决定的,可视为批准续期"②;甘肃省兰州市中级人民法院的裁判认为"采矿权人于法定期限内提出采矿权延续申请的,自然资源部门应于法定期限内作出是否准予延续的决定"③。此次《矿产资源法》对于矿业权概念的立法重置以及"权证分开"规则制度的展开,将对此类案例的法律适用产生重要的影响,具体参见"典型案例"部分。

五、典型案例

(一)郴州饭垄堆矿业有限公司诉中华人民共和国原国土资源部案④

1. 基本案情

2018年3月29日,一份由最高人民法院原副院长江必新担任审判长的(2018)最高法行再6号"行政判决书"在中国裁判文书网上公示出来,一时间备

---

① 参见最高人民法院民事判决书,(2020)最高法民终146号。

② 参见陕西省宝鸡市中级人民法院行政判决书,(2020)陕03行终13号。

③ 参见甘肃省兰州市中级人民法院行政判决书,(2020)甘01行初76号。

④ 参见最高人民法院行政判决书,(2018)最高法行再6号。

受关注。该份判决书的“走红”不仅是因为江法官作为行政诉讼领域大咖的“江湖地位”，也不仅是因为败诉方是国家部委原国土资源部（现已更名为自然资源部），更是因为该份判决书本身所体现的诗性般的法律语言，和利用信赖利益保护以及行政比例原则对矿业权行政权和用益物权双重权利属性作出兼顾平衡并最大限度地保护民事权益的裁判思维。①

2. 裁判观点

这份判决书涉及《矿产资源法》（2009）背景下矿业权的续期争议的理解，涉及采矿权、采矿许可证之间理论关系的阐释，更涉及自然资源主管部门的涉矿执法行权思维。涉及采矿权续期的部分内容如下：

法院认为：采矿许可证是地质矿产行政主管部门代表国家向采矿权申请人颁发的、授予采矿权申请人行使开采矿产资源权利的法律凭证，但并非唯一法律文件。采矿权人开采矿产资源权利的取得，虽以有权机关颁发采矿许可证为标志，但采矿权出让合同依法生效后即使未取得采矿许可证，也仅表明受让人暂时无权进行开采作业，除此之外的其他占有性权利仍应依法予以保障。同样，采矿许可证规定的期限届满，仅表明采矿权人在未经延续前不得继续开采相应矿产资源，采矿权人其他依法可以独立行使的权利仍然有效。《矿产资源开采登记管理办法》（2014）第 7 条第 2 款规定：“采矿权人逾期不办理延续登记手续的，采矿许可证自行废止。”该款规定的“自行废止”，不能理解为所有矿产资源产权权益一并丧失。而且，该案中信兴光公司在采矿许可证到期之前已经提出延续登记手续，仅是因为重叠问题未解决，采矿许可证暂未得到延续，并不具备采矿许可证自行废止的条件，也不影响其基于采矿权出让合同等已经取得的矿产资源权利，更不应以采矿许可证事后未得到延续的事实，来否定其与在先的采矿许可行为的利害关系。

3. 延伸思考

《矿产资源法》修订对于采矿权与开采许可证，探矿权与勘查许可证“权证分开”的确认，将使对这个问题的理解发生重要变化。“权证分开”模式之下，矿业权与许可证的分离，无须再纠结二者“同生共死”的难题。《矿产资源法》修订重置的矿业权，不再涵盖勘查、开采行政许可的内容。也可以说，此次《矿产资源

① 参见王振华编著：《矿语：矿业焦点问题法律实务》，法律出版社 2020 年版，第 171 页。

法》修订正是对司法裁判相关内容的汲取与确认。

(二)原陇县国土资源局与陇县庙沟石料厂不履行采矿许可延续登记法定职责案①

1. 基本案情

2009 年 7 月 23 日,陇县庙沟石料厂(以下简称庙沟石料厂)与原陇县国土资源局(现陇县自然资源局)签订《采矿权出让合同》,并交清采矿权价款,取得位于陇县温水镇闫家湾村庙沟组的石灰岩采矿权,前述合同约定原陇县国土资源局出让矿山服务年限为 25 年。原陇县国土资源局依庙沟石料厂申请,每年分别办理采矿许可证,有效期 1 年。

2017 年 4 月 6 日,原陇县国土资源局向庙沟石料厂颁发《采矿许可证》,该证载明有效期为 2017 年 4 月 6 日至 2018 年 4 月 6 日。在该证有效期届满 30 日前,庙沟石料厂向原陇县国土资源局提交采矿权延续登记申请,原陇县国土资源局未作回复。

2018 年 6 月 13 日,因庙沟石料厂越界开采,原陇县国土资源局作出行政处罚决定书并于同日向庙沟石料厂送达。2019 年 5 月 5 日,陇县自然资源局向陇县人民法院申请强制执行该行政处罚决定,但因逾期申请被陇县人民法院裁定不予受理。

2018 年 12 月 12 日,原陇县国土资源局向庙沟石料厂作出《关于陇县庙沟石料厂〈关于再次申请加快办理采矿许可证延期的请示报告〉的复函》,明确收到庙沟石料厂的请示报告,并明确答复因庙沟石料厂行政处罚未履行,未对越界开采范围进行恢复治理,故对庙沟石料厂提出的办理采矿许可证延期报告不予受理。

后庙沟石料厂向宝鸡市金台区人民法院(以下简称金台法院)提起行政诉讼,金台法院审理后作出(2019)陕 0303 行初 20 号行政判决:(1)陇县自然资源局拒绝受理庙沟石料厂许可申请的行为违法;(2)陇县自然资源局在该判决生效后 30 日内给庙沟石料厂办理《采矿许可证》相关手续。

陇县自然资源局不服向宝鸡市中级人民法院(以下简称宝鸡中院)提起上诉,宝鸡中院经审理后判决:(1)撤销宝鸡市金台区人民法院(2019)陕 0303 行初

① 参见陕西省宝鸡市中级人民法院行政判决书,(2020)陕 03 行终 13 号。

20 号行政判决；(2)撤销原陇县国土资源局 2018 年 12 月 12 日向被上诉人作出的《关于陇县庙沟石料厂〈关于再次申请加快办理采矿许可证延期的请示报告〉的复函》；(3)确认陇县自然资源局针对庙沟石料厂提出的采矿许可延续申请不履行法定职责违法。

2. 裁判观点

宝鸡中院认为，根据《行政许可法》第 32 条的规定，对于行政许可申请，行政机关在决定是否受理时应审查该申请是否属于本机关职权范围、申请材料是否齐全、是否符合法定形式等。陇县自然资源局以庙沟石料厂存在行政违法行为、未履行行政处罚决定书确定的义务为由不予受理其采矿权延续申请不属于前述规定中的情形，属于适用法律错误，其复函应当予以撤销。另根据《行政许可法》第 50 条第 2 款的规定，行政机关逾期未就行政许可是否准予延续作出决定的，视为准予延续，在准予延续的情况下，再判决行政机关为其办理采矿许可证已无意义。

3. 延伸思考

矿业权的延续是关系到矿业权存废、涉及矿业权人核心利益的重要制度，也是既有司法实务与矿政管理实践当中易发纠纷的高频区域。随着《矿产资源法》修订的完成，原有法律体系下续期的对象发生了重要的变化。“权证分开”制度实现的修法确认，意味着现行《矿产资源法》语境下，矿业权的续期仅是物权意义上的续期，不再将勘查、开采的行政许可囊括其中。如此意义之上，矿业权的续期在法理上与建设用地使用权的续期问题更为类似。其中自然资源主管部门作出续期决定的时限仍然是关键问题，就续期与否的行政决定而言，依然可以适用行政法的相关规范，维护矿业权人的合法权益。

六、规范链接

(一)《自然资源部关于进一步完善矿产资源勘查开采登记管理的通知》(自然资规〔2023〕4 号)

(一)完善探矿权新立、延续、保留登记管理。

6. 探矿权延续、保留登记，有效期起始日原则上为原勘查许可证有效期截止日次日。因不可抗力或其他非申请人自身原因，导致探矿权过期时间超过 6 个月以上的，有效期起始日为批准登记之日。

8. 探矿权人申请探矿权延续、保留，应当在规定期限内提出申请。因不可抗力或其他非申请人自身原因，未在规定期限内提出延续、保留申请，或者需要继续延长保留期的，探矿权人应当提交能够说明原因的相关证明材料。

（二）《自然资源部关于深化矿产资源管理改革若干事项的意见》（自然资规〔2023〕6号）

七、调整探矿权期限

探矿权新立、延续及保留登记期限均为5年。申请探矿权延续登记时应当扣减勘查许可证载明面积的20%，非油气已提交资源量的范围/油气已提交探明地质储量的范围不计入扣减基数，已设采矿权深部或上部勘查不扣减面积。油气探矿权可以扣减同一盆地的该探矿权人其他区块同等面积，但新出让的油气探矿权5年内不得用于抵扣该探矿权人其他区块应扣减面积。

探矿权出让合同已有约定的，按照合同执行。

（三）《矿产资源勘查区块登记管理办法》（2014年7月29日修订）

第十条 勘查许可证有效期最长为3年；但是，石油、天然气勘查许可证有效期最长为7年。需要延长勘查工作时间的，探矿权人应当在勘查许可证有效期届满的30日前，到登记管理机关办理延续登记手续，每次延续时间不得超过2年。

探矿权人逾期不办理延续登记手续的，勘查许可证自行废止。

石油、天然气滚动勘探开发的采矿许可证有效期最长为15年；但是，探明储量的区块，应当申请办理采矿许可证。

（四）《矿产资源开采登记管理办法》（2014年7月29日修订）

第七条 采矿许可证有效期，按照矿山建设规模确定：大型以上的，采矿许可证有效期最长为30年；中型的，采矿许可证有效期最长为20年；小型的，采矿许可证有效期最长为10年。采矿许可证有效期满，需要继续采矿的，采矿权人应当在采矿许可证有效期届满的30日前，到登记管理机关办理延续登记手续。

采矿权人逾期不办理延续登记手续的，采矿许可证自行废止。

（五）《国土资源部关于办理矿产资源行政复议案件有关意见的通知》（国土资发〔2009〕180号）

一、矿业权人在勘查许可证、采矿许可证有效期内依法向国土资源行政主管部门提出了行政许可申请，但因地方政府及其有关部门的原因致使矿业权人超过勘查许可证、采矿许可证有效期再次提出行政许可申请的，应当认定矿业权人在勘查许可证、采矿许可证有效期内提出了行政许可申请。

三、地方政府或者地方国土资源行政主管部门规定应当或者可以向下级国土资源行政主管部门递交矿业权行政许可申请，矿业权申请人根据该规定向下级国土资源行政主管部门递交矿业权行政许可申请的，应当认定矿业权申请人向登记管理机关提出了行政许可申请，申请的起算时间为矿业权申请人向下级国土资源行政主管部门递交行政许可申请的时间。

五、因地方政府及其有关部门对矿业权人合法的勘查、开采活动设置法律、法规以外的限制条件等原因，造成矿业权人无法开工或者投入不足，致使矿业权人工作进度达不到法定要求或者无法完成法定义务的，不影响矿业权的保留、延续。

六、矿业权人因地方政府及其有关部门的原因或者不可抗力，未在勘查许可证、采矿许可证有效期届满的30日前但在有效期内提出矿业权延续登记申请的，应当认定矿业权人仍有权利提出矿业权延续登记申请，但矿业权人应当书面说明理由。

（撰稿人：曹宇）

第二十五条　【探矿权转采矿权】探矿权人探明可供开采的矿产资源后可以在探矿权期限内申请将其探矿权转为采矿权；法律、行政法规另有规定的除外。原矿业权出让部门应当与该探矿权人签订采矿权出让合同，设立采矿权。

为了公共利益的需要，或者因不可抗力或者其他特殊情形，探矿权暂时不能转为采矿权的，探矿权人可以申请办理探矿权保留，原矿业权出让部门应当为其办理。探矿权保留期间，探矿权期限中止计算。

一、条文主旨

本条是关于探矿权转采矿权的规定。

二、立法目的

“探转采”可以说是对探矿权人最重要的制度激励，是探矿权人前期勘查投入获得回报的重要保障，更是“鼓励找矿”价值目标实现的基础制度。《矿产资源法》(2009)以及配套法规和政策确立了“探转采”的“优先权模式”。该模式是在实践运行中就“优先权”产生了“同等条件下优先”抑或“除非探矿权人存在法定禁止情况，原则上应该将采矿权赋予探矿权人”两种不同的理解。“同等条件下优先”的理解以及应用，使探矿权人往往处于被动地位，无法取得采矿权的情况也时有发生，前期的勘查投入无法得到充分的法律保障。“优先权模式”自实施以来，因概念不清，难以操作，不利于探矿权人合法权益的维护而广受争议。[①] 在多年的政策实验、实践探索的基础上，此次《矿产资源法》修订，一方面，试图将“探转采”的“优先权模式”调整为“直通车模式”；另一方面，将作为“探转采”规则重要内容的探矿权保留制度纳入《矿产资源法》。

三、立法沿革

本条是对《矿产资源法》(2009)第6条第1款规定的修订，是对“探转采”“探矿权保留”等相关行政法规、规章以及政策吸收消化之后的立法完善。

我国矿产资源法律体系历来重视“探转采”的制度建设。《矿产资源法》(2009)第6条第1款中规定：“探矿权人有权在划定的勘查作业区内进行规定的勘查作业，有权优先取得勘查作业区内矿产资源的采矿权。”《矿产资源法实施细则》第16条第1款第6项“探矿权人的权利”中明确规定探矿权人享有“优先取得勘查作业区内矿产资源的采矿权”的权利。《矿产资源勘查区块登记管理办法》(2014)第19条规定，“探矿权人在勘查许可证有效期内进行勘查时，发现符合国家边探边采规定要求的复杂类型矿床的，可以申请开采，经登记管理机关批准，办理采矿登记手续”。

至于探矿权保留制度，《矿产资源勘查区块登记管理办法》(1998)(第21条)就明确了探矿权保留的条件、期限、次数以及效力等。

四、规范解读

（一）规定探矿权转采矿权的规则(第25条第1款)

第一，“探转采”的基础条件。《矿产资源法》规定了“探转采”在实体、程序两个方面的基础条件。前者要求具备“探明可供开采的矿产资源”，后者则要求“在探矿权期限内申请”。“探转采”规则的具体适用有两个方面需要进一步的明

① 参见李显冬主编：《中国矿业立法理论与实务》，中国政法大学出版社2015年版，第430页。

确:其一,确立“探转采”的“直通车模式”。“探转采”的“优先权模式”一直以来是矿政管理实践中广受争议的重点和难点。此次《矿产资源法》修订坚持问题导向,将“探转采”规则的捋顺纳入修改的目标清单。就具体修订路径而言,此次修法明确删除了“优先取得”的立法表述,解释论上可以得出“直通车模式”的确立。但遗憾的是在立法表述上并未明确地给出“直通车模式”的经典表述,即“符合一定条件,探矿权人可获得采矿权”。考虑到此问题在既往的矿政管理实践中的持续争议,《矿产资源法》的配套法规有必要就“探转采”这一关键问题给出更为直接的回答,避免解释论层面的其他方案,或者具体适用中的路径偏差。

其二,“探转采”的基础条件并非全部条件。考察“探转采”以往的矿政管理规范以及具体实践,除符合基础条件的要求外,“探转采”仍然需要满足开发利用方案、矿山地质环境保护与土地复垦方案的编制和审查,需要满足储量、范围、出让收益、矿业权重叠等诸多方面的要求。此次《矿产资源法》修订就“探转采”的核心问题进行了回应,具体实践中的材料清单以及具体要求仍然有待自然资源主管部门的进一步明确。

第二,“探转采”的办理要点。本款第 2 句集中回应“探转采”找谁办,怎么办的关键问题。对于“找谁办”的问题,《矿产资源法》明确规定了找“原矿业权出让部门”办理;至于“怎么办”,其主要内容是“签订采矿权出让合同”“设立采矿权”。依照本法矿业权登记等条文,其中应该还包括了采矿权登记等程序。

(二)规定探矿权保留的规则(第 25 条第 2 款)

探矿权保留就是探矿权因为客观原因不具备转采矿权的条件时,给予采矿权人利益保护的制度。早在 1998 年,《矿产资源法》的配套行政法规《矿产资源勘查区块登记管理办法》(1998)(第 21 条)就明确了探矿权保留制度,并对探矿权保留的条件、期限、次数以及效力等进行了规定。此次修法将探矿权保留制度纳入《矿产资源法》,从法律层面对其进行确认。探矿权保留作为“探转采”暂未实现时对探矿权人的保护性措施,作为“探转采”制度的有机构成,从条文体系上归入“探转采”条文的第 2 款。探矿权保留的基础条件《矿产资源法》进行了明确的规定,即“为了公共利益的需要,或者因不可抗力或者其他特殊情形,探矿权暂时不能转为采矿权的”。修法采用了列举加兜底例外的立法技术,试图尽可能地将非基于探矿权人的客观因素纳入其中。

值得注意的是,《矿产资源法》对探矿权保留的法律效力进行了规定,即

"探矿权保留期间,探矿权期限中止计算"。但保留的次数以及每次的时间《矿产资源法》并未规定。从文义解释着眼,不再对次数、时间加以限制是一种重要的解释路径,当然具体的方案有待于配套政策以及矿政管理实践的持续跟进。

五、典型案例

因行政机关过错导致无法"探转采",探矿权人应当获得救济[①]

1. 基本案情

2005 年 8 月,原四川省国土厅与英祥矿业公司签订《探矿权出让合同》,约定将案涉探矿权出让给英祥矿业公司,探矿权有效期 3 年。合同签订后,英祥矿业公司依约支付了合同约定的探矿权成交价款,领取了勘查许可证,并在此后共办理了 5 次探矿权延续登记手续。2015 年,英祥矿业公司向原四川省国土厅报件申请探矿权转采矿权。2017 年,原四川省国土厅根据《四川省国土资源厅关于加强生态文明建设促进矿产资源绿色勘查开发的通知》,明确在风景名胜区不再设立矿业权后,退回了英祥矿业公司的矿业权保留报审文件。英祥矿业公司要求原四川省国土厅尽快为其办理采矿许可证无果,遂提起该案诉讼。

2. 裁判观点

最高人民法院裁判认为:该案探矿权人的受损权益应获得适当救济。主要理由如下:

原四川省国土厅系基于对风景名胜区生态环境保护的理由对英祥矿业公司"探转采"未予审批,此类行为属于行政机关对其行政管理职权的正当行使。但另一方面,英祥矿业公司基于对原四川省国土厅的合理信赖取得案涉探矿权,却由于一审法院所认为的探矿权与风景名胜区范围存在重叠而未能实现"探转采"的目的。即便英祥矿业公司的私益有必要服从于环境公共利益保护的需要,但仍应对其投入成本等相关利益进行必要限度的保护,以免公益与私益之间过度失衡。

首先,探矿权是对一定区域内可能存在的矿产资源进行勘探的权利。探矿权人并不因行使探矿权而直接获益,其权利通常通过优先取得采矿权的方式得以实

① 参见最高人民法院民事裁定书,(2020)最高法民终 1061 号。

现。也就是说,实现“探转采”是探矿权人签订探矿权出让合同并取得探矿权的核心目的。因此,不宜认定案涉探矿权合同的目的已经实现。

其次,不宜认定案涉探矿权合同已于2008年11月28日勘查许可证有效期届满时自动终止。原《物权法》第三编“用益物权”第123条、《民法典》第二编“物权”第三分编“用益物权”第329条均规定,“依法取得的探矿权、采矿权、取水权和使用水域、滩涂从事养殖、捕捞的权利受法律保护”,这表明探矿权属于用益物权。依照物权变动的一般规则,物权主要依民事法律行为或事实行为发生设立、变更、转让或消灭的法律效果。一审法院查明,英祥矿业公司取得案涉探矿权系基于2005年9月签订的《探矿权出让合同》,这表明案涉探矿权系因民事法律行为设立。虽然合同约定探矿权期限为3年且期限届满合同终止,但亦明确在符合法定条件时,可以依法延续。事实上,案涉探矿权经过多次延续直至2018年12月31日。若认定案涉探矿权合同已经于2008年11月28日因履行完毕而终止,可能导致探矿权的延续缺乏必要的法律基础。

该案中,如果确定案涉探矿权合同有效,应按照平等保护的理念,依法对英祥矿业公司的客观损失予以适当补偿;如果确定案涉探矿权合同无效,亦应依法确定当事人双方基于合同无效的返还、赔偿责任。

3. 裁判要旨

探矿权是对一定区域内可能存在的矿产资源进行勘探的权利。探矿权人并不因行使探矿权而直接获益,其权利通常通过优先取得采矿权的方式得以实现。探矿权出让合同因探矿权未能延续而无法取得采矿权时,探矿权人有权请求自然资源行政主管部门赔(补)偿相应的损失。

4. 延伸思考

因行政机关过错导致无法“探转采”,给予探矿权人救济得到了司法裁判的认可。但赔偿的对象是探矿权,还是采矿权,或者说按照哪一个标准赔偿存在争议。“探转采”是探矿权到采矿权的衔接阶段,其权属构成上是探矿权,但权利发展上趋向于采矿权。矿产资源开发利用规律显示,探矿权能够达到转采的条件实属不易,处于可以“修成正果”的状态。因此,对其赔偿标准应该考虑矿产资源开发利用的实践和规律,对达到“探转采”程度的探矿权应区别对待,给予更加充分的赔偿。

六、规范链接

(一)《自然资源部关于进一步完善矿产资源勘查开采登记管理的通知》(自然资规〔2023〕4号)

(一)完善探矿权新立、延续、保留登记管理。

6. 探矿权延续、保留登记,有效期起始日原则上为原勘查许可证有效期截止日次日。因不可抗力或其他非申请人自身原因,导致探矿权过期时间超过6个月以上的,有效期起始日为批准登记之日。

7. 首次申请探矿权保留,应当提交探矿权范围内已探明可供开采矿体的说明。资源储量规模达到大中型的煤和大型非煤探矿权申请保留,应当达到勘探程度;其他探矿权申请保留,应当达到详查(含)以上程度。已设采矿权垂直投影范围内的探矿权首次申请保留,应当达到详查(含)以上程度。

8. 探矿权人申请探矿权延续、保留,应当在规定期限内提出申请。因不可抗力或其他非申请人自身原因,未在规定期限内提出延续、保留申请,或者需要继续延长保留期的,探矿权人应当提交能够说明原因的相关证明材料。

9. 已办理保留的探矿权,因政策变化导致勘查工作程度要求提高等非矿业权人自身原因不能转采矿权,需继续开展勘查工作的,可申请探矿权延续。

(二)《矿产资源勘查区块登记管理办法》(2014年7月29日修订)

第二十一条 探矿权人在勘查许可证有效期内探明可供开采的矿体后,经登记管理机关批准,可以停止相应区块的最低勘查投入,并可以在勘查许可证有效期届满的30日前,申请保留探矿权。但是,国家为了公共利益或者因技术条件暂时难以利用等情况,需要延期开采的除外。

保留探矿权的期限,最长不得超过2年,需要延长保留期的,可以申请延长2次,每次不得超过2年;保留探矿权的范围为可供开采的矿体范围。

在停止最低勘查投入期间或者探矿权保留期间,探矿权人应当依照本办法的规定,缴纳探矿权使用费。

探矿权保留期届满,勘查许可证应当予以注销。

(撰稿人:曹宇)

第二十六条　【矿业权公益性收回和自然保护地范围内勘查、开采】矿业权期限届满前，为了公共利益的需要，原矿业权出让部门可以依法收回矿业权；矿业权被收回的，应当依法给予公平、合理的补偿。

自然保护地范围内，可以依法进行符合管控要求的勘查、开采活动，已设立的矿业权不符合管控要求的，应当依法有序退出。

一、条文主旨

本条是关于矿业权公益性收回和自然保护地范围内勘查、开采的规定。

二、立法目的

本条的重要功能在于从立法的层面确认了矿业权公益性收回制度。《矿产资源法》(2009)并未规定矿业权收回制度，矿业权“三权合一”的权利束设定也使矿业权的变更与《行政许可法》的适用紧密联系，更多的是适用矿业权的“撤销”。实务工作中围绕“收回”“撤销”“注销”“消灭”等术语的不同理解以及争议时有发生。地方立法与政策的层面，矿业权的“收回”并非新鲜表达。例如，2007 年的地方规范性文件《平顶山市人民政府关于进一步加强铝土矿资源管理工作的通知》(平政〔2007〕61 号)中就有“依法收回探矿权、采矿权”的表述。2020 年制定、2021 年修正的地方政府规章《山西省煤层气勘查开采管理办法》，2020 年的地方规范性文件《陕西省推进矿产资源管理改革若干事项的实施办法(暂行)》(陕自然资规〔2020〕5 号，已失效)均有“收回矿业权”的相关表述。其中，《山西省煤层气勘查开采管理办法》关于矿业权收回的表述与本款的规定类似，是基于公共利益的收回。关于因违反相关法律或者政策的收回，则属于“制裁性收回矿业权”。本法第 70 条规定的“故意报送虚假的矿产资源储量报告”可以归为此类。有鉴于此，本条第 1 款的主要目的在于确立矿业权公益性收回制度，明确收回条件和补偿标准。

本条第 2 款规定了自然保护地范围内勘查、开采活动的要求。其中“有序退出”作为特定阶段的工作正在稳步推进，此款规定进一步夯实了相关工作的法律依据。值得注意的反而是“可以依法进行符合管控要求的勘查、开采活动”的规定，其明确了自然保护地范围内矿产资源的勘查、开采活动不应“一刀切”式地否定。这体现了国家在矿产资源安全与生态环境保护之间利益平衡的动态机制。

三、立法沿革

本条为此次《矿产资源法》修订的新增条款,归属于第二章"矿业权"。

四、规范解读

(一)规定矿业权公益性收回的条件和补偿(第26条第1款)

1. 矿业权公益性收回的条件要求

《矿产资源法》设置了"期限内"+"公共利益"的矿业权收回条件。"期限内"较为容易理解和把握。矿业权作为一种限期的权利,在期限内是其存废的重要标准。"公共利益"的把握则涉及一个"老生常谈"的难题。原矿业权出让部门"依法"收回,并不限于"本法",为其他关联法律的适用预设了可能的空间。本条第1款关于矿业权收回制度的应用场景主要是类似于《民法典》"征收"制度,同理,《民法典》以及涉土地、房屋的立法当中关于"公共利益"判断的标准争议也将映射到矿业权收回制度的适用。本条第1款适用中"公共利益"的把握,除可以参照相关法律的实施经验外,既有的矿政管理政策的实践经验也是重要的参考。但不论如何把握,追求一个"以客观为主,兼具开放性"的标准是后续矿政管理规范和司法裁判工作共同努力的方向。

2. 矿业权公益性收回的补偿标准

矿业权公益性收回的法律属性理解,将对赔偿标准、程序以及救济等产生重大的系列影响。有研究认为,公益性收回国有土地使用权的理由和征收的理由相同,都是基于公共利益,应将公益性收回国有土地使用权归类为征收,这样有利于降低立法成本,有利于"类案同判",有利于提供可预期的保护。[①] 物权化改造之后的矿业权,剥离了原本捆绑的行政许可因素,在此问题性质的理解上与公益性收回国有土地使用权相通。此外,"公平、合理的补偿"的立法表达与《民法典》第117条征收的补偿标准表述一致。

如果说"公共利益"的判断是关乎"收不收"的关键,那么补偿标准则是关系到"怎么收"的要点。"公平、合理的补偿"无疑是此次《矿产资源法》维护矿业权人合法权益的重要举措。但如何理解把握"公平、合理的补偿"一定是本条第1款适用过程中的重点与难点,仅从条文的立法表达而言,得到的更多的无疑是价值的导引和彰显。

---

① 参见刘连泰:《作为征收的国有土地使用权公益性收回》,载《中外法学》2024年第1期。

对比临近的相关制度,能够发现一些可供比较的轨迹。其一,公益性收回国有土地使用权补偿的实践中形成了"适当补偿""退还相应的出让金""相应补偿""不低于类似房地产的市场价格"等不同的补偿标准。其二,矿产资源压覆的司法实践中也形成了"直接损失""预期利益"等范围理解的争议。显然考察临近制度的既有运行实践,"直接损失"的补偿应属于共识。例如,矿业权的出让收益,建设投资等通常属于此范围。但预期利益,尤其是矿业权显著增值之后的市场价值可否纳入补偿范围则尚待观察。

(二)规范自然保护地范围内的勘查、开采活动(第 26 条第 2 款)

第一,明确自然保护地范围内,可以依法进行符合管控要求的勘查、开采活动。我国自然保护地体系外部存在类型区别,即国家公园、自然保护区和自然公园,内部也存在功能分区。通说认为,国家公园禁止开发;自然保护区核心区禁止开发,而缓冲区可以进行非营利性质的有限开发;自然公园核心区限制开发,缓冲区应在规范指引下有限开发。[①] 故而,在规范层面,本款为《矿产资源法》与将要制定的"国家公园法""自然保护地法"等自然保护地法治体系的衔接架设了沟通的桥梁。在现实层面,本款也为自然保护地的矿政管理提供了灵活性,避免了简单的"一刀切"做法。甘肃祁连山国家级自然保护区内违法采矿问题导致多名负责人被严肃处理。[②] 警钟长鸣,地方矿产资源主管部门在处理自然保护地矿业权纠纷时谈"矿"色变,导致自然保护地内矿业权的全面清退。此次修法是矿政管理的"正本清源",明确在自然保护地范围内可依法进行一定的开发利用矿产资源的活动。最终,在国家公园的自然保护地体系建设中形成矿业权退出补偿方式的制度合力,以最严密的法治思维促进国家公园为主体自然保护地建设的高质量发展。[③]

第二,本款明确了已设立矿业权分类退出的管理要求。已设立的矿业权如果不符合管控要求,应当依法有序退出。实际上,"已设立的矿业权不符合管控要求"的情况有三种,即合法有效的矿业权退出、已到期不再延续的矿业权退出、违

---

① 参见吕忠梅、刘佳奇:《自然保护地体系立法理路》,载《世界社会科学》2024 年第 1 期;刘超:《以国家公园为主体的自然保护地体系的法律表达》,载《吉首大学学报(社会科学版)》2019 年第 5 期。

② 参见《中办国办就甘肃祁连山国家级自然保护区生态环境问题发出通报》,载《中国环境报》2017 年 7 月 21 日,第 1 版。

③ 参见袁智雨、王娟等:《国家公园为主体的自然保护地采矿权退出补偿方式研究》,载《中国矿业》2024 年第 S2 期。

法取得的矿业权退出。为了实现“依法有序退出”，亟待分类讨论其退出补偿范围。具体而言，合法有效的矿业权退出应补偿矿业权的正常支出；已到期不再延续的矿业权退出应补偿矿业权的信赖利益损失；违法取得的矿业权退出则仅补偿前期取得矿业权的对价。①

五、典型案例

（一）云南得翔矿业有限责任公司诉镇康县人民政府地矿行政补偿案②

1. 基本案情

云南得翔矿业有限责任公司（以下简称得翔公司）系“云南省镇康麦地河铅锌矿详查”（以下简称麦地河铅锌矿）的探矿权人，该探矿权从2004年8月3日首次获得后历经数次延续，最后一次延续的有效期为2010年6月28日至2012年6月28日。

2011年8月29日，经云南省发展改革委批复，拟新建镇康中山河水库工程。因麦地河铅锌矿位于拟建水库水源保护范围内，镇康县人民政府两次发函告知得翔公司，待案涉勘查许可证到期后将不再延续登记，双方按探矿风险共担的原则协商解决后续事宜。

后双方共同委托云南矿协司法鉴定所对麦地河铅锌矿价值进行评估，确定案涉矿产探矿权价值为3053.18万元，但双方一直未就补偿事宜达成一致。

据此，得翔公司向人民法院提起诉讼，要求镇康县人民政府补偿探矿权经济损失人民币3053.18万元及员工工资支出等其他费用。

2. 裁判观点

法律、法规、规章或者规范性文件对补偿标准未作规定的，一般在实际损失范围内确定，得翔公司并未取得采矿许可证，其按照鉴定意见主张的3053.18万元属于预期收益，并非得翔公司的实际损失，不予支持；关于得翔公司主张勘探支出费用，镇康县人民政府在履职中并无过错，但确因其兴建水库的行为而给得翔公司造成了一定损失，结合镇康县人民政府是由于公共利益建设需要而对得翔公司的探矿权不予申报延续登记的实际，酌定由镇康县人民政府补偿得翔公司200万

---

① 参见李艳芳、张舒：《自然保护区内矿业权退出的类型化分析与规范路径》，载《南京工业大学学报（社会科学版）》2023年第4期。

② 参见最高人民法院行政裁定书，（2020）最高法行申6043号。

元探矿实际损失。

云南省临沧市中级人民法院于 2019 年 6 月 18 日作出（2018）云 09 行初 133 号行政判决：镇康县人民政府补偿得翔公司损失 214.6 万元；驳回得翔公司的其他诉讼请求。

云南省高级人民法院于 2019 年 11 月 11 日作出（2019）云行终 817 号行政判决：驳回上诉，维持原判。

最高人民法院作出的（2020）最高法行申 6043 号行政裁定书认为：一、二审法院判决已适当兼顾了当事人双方的利益，予以维持，裁定驳回得翔公司再审申请。

3. 裁判要旨

政府因履行公共职能对矿业企业造成损失后进行补偿时，补偿标准为矿业企业因行政行为而不能继续享有探矿权时产生的实际损失，而非预期利益。探矿权价值的评估鉴定意见为矿业企业预期利益的全面评估，不适用信赖利益保护给予勘查投入适当补偿的情形，补偿标准不以探矿权评估报告结论为准，应以矿业企业实际损失为准。

（二）南陵县烟墩锑矿诉安徽省南陵县人民政府行政补偿案[①]

1. 裁判观点

法院认为，根据《最高人民法院关于审理行政许可案件若干问题的规定》第 15 条的规定，法律、法规、规章或者规范性文件对变更或者撤回行政许可的补偿标准未作规定的，一般在实际损失范围内确定补偿数额；行政许可属于《行政许可法》第 12 条第 2 项规定情形的，一般按照实际投入的损失确定补偿数额。根据《矿产资源法》（2009）第 36 条的规定，关闭矿山的应予合理的补偿。据此，行政机关基于公共利益关闭矿山的，补偿范围一般限于实际投入的损失。该案南陵县烟墩锑矿为证明其损失提交的评估报告系其单方委托，且该评估报告系在假定该矿山能够扩建并形成正常生产能力，拟定矿山生产规模为 3 万吨/年的情况下，对矿山矿业权价值进行的估算，不能反映南陵县烟墩锑矿的实际投入损失。南陵县政府对该评估报告亦不认可，并主张南陵县烟墩锑矿仅于 2005 年 12 月向安徽省原国土资源厅支付过 62500 元采矿款；安徽省南陵县经济和信息化局亦主张南陵县烟墩锑矿已经于 2013 年 12 月 31 日到期且未能延续，南陵县政府作出关闭决

---

① 参见最高人民法院行政裁定书，（2019）最高法行申 11845 号。

定时其采矿权已经没有价值。因此,原审法院未予采信南陵县烟墩锑矿提交的评估报告结论并无不当。南陵县烟墩锑矿主张其固定资产损失750万元,但并未提供充分证据证明,各方当事人就补偿范围、标准等方面存在较大分歧,人民法院难以直接确定补偿数额。根据《最高人民法院关于适用〈中华人民共和国行政诉讼法〉的解释》第91条之规定,原告请求被告履行法定职责的理由成立,尚需被告调查或者裁量的,应当判决被告针对原告的请求重新作出处理。因此,人民法院直接判决补偿数额的裁判时机并不成熟,该案宜由南陵县人民政府先行处理,南陵县烟墩锑矿的主张不能成立。如南陵县烟墩锑矿对南陵县人民政府后续的补偿行为不服,可另行主张权利。

2. 裁判要旨

行政机关基于公共利益关闭矿山的,补偿范围一般限于实际投入的损失。

3. 延伸思考

《矿产资源法》新增了矿业权公益性收回制度,其立法表述以及功能更加贴近矿业权的"征收"。《矿产资源法》修订之前对此类情况的处理,呈现出"预先通知不予续期""关闭矿山""收回矿业权"等复杂形态。但不论何种表现形式,何种争讼案由,大量的案例显示,争议的焦点就在于补偿标准的理解。矿业权人当然希望获得更多的经济利益方面的补偿,尤其是在矿产资源等大宗商品市场的上升期,补偿标准距离当事人的预期甚远,常常引发诉讼。作为政府或者政府部门,则立足公共利益的基点,立足矿产资源归国家所有的规定,压缩削减补偿的额度,维护公共利益,避免矿业权人"漫天要价"。如何平衡补偿标准背后双方利益,是矿产资源法治无法避免的问题。这样的困扰还在自然保护地范围内以矿业权退出、矿产资源压覆、因共用利益不予延续等多种样态持续存在。如何完成补偿标准的科学化、合理化、体系化仍然需要艰苦探索和努力。

六、规范链接

(一)《中华人民共和国民法典》(2020年5月28日)

第一百一十七条 为了公共利益的需要,依照法律规定的权限和程序征收、征用不动产或者动产的,应当给予公平、合理的补偿。

第三百五十八条 建设用地使用权期限届满前,因公共利益需要提前收回该土地的,应当依据本法第二百四十三条的规定对该土地上的房屋以及其他不动产给予补偿,并退还相应的出让金。

（二）《中华人民共和国矿产资源法》（2024年11月8日修订）

第七十条　未按照规定汇交地质资料，或者矿业权人未按照规定编制并报送矿产资源储量报告的，由县级以上人民政府自然资源主管部门责令改正，处二万元以上十万元以下罚款；情节严重的，处十万元以上五十万元以下罚款。

矿业权人故意报送虚假的矿产资源储量报告的，由县级以上人民政府自然资源主管部门没收违法所得，并处二十万元以上一百万元以下罚款；情节严重的，由原矿业权出让部门收回矿业权。

（三）《山西省煤层气勘查开采管理办法》（2021年8月20日）

第二十条　因公共利益需要或者国家产业政策等原因，煤层气探矿权人不能继续勘查作业或者不能办理采矿登记的，可以办理探矿权保留。需要收回矿业权的，依法给予合理补偿。

（撰稿人：曹宇、袁智雨）

第二十七条　【矿业权转让】矿业权可以依法转让或者出资、抵押等，国家另有规定或者矿业权出让合同另有约定的除外。

矿业权转让的，矿业权出让合同和矿业权登记簿所载明的权利、义务随之转移，国家另有规定或者矿业权出让、转让合同另有约定的除外。

矿业权转让的具体管理办法由国务院制定。

一、条文主旨

本条是关于矿业权转让的规定。

二、立法目的

矿业权转让规范探索与实践经验的修法确认。《矿产资源法》（1986）将矿业权转让设置为禁区。采矿权不得买卖、出租与抵押，若有违反则承担没收违法所得，处以罚款乃至吊销采矿许可证的不利后果。《矿产资源法》（1996）原则上禁止探矿权、采矿权的转让，但“除按下列规定可以转让外，探矿权、采矿权不得转让”的法律设计为矿业权的转让开了一个缺口。1998年国务院制定《探矿权采矿权转让管理办法》,对于矿业权转让的改革再迈一步,规定了矿业权转让的条件、程序等要求。2000 年之前,我国的矿产资源立法与政策对于矿业权的转让持审慎的态度,坚守《矿产资源法》划定的框架,采取逐步放开矿业权转让的改进思路。

2000 年之后,矿业权的转让进入大踏步的改革路程。《矿业权出让转让管理暂行规定》(国土资发〔2000〕309 号)突破了之前《矿产资源法》对于矿业权转让严苛限制的基本态度,明确"矿业权转让是指矿业权人将矿业权转移的行为",确立矿业权人可以采取出售、作价出资、合作勘查或开采、上市等方式依法转让矿业权,而矿业权的出租、抵押也不再被禁止。如此,《矿产资源法》一贯以来坚持的"限制矿业权转让为原则,允许转让为例外"的基本态度,悄然转变为"以转让为原则,以禁止为例外"。① 经过多年的政策实验、实践探索以及司法解释,《矿产资源法》修订明确规定矿业权转让,一方面将成熟经验上升到法律层面,另一方面为矿业权转让制度活力的注入提供法律依据。

三、立法沿革

本条是对《矿产资源法》(2009)第 6 条规定的修订,也是对矿业权转让若干政策、司法解释探索的立法肯定。

四、规范解读

(一)规定矿业权自由转让的原则(第 27 条第 1 款)

本次《矿产资源法》修订沿袭了多年来我国矿政管理改革的路径,在《矿产资源法》的层面确认了矿业权自由转让的原则。其看似平淡的条文表述背后蕴含着理念与规则的重构性变化。例如,立法表达模式的根本转变。《矿产资源法》(2009)对于矿业权转让的立法表述"除按下列规定可以转让外,探矿权、采矿权不得转让",预设了以转让为例外的主基调。此次修法则采用了正面肯定的立法语言,直接规定"矿业权可以依法转让或者出资、抵押等"。

本条规定的体系效应将进一步延展到采矿权转让合同的效力、采矿权转让的规制等诸多的制度群。《矿产资源法》的配套法规、矿政管理政策以及环境资源司法需要回应相关规则的联动变化:

---

① 参见曹宇:《矿产资源开发私法机制研究——偏私型公私综合法论及其展开》,中国法制出版社 2018 年版,第 56 页。

其一，从配套行政法规等层面确认“采矿权转让合同原则上自成立之日生效”。考虑到未经审批采矿权转让合同效力之争的历久弥新，有必要从正面明确规定其效力判断规则，避免模糊性规定引发的再解释之争。

其二，将《探矿权采矿权转让管理办法》第10条第3款“批准转让的，转让合同自批准之日起生效”以及相关规定删除。前者是“加法”，属于增加法律层面的正面确认；后者则是“减法”，属于从反面删除行政审批与合同效力绑定的条款。基于《矿产资源法》的重构性修订，同步研究制定新的配套行政法规是优选方案，一方面，不必受限于《矿业权出让转让管理暂行规定》的立法背景、制度框架以及指导原则等；另一方面，从立法程序上亦具有显著的效率性。①

其三，全面修订完善《审理矿业权司法解释》中围绕矿业权转让合同效力的系列条款。其中，报批义务的强制履行、不履行报批义务时的法律后果、受让人先履行义务、转让申请未获批准的法律后果等条款，因《矿产资源法》的修订实施而失去适用场景，应考虑删除。但部分条文略作修改仍应继续作为调整矿产资源纠纷的重要规范。例如，“无证勘查开采合同的效力”依然属于无效合同的范围。但具体的认定应注意“权证分开”这一修法变化，将“未取得矿产资源勘查许可证、采矿许可证”适应性地调整为“未取得探矿权、勘查许可证，采矿权、采矿许可证”。再如，“一矿二卖合同的处理”则因为转让审批的取消而失去大部分的应用场景。《矿产资源法》修订实施之后，合同成立生效到完成变更登记之间的中间状态的制度阻隔将被大幅削减。原因力的根本变化，将使“一矿二卖”的法律适用进一步向不动产一物二卖规则靠拢，甚至趋同。

（二）规定权利、义务随之转移规则（第27条第2款）

本款的意义在于确立矿业权转让时权利、义务随之转移的规则。我国矿业权交易区分出让与转让两个环节，分别涉及一级市场与二级市场。矿业权的设立（矿业权出让）通常需要满足签订出让合同和完成矿业权登记两个重要任务。矿业权转让尽管也需要完成转让登记，但签订的是市场主体之间的转让合同，不同于出让合同中一方是自然资源主管部门的情形。“合同＋登记”作为此次《矿产资源法》修订的重大突破，矿业权出让合同不仅承载着约定双方权利的功能，同

① 参见曹宇：《采矿权转让合同行政规制的制度反思与修正理路》，载《中国人民大学学报》2023年第4期。

时将义务、监管等诸多内容纳入了出让合同。但考虑到《民法典》的规定以及合同相对性原则的要求,矿业权在转让的情况下,原出让合同约束受让方存在法律层面的障碍,而合同约定的诸多权利、义务以及监督管理的约定将面临落空,正是基于如此考虑,《矿产资源法》修订拓展了矿业权出让合同的效力,使其穿透式地约束矿业权转让中的受让方。

(三)规定制定矿业权转让办法的授权规定(第27条第3款)

"矿业权转让的具体管理办法由国务院制定"的授权规定将制定主体限定为国务院,此处并没有见到国务院自然资源主管部门的表述。回归国务院规定矿业权转让办法的立法传统。1998年制定的《探矿权采矿权转让管理办法》是矿业权转让改革的重要行政法规。但我国自然资源主管部门制定政策的探索与实验在修订的《矿产资源法》框架下则面临制定主体违法的嫌疑,或者说至少从文义层面解释,自然资源主管部门制定矿业权转让办法的路径则不再通达。

五、典型案例

陈某全与确山县团山矿业开发有限公司采矿权转让合同纠纷案①

1. 基本案情

2014年1月15日,陈某全与确山县团山矿业开发有限公司(以下简称团山公司)签订采矿权转让协议,约定团山公司将其采矿权作价360万元转让给陈某全,并积极配合陈某全办理采矿许可证。合同签订后,陈某全依约付清了全部款项。2014年2月15日,团山公司委托陈某全向河南省原国土资源厅办理采矿许可证延期手续,并于2014年7月21日办理完毕。嗣后,团山公司拒绝配合陈某全办理采矿权转让的批准、登记手续。陈某全提起诉讼,请求确认采矿权转让协议有效,由团山公司配合陈某全办理采矿权转让手续。

2. 裁判结果

河南省确山县人民法院一审认为,采矿权转让协议合法有效,由陈某全办理采矿权转让相关手续。河南省驻马店市中级人民法院二审认为,陈某全与团山公司就案涉采矿权转让意思表示一致,均在转让协议上签字,该协议已成立。根据

① 参见《人民法院关于依法审理矿业权民事纠纷案件典型案例》,载最高人民法院网2016年7月21日,https://www.court.gov.cn/zixun/xiangqing/23431.html。

《探矿权采矿权转让管理办法》的规定，采矿权转让应报请原国土资源主管部门审批，转让合同自批准之日起生效。案涉采矿权转让协议成立后，双方当事人在协议中约定的报批义务条款即具有法律效力，团山公司未依约办理报批手续，有违诚实信用原则。根据《最高人民法院关于适用〈中华人民共和国合同法〉若干问题的解释（二）》（已失效）第8条的规定，人民法院可根据案件具体情况和相对人的请求，判决相对人自己办理有关手续。二审法院判决采矿权转让协议成立，由陈某全办理采矿权转让相关手续。

3. 典型意义

对矿业权的转让进行审批，是国家规范矿业权有序流转，实现矿产资源科学保护、合理开发的重要制度。矿业权转让合同未经原国土资源主管部门批准并办理矿业权变更登记手续，不发生矿业权物权变动的效力，但应确认转让合同中的报批义务条款自合同成立时起即具有法律效力，报批义务人应依约履行。在转让合同不具有法定无效情形且报批义务具备履行条件的情况下，相对人有权请求报批义务人履行报批义务；人民法院依据案件事实和相对人的请求，也可以判决由相对人自行办理报批手续。允许相对人自行办理报批手续既符合诚实信用和鼓励交易的原则，也有利于平衡双方当事人的利益。

4. 延伸思考

《矿产资源法》第27条在修订的基础上，将矿业权转让合同审批、效力以及救济等一系列“老大难”问题从立法的层面“一揽子”解决，从某种方面来说，本案的“典型意义”因为立法的调整而不复存在。由此产生的体系效应将进一步外溢：

其一，《审理矿业权司法解释》诸多围绕矿业权转让合同效力的条文将失去适用空间。当然，立法的此种改变本身就凝结了环境资源司法的巨大努力与推动。《最高人民法院审理矿业权纠纷司法解释理解与适用》的字里行间透露出对于适用原《物权法》第15条的“合同有效说”路径的肯定，反复强调的“立法趋势”亦是对立法层面调整的厚望。[①]

其二，从行政法规、政策文件抑或环境资源司法等层面确认“矿业权转让合

---

① 参见杜万华主编：《最高人民法院审理矿业权纠纷司法解释理解与适用》，中国法制出版社2017年版，第32－40页。

同原则上自成立之日生效”。考虑到未经审批的采矿权转让合同效力之争的历久弥新，有必要从正面明确规定其效力判断规则，避免模糊性规定引发的再解释之争。与此同时，应将《探矿权采矿权转让管理办法》第10条第3款“批准转让的，转让合同自批准之日起生效”以及相关规定删除。基于《矿产资源法》的重构性修订，在同步研究制定的配套行政法规中予以规定是优选方案。一方面，不必受限于《矿业权出让转让管理暂行规定》的立法背景、制度框架以及指导原则等；另一方面，从立法程序上亦具有显著的效率性。①

六、规范链接

（一）《探矿权采矿权转让管理办法》（2014年7月29日修订）

第十条 申请转让探矿权、采矿权的，审批管理机关应当自收到转让申请之日起40日内，作出准予转让或者不准转让的决定，并通知转让人和受让人。

准予转让的，转让人和受让人应当自收到批准转让通知之日起60日内，到原发证机关办理变更登记手续；受让人按照国家规定缴纳有关费用后，领取勘查许可证或者采矿许可证，成为探矿权人或者采矿权人。

批准转让的，转让合同自批准之日起生效。

不准转让的，审批管理机关应当说明理由。

（二）《矿业权出让转让管理暂行规定》（国土资发〔2000〕309号）

第三十六条 矿业权转让是指矿业权人将矿业权转移的行为，包括出售、作价出资、合作、重组改制等。

矿业权的出租、抵押，按照矿业权转让的条件和程序进行管理，由原发证机关审查批准。

（三）《最高人民法院关于审理矿业权纠纷案件适用法律若干问题的解释》（2020年12月23日修正）

第六条 矿业权转让合同自依法成立之日起具有法律约束力。矿业权转让申请未经自然资源主管部门批准，受让人请求转让人办理矿业权变更登记手续的，人民法院不予支持。

当事人仅以矿业权转让申请未经自然资源主管部门批准为由请求确认转让

---

① 参见曹宇：《采矿权转让合同行政规制的制度反思与修正理路》，载《中国人民大学学报》2023年第4期。

合同无效的，人民法院不予支持。

（撰稿人：曹宇）

第二十八条　【探矿权的豁免】有下列情形之一的，无需取得探矿权：

（一）国家出资勘查矿产资源；

（二）采矿权人在登记的开采区域内为开采活动需要进行勘查；

（三）国务院和国务院自然资源主管部门规定的其他情形。

一、条文主旨

本条是关于无需取得探矿权的勘查情形的规定。

二、立法目的

关于无需取得探矿权的合法勘查行为在矿政管理实践中已经得到了应用。自然资源部新近发布实施的矿产资源管理的重要文件自然资源部 2023 年“4 号文”和“6 号文”分别规定了合法的无证勘查的情形。本条的主要目的在于将矿政管理政策、实践中的有益经验、可行办法上升到法律的层面，一是给予相关改革充分的法律依据和正当性基础，二是为以后的制度探索预留较为友好的授权条款。

三、立法沿革

本条为此次《矿产资源法》修订的新增条款，归属于第二章“矿业权”。《矿产资源法》（2009）并未对无需取得探矿权的合法勘查行为进行规定，即使是一审稿审议时也未对此予以规定，直到二审稿方才增加了本条规定，并最终通过。

四、规范解读

（一）确立无需取得探矿权的合法勘查行为

《矿产资源法》奉行“有证即有权，无证即无权”的基本原则，探矿权是矿产资源勘查活动的正当性基础与合法性依据。原则上，没有取得探矿权的勘查行为可能涉嫌构成非法勘查，并适用本法第 63 条之规定承担相应的法律责任。但本条的设置在功能意义上则属于“例外规定”，将特定情况下“合法的无证勘查”纳入合法评价范畴。

(二)规定无需取得探矿权的勘查行为类型

立法技术上,本条采用了“列举 + 兜底”的常用模式对“例外情况”进行了规定。其中,列举了两种具有矿政管理实践基础的基本类型。同时规定了概括性条款进行兜底。

其一,国家出资勘查矿产资源的无需取得探矿权。自然资源部颁行的矿政管理改革的关键性政策,《自然资源部关于推进矿产资源管理改革若干事项的意见(试行)》、自然资源部 6 号文均规定:中央或地方财政出资勘查项目,不设置探矿权,凭项目任务书开展地质勘查工作,其中 6 号文作为前者的升级版,对财政出资勘查项目的“新老衔接”以及新增资源量的审查作出了进一步的规定。此次《矿产资源法》修订以立法的方式对此进行了确认,将实践中政策实践的经验上升到了法律层面。

其二,采矿权人在登记的开采区域内为开采活动需要进行勘查的,无需取得探矿权。自然资源部 4 号文规定,“采矿权人在矿区范围深部、上部开展勘查工作,无须办理探矿权新立登记”。因此,该例外类型也并非《矿产资源法》修订时的新创,而是在充分吸收矿政管理有益经验以及政策实践基础上的修法确认。本例外更多地关注矿产资源开发利用的效能提升,是鼓励“就矿找矿”,鼓励“吃干榨尽”的有力制度支撑,旨在从立法层面消弭采矿权人可能的不必要的违法探矿风险。

其三,概括性条款的设置采取了法律渊源叠加制定主体的双重因素设置。

《矿产资源法》规定具体“例外”情形的同时概括性赋权“国务院和国务院自然资源主管部门”可以规定其他“例外”情形。这样的规定仅突出强调制定主体,对具体的渊源形式没有额外要求,意味着二者可以通过政策文件等方式规定相关问题。例如,本条第 1 项、第 2 项规定的“例外情况”,在《矿产资源法》修订之前就是由自然资源部的规范性文件加以规定的。

五、规范链接

(一)《中华人民共和国矿产资源法》(2024 年 11 月 8 日修订)

第六十三条 违反本法规定,未取得探矿权勘查矿产资源的,由县级以上人民政府自然资源主管部门责令停止违法行为,没收违法所得以及直接用于违法勘查的工具、设备,并处十万元以上一百万元以下罚款;拒不停止违法行为的,可以责令停业整顿。

超出探矿权登记的勘查区域勘查矿产资源的，依照前款规定处罚；拒不停止违法行为，情节严重的，原矿业权出让部门可以吊销其勘查许可证。

（二）《自然资源部关于进一步完善矿产资源勘查开采登记管理的通知》（自然资规〔2023〕4号）

3. 采矿权人在矿区范围深部、上部开展勘查工作，无须办理探矿权新立登记。

（三）《自然资源部关于深化矿产资源管理改革若干事项的意见》（自然资规〔2023〕6号）

中央或地方财政出资勘查项目，不设置探矿权，凭项目任务书开展地质勘查工作。2019年12月31日以前已设探矿权的，自然资源主管部门可以继续办理探矿权延续，完成规定的勘查工作后注销探矿权，由自然资源主管部门出让或储备。

财政出资勘查项目新增资源量应当由项目主管单位委托评审机构审查，出具审查意见。其他勘查项目新增资源量由矿业权人委托相关机构审查。

（撰稿人：曹宇）

第二十九条　【采矿权的豁免】有下列情形之一的，无需取得采矿权：

（一）个人为生活自用采挖只能用作普通建筑材料的砂、石、黏土；

（二）建设项目施工单位在批准的作业区域和建设工期内，因施工需要采挖只能用作普通建筑材料的砂、石、黏土；

（三）国务院和国务院自然资源主管部门规定的其他情形。

有前款第一项、第二项规定情形的，应当遵守省、自治区、直辖市规定的监督管理要求。

一、条文主旨

本条是关于无需取得采矿权的开采情形的规定。

二、立法目的

关于无需取得采矿权的合法开采行为的界定是理论与实务共同关注的热点

与难点。采矿权是矿产资源开采行为的正当性基础。原则上,没有取得采矿权的开采行为涉嫌构成非法采矿,不仅会面临行政处罚,甚至可能构成非法采矿罪。实践中围绕“个人自用”“工程自用”的合法性边界争议良久,生产、生活的合理性与法律评价的合法性之间的模糊性标准也引发了一系列的适法困惑。如何平衡有利生产、方便生活与矿产资源开发秩序之间的张力正是本条的目的所在。本条的目的在于以立法的形式确定“例外规定”,将特定情况下采矿权的豁免(“合法的无证开采”)纳入合法评价的范畴。

三、立法沿革

本条为此次《矿产资源法》修订的新增条款,归属于第二章“矿业权”。按照与一审稿的新旧对照表,本条似乎是对《矿产资源法》(2009)第 35 条、第 36 条的融合发展,但从立法的目的以及功能而言,更多地呈现了立法的创新,并与第 28 条形成矿业权豁免的有序体系。

四、规范解读

(一)确立无需取得探矿权的合法开采行为

《矿产资源法》奉行“有证即有权,无证即无权”的基本原则。采矿权是矿产资源开采活动的正当性基础与合法性依据。原则上,没有取得采矿权的开采行为涉嫌构成非法采矿,并适用本法第 64 条以及《刑法》关于非法采矿罪的规定承担相应的责任。本条的设置在功能意义上则属于“例外规定”,将特定情况下“合法的无证开采”纳入合法评价范畴。

(二)规定无需取得采矿权的开采行为类型

其一,个人自用。本条可以理解为《矿产资源法》(2009)第 35 条“允许个人采挖零星分散资源和只能用作普通建筑材料的砂、石、粘土以及为生活自用采挖少量矿产”规定的升级版,原法并未直接规定无需办理采矿权,而是文义解释与实践政策应用的结果。但“零星分散”“生活自用”“少量”等立法表述在实践中的适用效果有限,尤其是涉嫌非法采矿认定的时候无法充分发挥定纷止争的规范支撑作用。尽管《矿产资源法》(2009)将对象限定为“砂、石、粘土”,但实践中出现了自用采煤的法律适用难题。为此 2003 年《国务院法制办公室对〈关于对《矿产资源法》实施中的有关问题的请示〉的复函》(国法秘函〔2003〕182 号)针对自用采煤的法律适用问题专文进行了回复。正如上文所言,个人自用的边界认定以及把握将是本条适用的重点和难点。当然，这个问题的回答无法也不可能在《矿产资源法》的层面找到“答案”，问题的回应有待后续的配套政策、司法裁判以及学术研究的共同努力。

其二，工程自用。“建设项目施工单位在批准的作业区域和建设工期内，因施工需要采挖只能用作普通建筑材料的砂、石、黏土无需取得采矿权”的规定学理上常称为“工程自用”。该内容在《矿产资源法》层面属于新增条款，但其政策基础可以追溯到1998年原国土资源部的两个复函，即《国土资源部关于开山凿石、采挖砂、石、土等矿产资源适用法律问题的复函》（国土资函〔1998〕190号，已失效）和《国土资源部关于解释工程施工采挖砂、石、土矿产资源有关问题的复函》（国土资函〔1999〕404号，已失效）。2023年《自然资源部关于规范和完善砂石开采管理的通知》（自然资发〔2023〕57号）的印发，如上两个“复函”被废止，工程自用的政策规范也得到了进一步提升和完善。如此意义之上，《矿产资源法》的此项规定是对自然资源主管部门相关政策的修法确认。从条文的具体表述而言，此种例外的设置需要满足地点（作业区域内）、时间（建设工期内）、目的（因施工需要）、对象（用作普通建筑材料的砂、石、黏土）等诸多条件的要求。

就“例外情况”概括性条款的设置与本法第28条规定的法理基础与立法技术一致，此处不再赘述。

（三）规定监督管理规范的主体要求（第29条第2款）

《矿产资源法》层面确认了“个人自用”与“工程自用”作为持证开采的例外，但对于二者的具体调整规范则采用了设置授权条款的模式。“应当遵守省、自治区、直辖市规定的监督管理要求”从规范的制定主体方面进行了限定，但对具体的渊源行使则没有额外限制。考察当前砂石土类矿产资源立法与政策的实践，存在地方立法、地方行政规章、规范性文件等不同的渊源形式，《矿产资源法》如此规定充分考虑到了当前实际情况，没有贸然地规定渊源形式的要求。与此同时，市、县两级在砂石土矿产资源规范的制定上也颇具规模。本款关于主体限制的要求，意味着市、县两级的政策不得就“个人自用”“工程自用”的监督管理作出规定。

五、典型案例

工程施工中开采砂石行为是否构成非法采矿罪[①]

1. 基本案情

2014 年 4 月左右，保利文化集团股份有限公司（以下简称保利公司）与某市政府签订城东文化旅游综合体项目（以下简称城东综合体项目）投资合作协议，项目用地规划设计范围 3800 余亩。保利公司组建项目投资主体城东文化旅游投资开发有限责任公司（以下简称城东公司）负责落实投资、开发建设、运行管理。城东公司正式设立后，保利公司将其在城东综合体项目协议上的全部权利义务一并转让给城东公司。2018 年，城东公司与龙湖市政工程有限公司（以下简称龙湖公司）签订了某小区项目土方工程施工合同，某小区项目属于城东综合体项目之一。由于缺少相应机械设备，龙湖公司私下将上述工程委托给了昊龙建设工程有限公司（以下简称昊龙公司）。

吴某宾系昊龙公司法定代表人，2018 年年底，某小区工程内需要修建施工便道，原工程产生的土石不足，吴某宾在征得龙湖公司的同意后，安排人员从某小区外西南侧地块开采土石。2019 年 2 月左右，吴某宾再次安排人员至某小区外西南侧地块开采土石并销售牟利，后销赃得款人民币 25 万元。经鉴定，吴某宾开采的土石系建筑用砂岩矿，属于非金属矿产。经查，吴某宾均取得采矿许可证，其开采土石的地点位于城东综合体项目范围内，但不属于某小区范围。同时查明，吴某宾在征求龙湖公司的同意后，龙湖公司并未告诉甲方城东公司，故城东公司对吴某宾开采土石用以修建施工便道的情况并不知情。

2. 意见分歧

该案中，吴某宾有两个行为：一是擅自在某小区外西南侧地块开采土石，后将所开采的土石用于某小区工程内修建施工便道；二是擅自在某小区外西南侧地块开采土石，后销售牟利，是否构成非法采矿罪存在不同意见。

第一种意见认为，吴某宾无证擅自开采矿产资源，达到“情节严重”，构成非法采矿罪。至于是自用或者销售牟利，不予特殊考虑。

第二种意见认为，应区分不同的行为进行评价，吴某宾擅自开采土石用于工

---

① 参见褚明晔：《工程施工中开采砂石行为的界分》，载《人民检察》2020 年第 16 期。

程内施工便道修建所需的行为不构成犯罪，但其擅自开采土石销售牟利的行为构成非法采矿罪。

第三种意见认为，吴某宾在工程施工过程中，擅自开采土石，无论是自用还是销售，都不应当以刑法来规制。在建设工程项目内开采土石应当区别于一般的非法采矿行为，与非法采矿行为是完全不同的。

3. 延伸思考

本案的发生、裁判以及文献均发生于《矿产资源法》修订之前，但依然对本条的理解适用具有重要的参考意义，尤其是理解把握“工程自用”与非法采矿的界限以及标准。

第一，关于“建设项目施工单位”的理解。建设施工单位是指甲方，还是包括甲方和乙方，是否包括乙方擅自委托的丙方。建设项目当中的各方主体的意思表示程度如何影响施工单位的界定。具体到该案的裁判，就民事法律关系而言，因为涉嫌违法转包的事宜，建设单位的主体仍然是龙湖公司。但从刑事法律角度来看，当龙湖公司将某小区项目土方工程转包给昊龙公司时，建设单位实际的施工者就变成了昊龙公司。在《矿产资源法》修订的框架下，法律适用如何把握“建设项目施工单位”，是民事法律关系区分对待，还是一体化考虑，仍然需要进一步观察。

第二，关于“批准的作业区域”的理解。实践中是依照“狭义”还是“广义”把握“批准的作业区域”存在不同的理解。该案中，吴某宾开采土石的地点具有一定的特殊性，其两次开采土石的地点均位于某小区外西南侧地块，该位置已经超出了某小区工程范围，但仍属于城东综合体项目范围，而某小区项目系城东综合体项目之一。按照狭义范围理解，龙湖公司承包的工程范围仅是某小区土方工程，对开采地点并无施工权限，故本案开采土石的地点不属于工程建设项目批准占地范围内。反之，如果将作业区域理解为某小区土方工程所在的整个城东综合体项目土方工程的一部分，则属于作业区域内。

第三，关于“因施工需要”的理解。其一，销售土石牟利，明显不是工程需要，无须赘言。其二，需要讨论的是修建施工便道是否属于工程施工需要。工程建设项目的方案中一般只包含主要施工便道，但在实际施工过程中，往往需要增加临时的施工便道，这是由建设工程施工现场环境的复杂性、多变性决定的。修建施工便道是建设工程施工必不可少的环节。故吴某宾的第一个行为被认定为出于工程需要并无不当。

六、规范链接

（一）《自然资源部关于规范和完善砂石开采管理的通知》（自然资发〔2023〕57 号）

四、严格工程建设项目动用砂石的管理

经批准设立的能源、交通、水利等基础设施、线性工程等建设项目，应按照节约集约原则动用砂石，在自然资源部门批准的建设项目用地（不含临时用地）范围内，因工程施工产生的砂石料可直接用于该工程建设，不办理采矿许可证。上述自用仍有剩余的砂石料，由所在地的自然资源主管部门报县级以上地方人民政府组织纳入公共资源交易平台处置。严禁擅自扩大施工范围采挖砂石，以及私自出售或以赠予为名擅自处置工程建设动用的砂石料。航道疏浚工程产生的海砂参照办理。

五、规范矿山开采产生的砂石料管理

非砂石类生产矿山在其矿区范围内按照矿山设计或开发利用方案，矿山剥离、井巷开拓、选矿产生的砂石料，应优先供该矿山井巷填充、修复治理及工程建设等综合利用，利用后仍有剩余的，由所在地的自然资源主管部门报县级以上地方人民政府组织纳入公共资源交易平台处置。

（二）《自然资源部办公厅关于严守土石料利用政策底线进一步完善矿山生态修复激励措施的通知》（自然资办发〔2024〕39 号）

（五）严格土石料处置程序。按照矿山生态修复方案及其工程设计新产生的土石料及原地遗留土石料，应当优先用于本修复工程，确有剩余的可进行对外销售。凡涉及剩余土石料对外销售的，均应由县级以上地方人民政府组织纳入公共资源交易平台体系进行，不得由项目承担单位、施工单位或个人直接销售或以赠与、互换等方式擅自处置，销售所得收益均应纳入本级人民政府财政账户，实行“收支两条线”管理，并保障土石料收益全部用于本地区生态修复。

（三）《国务院法制办公室对〈关于对《矿产资源法》实施中的有关问题的请示〉的复函》（国法秘函〔2003〕182 号）

贵州省人民政府法制办公室：

你办《关于对〈矿产资源法〉实施中的有关问题的请示》（黔府法呈〔2003〕5 号）收悉。经研究，现答复如下：

根据《矿产资源法》第三十五条第一款关于“允许个人采挖零星分散资源和

只能用作普通建筑材料的砂、石、粘土以及为生活自用采挖少量矿产”的规定和国务院《关于清理整顿个体采煤的通知》（国发〔1991〕37 号）中“为个人生活自用采煤，也必须具备一定的安全生产等条件，具体条件由各地人民政府制定”的规定，农村家庭为生活自用需要，可以在未设置探矿权和采矿权的区域采挖零星分散的少量煤炭资源，但必须具备地方人民政府依据有关法律、行政法规规定的安全生产条件。

附：贵州省人民政府法制办公室关于对《矿产资源法》实施中的有关问题的请示（2003 年 10 月 16 日　黔府法呈〔2003〕5 号）

国务院法制办公室：

我省煤炭资源丰富，但交通不便的边远山区远离煤矿企业，农村家庭为生活自用需要采挖少量的煤炭，其中有的地方存在不少安全隐患，导致事故频繁发生。最近，国家在治理整顿煤矿安全生产工作中，明确提出贵州要妥善解决地方小煤矿的管理和整改问题，其中涉及农民为家庭生活自用采挖煤炭的安全问题。为妥善处理农民采挖煤炭与安全的关系，切实维护农民的切身利益，特请示：

一、《矿产资源法》第三十五条规定：“允许个人采挖零星分散资源和只能用作普通建筑材料的砂、石、粘土以及为生活自用采挖少量矿产”，其中的“矿产”是否包括煤炭。

二、对农村家庭为生活自用采挖煤炭应具备的安全条件，《矿产资源法》、《煤炭法》未作具体规定，《煤炭法》以及根据《煤炭法》制定的有关煤炭安全规程也只规范了煤矿企业生产、经营活动和煤矿安全生产的基本条件。如果允许农村家庭为生活自用采挖少量的煤炭，如何解决为生活自用采挖煤炭的安全生产条件的法律适用问题。

（撰稿人：曹宇）

第三章　矿产资源勘查、开采

第三十条　【基础性地质调查、远景调查和潜力评价】县级以上人民政府自然资源主管部门会同有关部门组织开展基础性地质调查；省级以上人民政府自然资源主管部门会同有关部门组织开展战略性矿产资源、重点成矿区远景调查和潜力评价。

一、条文主旨

本条是关于基础性地质调查、远景调查和潜力评价的规定。

二、立法目的

基础性地质调查，战略性矿产资源、重点成矿区的远景调查和潜力评价是地质工作中具有深远意义的内容。基础性地质调查可以帮助地质工作者获取第一手的基本调查评价资料，为后续各项工作提供土地资源、矿产资源、海洋资源的地质调查基础信息。对战略性矿产资源开展远景调查和潜力评价，可以了解我国战略性矿产资源的种类、数量、分布及开发利用现状，科学评估未查明的资源潜力，为制定国家矿产资源战略、规划矿产资源勘查和开发奠定基础。通过对重点成矿区进行远景调查和潜力评价，可以发现潜在的矿产富集区域并科学分析出矿产资源潜力，从而为部署矿产资源勘查提供科学依据。本条规定赋予县级以上自然资源主管部门基础性地质调查职能，赋予省级以上自然资源主管部门对于战略性矿产资源、重点成矿区的远景调查和潜力评价职能，以期两级自然资源主管部门在有关部门的配合下积极履职，推动相应地质工作的完成落实。

三、立法沿革

关于地质调查的规范在立法上并不完善。根据《国务院办公厅关于印发地质勘查队伍管理体制改革方案的通知》(国办发〔1999〕37 号)的规定,组建的中国地质调查局作为原国土资源部所属的组织实施国家基础性、公益性、战略性地质和矿产勘查工作的事业单位。根据《国务院办公厅关于印发自然资源领域中央与地方财政事权和支出责任划分改革方案的通知》(国办发〔2020〕19 号)的规定,将全国性、跨区域、海域的基础性、公益性、战略性地质调查事项确认为中央财政事权,由中央承担支出责任;将地方基础性、公益性、战略性地质调查事项确认为地方财政事权,由地方承担支出责任。上述文件并未提及开展地质调查工作的职能部门。纵览我国以往有关地质调查的相关规范,现有的规范内容大多是行为规范,旨在概括规定某一类别的地质调查工作应该如何进行,并未规定该项工作由哪一主体负责。例如,《矿产资源法》(2009)第 23 条规定了区域地质调查工作需按照国家统一规划进行,调查过程中形成的报告和图件应按照国家规定验收并提供有关部门使用。第 24 条规定了矿产资源普查任务和初步评价普查工作区内共伴生矿产的成矿地质条件和矿床工业远景的任务。这样的规定只是指出了某项地质调查工作的内容,而地质调查工作涉及多个部门,部门间的职责和权责界限并未得到清晰的确认。

面对上述问题,本条明确了县级以上人民政府自然资源主管部门的基础性地质调查职能和省级以上人民政府自然资源主管部门对战略性矿产资源、重点成矿区的远景调查和潜力评价职能,并且指出了两级自然资源部门需在相关部门的配合下开展工作。确定了相关地质调查工作的主体,能够完善调查工作的组织体制,提升工作质效、推动地质调查工作的法治化进程。

四、规范解读

本条明确了不同层级自然资源主管部门在地质调查相关工作中的职能划分。

(一)县级以上人民政府自然资源主管部门及有关部门的基础性地质调查职能

基础性地质调查是指为查明全国或某一区域的基本地质情况、获取基础地质数据而进行的基础性地质工作。其具体调查内容广泛,涵盖水文地质调查、环境地质监测、地球化学研究等。这些调查不仅关注地质构造、地层、岩石等基本地质特征,还涉及地下水、地质灾害、地球化学元素分布等多个方面。县级以上自然资源主管部门会同有关部门组织开展基础性地质调查,可以了解某一区域的资源、环境地质背景,从而为矿产勘查开发规划、环境保护、地质灾害预警预报与防治等工作提供基础数据。

（二）省级以上人民政府自然资源主管部门及有关部门的远景调查和潜力评价职能

省级以上人民政府自然资源主管部门及有关部门远景调查和潜力评价的对象是战略性矿产资源和重点成矿区。

战略性矿产资源供给稀缺，开发成本高，供应状况直接影响到国家的经济安全、国防安全和战略性新兴产业的发展。其分布状况具有明显的地域特点。根据《全国矿产资源规划（2016—2020 年）》的规定，我国将 24 种矿产列入战略性矿产目录，包括能源矿产（如石油、天然气、煤炭等）、金属矿产（如铁、铬、铜、铝、金、镍、稀土等）和非金属矿产（如磷、钾盐、晶质石墨等）。

重点成矿区带是地质找矿工作部署的重点地区，可以划分为成矿域和成矿带。这些区域的划分通常以大地构造单元为背景和基础，反映区域成矿地质背景、地质构造环境和矿产时空分布规律。天山—兴蒙成矿域、塔里木—华北成矿域、阿尔泰成矿带、大兴安岭成矿带等都是我国著名的重点成矿区，这些矿区内的矿产资源种类繁多，对于国家经济发展、国防建设和人民生活水平的影响深远。省级以上人民政府自然资源主管部门会同有关部门组织开展战略性矿产资源、重点成矿区远景调查和潜力评价工作，可以查明重点成矿区的地质构造特征、成矿条件和矿产资源潜力，从而提高战略性矿产、重点成矿区的找矿采矿效率和成功率。

（三）部门之间的职责分工

从纵向解读本条规定，第 1 分句和第 2 分句分别将级别限定在“县级以上”和“省级以上”，明确了不同层级自然资源主管等部门的各自职责。从横向来看，自然资源主管部门需要会同有关部门开展工作。本条中“会同”的表述点明在相关地质工作中，自然资源主管部门是主要的责任单位，相关部门进行工作配合。自然资源主管部门在地质专业方面具有优势，而其他部门，如水利部门可能在相关领域有独特作用，在进行水资源相关的基础性地质调查时，水利部门可以提供水资源分布、利用等方面的信息，与自然资源主管部门的地质调查工作相结合，能够更全面地掌握地下水资源与地质结构的关系。本条规定中“等”字的表述关乎相关部门的具体范围，这需要配套政策与矿政实践的进一步明确。

五、资料索引

自然资源部就全国政协委员提案致函答复　持续开展基础地质调查和推进农业地质调查　加快推进地学旅游相关工作支撑服务乡村振兴战略实施①

自然资源部近日在答复王建明等8位全国政协委员提案的函中称，下一步，持续开展基础地质调查工作，推进农业地质调查和耕地质量监测评价，加快地学旅游资源调查评价和开发利用。

自然资源部表示，下一步开展的工作具体内容包括：

在持续开展基础地质调查方面，将持续推进1:5万区域地质调查，查清自然资源赋存的地质背景。深化重要成矿带、含油气盆地基础地质调查。开展我国主要成矿区带和含油气盆地的专项调查与成果集成应用研究。推进流域尺度水资源基础地质调查，提升水循环研究和水资源评价能力。加强国家重大战略区基础地质调查，深化国土空间生态环境演变关键因素认识与地下空间开发利用。

在持续推进土地质量地球化学调查（农业地质调查）方面，将开展全国农产品主产区1:25万土地质量地球化学调查监测。开展典型地区富硒土地高效利用调查示范，查明重要区域富硒等优质土地资源精准分布。开展耕地安全利用试点研究，选择典型不同成因的耕地区域，开展生态风险评价与识别研究。

关于已开展的工作，自然资源部表示，通过开展专项基础地质调查，为乡村振兴重大工程项目建设、基础设施和城镇建设提供了基础地质支撑。1999年以来，自然资源部（含原国土资源部）通过开展大比例尺农业地质调查工作，助推建设富硒特色农业产业园300余处，建立了以“湖南新田模式”和“青海平安模式”为典范的“地质+特色农业”的“造血式”扶贫新模式，支撑精准脱贫攻坚及乡村振兴成效显著。2008年以来，自然资源部（含原国土资源部）启动了以省域为单元的全国地质遗迹摸底调查，共查明在省域及以上范围内具有代表性的重要地质遗迹点7268处。自然资源部（含原国土资源部）还将基础地质调查成果和信息化建设紧密结合应用。

---

① 参见吴启华：《自然资源部就全国政协委员提案致函答复　持续开展基础地质调查和推进农业地质调查　加快推进地学旅游相关工作支撑服务乡村振兴战略实施》，载中国地址调查局网2021年9月6日，https://www.cgs.gov.cn/xwl/ddyw/202109/t20210906_680795.html。

六、规范链接

(一)《中华人民共和国矿产资源法》(2024 年 11 月 8 日修订)

第八条 国家完善政策措施,加大对战略性矿产资源勘查、开采、贸易、储备等的支持力度,推动战略性矿产资源增加储量和提高产能,推进战略性矿产资源产业优化升级,提升矿产资源安全保障水平。

战略性矿产资源目录由国务院确定并调整。

对国务院确定的特定战略性矿产资源,按照国家有关规定实行保护性开采。

第三十一条 开展地质调查和矿产资源勘查、开采活动,应当按照国家有关规定及时汇交原始地质资料、实物地质资料和成果地质资料。

汇交的地质资料应当依法保管、利用和保护。

(二)《地质资料管理条例》(2017 年 3 月 1 日修订)

第三条 国务院地质矿产主管部门负责全国地质资料汇交、保管、利用的监督管理。

省、自治区、直辖市人民政府地质矿产主管部门负责本行政区域内地质资料汇交、保管、利用的监督管理。

第四条 国务院地质矿产主管部门和省、自治区、直辖市人民政府地质矿产主管部门的地质资料馆(以下简称地质资料馆)以及受国务院地质矿产主管部门委托的地质资料保管单位(以下简称地质资料保管单位)承担地质资料的保管和提供利用工作。

(撰稿人:张文可、何泓霄)

第三十一条 【地质资料汇交、保管、利用和保护】开展地质调查和矿产资源勘查、开采活动,应当按照国家有关规定及时汇交原始地质资料、实物地质资料和成果地质资料。

汇交的地质资料应当依法保管、利用和保护。

一、条文主旨

本条是关于地质资料汇交、保管、利用和保护的规定。

二、立法目的

地质资料的汇交、保管、利用和保护，是地质工作的重要步骤，相关汇交地质资料的规范内容却分散于《矿产资源法》、《地质资料管理条例》（2017 修订）、《自然资源部办公厅关于进一步做好地质资料汇交管理的通知》（自然资办函〔2020〕791 号）等法律法规和规范性文件之中。这些规范的效力层级有较大落差，其中法律效力层级高的，规定得较为宏观，适用效果不佳；反观效力层级低的具有较强的可操作性，在实践中频繁适用。这样碎片化的立法结构导致当前立法供给无法在国家法律层面确立与之相适应的基础地位，效力层级较低的规范缺乏高位阶的立法支持，二者之间缺乏有效的衔接。

针对上述问题，本条第 1 款明确了在地质调查和矿产资源勘查、开采活动中，汇交义务人应按照相关规定及时汇交原始地质资料、实物地质资料和成果地质资料。这一新增条款并没有改变汇交地质资料所应遵循的规范结构，而是从法律层面做出原则性的确认，弥补了立法层面的欠缺，使相关法律法规和规范性文件相互衔接起来。同时，本条第 2 款还明确了地质资料汇交主管部门对于汇交的地质资料的保管、利用和保护义务，要求地质资料汇交主管部门依法行使国家所赋予的负责统一管理地质资料的行政职能。

三、立法沿革

我国已经建立了地质资料汇交制度，近年来地质资料汇交管理政策法规、制度逐步完善和发展。

《矿产资源法》（1986）规定地质资料实行统一管理，2002 年国务院发布的《地质资料管理条例》要求地质资料实行统一汇交。《矿产资源法》和《地质资料管理条例》的颁布为我国地质资料汇交构建了基本的制度模型。

2003 年原国土资源部发布《地质资料管理条例实施办法》，明确了成果地质资料、原始地质资料汇交细目和实物地质资料汇交范围。

2008 年国家档案局发布的《原始地质资料立卷归档规则》（DA/T 41－2008）对原始地质资料归档的范围和分类及相关要求进行了规定，实物与原始地质资料的汇交得到了有效规范。2016 年原国土资源部印发的《实物地质资料管理办法》

（国土资规〔2016〕11 号，已失效）明确了实物地质资料要在成果资料汇交前提交资料清单。①

2017 年印发的《国土资源部关于加强地质资料管理的通知》明确了汇交人义务、汇交渠道、汇交程序、汇交期限和汇交监督等相关内容，并更新了原始地质资料汇交细目，制定了成果地质资料电子文件汇交格式。2020 年印发的《自然资源部办公厅关于全面启用地质资料信息管理服务系统的通知》（自然资办函〔2020〕717 号），通过"互联网 + 地质"实现了地质资料目录清单在线汇交，进一步提升了地质资料汇交效率。2020 年印发的《自然资源部办公厅关于进一步做好地质资料汇交管理的通知》（自然资办函〔2020〕791 号）解决了不同地质工作程度的矿业权和项目地质资料汇交方式：根据地质工作开展情况，矿业权和项目可以汇交未形成地质资料承诺书或地质工作总结报告。2022 年自然资源部、国家保密局对《关于印发〈涉密地质资料管理细则〉的通知》进行了修订，明确了地质资料汇交时的定密权限、密级种类、保密期限和知悉范围。②

本条是此次《矿产资源法》修订的新增条款，归属于第三章"矿产资源勘查、开采"。一审稿中是第 27 条，二审稿改为第 29 条，2024 年 11 月 8 日正式通过的文本中改为第 31 条。《矿产资源法》（2009）第 14 条、第 27 条、第 28 条分别规定了地质资料的汇交、保护和使用，本条以此为基础进行凝练和优化，从法律层面做出指引性的设计，让原则性的法律条文与可操作性强的上述汇交规定相结合。

四、规范解读

（一）规定地质资料的汇交义务（第 31 条第 1 款）

本条第 1 款首先明确了汇交地质资料的前提条件，即"开展地质调查和矿产资源勘查、开采活动"。这个前置条件具有相应的规定支撑。对于"矿产资源勘查、开采活动"，《地质资料管理条例》（2017）第 7 条第 1 款规定：在中华人民共和国领域及管辖的其他海域从事矿产资源勘查开发的探矿权人或者采矿权人，为地质资料汇交人。对于"地质调查"，亦有迹可循。2003 年原国土资源部发布的《地

---

① 参见张慧婷：《我国地质资料汇交现状分析与对策建议》，载《中国国土资源经济》2020 年第 12 期。

② 参见朱明波、邢应太等：《江西省地质资料汇交管理现状及问题探讨》，载《中国国土资源经济》2024 年第 1 期。

质资料管理条例实施办法》第 7 条第 1 款对 2002 年《地质资料管理条例》第 7 条第 2 款中的“地质工作”进行了详细分类，具体包括地质研究、地质考察、地质调查、矿产资源评价、水文地质或者工程地质勘查（察）、环境地质调查、地质灾害勘查等。对于条款中的“地质调查”，可以做如下解读，根据《地质资料管理条例实施办法》第 7 条第 2 款的规定可知，《地质资料管理条例实施办法》第 7 条第 1 款规定的“地质调查”是由两个或者两个以上的出资人共同出资开展的。然而，地质调查工作的出资主体是多元化的，囊括了国家、企（事）业单位、其他经济组织或个人在内的几个或多个主体。本条作为新增条款，不再局限于由两个或者两个以上的出资人共同出资开展地质调查的情形，而是将多种出资形式的地质调查包含在内，进一步扩大了地质调查工作中形成的地质资料的汇交范围。

其次，根据《地质资料管理条例》和《地质资料管理条例实施办法》可知，我国的地质资料汇交人包括以下三类：

一是矿业权人及其受让人。探矿权人或者采矿权人在中国领域及管辖的其他海域进行矿产资源勘查开发的，应及时汇交地质资料。受让人在取得探矿权和采矿权后，地质资料汇交义务也同时转让给其受让人。

二是地质工作项目的出资人。两个或者两个以上的出资人共同出资在中国领土及管辖的其他海域开展矿产资源勘查开发以外地质工作项目的，应及时汇交地质资料，出资各方对此负有连带责任。中外合作开展地质工作的，参与合作项目的中方为地质资料汇交人，外方承担汇交地质资料的连带责任。

三是承担地质工作项目的单位。承担有关地质工作项目的单位在国家出资的地质工作项目中应及时汇交地质资料。

以上主体应切实履行地质资料汇交义务，共同推动地质资料汇交工作的顺利开展。如果未按照相关规定汇交地质资料，由县级以上人民政府自然资源主管部门依据本法第 70 条的规定作出处罚。

本款最后规定了需要汇交的地质资料的类型，为原始地质资料、实物地质资料和成果地质资料，这三种是按照地质资料的表现形式进行的具体分类。对于地质资料的汇交范围，参见《地质资料管理条例》（2017）第 8 条和第 9 条的规定。对于应当汇交的成果地质资料和原始地质资料的汇交细目以及实物地质资料的汇交范围，具体参见《地质资料管理条例实施办法》第 8 条的规定。

(二)规定汇交的地质资料的管护、利用义务(第 31 条第 2 款)

地质资料是国家宝贵的信息资源,对于促进经济社会可持续发展具有重要意义。通过加强地质资料汇交管理,可以确保地质资料的完整性和准确性,提高地质资料的社会化服务和利用水平。我国实行部省两级地质资料管理模式。国务院地质矿产主管部门负责全国地质资料汇交、保管、利用的监督管理。省、自治区、直辖市人民政府地质矿产主管部门负责本行政区域内地质资料汇交、保管、利用的监督管理。国务院地质矿产主管部门和省、自治区、直辖市人民政府地质矿产主管部门的地质资料馆以及受国务院地质矿产主管部门委托的地质资料保管单位承担地质资料的保管和提供利用工作。汇交的地质资料在地质研究、资源勘查与开发、地质灾害防治与环境保护、基础设施建设与规划以及经济社会可持续发展等方面都具有重要的价值。相关部门应该高度重视地质资料的汇交管理工作,确保地质资料得到充分的利用和保护。

五、典型案例

地质资料是地质工作取得成果的记载,是人类认识地球、保护和合理利用矿产资源和地质环境的基础。为了确保地质资料汇交工作的顺利进行,国家加大了执法和监管力度,对于不依法汇交地质资料的单位和个人,将依法进行处罚。同时,建立地质资料汇交情况通报制度,定期公布汇交情况,接受社会监督。这些措施有力地推动了地质资料汇交工作的落实和开展。通过各级自然资源主管部门和汇交人的共同努力,汇交率逐年增长,但个别地质资料汇交人不依法依规履行汇交义务的现象仍时有发生。为进一步严明法律规定,警示督促地质资料汇交人切实依法依规履行汇交义务,自然资源部决定于官网公开通报 10 起典型案例:

1. 吉林珲春盆地煤层气勘查(许可证号:0200001630078)矿业权的地质资料汇交人吉林省珲春市土地开发公司按规定应于 2021 年 5 月前履行汇交义务,于 2021 年 7 月被自然资源部责令限期汇交地质资料后,全国地质资料馆通过电话、邮件等方式多次沟通提醒催促,至今未履行汇交义务。

2. 辽宁省凌源市沟门子地区多金属矿详查(许可证号:T21120090702031460)矿业权的地质资料汇交人凌源市恒瑞冶金工业有限责任公司按规定应于 2016 年 4 月前履行汇交义务,被辽宁省自然资源厅于 2019 年 5 月责令限期汇交地质资料后,经市级自然资源主管部门、省级馆藏机构多次催交,该汇交人以无法提供地质资料为由拒不履行汇交义务,2021 年 11 月辽宁省自然资源厅依据《地质资料管理条例》第 20 条的规定对该汇交人进行了处罚。

3. 青海省都兰县巴汗木鲁铜矿预查（许可证号：T63120130302047457）矿业权的地质资料汇交人都兰腾飞投资发展有限公司按规定应于 2015 年 3 月前履行汇交义务，被青海省自然资源厅于 2018 年责令限期汇交地质资料后未按规定履行汇交义务，2021 年 10 月在青海省自然资源厅门户网站对其进行公示，至今未履行汇交义务。

4. 内蒙古自治区巴彦淖尔市特默特等五幅 1∶5 万区域矿产地质调查等（项目编号：2005 －2KD17 等）11 个地质工作项目的地质资料汇交人核工业二〇八大队，6 个项目被内蒙古自治区自然资源厅于 2013—2019 年先后责令限期汇交地质资料后未按规定履行汇交义务；另 5 个项目汇交的地质资料经验收不合格，由内蒙古自治区自然资源厅发放了《地质资料补充、修改通知书》后，仍未按规定修改完善并履行汇交义务。

5. 河北省崇礼县大松沟门金矿详查（许可证号：T13120080202001905）矿业权的地质资料汇交人河北省张家口金圆黄金有限责任公司按规定应于 2020 年 3 月前履行汇交义务，被河北省自然资源厅于 2020 年 12 月责令限期汇交地质资料后，市级自然资源主管部门、省级馆藏机构通过多种渠道多次催促汇交，至今未履行汇交义务。

6. 内蒙古西乌旗巴音合硕地区煤层气勘查（许可证号：0200001820016）矿业权的地质资料汇交人西乌珠穆沁旗红色矿业发展有限公司按规定应于 2021 年 5 月前履行汇交义务，被自然资源部于 2021 年 7 月责令限期汇交地质资料后，全国地质资料馆通过电话、邮件等方式多次沟通提醒催促，至今未履行汇交义务。

7. 山西省霍西煤田洪洞县韩家庄勘查区煤炭普查（项目编码：140002008048）项目的地质资料汇交人山西省煤炭地质 144 勘查院按规定应于 2011 年 6 月前履行汇交义务，被原山西省国土资源厅先后于 2014 年和 2015 年责令限期汇交地质资料后，经山西省自然资源厅、省级馆藏机构多次电话、口头等方式督促提醒，至今未履行汇交义务。

8. 福建省漳平市温坑矿区铁多金属矿普查（许可证号：T35120131102048775）矿业权的地质资料汇交人福建省漳平山聚缘矿业有限公司按规定应于 2018 年 3 月前履行汇交义务，被福建省自然资源厅于 2020 年 9 月责令限期汇交地质资料后，至今未履行汇交义务。

9. 新疆托克逊县阿拉沟铁锰多金属矿预查(许可证号:T65420160502052811)矿业权的地质资料汇交人新疆聚天源矿业有限公司按规定应于2017年5月前履行汇交义务,被新疆维吾尔自治区自然资源厅于2018年1月责令限期汇交地质资料后,至今未履行汇交义务。

10. 云南省富源县盛群选煤有限公司宜良县宰格煤矿(许可证号:C5300002009081120031734)矿业权的地质资料汇交人富源县盛群选煤有限公司按规定应于2017年2月前履行汇交义务,被云南省自然资源厅于2018年1月责令限期汇交地质资料后,至今未履行汇交义务。

地质资料汇交人要从通报案例中深刻吸取教训,切实依法履行汇交义务,确保地质资料应交尽交。同时,各级自然资源主管部门要依法查处违法违规行为,使违法者心有所畏,行有所止。①

六、规范链接

(一)《中华人民共和国矿产资源法》(2024年11月8日修订)

第三条 矿产资源开发利用和保护工作应当坚持中国共产党的领导,贯彻总体国家安全观,统筹发展和安全,统筹国内国际,坚持开发利用与保护并重,遵循保障安全、节约集约、科技支撑、绿色发展的原则。

第六十二条 县级以上人民政府自然资源主管部门和其他有关部门的工作人员在矿产资源勘查、开采和矿区生态修复等活动的监督管理工作中滥用职权、玩忽职守、徇私舞弊的,依法给予处分。

第七十条 未按照规定汇交地质资料,或者矿业权人未按照规定编制并报送矿产资源储量报告的,由县级以上人民政府自然资源主管部门责令改正,处二万元以上十万元以下罚款;情节严重的,处十万元以上五十万元以下罚款。

矿业权人故意报送虚假的矿产资源储量报告的,由县级以上人民政府自然资源主管部门没收违法所得,并处二十万元以上一百万元以下罚款;情节严重的,由原矿业权出让部门收回矿业权。

(二)《地质资料管理条例》(2017年3月1日修订)

第三条 国务院地质矿产主管部门负责全国地质资料汇交、保管、利用的监

① 参见《自然资源部公开通报10起未依法汇交地质资料典型案例》,载自然资源部网2022年3月25日,https://gi.mnr.gov.cn/202203/t20220331_2732362.html。

督管理。

省、自治区、直辖市人民政府地质矿产主管部门负责本行政区域内地质资料汇交、保管、利用的监督管理。

第四条　国务院地质矿产主管部门和省、自治区、直辖市人民政府地质矿产主管部门的地质资料馆（以下简称地质资料馆）以及受国务院地质矿产主管部门委托的地质资料保管单位（以下简称地质资料保管单位）承担地质资料的保管和提供利用工作。

第七条　在中华人民共和国领域及管辖的其他海域从事矿产资源勘查开发的探矿权人或者采矿权人，为地质资料汇交人。

在中华人民共和国领域及管辖的其他海域从事前款规定以外地质工作项目的，其出资人为地质资料汇交人；但是，由国家出资的，承担有关地质工作项目的单位为地质资料汇交人。

（撰稿人：何泓霄、曹宇）

第三十二条　【矿产资源压覆】编制国土空间规划应当合理规划建设项目的空间布局，避免、减少压覆矿产资源。

建设项目论证时，建设单位应当查询占地范围内矿产资源分布和矿业权设置情况。省级以上人民政府自然资源主管部门应当为建设单位提供查询服务。

建设项目确需压覆已经设置矿业权的矿产资源，对矿业权行使造成直接影响的，建设单位应当在压覆前与矿业权人协商，并依法给予公平、合理的补偿。

战略性矿产资源原则上不得压覆；确需压覆的，应当经国务院自然资源主管部门或者其授权的省、自治区、直辖市人民政府自然资源主管部门批准。

一、条文主旨

本条是关于矿产资源压覆的规定。

二、立法目的

本条的重要意义在于明确了压覆矿产资源的原则、认定、法律后果及对战略性矿产资源的强化保护。在当前保障能源安全的关键时期,从制度设计层面对建设项目压覆矿产资源管理进行优化,不仅有利于协调建设项目用地与矿产资源开发利用的矛盾,也进一步促进矿产资源开发保护水平的提高。

“战略性矿产”是具有中国特色的“关键矿产”,对国家经济安全、国防安全和战略性新兴产业发展至关重要,如何充分发挥优势战略性矿产的作用的问题变得至关重要。在本次修订中,对战略性矿产资源的关注空前强化,规定了比其他矿产资源更为严格的压覆审批流程,表明了我国在推动矿业可持续发展方面的坚定信心和积极行动。

三、立法沿革

《矿产资源法》(1986)第 31 条就明确设置了关于矿产资源压覆的条款,确立了压覆审批的基本制度。虽然在此之后《矿产资源法》的两次修正都未对该条文进行变动,但相关配套法规均着力于矿产资源压覆制度的完善。《矿产资源法实施细则》对压覆审批文件及矛盾处理机关进行了进一步的明确。《国土资源部关于规范建设项目压覆矿产资源审批工作的通知》(国土资发〔2000〕386 号,已失效,以下简称 386 号文)是首次对压覆审批作出具体明确规定的部委层面的规范性文件,在压覆矿产资源的定义、不作压覆处理的标准等问题上具有重要的指导意义。《国土资源部关于进一步做好建设项目压覆重要矿产资源审批管理工作的通知》(国土资发〔2010〕137 号,以下简称 137 号文)是现行有效的规范压覆审批制度的规范性文件,进一步强调了压覆审批制度的重要性,明确了分级进行压覆审批的基本制度,细化了压覆审批的程序和材料,同时也对压覆补偿范围作出了原则性规定。

从《矿产资源法(修订草案)》(征求意见稿)(2019)开始,就关注压覆矿产资源规范的补齐和完善,对压覆条款进行大幅扩充,新增了重要矿产资源不得压覆原则、压覆补偿条款、处理压覆补偿纠纷的机关及行政救济途径等。此后一审稿、二审稿则在此基础上进行修改,明确不压覆或少压覆矿产资源的基本原则,规定压覆战略性矿产资源的审批要件。经多次修改,该条文内容得以确定,为进一步保障矿产资源安全供应,全面深化矿产资源管理改革,促进矿业经济持续健康发展奠定基础。

四、规范解读

我国首次对“压覆”概念予以明确的是386号文。该文件指出，压覆矿产资源是指因建设项目实施后导致已查明的矿产资源不能开发利用的情况，但该文件已于2010年被废止。目前对于“压覆”概念尚没有明确的法律规定，仅《中国矿业权评估准则（征求意见稿）》（2016）中将“压覆矿产资源”解释为“因建设项目实施后导致矿产资源不能开发利用”。这导致“压覆”的概念在理论研究与实践把握中理解各异，当前主要存在以下四种观点：（1）压覆矿床；（2）压覆矿产资源的已探明储量及预测资源量；（3）压覆矿产资源的已探明储量；（4）压覆矿业权（包括探矿权和采矿权）。本条虽未直接对“压覆”作出定义，但第3款压覆主体、对象和认定要件等规定实质上已勾勒出“压覆”概念的雏形。由于“压覆”这一概念在建设项目压覆矿产资源项目处理中所具有的极为重要的意义，有必要从立法制度的层面尽快对其内涵和外延予以明确，以有效避免因概念不清而产生错误认识下的错误处理及由此引发的矛盾纠纷。

（一）规定避免、减少压覆矿产资源的基本原则（第32条第1款）

资源安全是总体国家安全的压舱石，战略性矿产资源是未来战略性新兴产业发展的关键，避免、减少压覆是保障资源安全的重要举措。只有审慎处理压覆事宜，才能确保矿产资源产业链供应链安全及国民经济的高质量可持续发展。

根据137号文，压矿审批“必须报送的材料”中应包含建设项目压覆矿产资源必然性论证材料，其中包括首选方案选址、设计最优化论证等内容，确保建设项目压覆矿产资源具有不可避免性是确认无疑的，保障项目建设对矿产资源开发利用影响最小化。此次《矿产资源法》修订后将其作为压覆制度的基本原则上升到法律层面加以确认，表明我国保障资源安全的坚强决心。

（二）规定自然资源主管部门、建设单位的查询义务（第32条第2款）

作为建设项目用地选址的重要工作环节，压覆矿产资源查询是必不可少的前置程序。在《矿产资源法》本次修订中，对需要进行压覆论证的工程不再采用列举式的方法，而是明确只要是工程建设项目，都应当进行占地范围内矿产资源分布和矿业权设置情况查询。

对于压覆查询的主体该款进行了两个方面的规定。一方面设置了建设单位的强制查询义务，进一步规范了压覆审批流程，充分发挥压覆查询保障资源安全、推动科学决策的重要作用。条文将建设单位的查询范围限定于“占地范围内”，但该范围仅指建设项目的实际占地范围，抑或扩展到一定的安全范围，还有待进一步明确，以便于后续压覆范围和侵权责任的确定。另一方面强调了省级以上人民政府自然资源主管部门提供压覆查询服务的义务，为压覆查询提供制度保障。

2020 年印发的《关于做好建设项目压覆重要矿产资源审批服务的通知》（自然资办函〔2020〕710 号）第 3 条规定，省级自然资源主管部门负责建设好省级数据库，并上线运行压覆查询系统，为建设单位提供便利。基于此，建设单位在拟建项目选址前，可以方便、快捷地登录省级压覆查询系统，尽量不压或少压已探明储量的重要矿产。目前互联网预查询并不能等同于自然资源主管部门已履行提供查询服务的义务，还需自然资源主管部门出具最终的查询结论，但随着互联网预查询信息准确性、全面性、及时性的提升，该系统将有利于提高压矿查询办事效率和查询结论的精准度。除本法第 32 条第 2 款规定的查询机关及查询内容外，还应明确查询人义务以及查询证明出具时间，为建设项目顺利开展提供保障。

（三）规定压覆认定的法律标准（第 32 条第 3 款）

该款规定“对矿业权行使造成直接影响的”压覆认定标准。对于何种情形属于法律规定的“直接影响”，是解决压覆纠纷的基础，直接关系压覆补偿范围的确定进而影响最终补偿数额，在实践中存在多种样态与判断方式，并非能依靠对条文简单的机械适用解决问题。“对矿业权行使造成直接影响”是指建设项目实施导致矿业权无法进行勘查开采或进行勘查开采不具备可行性、经济性，实践中一般呈现两种类型：（1）物理或空间上的重叠；（2）由法律法规、行业规范、建设项目技术标准等导致的重叠。在相关压覆管理规范性文件以及实践中，压覆补偿范围有时也被表述为压覆范围、压覆影响范围、压覆调查评估范围。根据 137 号文的规定，确定压覆范围的依据是“有关工程建设规范”，确定压覆范围的文件是“压覆重要矿产资源评估报告”，各省份也对压覆补偿范围作出回应，主要是根据建设项目所属行业适用相应规定或基于安全、生态环境保护考虑设定统一的安全范围标准。由于当前我国仅在本法中对压覆补偿范围进行原则性规定，缺乏具体的实施细则，且实践中针对不同建设项目如公路、水利设施、石油天然气管道等存在安全距离的规定都散见于专门的法律法规中，不同建设项目适用不同的标准，即使针对同一种建设项目，也会涉及法律法规、国家标准、建设项目技术标准等各种法律位阶的文件，因此“对矿业权行使造成直接影响”的认定还需后续配套法规、政策以及环境资源司法的共同协力，从而形成更加明确、统一的认定标准。

(四)规定建设单位压覆矿产的强制协商义务(第32条第3款)

协商义务在137号文中就有明确规定,“建设项目压覆已设置矿业权矿产资源的,新的土地使用权人还应同时与矿业权人签订协议,协议应包括矿业权人同意放弃被压覆矿区范围及相关补偿内容”。但由于补偿协议的达成并非主管部门批准压覆的前提条件,导致司法实践中存在大量建设单位取得自然资源主管部门的压覆批复,但未与矿业权人达成补偿协议进而双方产生纠纷案件的情况。此次《矿产资源法》修订将协商义务作为压覆的前置条件,且使用“应当”这一法律表述突出其强制力,是对建设单位协商义务的重申与强调,保障了矿业权人的知情权与参与权,为矿业权人主张侵权赔偿提供基础。若矿业权人与行政机关就压覆补偿等事宜协商不成的,根据行政机关是否存在具体行政行为,矿业权人可提起民事诉讼或行政诉讼,人民法院可依法予以受理。

(五)规定压覆矿产资源的公平、合理补偿规则(第32条第3款)

该款是压覆补偿首次在《矿产资源法》中明确提出,旨在为矿业权提供更加充分的保障。若建设项目压覆矿产资源,必然会影响相应区域内矿产资源的开发利用,给矿业权人造成损失。对矿业权人实施补偿的范围,137号文作出相应规定,“补偿的范围原则上应包括:1.矿业权人被压覆资源储量在当前市场条件下所应缴的价款(无偿取得的除外);2.所压覆的矿产资源分担的勘查投资、已建的开采设施投入和搬迁相应设施等直接损失”,原则上涵盖矿业权的获取成本及其他直接经济损失。最高人民法院在部分案件中,适用了137号文,在判决书说理中认为对矿业权人的补偿应当以直接损失为原则。在长阁矿业公司与北京铁路局物权保护纠纷案①中,压覆矿产品的直接补偿范围,应当限于矿业权人对被压覆资源储备在当前市场经济条件下所缴纳营业税的价格,再加上对所压覆的矿场分担的勘探投入、对现有的采矿设备投资,以及搬迁配套设备等直接经济损失。江西、山东、河南等地根据137号文规定压覆补偿以直接经济损失为原则,并对补偿适用范围作出进一步规范。但实践中,对矿业权人实施补偿的范围裁判不一,是否可以主张矿业权价值或预期利益的补偿往往是争论的焦点问题。限于《矿产资源法》自身的承载功能及篇幅容量,其不可能穷尽压覆矿产资源的规则,为实现“公平、合理”的补偿,围绕本法确定的核心任务,在区分探矿权、采矿权的基

---

① 参见最高人民法院民事判决书,(2017)最高法民终724号。

础上，根据目前地方立法、司法实务、矿政管理等制定更具体化、体系化的补偿标准实施方案是下一阶段无法回避的重点课题。

（六）规定战略性矿产资源不得压覆，确需压覆需要有关部门审批（第 32 条第 4 款）

战略性矿产资源是指《全国矿产资源规划（2016—2020 年）》中列举的石油、天然气、煤炭、稀土、晶质石墨等 24 种矿产。我国将该类矿产资源作为宏观调控和监督管理的重点对象，并在资源配置、财政投入、重大项目、矿业用地等方面加强引导和差别化管理，提高资源安全供应能力和开发利用水平。

第一，原则上不得压覆战略性矿产资源。为保障国家经济安全、国防安全和战略性新兴产业发展需求，对战略性矿产资源进行更为严格的保护，尽量避免压覆战略性矿产资源。

第二，压覆战略性矿产资源的审批。在《矿产资源法》修订全面取消审批的背景下，设立压覆战略性矿产资源审批意义重大，一方面突出“不得压覆”原则的强制力，另一方面保证压覆制度的灵活性。当建设项目不可避免地需要压覆战略性矿产资源时，需经国务院自然资源主管部门或者其授权的省、自治区、直辖市人民政府自然资源主管部门批准，科学论证，相较于其他矿产资源有着更为严格的审批程序，确保战略性矿产资源的制度跟进。

五、典型案例

广元市茂成商贸有限责任公司（以下简称茂成公司）、兰渝铁路有限责任公司（以下简称兰渝公司）探矿权纠纷案①

1. 基本案情与法院裁判

因新建兰渝铁路需要压覆周家沟煤矿资源，原告兰渝公司与被告茂成公司就压覆补偿问题未达成一致。原告主张补偿矿业权价值、煤矿后期开采影响损失以及因延迟补偿所产生的资金利息损失，但被告认为原告主张的补偿金额超过国家政策规定。

法院认为，《物权法》第 123 条（已失效，现为《民法典》第 329 条）规定，依法取得的探矿权受法律保护。探矿权作为一种用益物权，其具有自身的价值，不仅

① 参见最高人民法院民事判决书，（2017）最高法民终 493 号。

包括探矿权人对其取得《矿产资源勘查许可证》范围内矿产资源的占有、使用权，还应包括探矿权人对矿产资源的物权收益权。因此，对于探矿权这种用益物权的损害赔偿责任，应基于该种用益物权的财产价值来确定，而不能简单地等同于权利人对该种用益物权的实际投入，侵害探矿权应补偿或赔偿其相应财产价值。关于137号文，是由原国土资源部（现为自然资源部）印发的关于进一步做好建设项目压覆重要矿产资源审批管理工作的管理性文件，强调的是相关行政管理部门的审批管理职责，不能直接作为处理民事主体之间民事权益纠纷的依据。综上，最高人民法院判决茂成公司支付兰渝公司矿业权价值补偿款。

2. 观点争议

国家层面有关压覆补偿适用范围的规范依据主要为137号文，规定压覆矿产资源应赔偿矿业权人的直接损失。但最高人民法院近年来的裁判观点支持对矿业权价值或预期利益给予补偿。国家层面的文件也表明了提高补偿标准的精神，中共中央办公厅、国务院办公厅印发《关于统筹推进自然资源资产产权制度改革的指导意见》指出："建立健全依法建设占用各类自然生态空间和压覆矿产的占用补偿制度，严格占用条件，提高补偿标准。"因此，如何补偿矿业权人的损失成为人们关注的重要问题。

3. 理论探析

矿业权价值的内涵及计算方式目前仍存在许多分歧。2008年出版的《中国矿业权评估准则》没有对矿业权价值下定义，仅指出矿业权评估对象包括探矿权、采矿权，权利客体为已查明或潜在的矿产资源储量，权利主体是矿业权人，权利内涵是用益物权价值。矿业权价值的评估方式未有统一标准，实践中多基于被压覆矿产资源储量在矿产资源压覆时市场条件下所应缴纳的出让价款或出让收益来确定，其结果是评估人员对矿业权价值在特定时点的估算，随评估日期、市场主体、评估目的、评估受益人等诸多因素的变化而变化。

预期利益一般被认为是合同双方在合同依法适当履行之后所能够享受的合同带来的利益，这种利益是一种不确定的但是能够预见的利益。由于缺乏法律的明确规定及预期利益的相对不确定性，支持补偿预期利益的观点一般参照《民法典》第584条和第1184条关于违约和侵权的预期利益补偿。《民法典》第329条明确将矿业权归于用益物权的范畴，遵循民法中的意思自治原则，法院承认双方协商一致后对预期利益作出的约定。在没有约定的情况下，第三方机构出具的评估报告是法院对预期利益作出判决的基础，由于不同的计算方法所确定的预期利益损害金额存在一定差距，哪种方式更有利于制裁违约行为、保护守约方，更有利于实现当事人之间的利益平衡，司法实践中见仁见智。此外，还应重视预期利益适用的限制：首先，应以建设单位存在侵权行为为前提，避免为涉及社会公共利益的建设项目增加不合理的负担；其次，主张预期利益的矿业权人应持有合法有效的勘查、开采许可证或安全生产许可证，但矿业权人证明上述证件被吊销、注销或未依法续期是因建设项目压覆所致除外；最后，计算预期利益应在合理的期间内，可自矿产资源被压覆或协议停产之日起至矿业权有效期限届满之日。

六、规范链接

（一）《中华人民共和国矿产资源法》（2024 年 11 月 8 日修订）

第八条　国家完善政策措施，加大对战略性矿产资源勘查、开采、贸易、储备等的支持力度，推动战略性矿产资源增加储量和提高产能，推进战略性矿产资源产业优化升级，提升矿产资源安全保障水平。

战略性矿产资源目录由国务院确定并调整。

对国务院确定的特定战略性矿产资源，按照国家有关规定实行保护性开采。

第六十五条　违反本法规定，建设项目未经批准压覆战略性矿产资源的，由县级以上人民政府自然资源主管部门责令改正，处十万元以上一百万元以下罚款。

（二）《自然资源部办公厅关于做好建设项目压覆重要矿产资源审批服务的通知》（自然资办函〔2020〕710 号）

三、建立建设项目压覆重要矿产资源查询服务系统

各省（区、市）自然资源主管部门应收集整理辖区范围内查明矿产资源、矿业权设置及区划、压覆重要矿产资源审批等基本情况数据，做好数据库建设，实时更新数据，及时在门户网站或相关政务网站上线运行，方便建设单位通过互联网预查询。

四、开通互联网远程申报渠道

自然资源主管部门应在门户网站或相关政务网站上线开通远程申报系统，建设单位可通过远程申报系统提交建设项目压覆重要矿产资源审批申请及相关申请资料（含补正资料），涉及国家秘密的除外。

（三）《国土资源部关于进一步做好建设项目压覆重要矿产资源审批管理工作的通知》（国土资发〔2010〕137 号）

二、严格管理范围

凡建设项目实施后，导致其压覆区内已查明的重要矿产资源不能开发利用的，都应按本通知规定报批。未经批准，不得压覆重要矿产资源。

建设项目压覆区与勘查区块范围或矿区范围重叠但不影响矿产资源正常勘查开采的，不作压覆处理。矿山企业在本矿区范围内的建设项目压覆矿产资源不需审批。

重要矿产资源是指《矿产资源开采登记管理办法》附录所列 34 个矿种和省级国土资源行政主管部门确定的本行政区优势矿产、紧缺矿产。

炼焦用煤、富铁矿、铬铁矿、富铜矿、钨、锡、锑、稀土、钼、铌钽、钾盐、金刚石矿产资源储量规模在中型以上的矿区原则上不得压覆，但国务院批准的或国务院组成部门按照国家产业政策批准的国家重大建设项目除外。

三、明确管理分工

建设项目压覆重要矿产资源由省级以上国土资源行政主管部门审批。压覆石油、天然气、放射性矿产，或压覆《矿产资源开采登记管理办法》附录所列矿种（石油、天然气、放射性矿产除外）累计查明资源储量数量达大型矿区规模以上的，或矿区查明资源储量规模达到大型并且压覆占三分之一以上的，由国土资源部负责审批。

（四）《压覆矿产资源调查评估规范》（DZ－T 0479－2024）

7　压覆矿产资源评估

7.1　需开展压覆矿产资源评估的情形

经调查，建设项目对矿产资源勘查开采有影响，需作压覆矿产资源处理的，应开展压覆矿产资源评估。由项目建设单位与矿业权人（无矿权的，为具有矿业权登记权限的自然资源主管部门）共同选定有相应能力单位提出论证报告。

7.2　压覆矿产资源情形确定

仅因建设项目实施，导致出现下列情形之一的，作压覆矿产资源处理。

a）已查明矿产资源无法进一步开展勘查工作的；

b）具备探转采地质可靠程度的查明矿产资源无法开采的；

c）影响采矿权内查明矿产资源无法开采或正常开采的；

d)自然资源主管部门要求的需作压覆处理的其他情形。

7.3 压覆矿产资源范围确定

7.3.1 固体矿产

7.3.1.1 由项目建设单位与矿业权人(无矿权的,为具有矿业权登记权限的自然资源主管部门)共同选定有相应能力单位根据建设项目类型对不同变形指标的敏感程度,提出论证报告,确定压覆范围。

7.3.1.2 矿产勘查一般根据勘查方法、勘查技术手段,以及建设项目的安全保护距离等综合分析论证压覆范围。

7.3.2 液体、气体矿产

7.3.2.1 由项目建设单位和矿业权人共同选定有相应能力单位提出论证报告,确定压覆范围。

7.3.2.2 一般依据建设项目对液体矿产资源含矿层及补、径、排系统等,气体矿产资源储层、盖层及产气能力的影响破坏程度,以及液体、气体矿产资源勘查开采对建设项目的影响,综合分析论证压覆范围。

(五)《自然资源部对十三届全国人大三次会议第8524号建议的答复》(资人议复字〔2020〕053号)

一、建设项目压覆重要矿产资源审批是依据《矿产资源法》第三十三条设定的行政许可事项,“在建设铁路、工厂、水库、输油管道、输电线路和各种大型建筑物或者建筑群之前,建设单位必须向所在省、自治区、直辖市地质矿产主管部门了解拟建工程所在地区的矿产资源分布和开采情况。非经国务院授权的部门批准,不得压覆重要矿产”。为规范审批管理工作,原国土资源部2010年印发了《国土资源部关于进一步做好建设项目压覆重要矿产资源审批管理工作的通知》(国土资发〔2010〕137号),对审批的各个环节和要求做出了明确规定,其中对于建设项目压覆已设置矿业权矿产资源的,要求新的土地使用权人还应同时与矿业权人签订相关补偿协议,并原则上提出了补偿的范围。

二、矿业权人取得矿业权时,应按照规定向国家缴纳矿业权出让收益,国家作为矿产资源所有者的权益得到实现,此时体现矿产资源所有者与矿业权人之间的契约关系。矿业权人获得矿业权后,建设项目需要压覆区域内矿产资源的,此时矿业权人与建设项目实施主体属于平等民事主体之间的权利义务关系,不涉及国家矿产资源所有者,通过直接退还压覆区域矿业权出让收益、或等量置换资源的方式，由国家代建设项目实施主体给予矿业权人补偿，并不恰当，涉事双方应按照市场经济原则和法治精神协商解决。

三、为既有效保护矿产资源，又有利于建设项目顺利实施，共同维护国家和矿业权人的合法权益，对于您提出的“建设方和矿权人在签署协议的过程中，很难就赔偿事项达成一致意见，执行起来有较大难度”的问题，目前我部正按照深化“放管服”改革要求，开展建设项目压覆重要矿产资源审批相关制度评估工作，在推进《矿产资源法》修订的同时，进一步深入研究，提出更加具有针对性、操作性的处理方式。

（撰稿人：屈晨雪、曹宇）

第三十三条 【方案、许可证】矿业权人依照本法有关规定取得矿业权后，进行矿产资源勘查、开采作业前，应当按照矿业权出让合同以及相关标准、技术规范等，分别编制勘查方案、开采方案，报原矿业权出让部门批准，取得勘查许可证、采矿许可证；未取得许可证的，不得进行勘查、开采作业。

矿业权人应当按照经批准的勘查方案、开采方案进行勘查、开采作业；勘查方案、开采方案需要作重大调整的，应当按照规定报原矿业权出让部门批准。

一、条文主旨

本条是关于矿产资源勘查、开采的方案和许可证的规定。

二、立法目的

本条的重要功能和意义在于厘清了探矿权、采矿权与勘查许可证、采矿许可证以及勘查方案、开采方案之间的关系。探矿权与勘查许可证，采矿权与采矿许可证的分置，是“权证分开”在《矿产资源法》修订中的重要应用。本条关注的重点是“证”，即勘查许可证、采矿许可证。同时新设了“勘查方案”“开采方案”的立法表述。

三、立法沿革

本条是在《矿产资源法》(2009)第 12 条、第 15 条以及第 16 条规定基础之上的融合修订。

四、规范解读

(一)规定勘查许可证、采矿许可证的取得以及效力(第33条第1款)

其一,许可证是矿业权人从事勘查、开采作业的合法性基础。《矿产资源法》修订意义之上许可证已经发生了显著的变化,其集中关注的是勘查、开采作业的能力,而不再是矿业权的权属。

其二,许可证的取得以持有矿业权为基础。“权证分开”背景下,“权是权,证是证”,需要分别取得,不再如同之前那样取得勘查许可证、采矿许可证之后就打包取得了权利的归属以及行使的资格。如此规定,意味着取得矿业权是获得许可证的前提和基础,矿业权的取得并不意味着可以径直行使权利。

其三,编制勘查方案、开采方案是获得勘查许可证、采矿许可证的必备要件。本条的重要功能和意义在于厘清了探矿权、采矿权与勘查许可证、采矿许可证以及勘查方案、开采方案之间的关系。编制符合法定要求的勘查方案、开采方案方可获得有权机关的批准。具体而言,法定要求的理解则是编制方案应当满足“按照矿业权出让合同以及相关标准、技术规范等”要求。

其四,原矿业权出让部门是许可证的批准主体。如此处理是当前矿政管理的实践探索与政策规定的修法确认。例如,《自然资源部办公厅关于印发矿产资源(非油气)开发利用方案编制指南的通知》(自然资办发〔2024〕33号)要求,“开发利用方案审查工作由具有相应采矿权出让登记权限的自然资源主管部门负责”。因此,矿业权出让部门在职责上覆盖了矿业权出让、登记,勘查、开采许可证的批准以及勘查方案、开采方案重大变化的批准等系列关联事项。

(二)规定勘查方案、开采方案的效力以及调整规则(第33条第2款)

《矿产资源法》新设了“勘查方案”“开采方案”的立法表述。矿政管理实践中通用的表述是“勘查实施方案”“开发利用方案”。此次《矿产资源法》的名称新设,一方面可以解读为彰显勘查方案、开采方案的内核、效力等重新设定;另一方面也避免了新旧概念一致下内核根本性变化而引发的适用低效。

第一,经批准的勘查方案、开采方案是矿业权人勘查、开采行为的重要依据。就方案法律效力的确认是对实践中“方案虚置”,方案流于获取证照的必“打卡”流程任务等问题的法律回应。此次《矿产资源法》修订大面积取消行政审批后,勘查、开采方案成为强化勘查、开采行为监督管理的重要制度抓手。有鉴于此,本条规定“方案”是获取勘查许可证、开采许可证的必备要件，规定矿业权人的勘查、开采行为应当按照经批准的方案开展作业，规定方案的重大调整需要经过批准程序。

第二，方案重大调整的批准程序。全面取消审批的《矿产资源法》，增设方案重大调整的“批准”程序足以见到其关键意义，这也是“方案”获得强有力的法律效力的跟进措施。一方面，《矿产资源法》突出“方案”的强制力。本法第 68 条规定了“未按照经批准的勘查方案、开采方案进行矿产资源勘查、开采作业”的法律责任，为“方案”的法律效力提供强有力的法律保障。另一方面，法律也赋予了“方案”重大调整的通道，兼顾了“方案”实施的灵活性。矿产资源勘查、开采本身的复杂性以及规律性决定了方案编制时无法穷尽所有。“方案”重大调整机制正是协调平衡强制性与灵活性的“阀门”，但“阀门”的按压并非矿业权人自行决定的范畴，需要原矿业权出让部门的批准，避免方案任意自行调整导致的对方案强制力的规避。留给配套行政法规、政策以及矿政管理工作的问题是如何判断“重大调整”。

五、典型案例

金龙公司诉国土资源部批准《安徽金沙钼业有限公司沙坪沟钼矿矿产资源开发利用方案》的行政行为违法案①

1. 基本案情

金寨县金龙矿业有限责任公司（以下简称金龙公司）诉称：2016 年 12 月，金龙公司在国土资源部网站上公布的《安徽金沙钼业有限公司沙坪沟钼矿矿山地质环境保护与恢复治理方案》（以下简称《沙坪沟钼矿环保恢复治理方案》）中发现，中国有色金属工业协会编制的《沙坪沟钼矿开发利用方案》已经作为《沙坪沟钼矿环保恢复治理方案》的依据，说明国土资源部已经批准了该方案。由于沙坪沟钼矿尾矿库选址和矿山开拓运输方案是该方案的必备内容之一，因此金龙公司认为国土资源部事实上也批准了沙坪沟钼矿尾矿库选址和矿山开拓运输方案，该尾矿库的批准，导致金龙公司的铅锌矿体和探矿权将被全部压覆而不能勘探和开采。

金龙公司认为金沙钼业未与其签订协议，也没有向国土资源部申请办理压覆

---

① 参见北京市第一中级人民法院行政裁定书，(2017)京 01 行初 402 号；北京市高级人民法院行政裁定书，(2017)京行终 5500 号。

原告矿区范围内铅锌的报批手续的情况下，国土资源部批准金沙钼业的尾矿库选址和矿山开拓运输方案，侵害了金龙公司的探矿权和采矿权，该行为违法。

金龙公司于2017年4月10日向一审法院提起行政诉讼，请求判令国土资源部批准《安徽金沙钼业有限公司沙坪沟钼矿矿产资源开发利用方案》（以下简称《开发利用方案》）的行政行为违法并予撤销。

2. 裁判要旨

行政诉讼中可诉的行政行为，应当对于相应事项具有最终的法律拘束力。在多阶段行政程序中，程序中的行为是否具有独立的法律拘束力，取决于其是否已经对之后的行政程序产生了法律上的遮断效力。

矿产资源开发利用方案是采矿权申请人申请办理采矿许可证时应当向登记管理机关提交的资料之一，登记管理机关对其进行审查的环节，相对于颁发采矿许可证行为而言，并不构成独立的具体行政行为。审查矿产资源开发利用方案的行为，属于对利害关系人权利义务不产生实际影响的行为。

故本案中金龙公司对国土资源部审查《开发利用方案》的行为提起诉讼，不属于行政诉讼受案范围，不符合法定起诉条件。一审法院据此裁定驳回金龙公司针对该行为的起诉并无不当，二审法院应予维持。二审法院裁定，驳回上诉，维持一审裁定。

3. 延伸思考

需要延伸思考的是，《矿产资源法》修订之后新设的“勘查方案”“开采方案”的可诉性问题。其一，不可诉说。继续适用既有的司法裁判观点，尽管方案的名称发生了变化，但仍可参照适用。其二，可诉说。《矿产资源法》修订赋予“勘查方案”“开采方案”新的法律效力，其不仅延续着获取许可证要件的功能，更承载着矿业权人行使权力的要求以及矿产资源执法依据等蕴意。可诉性的讨论无疑会是修法之后矿产资源司法出现的新问题，但不论是否可诉，应考虑设置不服“勘查方案”“开采方案”批准行为的救济制度。

六、规范链接

（一）《中华人民共和国矿产资源法》（2024年11月8日修订）

第六十六条　违反本法规定，探矿权人未取得勘查许可证进行矿产资源勘查作业的，由县级以上人民政府自然资源主管部门责令改正；拒不改正的，没收违法所得以及直接用于违法勘查的工具、设备，处十万元以上五十万元以下罚款，并可以责令停业整顿。

第六十七条　违反本法规定，采矿权人未取得采矿许可证进行矿产资源开采作业的，由县级以上人民政府自然资源主管部门责令改正；拒不改正的，没收直接用于违法开采的工具、设备以及违法采出的矿产品，处违法采出的矿产品市场价值一倍以上三倍以下罚款，没有采出矿产品或者违法采出的矿产品市场价值不足十万元的，处十万元以上五十万元以下罚款，并可以责令停业整顿。

违反本法规定，从事石油、天然气等矿产资源勘查活动，未在国务院自然资源主管部门规定的期限内依法取得采矿许可证进行开采的，依照前款规定处罚。

第六十八条　违反本法规定，有下列情形之一，造成矿产资源破坏的，由县级以上人民政府自然资源主管部门责令改正，处十万元以上五十万元以下罚款；拒不改正的，可以责令停业整顿；情节严重的，原矿业权出让部门可以吊销其勘查许可证、采矿许可证：

（一）未按照经批准的勘查方案、开采方案进行矿产资源勘查、开采作业；

（二）采取不合理的开采顺序、开采方法开采矿产资源；

（三）矿产资源开采回采率、选矿回收率和综合利用率未达到有关国家标准的要求。

违反本法规定，未按照保护性开采要求开采特定战略性矿产资源的，依照前款规定处罚；法律、行政法规另有规定的，依照其规定。

（二）《自然资源部关于进一步完善矿产资源勘查开采登记管理的通知》（自然资规〔2023〕4号）

4. 探矿权新立、延续、变更勘查矿种，以及探矿权合并、分立变更勘查范围，需编制勘查实施方案。

勘查实施方案应当符合地质勘查规程、规范和标准。探矿权申请人可自行编制或者委托有关机构编制勘查实施方案，登记管理机关不得指定特定中介机构或个人提供服务。勘查实施方案编制审查须符合自然资源主管部门相关规定。

5. 因不可抗力或其他非申请人自身原因，无法继续勘查或者转为采矿权的勘查区域，可凭相关证明文件，抵扣按相关规定需缩减的面积。

（三）《自然资源部办公厅关于印发矿产资源（非油气）开发利用方案编制指南的通知》（自然资办发〔2024〕33号）

三、自然资源主管部门要加强对审查工作的管理，审查单位应明确审查程序、审查制度、审查人员及专业等,聚焦矿区范围科学合理设置、资源合理开采和节约集约利用,严把审查质量,提高审查效率。

五、采矿权申请人对开发利用方案编制质量和有关信息的真实性负责。涉及国家秘密的,应标注密级。

(四)《自然资源部关于印发油气勘查实施方案、开发利用方案及勘查开采工作进展报告编写大纲的通知》(自然资发〔2023〕34 号)

二、勘查实施方案和开发利用方案编写大纲适用于部负责登记的石油、烃类天然气、页岩气、天然气水合物矿种,煤层气可参照执行。编写大纲中确定的采收率、回收率、共伴生资源综合利用率、采矿权范围、开采期限等应符合相关规定和要求。

(撰稿人:曹宇)

第三十四条　【矿业用地】国家完善与矿产资源勘查、开采相适应的矿业用地制度。编制国土空间规划应当考虑矿产资源勘查、开采用地实际需求。勘查、开采矿产资源应当节约集约使用土地。

县级以上人民政府自然资源主管部门应当保障矿业权人依法通过出让、租赁、作价出资等方式使用土地。开采战略性矿产资源确需使用农民集体所有土地的,可以依法实施征收。

勘查矿产资源可以依照土地管理法律、行政法规的规定临时使用土地。露天开采战略性矿产资源占用土地,经科学论证,具备边开采、边复垦条件的,报省级以上人民政府自然资源主管部门批准后,可以临时使用土地;临时使用农用地的,还应当按照国家有关规定及时恢复种植条件、耕地质量或者恢复植被、生产条件,确保原地类数量不减少、质量不下降、农民利益有保障。

勘查、开采矿产资源用地的范围和使用期限应当根据需要确定,使用期限最长不超过矿业权期限。

一、条文主旨

本条是关于矿业用地的规定。

二、立法目的

矿产资源与土地都是社会经济发展的物质基础。就其客观存在方式而言，矿产资源与土地是浑然一体、不可分割的。但就权利状态而言，矿业权与土地使用权却是相互独立的。我国向来对土地采取严格审慎的管理政策，这导致矿业权人往往很难获得开发所必需的矿业用地，进而致使矿业权被虚置，难以实现其价值。因此，在矿产资源开发实践中，“矿业用地供给不足”这一问题不仅一直存在，而且成为制约整个矿产行业发展的重要因素，甚至导致矿业权人“合法采矿，违法用地”成为一种普遍现象，造成了严重的社会隐患。

本条正是立足这样一种社会现实，试图建立完备、合理的矿业用地制度，解决矿业用地供给、利用中的疑难法律问题，最终纾解矿业权人“用地难”的现实困境。

三、立法沿革

本条是在总结地方改革经验的基础之上，专门创设的矿业用地条款，是第一次在中央立法层面建立矿业用地制度的尝试。

四、规范解读

（一）规定节约集约使用土地原则（第34条第1款）

本条第1款规定，勘查、开采矿产资源以节约集约使用土地为原则。该款可以被理解为《民法典》第9条“绿色原则”在《矿产资源法》中的具体化。虽然本条通过4个条款对矿业用地的供给、利用等方面予以规定，但矿业用地所涉及的利益格局实际上非常复杂，其中的问题不可能仅通过4个框架性的条款便彻底得到解决。可以说，本条只是矿业用地改革从实践探索走向制度化、体系化的一个开端，而若要建立一个真正行之有效的矿业用地制度仍然需要更为细致的立法建构。基于此，本条第1款明确提出进一步完善细化矿业用地制度的要求，“国家完善与矿产资源勘查、开采相适应的矿业用地制度”，而制定“矿业用地实施细则”首先要遵守的原则便是这里的“节约集约使用土地原则”。

此外，该款还要求在编制国土空间规划时考虑矿产资源勘查、开采用地实际需求。矿业用地供给之所以如此困难，很大程度上是因为，在国土空间规划的确定性要求和矿产资源赋存位置的不可预见性之间存在难以调和的矛盾。国土空间规划的时间跨度长达 15 年之久，[①]在规划实施的期间内，不可避免地会出现"在不符合规划要求的土地上发现重要矿产资源"的情况。在这种情况下，如果将相应土地作为矿业用地加以利用，矿业权人除了要获得土地的产权外，还需要通过层层审批程序变更国土空间规划。这无疑给矿产资源的开发利用造成了极大的行政成本。为了降低这种成本，在编制国土空间规划时充分考虑矿产资源勘查、开采的实际需求，以避免因国土空间规划而造成的矿业用地供给困难，具有十分重要的意义。

（二）规定政府保障矿业用地供给（第 34 条第 2 款）

本条第 2 款规定了县级以上人民政府自然资源主管部门对于矿业权人获得行使矿业权所必需的土地使用权的保障义务。如果矿业权人无法取得必要的土地使用权，那么矿业权的财产价值便面临无法实现的风险。依《宪法》第 13 条，国家有义务保护公民的私有财产权，其中当然也包括矿业权。国家要保护矿业权，不能仅仅从消极层面保护矿业权不受侵犯，也要从积极层面为其财产价值的实现创造条件。如果无法保障矿业权人获得行使权利所必需的土地使用权，矿业权财产价值的实现便无从谈起。正是在这个背景下，本条第 2 款才要求县级以上人民政府自然资源主管部门承担起矿业用地供给保障义务。

本条第 2 款还规定，矿业权人可以通过出让、租赁、作价出资等方式获得矿业用地，这与《土地管理法》及《土地管理法实施条例》的相关规定相适配。根据《土地管理法实施条例》第 17 条，当行使矿业权所需要的矿业用地为国有土地时，矿业权人可以通过"国有土地使用权出让""国有土地租赁""国有土地使用权作价出资或者入股"三种方式取得。出让国有土地和设立矿业权的事权均由自然资源主管部门掌握，在这种情况下，要求其承担矿业用地供给保障义务，有利于加强部门内部的统筹协调，减少矿、地分离的情况发生。如果相应的矿业用地是集体土地，根据《土地管理法》第 63 条，一方面要求其在性质上属于"土地利用总体规划、城乡规划确定为工业、商业等经营性用途，并经依法登记的集体经营性建设用地"；另一方面必须经本集体经济组织成员的村民会议 2/3 以上成员或者 2/3 以上村民代表的同意。

---

① 上一轮的土地利用总体规划时间区间为 2006～2020 年，而正在编制的国土空间规划目标年则为 2035 年，参见《省级国土空间规划编制指南（试行）》。

接下来值得探讨的问题是，如果未能获得农村集体经济组织 2/3 以上成员或者 2/3 以上村民代表的同意，该怎么办？此外，行使矿业权所需要的矿业用地未必恰好是符合规划的集体经营性建设用地或闲置地，反倒可能是农村承包地或宅基地等农民享有用益物权的土地，这种情况下，又该怎么办？本条第 2 款对此也作出了回应，明确了在"开采战略性矿产资源确需使用农民集体所有土地"的情况下，可以依法实施征收。通过类推解释，应当认为，如果相应的战略性矿产资源依附于国有土地，若确需使用土地，也可以依法收回国有土地。另外，根据《矿产资源法》第 8 条第 2 款，其中"战略性矿产资源"的目录由国务院确定。

依据《宪法》第 10 条第 3 款以及《土地管理法》第 45 条，征收土地须基于公共利益。在现代工业体系下，"战略性矿产资源"相对稳定的供给本身就是一种公共利益的体现。从微观层面来看，在现代工业体系中，"战略性矿产资源"往往居于工业生产原材料图谱中的核心位置，与大量其他的工业原料呈"互补品"的关系。如果矿业用地问题导致"战略性矿产资源"供给不稳定，那么也会进一步扰乱市场对于这些矿产资源构成互补关系的商品的需求。从宏观层面来看，这些"战略性矿产资源"的稳定供给，不仅涉及一时的经济收益和市场，而且会关系到全局性的产业政策甚至国家竞争战略。因此，"战略性矿产资源"的开采具有公共利益属性。① 可以看到，《矿产资源法》第 8 条第 1 款将"战略性矿产资源"的开采与"矿产资源安全保障水平"相联系，第 10 条专门提出加强"战略性矿产资源"储备体系和矿产资源应急体系建设，这恰恰是"战略性矿产资源"开采公益属性的具体呈现。

另外，值得注意的是，为开采"战略性矿产资源"而实施的征收并非天然地便具有正当性。本条第 2 款使用了"确需"一词，这意味着有必要在征收之前进行利益衡量。依《土地管理法实施条例》第 30 条第 2 款，对土地征收有批准权的人民政府除了要判断是否存在公共利益外，也要对征收的必要性、合理性进行审查。这要求县级以上人民政府自然资源主管部门对"战略性矿产资源"开采所涉及的公共利益与土地征收的成本进行权衡。

（三）规定采矿权临时用地制度（第 34 条第 3 款）

本条第 3 款规定，探矿权人可以依照土地管理法律、行政法规的规定临时使

---

① 参见曹宇、刘冲：《矿业用地治理的思路变革与制度完善——兼评〈矿产资源法（修订草案）〉（征求意见稿）》，载《中国土地科学》2021 年第 12 期。

用土地。临时用地是矿产资源勘察的重要用地方式。其原因在于，矿业勘查期限通常较短，探矿权只有 5 年期限，且在勘查完成前通常无法确认采矿的具体位置，因此不宜通过征收等方式永久性地改变土地性质并配置以建设用地使用权。临时用地通常不超过两年，不改变土地性质，不得修建永久性建筑，相应土地在矿业勘查之后仍然可以用于耕作或其他用途，是更为妥当的制度选择。相反，采矿权往往意味着对矿区土地的深度利用，会对地质结构和生态环境造成较大影响，故而其通常不会采取临时用地的方式。《土地管理法》第 57 条第 1 款中明确规定，“建设项目施工和地质勘查需要临时使用国有土地或者农民集体所有的土地的，由县级以上人民政府自然资源主管部门批准”。这里“地质勘查”便包含了探矿活动，而“矿产资源开采”并未被列入临时用地的设立依据。在地方立法层面，《山东省临时用地管理暂行办法》第 10 条、《河北省临时用地管理办法》第 12 条等，均将“探矿权许可证”作为申请临时用地的条件，而未将“采矿权许可证”列入其中。

在此基础上，本条第 3 款作出了重要创新，改变了“一刀切”式将矿产资源开采排除出临时用地设立依据的局面。据其规定，对于露天开采战略性矿产资源占用土地，在具备边开采、边复垦条件的情况下，报省级以上人民政府自然资源主管部门批准后，可以临时使用土地。该款规定是对“节约集约使用土地原则”的具体落实。在符合条件的情况下，临时用地相比于通过征收来供给矿业用地，其土地使用的效率无疑是更高的——临时用地不会改变土地的性质，在采矿作业完成后，被临时使用的土地可以很快再次投入使用。此外，该款也为“战略性矿产资源”的开采提供了一条新的用地途径，可以有效解决土地征收成本高、耗时久的问题。该款还要求采矿权人在使用临时用地的同时承担复垦义务和生态保障义务，“按照国家有关规定及时恢复种植条件、耕地质量或者恢复植被、生产条件，确保原地类数量不减少、质量不下降、农民利益有保障”。值得注意的是，采矿权人承担复垦义务和生态保障义务并不意味着其免除了支付临时使用土地补偿费的义务，根据《土地管理法》第 57 条第 1 款，临时用地的使用者仍然要与有关自然资源主管部门或者农村集体经济组织、村民委员会签订临时使用土地合同，并按照合同的约定支付临时使用土地补偿费。

（四）矿业用地的范围和使用期限（第 34 条第 4 款）

本条第 4 款规定矿业用地的范围和使用期限应当根据需要确定，使用期限最长不超过矿业权期限。本款同样是对“节约集约使用土地原则”的具体化。矿业用地本身就是为了采矿权、探矿权得以正常行使而设立的，如果其范围、期限超出了采矿、探矿所需，自然会造成浪费。

就探矿权而言，其矿业勘查总面积往往非常大，但是从矿业勘查规律来看，通常不可能一次性完成全部勘查任务，其每次勘查的范围都是有限的。因此，临时用地的设立，不应以探矿权的总面积为标准，而应以每次勘查所需为限。此外，探矿权的期限为 5 年，而根据《土地管理法》第 57 条第 3 款，临时用地的期限一般不超过 2 年。临时用地期限的设置所考虑的应该是某轮次勘查所需要的时间，而不是探矿的总时间。

就采矿权而言，根据《矿产资源法》第 24 条第 3 款，其期限结合矿产资源储量和矿山建设规模确定，最长不超过 30 年。采矿用地通常要获得建设用地使用权，其设立的期限应与采矿权期限一致。

五、典型案例

宁陕县××有限公司与宁陕县××局行政处罚案[①]

1. 基本案情

原告××公司为宁石高速公路项目建设租用了华严村集体土地，其于 2021 年 6 月 30 日，取得宁陕县××局对其临时用地的批复，批复明确临时用地期限为 1 年，自 2021 年 6 月 30 日至 2022 年 6 月 29 日止。2023 年 4 月 23 日，宁陕县××局发现××公司临时用地到期但未对土地复垦，遂向××公司下发《限期复垦通知书》（宁自然监告字〔2023〕72 号），并于当日送达。同年 8 月 9 日，宁陕县××局向××公司作出并送达《行政处罚告知书》（宁自然监告字（2023）160 号）和《行政处罚听证告知书》（宁自然监告字（2023）161 号）。同年 8 月 14 日，××公司提出听证申请。同年 8 月 16 日，宁陕县××局发布听证会公告，并于次日向××公司下发《听证通知书》（宁自然监告字〔2023〕180 号），告知其定于 2023 年 9 月 18 日召开听证会。听证会上，××公司陈述了其申辩意见。同年 9 月 20 日，宁陕县××局将听证会议制作会议纪要，于 9 月 22 日送达××公司。同年 10 月 17 日，宁陕县××局向××公司作出宁自然监字（2023）××号《行政处罚决定书》，并于 10 月 19 日送达原告。原告不服，遂向法院起诉。

---

① 参见安康铁路运输法院行政判决书，（2023）陕 7101 行初 315 号。

2. 裁判要旨

《土地管理法实施条例》第20条第3款规定："土地使用者应当自临时用地期满之日起一年内完成土地复垦，使其达到可供利用状态，其中占用耕地的应当恢复种植条件。"本案中，××公司为宁石高速公路项目建设供砂石料在城关镇华严村租用土地并办理了临时用地许可，使用期限自2021年6月30日至2022年6月29日止。按照上述法律规定，××公司在临时用地使用期限届满后一年内应对其使用的土地进行复垦，但截至目前，已生产的砂石料和加工棚等建筑房屋仍在原地，××公司未在法定期限内履行土地复垦义务。根据《土地管理法》第76条和《土地管理法实施条例》第56条之规定，宁陕县××局作为县级土地主管部门对临时用地期满之日起一年内未完成复垦或者未恢复种植条件的，责令××公司限期90日内自行清除在非法占用的7504平方米土地上堆放的砂石料及修建的加工棚，并完成土地复垦，具有事实根据和法律依据，本院依法予以支持。

3. 延伸思考

为了行使矿业权而临时使用土地，除要满足《矿产资源法》相关要求外，还要满足《土地管理法》和《土地管理法实施条例》等法律法规中关于临时用地修复、复垦等方面的要求。

六、规范链接

（一）《中华人民共和国宪法》（2018年3月11日修正）

第十条第三款 国家为了公共利益的需要，可以依照法律规定对土地实行征收或者征用并给予补偿。

第十三条第三款 国家为了公共利益的需要，可以依照法律规定对公民的私有财产实行征收或者征用并给予补偿。

（二）《中华人民共和国民法典》（2020年5月28日）

第九条 民事主体从事民事活动，应当有利于节约资源、保护生态环境。

（三）《中华人民共和国矿产资源法》（2024年11月8日修订）

第八条 国家完善政策措施，加大对战略性矿产资源勘查、开采、贸易、储备等的支持力度，推动战略性矿产资源增加储量和提高产能，推进战略性矿产资源产业优化升级，提升矿产资源安全保障水平。

战略性矿产资源目录由国务院确定并调整。

对国务院确定的特定战略性矿产资源，按照国家有关规定实行保护性开采。

(四)《中华人民共和国土地管理法》(2019年8月26日修正)

第四十五条　为了公共利益的需要,有下列情形之一,确需征收农民集体所有的土地的,可以依法实施征收:

(一)军事和外交需要用地的;

(二)由政府组织实施的能源、交通、水利、通信、邮政等基础设施建设需要用地的;

(三)由政府组织实施的科技、教育、文化、卫生、体育、生态环境和资源保护、防灾减灾、文物保护、社区综合服务、社会福利、市政公用、优抚安置、英烈保护等公共事业需要用地的;

(四)由政府组织实施的扶贫搬迁、保障性安居工程建设需要用地的;

(五)在土地利用总体规划确定的城镇建设用地范围内,经省级以上人民政府批准由县级以上地方人民政府组织实施的成片开发建设需要用地的;

(六)法律规定为公共利益需要可以征收农民集体所有的土地的其他情形。

前款规定的建设活动,应当符合国民经济和社会发展规划、土地利用总体规划、城乡规划和专项规划;第(四)项、第(五)项规定的建设活动,还应当纳入国民经济和社会发展年度计划;第(五)项规定的成片开发并应当符合国务院自然资源主管部门规定的标准。

第五十七条　建设项目施工和地质勘查需要临时使用国有土地或者农民集体所有的土地的,由县级以上人民政府自然资源主管部门批准。其中,在城市规划区内的临时用地,在报批前,应当先经有关城市规划行政主管部门同意。土地使用者应当根据土地权属,与有关自然资源主管部门或者农村集体经济组织、村民委员会签订临时使用土地合同,并按照合同的约定支付临时使用土地补偿费。

临时使用土地的使用者应当按照临时使用土地合同约定的用途使用土地,并不得修建永久性建筑物。

临时使用土地期限一般不超过二年。

第六十三条　土地利用总体规划、城乡规划确定为工业、商业等经营性用途,并经依法登记的集体经营性建设用地,土地所有权人可以通过出让、出租等方式交由单位或者个人使用,并应当签订书面合同,载明土地界址、面积、动工期限、使用期限、土地用途、规划条件和双方其他权利义务。

前款规定的集体经营性建设用地出让、出租等,应当经本集体经济组织成员的村民会议三分之二以上成员或者三分之二以上村民代表的同意。

通过出让等方式取得的集体经营性建设用地使用权可以转让、互换、出资、赠与或者抵押,但法律、行政法规另有规定或者土地所有权人、土地使用权人签订的书面合同另有约定的除外。

集体经营性建设用地的出租,集体建设用地使用权的出让及其最高年限、转让、互换、出资、赠与、抵押等,参照同类用途的国有建设用地执行。具体办法由国务院制定。

(五)《中华人民共和国土地管理法实施条例》(2021 年 7 月 2 日修订)

第十七条 建设单位使用国有土地,应当以有偿使用方式取得;但是,法律、行政法规规定可以以划拨方式取得的除外。

国有土地有偿使用的方式包括:

(一)国有土地使用权出让;

(二)国有土地租赁;

(三)国有土地使用权作价出资或者入股。

第三十条 县级以上地方人民政府完成本条例规定的征地前期工作后,方可提出征收土地申请,依照《土地管理法》第四十六条的规定报有批准权的人民政府批准。

有批准权的人民政府应当对征收土地的必要性、合理性、是否符合《土地管理法》第四十五条规定的为了公共利益确需征收土地的情形以及是否符合法定程序进行审查。

(六)《自然资源部办公厅关于进一步做好基础设施建设使用临时用地保障工作的通知》(自然资办函〔2024〕2159 号)

一、实施临时用地期限差异化管理

能源(含能源基础设施建设中的油气探采合一涉及的钻井及配套设施)、交通、水利等基础设施使用临时用地,首次申请使用期限不满四年的,用地单位可申请继续使用,总期限不超过四年。申请继续使用的临时用地,应当符合临时用地使用要求、不改变用地位置和批准用途、不扩大用地规模和使用范围、确保完成复垦任务,由具备相应审批权限的自然资源主管部门批准,使用年限连续计算。

(撰稿人:刘冲)

第三十五条　【矿业权人勘查开采权利的保护】矿业权所在地的县级人民政府自然资源主管部门应当公告矿业权人勘查、开采区域范围。矿业权人在勘查、开采区域内勘查、开采矿产资源，可以依法在相邻区域通行，架设供电、供水、通讯等相关设施。

任何单位和个人不得实施下列行为：

（一）进入他人的勘查、开采区域勘查、开采矿产资源；

（二）扰乱勘查、开采区域的生产秩序、工作秩序；

（三）侵占、哄抢矿业权人依法开采的矿产品；

（四）其他干扰、破坏矿产资源勘查、开采活动正常进行的行为。

一、条文主旨

本条是关于矿业权人勘查开采权利的保护的规定。

二、立法目的

维护矿业权人勘查开采活动秩序是本次《矿产资源法》修订的主要内容之一。只有通过法律的强制力扫除矿业权实现过程中的各种障碍，才能保障矿业权人勘查、开采活动正常进行。本条在《矿产资源法》（2009）、《矿产资源法实施细则》《矿产资源开采登记管理办法》《矿产资源勘查区块登记管理办法》已有规定的基础上作了进一步完善：一是规定了自然资源主管部门对矿业权人勘查、开采区域范围负有公告职责；二是赋予了矿业权人在相邻区域通行，架设供电、供水、通信等相关设施的权利。本条通过保护矿业权人的合法权益，为加强矿产资源国内勘探开发和增储上产提供保障。

三、立法沿革

本条是以《矿产资源法》（2009）第 39 条和第 41 条、《矿产资源法实施细则》第 16 条、《矿产资源开采登记管理办法》第 8 条、《矿产资源勘查区块登记管理办法》第 9 条为基础，进行整合优化而来。

四、规范解读

(一)规定了县级人民政府自然资源主管部门负有公告职责(第35条第1款第1句)

1. 公告机关及内容

本条第1款第1句规定:“矿业权所在地的县级人民政府自然资源主管部门应当公告矿业权人勘查、开采区域范围。”该法律规范为义务性规范中的命令性规范,即自然资源主管部门对本区域的矿产资源勘查、开采区域范围负有公告职责。本条第1款第1句是以《矿产资源开采登记管理办法》第8条为基础,将公告机关由县级人民政府变更为县级人民政府自然资源主管部门。根据《矿业权人勘查开采信息管理办法》第6条至第8条的规定,县级以上人民政府自然资源主管部门应在全国矿业权人勘查开采信息管理系统对矿业权人勘查、开采区域范围进行公示。

2. 公告时间

(1)对新颁发的勘查许可证、采矿许可证。

本条第1款第1句并未对县级人民政府自然资源主管部门应当公告的时间进行明确规定。根据《矿产资源开采登记管理办法》第8条规定:“登记管理机关在颁发采矿许可证后,应当通知矿区范围所在地的有关县级人民政府。有关县级人民政府应当自收到通知之日起90日内,对矿区范围予以公告……”对新颁发的勘查许可证、采矿许可证,县级人民政府自然资源主管部门应当在颁发之日起90日内进行公告。

(2)对已颁发的勘查许可证、采矿许可证。

实践中,一些矿区存在矿产资源赋存状况复杂、坐标漂移等情况,难以做到矿区内开发利用时空的有效吻合,从而导致证载矿区范围与实际开采的矿区范围不符。[1] 根据《矿业权人勘查开采信息管理办法》第9条的规定,对已颁发的勘查许可证、采矿许可证,县级以上人民政府自然资源主管部门应当在每年收集勘查开采信息后,通过全国矿业权人勘查开采信息管理系统对勘查、开采范围进行公示。

需要说明的是,此次《矿产资源法》修订确认了“权证分开”模式,既往的矿政管理实践中所言“许可证”时间则会出现“矿业权证”和“许可证”两个不同的时

① 参见任辉:《划定矿区范围政策和管理工作的思考与建议》,载《中国矿业》2023年第1期。

间点。本条第 1 款第 1 句归属本法第三章“矿产资源勘查、开采”，紧接“勘查许可证”“采矿许可证”的条文，就体系解释而言，可以按照颁发“许可证”的时间计算公告时间。若从维护矿业权人合法权益的角度考虑，按照矿业权人取得矿业权的时间计算，公告时间相较而言更前，对矿业权的保护更加充分。

（二）规定了矿业权人在勘查、开采过程中享有的权利（第 35 条第 1 款第 2 句）

1. 矿业权人如何行使本条规定的权利

本条第 1 款第 2 句沿用了《矿产资源法实施细则》第 16 条规定的探矿权人所享有的权利，该法律规范为授权性规范，即矿业权人有可以为或者不为的权利。根据《民法典》第 329 条，作为用益物权人的矿业权人应当享有基于相邻关系在相邻区域通行和因架设供电、供水、通讯等相关设施必须利用相邻区域的权利。

矿业权人在相邻区域通行只是路过性质，除非给相邻区域权利人造成损失，一般是无偿的。相邻区域权利人因矿业权人通行等必须利用其土地的，应当提供必要的便利，不得故意刁难或阻挠矿业权人正当行使权利。在相邻区域架设供电、供水、通讯等相关设施属于临时使用邻地关系，因探矿、采矿的需要在邻地上临时架设相关设施，往往事先由双方订立合同，约定使用邻地的范围、期限和违约条件，用完后及时撤出。违约的相邻区域权利人还要承担违约责任。①

2. 矿业权人行使本条规定的权利应受到限制

本条第 1 款第 2 句规定矿业权人在勘查、开采区域内勘查、开采矿产资源，可以依法在相邻区域通行和架设供电、供水、通讯等相关设施。但矿业权人行使此权利并不是无限制的，需要注意以下三点：一是注意保护相邻区域权利人的利益。在架设供电、供水、通讯等设施前应制定合理的方案，尽量减少给相邻区域权利人造成影响，不得影响或者损害原有的供电、供水设施和通讯管线。二是矿业权人要在合理限度内行使权利。矿业权人在相邻区域通行和架设供电、供水、通讯设施要以实现勘查、开采活动为目的，不得超出此目的滥用权利。三是对相邻区域权利人造成损害的应合理补偿。矿业权人在行使此权利时，如对相邻区域权利人的损害不可避免，应采取最小损害原则，造成损害的由矿业权人合理补偿。

---

①　参见最高人民法院民法典贯彻实施工作领导小组主编：《中华人民共和国民法典物权编理解与适用》（上），人民法院出版社 2020 年版，第 452 页。

3. 矿业权冲突时权利的行使

实践中，在行使该项权利时，可能存在矿业权冲突现象。例如，在行使下层矿种矿业权时，必须借助上层矿种矿业权才能得以实现，下层矿业权必须在上层矿业权区开凿井隧，从而实现其“通过权”。[①] 在不影响自身开采的情况下，上层矿种矿业权人应当为下层矿种矿业权人的通行提供必要的便利。矿业权人的相邻区域权利人为另一矿业权人时，双方应按照有利生产、方便生活、团结互助、公平合理的原则进行协商，或者共享电线、水管和通讯等设施。协商不成，向自然资源主管部门申请解决。

（三）规定了侵犯矿业权的主要行为类型（第35条第2款）

矿业权是指按照国家有关法律规定，通过招标、拍卖、挂牌等竞争性出让方式取得，矿业权人在登记的勘查区域和开采区域内享有勘查、开采矿产资源以及其他与此相关的权利之权利。矿业权作为物权具有排他效力，任何单位和个人都不得侵犯他人所享有的矿业权。本条第2款规定的法律规范为义务性规范中的禁止性规范，即第三人有不作为的义务。本次《矿产资源法》修订将各项具体侵犯矿业权的行为列出：

1. 进入他人的勘查、开采区域勘查、开采矿产资源（第35条第2款第1项）

国家保护依法取得的矿业权不受侵犯。本项规定沿用了《矿产资源法》（2009）第39条和《矿产资源勘查区块登记管理办法》第9条的规定。在勘查许可证和采矿许可证规定的范围内，矿业权人独立享有探矿和采矿的权利，任何单位和个人都不得侵犯矿业权人享有的依法在一定期限内对特定地域内的矿产资源进行勘查、开采的权利。进入他人勘查、开采区域勘查、开采矿产资源的，矿业权人有权请求侵权人承担停止侵害、排除妨碍、返还财产、赔偿损失等侵权责任。需要注意的是，探矿权人不具有挖掘矿产资源和获得矿产品的权利，因此，探矿权人无权请求侵权人返还越界开采的矿产品及收益。实践中，在同一区域可能同时存在两种或两种以上的矿种，导致产生重叠矿业权，要注意重叠矿业权引起的侵权纠纷的处理方式。重叠矿业权是由于自然资源主管部门批准的勘查开采范围重复或者界限不清导致的。因此，根据《审理矿业权司法解释》第19条规定，此

---

① 参见马欣、谭箭航、马蕊华、罗莎：《石油天然气与其他矿种重叠相关法律问题探讨》，载《天然气技术与经济》2013年第6期。

类争议按照协商—自然资源主管部门裁决—行政诉讼的程序解决。在处理方式上，要根据不同情况综合处理。针对重叠矿业权引起的纠纷可以协商通过以下方式解决：第一，协议互不干扰。双方应本着互利共赢、共同发展的原则，协商两方错峰开采，就保障安全生产作业签订互不干扰的协议。第二，一方主动退出。通过协商保留一个矿种矿业权，保留矿种矿业权人给退出矿业权人以补偿。第三，联合勘查开采。协议各方主体就联合勘查或开采矿产资源达成一致意见，矿业权人联合勘探，建立伙伴关系，协调勘查或开采计划。① 若协商方式无法解决重叠矿业权纠纷问题，则需要自然资源主管部门裁决，在裁决时综合考虑申请在先、采矿权优于探矿权、战略性稀缺资源优先等规则以保障矿产资源得到合理开发利用。对自然资源主管部门处理决定不服的，可以向人民法院提起行政诉讼。

2. 扰乱勘查、开采区域的生产秩序、工作秩序（第 35 条第 2 款第 2 项）

国家维护矿产资源勘查、开采区域的生产秩序、工作秩序。本项规定沿用了《矿产资源法》(2009)第 41 条的规定，扰乱勘查、开采区域正常生产秩序、工作秩序的手段，包括但不限于擅自闯入勘查开采区域、破坏勘查开采设施、断水断电、泼洒污物、破坏矿床以及通过驱赶勘查人员和采矿人员等方式影响勘查开采的正常生产秩序和工作秩序。

3. 侵占、哄抢矿业权人依法开采的矿产品（第 35 条第 2 款第 3 项）

采矿权人在登记的开采区域内，享有开采有关矿产资源并获得采出的矿产品的权利。本项规定以《矿产资源法》(2009)第 41 条为基础，将“盗窃、抢夺”改为“侵占、哄抢”，与《民法典》第 267 条规定的保护私人合法财产的用语保持一致。本项规定的“侵占”是指他人非法占有采矿权人依法开采的矿产品并拒不返还的行为。“哄抢”是指在首要分子的煽动带领下公然夺取采矿权人依法开采的矿产品的行为。但需要注意的是，本项规定的被侵权人应为采矿权人，不是探矿权人，也不是国家。首先，探矿权人的权利是在特定的勘查区域内勘查矿产资源并享有取得采矿权的权利，探矿权人无权开采矿产资源，不是矿产品的所有权人，不能成为本项规定的被侵权人。其次，虽然法律规定矿产资源为国家所有，但要区分矿产资源与矿产品的概念，矿产资源是指由地质作用形成、具有利用价值的天然形成、未经开采的自然资源，矿产品则是经过人为勘查、开采活动获得的特定化的矿

① 参见董彪、孟祥舟：《重叠矿产资源权利配置的规则设计》，载《中国矿业》2020 年第 6 期。

产资源。[1] 本项规定保护的是采矿权人已经开采出的矿产品，而不是未经开采的矿产资源，因此，国家不是本项规定的被侵权人。

4. 其他干扰、破坏矿产资源勘查、开采活动正常进行的行为（第35条第2款第4项）

本项规定为兜底条款。干扰、破坏矿产资源勘查、开采活动的行为远不止前三项规定的情形，如破坏矿区警示标志、阻止采矿权人运输矿产、在矿区内燃放爆竹等。设置这一兜底条款是非常有必要的，为其他干扰、破坏矿产资源勘查、开采活动的行为应承担相应责任提供了法律依据。

五、典型案例

（一）哄抢者在哄抢矿产资源过程中受伤，矿企是否承担责任问题

贵州桥梁建设集团有限责任公司、田某武生命权、健康权、身体权纠纷案[2]

1. 基本案情

桥梁公司在开挖隧道过程中挖出煤炭后，与其他弃土石一起运到弃土场倾倒过程中遭到包括田某武在内的当地村民的捡拾哄抢。哄抢行为影响桥梁公司施工并存在严重安全隐患，经当地政府张贴警示公告，拉警戒线以及派员维护秩序的情况下，仍然收效甚微，当地村民在弃土场捡拾哄抢煤炭的行为仍未得到完全控制。2018年10月7日，田某武在该标段项目部弃土场捡煤时，被桥梁公司施工车辆倾倒的石块砸伤。

2. 矿企对哄抢者的人身安全应负有注意义务

因矿产品经济价值高昂，哄抢现象频繁发生。当地政府为维护矿业权人的生产工作秩序已经采取了张贴警示公告、拉警戒线、派员维护秩序等措施。而田某武无视政府部门的警示，置自身安全于不顾，明知在矿区哄抢矿产品是违法行为且具有危险性仍不听劝阻哄抢、捡拾煤炭。虽然哄抢者具有过错，应当承担由此造成的后果，但由于哄抢煤炭的行为一直未得到完全控制，桥梁公司在存在重大安全隐患而未排除隐患的情况下，仍然倾倒石块致田某武受伤也存在过错。根据

---

[1] 参见孙聪聪：《自然资源资产产权归属刍议》，载《广西经济》2022年第3期。

[2] 参见贵州省毕节市中级人民法院民事判决书，（2021）黔05民终306号。

《民法典》第1173条规定:“被侵权人对同一损害的发生或者扩大有过错的,可以减轻侵权人的责任。”因此,应由桥梁公司对田某武受伤承担部分责任,田某武自身也应承担相应责任。

(二)私自阻碍矿业权人采矿问题

王某汉、鹤壁市鹤山区鹤壁集镇窦马庄村村民委员会财产损害赔偿纠纷案[①]

1.基本案情

1992年5月17日,窦马庄村委会以义利煤矿越界开采、违反鹤煤九矿、义利煤矿、窦马庄村委会三方签订的扩大煤田边界协议为由向法院提起诉讼。1992年7月18日,在未经法院判决前,窦马庄村委会副主任李某文、窦某锤带领20人左右到义利煤矿进行了第一次抢砸,砸毁水泥电线杆4根,抢走100kW变压器一台、16平方电缆100米,将裸铝线截断并抢走,义利煤矿因此停产。1992年11月25日,窦马庄村委会又向郊区法院提起诉讼,请求判令义利煤矿赔偿包青款、复耕费等各项费用。1993年5月25日,义利煤矿架线准备生产时,窦马庄村委会以每人10元的报酬,由副主任李某文、窦某生等上百人再次到义利煤矿进行了第二次抢砸,拉倒、砸毁水泥电线杆7根,将35平方裸铝线截断并抢走,扒毁包括配电房在内的房屋28间,砸毁了配电盘,截断主副井钢丝绳5条。

2.不得以任何理由抢砸矿企、私自阻碍矿业权人采矿

国家维护矿产资源勘查、开采区域的生产秩序、工作秩序。矿企越界开采、拖欠赔青款的,应通过司法途径解决,无论什么理由都不得私自对矿企实施打砸、阻碍开采的行为。窦马庄村委会因义利煤矿越界开采、赔青款等问题与义利煤矿发生矛盾,李某文、窦某生作为窦马庄村委会干部发动他人对义利煤矿进行抢砸,体现了窦马庄村委会的集体意志,抢砸行为属窦马庄村委会实施的侵权行为,窦马庄村委会应当承担赔偿义利煤矿的直接财产损失、停工损失等民事责任。因故意毁坏财物罪与抢夺罪的犯罪主体均为自然人,故窦马庄村委会不构成犯罪。

---

① 参见河南省鹤壁市中级人民法院民事判决书,(2020)豫06民终1404号。

六、规范链接

(一)《中华人民共和国民法典》(2020 年 5 月 28 日)

第二百六十七条 私人的合法财产受法律保护,禁止任何组织或者个人侵占、哄抢、破坏。

第二百九十一条 不动产权利人对相邻权利人因通行等必须利用其土地的,应当提供必要的便利。

第二百九十二条 不动产权利人因建造、修缮建筑物以及铺设电线、电缆、水管、暖气和燃气管线等必须利用相邻土地、建筑物的,该土地、建筑物的权利人应当提供必要的便利。

第三百二十九条 依法取得的探矿权、采矿权、取水权和使用水域、滩涂从事养殖、捕捞的权利受法律保护。

(二)《中华人民共和国矿产资源法实施细则》(1994 年 3 月 26 日)

第十六条 探矿权人享有下列权利:

(一)按照勘查许可证规定的区域、期限、工作对象进行勘查;

(二)在勘查作业区及相邻区域架设供电、供水、通讯管线,但是不得影响或者损害原有的供电、供水设施和通讯管线;

(三)在勘查作业区及相邻区域通行;

(四)根据工程需要临时使用土地;

(五)优先取得勘查作业区内新发现矿种的探矿权;

(六)优先取得勘查作业区内矿产资源的采矿权;

(七)自行销售勘查中按照批准的工程设计施工回收的矿产品,但是国务院规定由指定单位统一收购的矿产品除外。

探矿权人行使前款所列权利时,有关法律、法规规定应当经过批准或者履行其他手续的,应当遵守有关法律、法规的规定。

(三)《矿产资源开采登记管理办法》(2014 年 7 月 29 日修订)

第八条 登记管理机关在颁发采矿许可证后,应当通知矿区范围所在地的有关县级人民政府。有关县级人民政府应当自收到通知之日起 90 日内,对矿区范围予以公告,并可以根据采矿权人的申请,组织埋设界桩或者设置地面标志。

(四)《矿产资源勘查区块登记管理办法》(2014 年 7 月 29 日修订)

第九条 禁止任何单位和个人进入他人依法取得探矿权的勘查作业区内进

行勘查或者采矿活动。

探矿权人与采矿权人对勘查作业区范围和矿区范围发生争议的，由当事人协商解决；协商不成的，由发证的登记管理机关中级别高的登记管理机关裁决。

（撰稿人：苏继成、张瑶）

第三十六条　【油气探采合一】石油、天然气等矿产资源勘查过程中发现可供开采的石油、天然气等矿产资源的，探矿权人依法履行相关程序后，可以进行开采，但应当在国务院自然资源主管部门规定的期限内依法取得采矿权和采矿许可证。

一、条文主旨

本条是关于油气探采合一的规定。

二、立法目的

本条规定了油气探采合一制度。该项制度是我国在矿产资源管理改革中的一项重要举措，是指在油气资源的勘探和开采过程中，将原本分离的探矿权和采矿权合并为一个权利，即油气矿业权。当油气探矿权人发现可供开采的油气资源后，在完成必要的试油（气）作业并决定继续开采的情况下，只需向有登记权限的自然资源主管部门提交探采合一计划表，便可以进行开采。本条从国家法律层面确认了油气探采合一制度，既是对油气资源勘探开发生产活动规律的遵循，也是对油气管理体制改革和实践中油气资源勘查开采经验的立法确认。

三、立法沿革

此次《矿产资源法》修订过程，总结提炼了多年矿产资源管理改革政策经验，在第三章“矿产资源勘查、开采”第36条这一新增条款中确认了油气探采合一制度。

油气探采合一制度历经数年的发展，以法律的形式确立下来。《矿产资源法》实施以来，我国一直实行油气探矿权、采矿权两证管理制度。此外，基于油气资源的特点,1998 年 2 月 12 日国务院发布的《矿产资源勘查区块登记管理办法》第 19 条在探矿权转为采矿权的过渡阶段,设置了油气资源的试采制度以验证油气资源的可采性和经济性。随着我国油气资源勘探开发不断发展,在试采制度实际施行过程中,因其取证条件、批复过程、有效时间等方面的原因,试采制度已不能有效解决油气探矿权、采矿权有序衔接问题。2019 年 4 月中共中央办公厅、国务院办公厅发布《关于统筹推进自然资源资产产权制度改革的指导意见》,提出要探索研究油气探采合一权利制度,加强探矿权、采矿权授予与相关规划的衔接。2019 年 12 月 17 日,自然资源部发布关于《矿产资源法(修订草案)》(征求意见稿)公开征求意见的公告,明确要尊重地质工作规律和矿业发展规律,建立符合矿产资源勘查开发技术特点的管理制度,提出实行油气探采合一,力图为油气探采合一制度的实行提供法律层面的依据和保障。2019 年 12 月 31 日,自然资源部发布《关于推进矿产资源管理改革若干事项的意见(试行)》(已废止),规定实行油气探采合一制度。文件指出油气探矿权人发现可供开采的油气资源的,在报告有登记权限的自然资源主管部门后即可进行开采;进行开采的油气矿产资源探矿权人应当在 5 年内签订采矿权出让合同,依法办理采矿权登记。6 号文第六项提出要贯彻实施油气探采合一制度,在以上文件的基础上进一步完善了油气勘探开发的程序和时间规定。

四、规范解读

开采油气的实体性条件是合法探矿权人在矿产资源勘查过程中发现可供开采的石油、天然气等矿产资源。石油和天然气是典型的流体矿产,这些矿产以流体状态存在于地壳中,具有流动性,其分布和储存状态相较于固体矿产更具复杂性和不确定性。在实际的地质环境中,油气的探勘和开采过程紧密相连,探矿过程中对油气资源的认识和了解不断深入,能够为后续的开采提供直接的技术和数据支持。

探矿权人开采石油天然气,还必须遵守相应的程序性规定。根据 6 号文的规定,探矿权人需要先进行试油(气)。试油(气)是衔接油气资源勘探和开发的关键步骤,其具体含义是指流体矿产的探矿权人从已获得的气井和油井中选取一部分井,尝试进行开采,其目的是取得油气测试资料,以验证油气的可采性和经济性。在勘探过程中,虽然地质勘探、地球物理勘探等方法能提供一些关于地下油气可能性的信息,但试油(气)能给出最确切的结果。通过试油(气)能够测量出油气的产量、压力变化等数据，能够计算出油层的产能指数等关键指标。根据试油（气）结果，可以确定合理的井网密度、开采方式（如自喷开采还是人工举升开采）从而为油气田的开发方案提供基础依据。在完成试油（气）工作后，探矿权人决定继续开采的，应在 30 日内向有登记权限的自然资源主管部门提交探采合一计划表。完成上述程序步骤后，探矿权人就可以获得“临时”采矿权，这种“临时性”可以理解为一种法定的例外，因为按照《矿产资源法》的规定，采矿权和采矿许可证是资源开采的合法性基础。探矿权人需要时间办理手续获得采矿权和采矿许可证，这个过渡阶段需要通过试油（气）来衔接：一方面，如果试油（气）结果验证了油气无法开采或者不适合开采，探矿权人就无需办理采矿权登记；另一方面，如果试油（气）结果表明可以开采，这样的模式也能保证油气资源开采和手续办理同时进行，避免封井之后因为油气的流动特性而导致无法开采。

本条最后附加了但书条件，即“但应当在国务院自然资源主管部门规定的期限内依法取得采矿权和采矿许可证”。临时开采是本条规定的灵魂，其立法出发点在于对地质规律的尊重，但探矿权人开采油气只是临时性的措施，仍需办理手续，否则“临时”开采不会得到法律的肯定。根据 6 号文的规定，探矿权人应当在报告探采合一计划 5 年内签订采矿权出让合同，依法办理采矿权登记；报告探采合一计划超过 5 年，未转采矿权仍继续开采的，按照违法采矿处理；5 年内开采完毕或无法转采并停止开采的，不再办理采矿权登记。探矿权人未在上述期限内依法取得采矿权或采矿许可证，违法开采石油和天然气等矿产资源的，由县级以上人民政府自然资源主管部门依据本法第 64 条或第 67 条的规定作出处罚。

油气勘探开采与手续办理同时进行的规定，彰显了油气探采合一的制度优势，避免了勘探与开采之间的衔接空档期，能在勘探到有开采价值的资源时迅速启动开采流程，加快资源从发现到产出的速度，使油气资源更早地投入市场供应。勘探与开采过程的连贯性，也使矿业权人对油气资源的认识更加全面深入，在勘探过程中获取的地质数据能够及时应用于开采方案的调整，同时开采过程中的反馈也能进一步完善对资源储量、品质等的评估。对于矿业权人自身来说，能够提高勘探开发效率，精简的审批流程降低了矿业权人的时间成本，有利于调动矿业权作业的积极性，吸引更多投资者进入油气开发领域，增强市场活力，推动油气勘探开发领域的市场化进程。

五、资料索引

勘探开发,“一体化”如何演绎“二重奏”?①

“1 +1 >2”

打破思想观念和行政管理壁垒,破除人员流动障碍,建立协同攻关新模式,实现真正意义上的“勘探开发一体化”。

“在部分老油田,勘探与开发业务往往是‘铁路警察,各管一段’,但在我们这里,油藏勘探与开发可以实现无缝衔接。”华北油田公司总经理助理,巴彦勘探开发分公司党委书记、经理闫睿昶直言,吉兰泰油田能够实现快速建产,正是得益于勘探开发一体化。

勘探开发一体化让开发步伐加快。记者了解到,吉兰泰油田在 3 个区块实施的勘探开发一体化,其实质就是“油公司”模式。在这一模式下,华北油田巴彦勘探开发分公司既是勘探主体,又是成本控制中心、产量运行中心,整个勘探开发流程简单明了。

在老油田传统的管理体制中,勘探与开发分属不同部门。一个油田从发现到投入开发,往往要经过探井突破、上报预测储量、打评价井、上报探明储量、开发准备等多个环节,时间长达多年。在“油公司”模式下,吉兰泰油田 2018 年、2019 年分别上报预测储量、探明储量,同时启动产能建设,仅用两年时间就完成了计划产量任务。

2019 年 7 月,当吉兰泰构造带还在集中勘探的时候,华北油田巴彦勘探开发分公司就和勘探开发研究院的科研人员积极践行勘探开发一体化,启动产能建设。通过一体化实施,结合前期勘探取得的资料,研究人员不断深化油藏认识,仅用 2 个月就完成了开发方案编制,高效实现当年探明、当年建产,加速将预探成果转化为接替资源,创造了优质建成 50 万吨级现代化油田的“吉兰泰速度”。

勘探开发一体化让资源价值最大化。由于历史原因,部分油田现行的勘探开发管理体制存在“分割化”的特点,在这种体制下,往往难以建立注重油田总体效益的运行机制。

---

① 参见高灿、熊巧红:《勘探开发,“一体化”如何演绎“二重奏”?》,载《中国石油报》2024 年 4 月 18 日,第 1 版。

对于勘探部门来讲，其主要考核指标是探明储量，重在“发现”。对于开发部门来讲，其主要考核指标是原油产量，重在“储量动用率”和“经济可采储量”。因此，经常出现储量多而不能动用、产量高但成本也高的现象。

在“勘探开发一体化”油气田开发方式加持下，华北油田巴彦勘探开发分公司把储量作为核心资产进行经营，有效统筹利用各种资源，持续优化开发方案，有效降低投资额度和作业费用，使油气田开发获得最大效益。

在吉兰泰油田，探井、评价井、开发井同井场部署，统一价格体系，并根据业务需求合理调配使用资金。其中，华北油田巴彦勘探开发分公司通过重新确定市场化工程价格体系，单项工程定额对比关联交易下降二至六成。

“现在的勘探开发就像医院里的全科，在内部实现了资源共享，病人看病再也不用一个科室一个科室跑了。”华北油田巴彦勘探开发分公司地质研究中心副主任李佶晔表示，当前，无论是勘探部门还是开发部门，一切都以储量能否转化为产能为准则。

六、规范链接

（一）《中华人民共和国矿产资源法》（2024 年 11 月 8 日修订）

第六十四条　违反本法规定，未取得采矿权开采矿产资源的，由县级以上人民政府自然资源主管部门责令停止违法行为，没收直接用于违法开采的工具、设备以及违法采出的矿产品，并处违法采出的矿产品市场价值三倍以上五倍以下罚款；没有采出矿产品或者违法采出的矿产品市场价值不足十万元的，并处十万元以上一百万元以下罚款；拒不停止违法行为的，可以责令停业整顿。

超出采矿权登记的开采区域开采矿产资源的，依照前款规定处罚；拒不停止违法行为，情节严重的，原矿业权出让部门可以吊销其采矿许可证。

违反本法规定，从事石油、天然气等矿产资源勘查活动，未在国务院自然资源主管部门规定的期限内依法取得采矿权进行开采的，依照本条第一款规定处罚。

第六十七条　违反本法规定，采矿权人未取得采矿许可证进行矿产资源开采作业的，由县级以上人民政府自然资源主管部门责令改正；拒不改正的，没收直接用于违法开采的工具、设备以及违法采出的矿产品，处违法采出的矿产品市场价值一倍以上三倍以下罚款，没有采出矿产品或者违法采出的矿产品市场价值不足十万元的，处十万元以上五十万元以下罚款，并可以责令停业整顿。

违反本法规定，从事石油、天然气等矿产资源勘查活动，未在国务院自然资源主管部门规定的期限内依法取得采矿许可证进行开采的，依照前款规定处罚。

（二）《矿产资源勘查区块登记管理办法》（2014 年 7 月 29 日修订）

第二十条 探矿权人在勘查石油、天然气等流体矿产期间，需要试采的，应当向登记管理机关提交试采申请，经批准后可以试采 1 年；需要延长试采时间的，必须办理登记手续。

（三）《自然资源部关于深化矿产资源管理改革若干事项的意见》（自然资规〔2023〕6 号）

六、实行油气探采合一制度

油气矿业权人发现可供开采的油气资源，完成试油（气）作业后决定继续开采的，在 30 日内向有登记权限的自然资源主管部门提交探采合一计划表（附件）后可以进行开采。在勘查开采过程中探明地质储量的区域，应当及时编制矿产资源储量报告，进行评审备案。报告探采合一计划 5 年内，矿业权人应当签订采矿权出让合同，依法办理采矿权登记。

报告探采合一计划超过 5 年，未转采矿权仍继续开采的，按照违法采矿处理。矿业权人完成试油（气）作业后决定不再继续开采的，以及 5 年内开采完毕或无法转采并停止开采的，不再办理采矿权登记。

（撰稿人：何泓霄、曹宇）

第三十七条 【绿色矿山建设及勘查、开采的技术、措施要求】国家鼓励、支持矿业绿色低碳转型发展，加强绿色矿山建设。

勘查、开采矿产资源，应当采用先进适用、符合生态环境保护和安全生产要求的工艺、设备、技术，不得使用国家明令淘汰的工艺、设备、技术。

开采矿产资源应当采取有效措施，避免、减少对矿区森林、草原、耕地、湿地、河湖、海洋等生态系统的破坏，并加强对尾矿库建设、运行、闭库等活动的管理，防范生态环境和安全风险。

一、条文主旨

本条是关于绿色矿山建设及勘查、开采技术、措施要求的规定。

二、立法目的

（一）落实生态文明体制改革要求、推动矿山企业绿色转型升级，满足可持续发展的现实需要

习近平总书记指出：绿色发展是高质量发展的底色，新质生产力本身就是绿色生产力。此次《矿产资源法》充实了有关促进矿业绿色、高质量发展的规定：一是国家推动矿产资源领域数字化、智能化、绿色化建设；二是国家鼓励、支持矿业绿色低碳转型发展，加强绿色矿山建设。①

绿色低碳发展作为中国式现代化的底色，是对传统发展模式的全方位、根本性变革，矿业领域发展作为绿色转型的重要组成部分更加不能置身事外。绿色矿山建设，作为矿业领域绿色低碳转型的重要载体，既是矿业领域推动生态文明建设的有力抓手，也是促进经济高质量发展的重要举措。此次修订明确将绿色矿山建设纳入矿法，是对实践探索的立法确认，更为各地区开展具体工作提供了充分的法律依据。

（二）整合"安全、环保和科技创新"三方面技术要求，助力矿业高质量发展

矿产资源虽是一国的工业血脉，但在对其进行勘查开采的过程中会伴有较大负外部性，因而需要进行严格的规制。在我国涉矿政策中，"安全、环保和科技创新"这三方面的要求，形成了较稳定的三角结构："安全生产"是重要的大前提，"鼓励科技创新"和"进行环保规制"则分别是增进正外部性、减少负外部性的两个着力点。科技创新助力企业优化从而减少对环境的负面影响，严格的环保规制则会倒逼企业进一步开发有利于环境保护的技术。

此次修订的《矿产资源法》用正式立法的手段，提高了有关安全、环保和科技三方面规制的确定性和效力等级，推动涉矿企业向创新化、智能化、绿色化转型升级——创新化以解决"卡脖子"的技术问题、智能化以提升产业效率、绿色化以增进生态效益，以此推动从要素驱动向创新驱动模式的转变。

---

① 参见王岭：《矿产资源法修订草案二审：促进矿业绿色、高质量发展》，载《中国人大》2024 年第 13 期。

（三）开采矿产资源要坚持“两手抓”，统筹推进矿业领域安全生产与生态保护工作

此次修订以法律的形式规定矿产资源开采要“防范生态环境和安全风险”，一方面明确了要避免、减少对矿区森林、草原、耕地、湿地、河湖、海洋等生态系统的破坏；另一方面强调了对尾矿库的重点管理。这正是深入学习贯彻习近平生态文明思想以及习近平总书记关于安全生产重要论述，牢固树立生态红线的观念和安全发展的理念在矿业领域的具体体现，彰显了矿业领域统筹推进安全生产和污染防治工作的坚定意志和坚强决心。

三、立法沿革

《矿产资源法》（2009）以三个独立条文对安全生产、技术设备及生态环境保护分别进行规定，此次《矿产资源法》修订对该类条款进行了大幅整合：将旧法中的相关条文精简凝练为一条，并新增了绿色转型发展、绿色矿山建设及对尾矿库建设、运行、闭库等活动进行管理的内容。

矿产资源勘查、开采的技术要求，并非依靠《矿产资源法》几个条文的规定而全部实现的。其背后更多地呈现出一整套涵盖法律、法规、政策等多元样态的规范系统。该条文的整合修订，在内容和表述上进行了全方位优化，更可以理解为技术要求在立法层面的新起点，将为《矿产资源法》配套法规及政策的进一步细化升级提供立法支撑。

四、规范解读

本条为新增的融合性条款，就立法技术而言虽没有采用完全法条常备的“构成要件＋法律后果”的基本模式，但其法律责任或者法律后果的承担依然以其他形式存在。其功能意义更多在于为相关立法、政策等的制定和完善提供法律依据，具体规范功能的发挥仍有赖于相关立法、政策构架而成的法律体系的支撑。

（一）规定矿业转型发展和绿色矿山建设（第37条第1款）

绿色矿山，是指将绿色发展理念贯穿矿产资源勘查开发利用全过程，在依法办矿、规范管理的基础上，通过主动开展科技创新，充分借助信息化、数字化、智能化技术，提升矿山生产运营自动化、现代化、智慧化水平，提高资源综合利用效率、生产运营效率，最大限度地减少对矿区周边人居环境及生态环境的不良影响与破坏，最终实现经济效益、生态效益、社会效益三赢，以及“绿水青山其外，金山银山其内”目标的矿山。[①]

我国推动绿色矿业发展、绿色矿山建设由来已久，并取得了丰硕成果。2007年11月原国土资源部首次提出“绿色矿业”概念；2008年《全国矿产资源规划（2008—2015年）》（已失效）确定了“2020年绿色矿山格局基本建立”的发展目标；2010年8月，《关于贯彻落实全国矿产资源规划发展绿色矿业建设绿色矿山工作的指导意见》（国土资发〔2010〕119号）标志着我国绿色矿山建设工作正式启动。2017年3月，《关于加快建设绿色矿山的实施意见》（国土资规〔2017〕4号，已失效）明确绿色矿山建设三大目标：基本形成绿色矿山建设新格局、构建矿业发展方式转变新途径、建立绿色矿业发展工作新机制。2018年至2022年我国绿色矿山建设进入提质增效新阶段。[②] 2024年4月《关于进一步加强绿色矿山建设的通知》（自然资规〔2024〕1号）明确全面推进绿色矿山建设的主要目标：到2028年年底，绿色矿山建设工作机制更加完善，持证在产的90%大型矿山、80%中型矿山要达到绿色矿山标准要求，各地可结合实际，参照绿色矿山标准加强小型矿山管理。

此次《矿产资源法》修订，正式从法律层面明确了矿业绿色发展要求，使绿色矿山建设真正做到有法可依。各地可结合《关于进一步加强绿色矿山建设的通知》及《绿色矿山评价指标》（自然资矿保函〔2020〕28号）中的相关要求并根据自身建设基础，因地制宜细化相关地方文件规定，从法律层面出发更加科学精准地推进本地绿色矿山建设进程。

（二）规定矿产资源的勘查、开采技术要求（第37条第2款）

1. 从正面明确勘查开采的工艺、技术、设备应符合的条件

（1）符合生态环境保护要求。在勘查、开采矿产资源过程中，产生的废气、废水、废渣、粉尘、垃圾、放射性物质等有害物质和噪声、震动、恶臭等将对环境造成污染，同时对环境破坏，引起地质灾害。[③] 勘查、开采矿产资源必须遵守《矿产资源法》等相关规定，矿业权人需采取必要的措施以履行对环境破坏的预防义务及

① 参见孙映祥：《我国绿色矿山建设研究现状综述与思考》，载《中国国土资源经济》2020年第9期。

② 参见王琼杰：《擦亮美丽中国“绿”底色——我国矿业行业绿色发展琼影》，载《中国矿业报》2024年4月22日，第2版。

③ 参见地质矿产部矿产开发管理局编：《〈中华人民共和国矿产资源法实施细则〉条文解释》，地质出版社1995年版，第40页。

治理义务，最大限度地减少对环境的污染及破坏；对已经造成的环境污染和破坏要及时进行治理，以达到国家或当地规定的环境保护标准。

（2）符合安全生产要求。“在勘查、开采矿产资源过程中，保障安全生产的必要条件涉及面较广，如支护、通风、运输、排水、除尘、防火、防爆、防瓦斯等。根据《矿产资源法》和《矿山安全法》的有关规定，采矿者开采矿产资源必须具备保障安全生产的条件。”①

（3）符合国家产业发展方向和高效、绿色、智能开发的要求，技术先进、原理明确、适用性强，同时也要具有良好的经济效能和推广价值。

2. 从反面对落后的技术、设备作禁止性规定

根据《淘汰落后与推广先进安全技术装备目录管理办法》（安监总厅科技〔2015〕43 号）第 3 条的规定，落后安全技术装备，是指在生产经营过程中严重危及安全生产或不符合安全生产要求的工艺和设备。落后安全技术装备分为限制类和禁止类。限制类，是指限定在特定条件、有限范围和一定时期内能够使用的技术和装备；禁止类，是指禁止使用的技术和装备。

该条款从法律层面明确了禁止使用国家明令淘汰的工艺、设备，实现了从行政推动到标准引领的转变。加快淘汰落后、推广安全先进的技术装备，以切实提升矿产企业安全生产保障能力和矿产资源开发利用水平。

（三）规定开采矿产资源应当采取有效措施防范生态环境和安全风险（第 37 条第 3 款）

1. 开采矿产资源应当采取有效措施防范生态环境风险

矿业领域发展需牢固树立生态红线观念，此次以正式立法的方式推动从理念到制度多方面着力，强调对矿区森林、草原、耕地、湿地、河湖、海洋等生态系统的保护，通过法律为我国矿区生态安全搭起重要屏障，推动矿区生态环境质量持续改善，再以高品质生态环境支撑矿业产业高质量发展。此次修订的亮点之一就是预防生态破坏，这是矿业领域法治建设中迈出的坚实一步。

该新增条款中明确了矿产资源开发过程中，要对各具体类型的生态系统实施严格保护与生态修复。一方面为相关省级地方法规、规章等的制定与细化提供更

① 参见地质矿产部矿产开发管理局编：《〈中华人民共和国矿产资源法实施细则〉条文解释》，地质出版社 1995 年版，第 40 页。

为充足的法律依据,另一方面推动矿山企业技术研发与科技成果的转化应用,进一步增强生态环境保护意识,以合乎道德的商业实践尽可能减少对环境的负面影响。

2. 开采矿产资源要加强对尾矿库建设、运行、闭库等活动的管理,采取有效措施防范安全风险

在矿山行业生产能力与效益大幅提升的时代背景下,环境负外部效应不容小觑,尾矿的堆放与处理更是成为矿山企业发展中不得不面临的重点问题。根据《尾矿库安全规程》(GB 39496—2020),尾矿库(tailings pond),是指用以贮存金属、非金属矿山进行矿石选别后排出尾矿的场所。其建设和生产运行过程中,鼓励安全生产科学技术研究和安全生产先进技术的应用,提高尾矿库安全生产水平。采用新工艺、新技术、新材料或者使用新设备,应了解、掌握其安全技术特性,采取有效的安全防护措施,并对从业人员进行专门的安全生产教育和培训。尾矿库的建设、运行、回采、闭库及其安全管理与监督工作适用《尾矿库安全监督管理规定》(2015)的规定。

根据《固体废物污染环境防治法》(2020)第42条的规定,矿山企业应当采取科学的开采方法和选矿工艺,减少尾矿、煤矸石、废石等矿业固体废物的产生量和贮存量。国家鼓励采取先进工艺对尾矿、煤矸石、废石等矿业固体废物进行综合利用。尾矿、煤矸石、废石等矿业固体废物贮存设施停止使用后,矿山企业应当按照国家有关环境保护等规定进行封场,防止造成环境污染和生态破坏。

矿山尾矿库的建设、运行、闭库与国家机关多部门关系密切。《矿产资源法》此次修订中在本款重点聚焦尾矿库管理,一方面,为有关部门在具体工作中共享关键信息、积极协调配合,更加科学高效地部署任务、共同推进尾矿资源的综合利用工作提供了法律依据。另一方面,有助于我国矿山企业树立长远的尾矿资源意识,把矿山尾矿的综合利用和妥善治理作为促进社会经济发展、保持矿业持续进步的必要措施。①

① 参见卢瑞桢、甘敏、林欣威:《矿山尾矿资源综合利用现状及前景分析》,载《现代矿业》2020年12期。

五、资料索引

绿色矿山建设带动区域绿色发展①

在政策引导与标准引领的作用下，各地绿色矿山建设成效显著，在全国范围内建成一批极具示范带动作用的先进绿色矿山典型。如大力开展采选工艺科技创新，将“绿色”渗入资源循环利用、技术创新、节能减排等各方面，在西北大漠戈壁建起花园矿山的青海都兰金辉矿业；依靠强大的科技支撑和先进的设计理念，探索出了“矿区变景区、产业生态化”发展之路，建成新型绿色矿山的甘肃金徽矿业郭家沟铅锌矿等。对矿山企业来说，通过科技创新，改造使用先进设备和工艺技术，既提高了资源利用效率、降低了能源消耗水平，还能实现产能大幅提升。

绿色矿山建设的持续推进，倒逼矿业行业优胜劣汰、转型升级，带动了区域绿色发展。如浙江省湖州市通过开展全域绿色矿山建设，矿山数量由1000余家关闭整合到现有的47家绿色矿山，其中24家被纳入全国绿色矿山名录。通过矿产、土地等方面的多个规划融合与政策创新，提前谋划矿产资源开发、土地复垦与后续产业的发展关系，实现了矿产资源和土地资源的高效、充分、合理利用，助推绿色经济发展。

六、规范链接

（一）《中华人民共和国固体废物污染环境防治法》（2020年4月29日修订）

第四十二条 矿山企业应当采取科学的开采方法和选矿工艺，减少尾矿、煤矸石、废石等矿业固体废物的产生量和贮存量。

国家鼓励采取先进工艺对尾矿、煤矸石、废石等矿业固体废物进行综合利用。

尾矿、煤矸石、废石等矿业固体废物贮存设施停止使用后，矿山企业应当按照国家有关环境保护等规定进行封场，防止造成环境污染和生态破坏。

（二）《中华人民共和国矿山安全法》（2009年8月27日修正）

第十五条 矿山使用的有特殊安全要求的设备、器材、防护用品和安全检测仪器，必须符合国家安全标准或者行业安全标准；不符合国家安全标准或者行业安全标准的，不得使用。

---

① 参见孙映祥：《我国绿色矿山建设研究现状综述与思考》，载《中国国土资源经济》2020年第9期。

（三）《中华人民共和国青藏高原生态保护法》（2023 年 4 月 26 日）

第三十三条第二款　在青藏高原从事矿产资源勘查、开采活动，探矿权人、采矿权人应当采用先进适用的工艺、设备和产品，选择环保、安全的勘探、开采技术和方法，避免或者减少对矿产资源和生态环境的破坏；禁止使用国家明令淘汰的工艺、设备和产品。在生态环境敏感区从事矿产资源勘查、开采活动，应当符合相关管控要求，采取避让、减缓和及时修复重建等保护措施，防止造成环境污染和生态破坏。

（四）《中共中央办公厅、国务院办公厅关于进一步加强矿山安全生产工作的意见》（2023 年 9 月 6 日）

（四）分类处置不具备安全生产条件的矿山。对……使用应当淘汰的危及生产安全的工艺、设备且拒不整改仍然生产建设的，或者经停产整顿仍不具备安全生产条件的矿山，依法予以关闭取缔。对长期停工停产、资源枯竭的矿山、灾害严重且难以有效防治的煤矿，积极引导退出。

（五）《绿色矿山评价指标》（自然资矿保函〔2020〕28 号）

绿色矿山建设评价指标

一级	二级	三级指标	标准分	评分说明	考核方法	依据或标准	检查记录	得分
五、科技创新与智能矿山	科技创新	71 先进技术和装备	20	选用国家鼓励、支持和推广的采选工艺、技术和装备，采选工艺、技术或装备入选《国家鼓励发展的环境保护技术目录》《矿产资源节约与综合利用先进适用技术推广目录》《国家先进污染防治示范技术名录》《安全生产先进适用技术、工艺、装备和材料推广目录》《国家重点节能技术推广目录》《节能机电设备（产品）推荐目录》等，能提供应用证明。每一项技术、工艺或装备得 10 分，总分不超过 20 分。	查资料、查现场	相关产业政策目录、设计规范以及相关证明材料		

(六)《淘汰落后与推广先进安全技术装备目录管理办法》(安监总厅科技〔2015〕43号)

第二条 国家对危及生产安全的落后安全技术装备实行强制淘汰制度,鼓励和支持先进安全技术装备的推广应用。

第三条 落后安全技术装备,是指在生产经营过程中严重危及安全生产或不符合安全生产要求的工艺和设备。

落后安全技术装备分为限制类和禁止类。限制类,是指限定在特定条件、有限范围和一定时期内能够使用的技术和装备;禁止类,是指禁止使用的技术和装备。

第四条 先进安全技术装备,是指机械化、自动化、信息化程度高,安全性能好,实用管用的技术和装备。

(七)《关于进一步加强绿色矿山建设的通知》(自然资规〔2024〕1号)

(六)加快推动绿色低碳先进适用技术应用。矿山企业要加强绿色低碳技术工艺装备升级改造,在资源开发、综合利用、节能减排、生态修复等环节,鼓励采用《国家重点推广的低碳技术目录》《矿产资源节约和综合利用先进适用技术目录》中的技术,推动矿山绿色低碳转型。加快融合5G、大数据、互联网、人工智能等信息化技术,推动矿山企业数字化、智能化、绿色化发展,提升资源开发利用与生产管理效率。

(撰稿人:杨嘉茗、曹宇)

第三十八条 【探矿权人在勘查活动结束后的恢复义务】勘查活动结束后,探矿权人应当及时对勘查区域进行清理,清除可能危害公共安全的设施、设备等,对废弃的探坑、探井等实施回填、封堵;破坏地表植被的,应当及时恢复。

勘查活动临时占用耕地的,应当及时恢复种植条件和耕地质量;临时占用林地、草地的,应当及时恢复植被和生产条件。

一、条文主旨

本条是关于探矿权人在勘查活动结束后恢复义务的规定。

二、立法目的

探矿权人应及时履行消除安全隐患、治理生态环境的义务。追溯到《矿产资源法实施细则》中已有所规定，再到此后制定的《矿山地质环境保护规定》《矿业权人勘查开采信息管理办法》等一系列部门规章中也有所涵盖。然而，在各地出台的相关规范性文件中，更多以采矿权人作为规制重心，对探矿权人“找宝”过程中对环境产生的影响相对关注不足，时常忽略应当与之对应的针对探矿权人的具体规定。对探矿权人的约束只能见于“矿业权人”部分，其中也不乏标准不统一、责任不明确等问题。

为适应可持续发展的现实需求，避免在矿产资源勘查过程中产生“公地悲剧”（Tragedy of the Commons），本法以法律条文的形式正式明确了探矿权人这一特定主体的恢复义务，并与本法第 69 条相结合确定了探矿权人不履行法定义务应承担的法律责任，升级规定了探矿权人在勘查活动结束后的恢复义务，将国家对矿区生态环境全过程、全阶段监管的决心体现到了具体法律条文中，是矿业领域深入贯彻落实习近平生态文明思想的重要体现。

三、立法沿革

本条为此次《矿产资源法》修订的新增条款，归属于第三章“矿产资源勘查、开采”。尽管在立法层面本条属于新增条款，但本条并非凭空创设，而是对矿产资源法配套行政法规、地方立法和规范性文件相关规定及有益实践积累的修法确认。1994 年发布的《矿产资源法实施细则》就已关注到该问题，并在第 17 条、第 22 条进行了规定。此次《矿产资源法》修订增设条文进行专门规定，为进一步完善和优化提供法律层面的空间和支撑。

四、规范解读

本条第 1 款是概括性的恢复义务，以消除安全隐患和恢复地表植被为主要目的；第 2 款是关于耕地、林地、草地生态功能恢复的针对性规定。由此可见，“恢复义务”并非一项简单的内容，而是由多项内容共同构成的义务群。

（一）“恢复义务”之内容理解

1. 安全性恢复义务（第 38 条第 1 款）

本款侧重于对探矿区域系统结构的物理性毁损进行恢复，消除先前探矿行为作用于土地的影响，使之尽量恢复到初始意义上的物之圆满状态，即探矿行为未发生时所处的状态。主要关注的内容是清理、清除具有安全隐患的设备设施；回填、封堵废弃的探坑、探井。同时注重地表层面的生态安全，复植被破坏的地表植被、改良退化的生态环境。

（1）消除探矿区安全隐患。

勘查作业完毕，及时清除可能危害公共安全的设施、设备等，对废弃的探坑、探井等实施回填、封堵或者采取其他措施以消除安全隐患。

“如果勘查工作告一段落，还需要继续进行勘查工作，进行地质研究或补取样品的，这类工程不能立即封、填，但要采取有效措施加以保护或派人看护。如果整个项目任务完成，则要对浅部槽、井工程进行回填，并按有关法律、法规的要求进行环境恢复；对钻孔、巷、硐、竖井等重型勘探工程要封闭井口、硐口，以消除人、畜安全隐患。”①

（2）保障探矿区生态环境安全。

矿山企业在探矿过程中要积极履行生态修复义务，重视探矿区生态环境安全。在矿山企业不可避免地对矿区环境造成损害时，作业结束后应当对当地的生态环境进行修复，使其尽量恢复原有之面貌，修复不能时应当对当地居民和环保部门进行损害补偿。②

2. 功能性恢复义务（第 38 条第 2 款）

本款根据探矿区原土地利用类型，将作为农用地的耕地、林地和草地进行单独列举，旨在强调恢复义务并非一概而论地仅指完成表层植被覆盖，更要结合生态环境的特定功能达到相应的修复目标。

《土地管理法》第 4 条第 3 款、第 4 款规定，“农用地是指直接用于农业生产的土地，包括耕地、林地、草地、农田水利用地、养殖水面等”“使用土地的单位和个人必须严格按照土地利用总体规划确定的用途使用土地”。因此，探矿权人勘查作业完毕后要严格按照国家编制土地利用总体规划规定的土地用途，对临时占用的土地进行原有功能恢复。这符合矫正正义的要求，也可最大限度地发挥这三类农用地的原有效用。具体分为两个类型：

（1）耕地主要用于种植农作物。临时占用耕地的，应当及时恢复种植条件和

---

① 地质矿产部矿产开发管理局编：《〈中华人民共和国矿产资源法实施细则〉条文解释》，地质出版社 1995 年版，第 57 页。

② 参见李显冬主编：《中国矿业立法理论与实务》，中国政法大学出版社 2015 年版，第 396 页。

耕地质量。

(2)林地、草地主要用于林业生产和畜牧业。临时占用林地、草地的应当及时恢复植被和生产条件。

(二)"恢复义务"之立法精进

《矿产资源法》(2009)第 32 条第 2 款规定,"开采矿产资源,应当节约用地。耕地、草原、林地因采矿受到破坏的,矿山企业应当因地制宜地采取复垦利用、植树种草或者其他利用措施"。《矿产资源法》(2009)中对于采矿行为破坏耕地、林地、草地的修复标准规定得较为模糊笼统,似乎只要完成了表层植被覆盖即可视为履行了恢复义务,而并未对原有土地用途的功能性复原作具体规定。在实践中不免有人钻这个立法漏洞,在仅完成了植树种草的"表面工夫"后就溜之大吉,存在永久改变原有土地用途的可能性,且《矿产资源法》(2009)第 32 条以采矿权人为规制对象,缺少针对探矿行为结束后恢复义务的规定。

此次《矿产资源法》修订,将国家对矿区生态环境全过程、全阶段监管的决心体现到了具体法律条文中,从法治化、制度化、规范化的角度出发完善了探矿行为中生态环境保护问题的法律规定。

1. 从恢复义务的履行主体来看,本条新增了针对探矿权人这一特定主体的规定。

2. 从恢复义务的整体过程来看,探矿行为结束后即须及时履行恢复义务,填补了从探矿结束至采矿开始中间的法律空档期。

3. 从恢复义务的对象来看,对恢复因探矿而被临时占用的土地,从其外观构造到实质功能都进行了严密规定,以期最大限度地消除安全隐患、保护生态环境。

五、典型案例

公益诉讼人康县人民检察院诉康县国土资源局不履行法定职责案[①]

1. 基本案情

新疆地鑫矿业有限公司在"甘肃省康县吴家庄金矿普查"项目探矿期间,依

① 参见甘肃省文县人民法院行政判决书,(2017)甘 1222 行初 3 号。

自行提供的协议给付村民征地补偿款或租金后，随即动用设备在该村耕地内探矿，致使对耕地的地质地貌造成了破坏，新疆地鑫矿业有限公司始终未进行复耕，自然生态和社会环境处于受侵害状态。

公益诉讼人康县人民检察院请求确认被告康县国土资源局未依法履行监督管理职责行为违法；公益诉讼人康县人民检察院请求判决被告康县国土资源局依法履行监管职责，将新疆地鑫矿业有限公司在太石乡柑柏树村探矿期间被破坏的耕地恢复原貌，或缴纳一定数额的土地复垦费。

2. 裁判结果

公益诉讼人康县人民检察院作为国家检察监督机关，在履行职责中发现有侵害国家利益的行为和事实发生后，依法对被告和第三人提起行政公益诉讼，符合法律法规规定，主体适格。

其发现被告康县国土资源局作为当地法定的土地主管部门，在新疆地鑫矿业有限公司未经相关部门批准便私自开始地质勘查时，被告未依法采取有效方式履行监管义务和法定职责，导致耕地的地质地貌和生态环境遭到了破坏，违反了《土地管理法》第 66 条第 1 款之规定。公益诉讼人康县人民检察院要求确认被告康县国土资源局未依法履行监督管理职责行为违法的诉讼请求成立，法院予以支持。

依据《土地管理法》第 42 条、第 74 条、第 75 条之规定，新疆地鑫矿业有限公司应当对挖损、塌陷、占压等造成破坏的土地按照有关规定进行复垦，没有复垦条件或者复垦不符合要求的应当缴纳土地复垦费。因此，公益诉讼人康县人民检察院请求判决被告康县国土资源局依法履行监管职责，将新疆地鑫矿业有限公司在太石乡柑柏树村探矿期间被破坏的耕地恢复原貌，或缴纳一定数额的复垦费的诉讼请求成立，法院予以支持。

3. 典型意义

探矿权人在地质勘查期间违规操作，导致康县太石乡柑柏树村村民耕地受损、自然生态和社会环境处于受侵害状态。康县原国土资源局也因其未依法采取有效方式履行监管义务和职责受到了处罚。这一案例表明探矿权人主动承担恢复义务与政府主管部门及时依法监管同等重要，再次印证了本新增条款为实务中已然存在的探矿权人未及时履行恢复义务的案例带来更为明确的法律支撑，使之有法可依。

六、规范链接

(一)《中华人民共和国矿产资源法》(2024 年 11 月 8 日修订)

第六十九条　违反本法规定,勘查活动结束后探矿权人未及时对勘查区域进行清理或者未及时恢复受到破坏的地表植被的,由县级以上人民政府自然资源主管部门责令改正,可以处五万元以下罚款;拒不改正的,处五万元以上十万元以下罚款,由县级以上人民政府自然资源主管部门确定有关单位代为清理、恢复,所需费用由探矿权人承担。

(二)《中华人民共和国土地管理法》(2019 年 8 月 26 日修正)

第四条　国家实行土地用途管制制度。

国家编制土地利用总体规划,规定土地用途,将土地分为农用地、建设用地和未利用地。严格限制农用地转为建设用地,控制建设用地总量,对耕地实行特殊保护。

前款所称农用地是指直接用于农业生产的土地,包括耕地、林地、草地、农田水利用地、养殖水面等;建设用地是指建造建筑物、构筑物的土地,包括城乡住宅和公共设施用地、工矿用地、交通水利设施用地、旅游用地、军事设施用地等;未利用地是指农用地和建设用地以外的土地。

使用土地的单位和个人必须严格按照土地利用总体规划确定的用途使用土地。

第七十六条　违反本法规定,拒不履行土地复垦义务的,由县级以上人民政府自然资源主管部门责令限期改正;逾期不改正的,责令缴纳复垦费,专项用于土地复垦,可以处以罚款。

(三)《矿业权人勘查开采信息管理办法》(2024 年 5 月 16 日)

第六条　下列信息由探矿权人负责填报:

(一)承担勘查工作的单位名称、地址等情况;

(二)年度勘查投入资金数额、探矿工程、样品分析等主要实物工作量完成数量,以及是否编制勘查成果报告等情况;

(三)勘查矿种、勘查阶段,以及是否对共伴生矿产进行综合勘查评价等情况;

(四)勘查作业完毕后是否及时封填遗留井硐情况;

(五)按照矿产资源管理法律法规等有关规定缴纳相关费用情况;

(六)地质资料汇交义务履行情况;

（七）法律法规规定的其他勘查义务履行情况。

第十六条 本办法第十五条规定的违反矿产资源管理法律法规等有关规定，依法受到较重行政处罚的情形包括：

（一）以欺骗、贿赂等不正当手段取得勘查许可证、采矿许可证，依照《行政许可法》有关规定受到较重行政处罚的；

（二）超越登记的期限、范围勘查、开采矿产资源，依照《矿产资源法》及矿产资源管理有关行政法规规定受到较重行政处罚的；

（三）未按照规定实施矿山地质环境治理恢复和土地复垦，或者矿山地质环境治理恢复和土地复垦未达到规范要求，依照《土地管理法》及土地复垦、矿山地质环境保护有关行政法规和部门规章规定受到较重行政处罚的；

（四）未按照规定的期限汇交地质资料，伪造地质资料或者在地质资料汇交中弄虚作假，依照《地质资料管理条例》有关规定受到较重行政处罚的；

（五）未按照规定备案、报告有关情况，或者伪造矿产资源储量报告、矿山储量年度报告，弄虚作假，依照矿产资源管理有关行政法规规定受到较重行政处罚的；

（六）未达到矿产资源合理开发利用“三率”最低指标；未按照规定开展综合开采、综合利用，对尚不能利用的矿产资源（包括共伴生矿产）未采取保护性措施，或者采取破坏性的开采方法开采矿产资源，造成矿产资源损失破坏，依照《矿产资源法》及有关法律、行政法规规定受到较重行政处罚的；

（七）未按照规定缴纳相关费用，依照矿产资源管理有关行政法规规定受到较重行政处罚的；

（八）未按照规定办理勘查许可证、采矿许可证注销登记手续，依照矿产资源管理有关行政法规规定受到较重行政处罚的；

（九）法律法规规定其他应当认定为严重失信主体的情形。

（四）《矿山地质环境保护规定》（2019 年 7 月 16 日修正）

第二十一条 以槽探、坑探方式勘查矿产资源，探矿权人在矿产资源勘查活动结束后未申请采矿权的，应当采取相应的治理恢复措施，对其勘查矿产资源遗留的钻孔、探井、探槽、巷道进行回填、封闭，对形成的危岩、危坡等进行治理恢复，消除安全隐患。

（撰稿人：杨嘉茗、曹宇）

第三十九条 【综合利用】开采矿产资源，应当采取合理的开采顺序、开采方法，并采取有效措施确保矿产资源开采回采率、选矿回收率和综合利用率达到有关国家标准的要求。

开采矿产资源，应当采取有效措施保护地下水资源，并优先使用矿井水。

采矿权人在开采主要矿种的同时，对具有工业价值的共生和伴生矿产应当综合开采、综合利用，防止浪费；对暂时不能综合开采或者必须同时采出但暂时不能综合利用的矿产以及含有有用组分的尾矿，应当采取有效的保护措施，防止损失破坏。

国家制定和完善提高矿产资源开采回采率、选矿回收率、综合利用率的激励性政策措施。

一、条文主旨

本条是关于矿产资源综合利用的规定。

二、立法目的

习近平总书记多次指出，推动绿色转型发展，必须抓住资源利用源头，各类资源都要统筹好开发与保护、增量与存量的关系，全面提升利用效率，促进发展方式绿色转型。[①] 确认了矿产资源综合利用时代背景的修法理念。2022 年，自然资源部推广了 317 项矿产资源节约和综合利用先进适用技术，并形成目录，是矿产资源综合利用实践措施的法律肯认。2023 年，自然资源部门将矿产资源综合利用制度落到实处，助推矿产资源综合利用加速转换，促进了矿业发展动力。

《矿产资源法》第 39 条对新时代生态文明要求作出规范回应，旨在加大矿产资源综合利用力度，提升矿产资源综合利用水平。本条要求采矿权人在采矿过程中要采取合理的开采顺序和开采方式，确保矿产资源“三率”达到国家相关标准的要求；并且在采矿过程中要保护好地下水资源，优先使用矿井水，避免污染水源，破坏自然环境；开采主矿时要提升对共伴生矿产以及尾矿的开发利用效果；最

---

① 参见《以“绿色辩证法”推动实现更大发展——2022 年自然资源工作系列述评之绿色转型篇》，载自然资源部网 2023 年 1 月 10 日，https://www.mnr.gov.cn/dt/ywbb/202301/t20230110_2772448.html。

后明确了由国家制定和完善提升“三率”的激励性政策措施。

三、立法沿革

综观《矿产资源法》制定与修订历史沿革，不同阶段、不同版本的《矿产资源法》均设置有合理开发矿产资源，鼓励提升矿产“三率”等针对矿产资源综合利用的条款，为我国矿产资源综合利用提供了充分的法律保障，推动了矿产资源综合利用的稳健发展。但随着社会经济、国内外形式的显著变化，《矿产资源法》的相关条款在调整功能和效果上呈现出不足。本次《矿产资源法》修订顺应新时代生态文明背景的理念，更加强调发展、利用与保护的平衡性。

此次修订对《矿产资源法》(2009)综合利用条款进行了增修，融合为《矿产资源法》第 39 条。本条第 1 款为修改条款，将“旧‘三率’”开采回采率、采矿贫化率、选矿回收率替换为“新‘三率’”开采回采率、选矿回收率、综合利用率，立法目的不变；本条第 2 款与第 4 款则为新增条款，第 2 款强调在采矿过程中要采取有效措施保护地下水资源，优先使用矿井水，不得擅自开采可能对地下水资源造成严重破坏的区域；第 4 款作为矿产资源开发利用激励性条款，将国家制定和完善提升“三率”的激励性措施纳入规范，后续通过配套行政法规及矿政管理政策对“国家激励制度”进行体系化的整合与规定，尤其是激励性制度的进一步细化。

四、规范解读

矿产资源综合利用是指采矿权人或相关主体在勘查和开采矿产资源时，运用科学合理的技术和工艺，开采主要矿产及其共伴生矿产，并根据其物质特性进行分别利用。同时，对开采过程中产生的尾矿、废渣等废弃物进行加工再利用，旨在达到资源利用最大化和生态环境损害最小化的效果。

(一)开采矿产资源“三率”所要达到的相关标准

1.“三率”是矿产资源开发利用的“最低要求”和综合利用的“红线”

我国矿产资源开采回采率、选矿回收率和综合利用率近年来稳步上升，但相较于国际其他矿产大国仍有差距。《矿产资源“三率”指标要求》系列行业标准旨在明确矿产资源开发利用的开采回采率、选矿回收率、共伴生矿产综合利用率的术语和定义、基本要求、指标设置，并适用于矿产资源开发利用水平评价。该条款要求采矿权人开采前要确定合理的开采顺序与开采方法，选用安全程度高、破坏程度小、经济效益高的方式进行开采，同时要保证矿产资源开采回采率、选矿回收率和综合利用率达标。“三率”系列标准的制定,标志着我国矿产资源开发与综合利用评价标准化工作取得重大进步,为指导矿产资源合理开发利用、科学评估和强化监管提供了重要依据。

2. 法律规定和完善“三率”相关激励性政策措施

具体措施后续由国务院及相关主管部门通过实施细则或部门规章等规范性文件制定,鼓励采矿权人主动适用科学合理的开采方式与方法来提高矿产资源综合利用的“三率”。

近年来,我国的矿产资源综合利用效果取得了连年提高的可喜成绩,但是矿产资源综合利用法律法规始终无法提供完善配套制度的支持,甚至在一定程度上阻碍了矿产资源综合利用的发展。国家按照“源头严控、奖励先进、帮扶落后”的原则,建立健全矿产资源综合利用激励约束机制。[①]

(二)规范矿产资源开采中对地下水资源的保护

在采矿过程中,排水和地下水开采是必要的工程。大量地下水排放,地下水位持续降低,对矿井的原始地下层造成严重破坏,可能进一步导致地质灾害,无法保证矿工的人身安全,严重的还会导致土壤荒漠化和环境污染。本条规范明确采矿权人在采矿过程中要优先使用矿井水,避免对地下水资源造成污染和破坏。后续仍需制定具体实施细则和标准,加强对地下水资源保护方案的审查,确保开采活动不会造成地下水损害;加强对开采活动的日常监督和检查,强化开采过程中保护地下水资源的措施,加大对矿山废水污染控制的力度。

(三)具有工业价值的共伴生矿产的综合利用

我国矿产资源分布广泛,多为中小矿或贫矿,共伴生现象普遍,可采程度差,技术要求高。“低品位、共伴生、难选冶”的矿产资源一直以来都是综合利用的重点与难点。针对我国矿产资源共伴生矿多、难选冶矿多的特点,要将那些与主矿种同时采出且具有工业价值的共伴生矿采用先进的技术与合理的方式进行综合利用。“要大力提升开采回采率、选矿回收率、综合利用率,加强尾矿的循环利

---

① 参见王琼杰:《构建促进矿产资源节约与综合利用长效机制——访中国国土资源经济研究院院长姚华军》,载自然资源部网 2013 年 5 月 28 日,https://www.mnr.gov.cn/dt/ywbb/201810/t20181030_2268965.html。

用，推动实现优矿用好、呆矿用活、劣矿用足。”①

1. 准确定义具有工业价值的共生矿产与伴生矿产

一般认为，共生矿是指在同一矿区（矿床）内有两种或两种以上都达到各自单独的品位要求和储量要求、各自达到矿床规模的矿产；伴生矿是指在同一矿床（矿体）内，不具备单独开采价值，但能与其伴生的主要矿产一起被开采利用的有用矿物或元素。

《矿产资源综合勘查评价规范》（GB/T 25283—2023）对共伴生矿产的定义：共生矿是指同一矿区（矿床）内赋存两种及以上均达到其矿床工业指标要求的有用组分、其资源量规模能满足预期可经济开采（“达标成型”）的要求，且在开采主要矿产时会受到影响的矿产；伴生矿是指在矿体中随主要矿产、共生矿产赋存的，未达到该矿种矿床工业指标要求，或者虽达到工业指标要求但资源量规模不具单独开采价值，在开采主要矿产、共生矿产时可经济回收利用的矿产。②

2. 具有工业价值的共伴生矿产主要是从经济价值的可利用性来定义的

《矿产资源综合勘查评价规范》是针对矿产资源综合勘查评价的目的、共伴生矿产综合评价研究的规范。它对共伴生矿产的定义要相对权威，并且该规范制定的目的之一就是加大矿产资源综合勘查、综合评价力度、提升矿产资源综合利用水平。一直以来共伴生矿产定义都存在学术争议，按照该“规范”作出的定义，可理解为但凡除主矿产外可综合利用的都是共伴生矿产。

3. 开采主矿种的同时采出的其他矿种是否为共伴生矿种一直难以判断

《矿产资源法》（2009）以及配套规定确认了矿产资源勘查、开采的许可证制度。勘查、开采矿产资源必须依法履行申请、批准、登记以及发证的程序，由于矿业权设置并不是取得采矿证就可以开采地下所有的矿产。一个矿区（或矿床）有多种矿产共存，所以就导致在开采主矿种的同时采出的其他矿种难以认定是独立矿种还是具有综合利用价值的共伴生矿种。本次《矿产资源法》修订以“权证分开”的方式，将许可证制度进行了彻底的改革，未来采矿权人开采超出其采矿权

---

① 王广华：《认真学习贯彻习近平总书记重要论述 努力为端牢两个“饭碗”贡献自然资源力量》，载自然资源部网 2023 年 10 月 23 日，https://www.mnr.gov.cn/dt/ywbb/202310/t20231023_2804105.html。

② 参见王峰、冯聪、杜雪明：《共伴生矿产的概念辨析及其矿业权管理》，载《中国国土资源经济》2020 年第 2 期。

范围内矿种的认定是延续之前的判断方式,还是通过后续规范的完善留给采矿权人更多空间来提升综合利用效率,仍需在实践中摸索或出台细则予以确认。从综合利用的角度思考,设置便利的更变条件和程序是鼓励综合利用的制度支持。与此同时,需要审慎的应对,避免通过不同矿种之间的变换,规避国家的矿业权出让制度,从而使矿产资源国家所有权受损。

(四)对暂时不能综合利用的矿产以及含有有用组分的尾矿的保护

本条规定旨在将这些暂时不能综合利用的矿产以及具有有用组分的尾矿保护起来,待条件成熟后进行综合利用,而不能因其暂时无法综合利用就当作固体废物对待。

1. 暂时不能综合开采的矿产及含有有用组分的尾矿。这是指共生矿产、伴生矿产或者有价值的尾矿,因当前采选冶技术尚未攻克,对其开采在经济上不划算;或者在国内外市场暂无销售渠道并且在开采主要矿产时不会遭受破坏的矿产,对于暂不支持综合开采的矿产及有价值的尾矿,应采取有效的保护措施。

2. 必须与主矿产同时采出但暂时不能综合利用的矿产。这是指受矿床自然赋存条件的制约,在主矿产开采过程中,主矿产与共伴生矿产无法实现分别开采与运输,只能一并采出,但由于技术或其他原因暂时无法进行综合利用的矿产。

3. “尾矿”是指金属非金属矿山开采出的矿石,经选矿厂选出有价值的精矿后产生的固体废物。[①] 绝大多数尾矿处于尾矿库堆存状态,品位低、排放量大、成分复杂、综合利用率低,不仅占用大量土地,而且严重污染环境,有的甚至是矿业安全事故的风险源头。但“尾矿”在特定环境和用途下具有其特殊利用价值,合理的技术可以实现将其“变废为宝”,只是我国现今还尚未迈入大规模开发利用尾矿资源的阶段。

《矿产资源法》第39条完善了规范层面国家鼓励矿产资源综合利用政策的规定,将国家鼓励和制定提高“三率”等激励性措施上升为国家意志,但仍像是宏观层面的方向性规定,具体规定不明确,各种制度散落在不同法律法规中。实践中采矿权人无法准确把握开采尺度,对于共伴生矿产判断不准确。本次《矿产资源法》修订后的制度体系对于综合利用的促动有着很大的提升,相关条款的更新与完善也意味着非法采矿与综合利用的边界在向着有利于综合利用的方向偏转。

---

① 参见《尾矿污染环境防治管理办法》(中华人民共和国生态环境部令第26号)。

故而有必要发掘我国矿产资源“政策驱动式立法”的功能，完善矿产资源综合利用法律法规与政策，[①]避免主动响应国家号召进行矿产资源综合利用的矿山企业，因相关立法的缺憾和规章制度的不清晰，最终陷入“非法采矿”的泥潭。

五、典型案例

刘某恒非法采矿案[②]

1. 基本案情

位于江西省S市G区的Y村磷矿矿区，地下分布有磷矿、地表分布有黑滑石矿，两个矿种属于上下层位的异体共生关系，属于可以区分开采的矿种。

2002年，Y村磷矿申请开采磷矿并获得许可，但在2003年至2015年，因为磷矿品位低、无市场，一直未进行开采生产。由于黑滑石矿市场价格快速上涨，且可以直接开采，具有开采成本低、品位高、市场价值高的特点。Y村磷矿实际控制人被告人刘某恒认为黑滑石矿系其矿区范围内可以开采的磷矿矿区的共生矿种。自2015年11月起，在磷矿未取得开采黑滑石矿许可的情况下，组织人员开采黑滑石，外运销售。

区自然资源局发现后，多次责令其停止开采且下达11份《责令停止违法行为通知书》，仍难以制止违法开采行为，遂移送公安机关。经查明，截至2019年5月，该磷矿被非法开采的黑滑石矿达26304吨，价值总计9443136元。

2. 裁判结果

县人民法院判决被告人刘某恒犯非法采矿罪，判处有期徒刑并处罚金，宣判后，刘某恒不服提起上诉，其认为《最高人民法院、最高人民检察院关于办理非法采矿、破坏性采矿刑事案件适用法律若干问题的解释》（以下简称《非法采矿司法解释》）第2条虽然规定了超出许可证规定的矿种属于“未取得采矿许可证”，但同时规定了“共生、伴生矿种除外”的除外情形，因此其开采磷矿的共生矿种黑滑石矿不构成犯罪。

市中级人民法院经审理认为，刘某恒在当地自然资源局发现后告知其磷矿未

---

① 参见曹宇：《〈矿产资源法〉理论基础之流变：政策驱动下的理念转换》，载《私法研究》2015年第2期。

② 参见《江西高院发布〈江西环境资源审判（2018—2023）〉（白皮书）及十起环境资源典型案例》，载微信公众号“江西法院”2023年6月5日，https://mp.weixin.qq.com/s/4pxCod26mXUh4w3LIJZqVg。

经批准开采黑滑石矿系违法行为，并多次责令其停止开采、追缴违法所得、处以罚款后，仍不停止违法开采异体共生的黑滑石矿且情节严重，既损害了矿产资源的国家所有权，也破坏了地表的森林、土壤等生态环境资源。

根据有关专家意见，同一矿区内的矿种存在同体共生、异体共生、伴生等情形，对于《非法采矿司法解释》第 2 条的“共生矿种除外”应限缩解释为同体共生。故而认定刘某恒犯非法采矿罪，考虑到其主动退赃，酌情处罚。

3. 典型意义

本案是针对共伴生矿产类型非法采矿罪适用司法解释的典型案例。《非法采矿司法解释》规定超出许可证规定的矿种（共生、伴生矿种除外）应当认定为“未取得采矿许可证”。但是，自然资源主管部门及有关专家均认为，同一矿区内的矿种存在同体共生、异体共生、伴生等情形，异体共生矿种可以分别开采，故应取得采矿许可证后才能开采，否则无证开采异体共生矿种可能涉及非法采矿罪。本案法院判决采纳了自然资源主管部门及有关专家意见，也从立法目的和条文逻辑上进行了解读，将“超出许可证规定的矿种的”除外情形中的“共生矿种”限缩解释为“同体共生矿种”，为共伴生矿产资源综合利用与非法采矿罪之间的边界判断提供了实践素材。

4. 延伸思考

破解矿产资源综合利用“模糊界线”，为国家矿产资源安全提供法律保障。将“未取得采矿许可证的共生矿种”限缩解释为“同体共生矿”的观点，采取了严格主义的法律适用立场，意味着采矿权人如果开采“异体共生矿”可能涉嫌构成非法采矿罪，这样处理从一定程度上强化了对矿产资源国家所有权的保护。但随着此次《矿产资源法》的修订及一系列制度体系的更新与完善，可以从矿产资源开发利用“吃干榨尽”的视角去思考矿产资源国家所有权的维护，应准确理解和把握国家矿产资源所有权保障与矿产资源综合利用之间的关系，完善细化相关支持政策，充分发挥政策激励作用，清晰地鉴定采矿过程中综合利用与非法采矿罪之间的“模糊界线”，实施综合利用的系统治理，有效地平衡“国家所有权”、“资源安全”与“企业效益”等不同价值目标。就《矿产资源法》实施后的配套规范体系而言，应更多地思考为矿产资源综合利用预留合法的制度“端口”。例如，依照《矿产资源法》第 23 条第 3 款的规定，矿业权人有权依法优先取得登记的勘查、开采区域内新发现的其他矿产资源的矿业权，具体办法由国务院自然资源主管部门制定。有鉴于此,新发现矿产资源相关管理程序与登记手续的设置与优化,将为矿产资源综合利用提供有力的制度基础,将为矿业权人积极投资矿产资源综合利用提供扎实的法律保障。

六、规范链接

(一)《关于推进大宗固体废弃物综合利用产业集聚发展的通知》(发改办环资〔2019〕44号)

开展尾矿、共伴生矿、非金属矿、废石有用组分高效分离提取和高值化利用,协同生产建筑材料,实现尾矿有效替代水泥原料。鼓励资源枯竭矿区开展尾矿回填和尾矿库复垦,推广低成本高效胶结填充。深化尾矿在农业领域无害化利用、生态环境修复治理方面的利用。鼓励提取有价组分项目与剩余废渣综合利用项目"捆绑式"建设模式,大力推进多种固体废弃物协同利用。

(二)《关于"十四五"大宗固体废弃物综合利用的指导意见》(发改环资〔2021〕381号)

(七)尾矿(共伴生矿)。稳步推进金属尾矿有价组分高效提取及整体利用,推动采矿废石制备砂石骨料、陶粒、干混砂浆等砂源替代材料和胶凝回填利用,探索尾矿在生态环境治理领域的利用。加快推进黑色金属、有色金属、稀贵金属等共伴生矿产资源综合开发利用和有价组分梯级回收,推动有价金属提取后剩余废渣的规模化利用。依法依规推动已闭库尾矿库生态修复,未经批准不得擅自回采尾矿。

(三)《"十四五"循环经济发展规划》(2021年7月1日)

(一)构建资源循环型产业体系,提高资源利用效率。

4. 加强资源综合利用。加强对低品位矿、共伴生矿、难选冶矿、尾矿等的综合利用,推进有价组分高效提取利用。进一步拓宽粉煤灰、煤矸石、冶金渣、工业副产石膏、建筑垃圾等大宗固废综合利用渠道,扩大在生态修复、绿色开采、绿色建材、交通工程等领域的利用规模。加强赤泥、磷石膏、电解锰渣、钢渣等复杂难用工业固废规模化利用技术研发。推动矿井水用于矿区补充水源和周边地区生产、生态用水。加强航道疏浚土、疏浚砂综合利用。

(四)《关于加快推动工业资源综合利用的实施方案》(2022年1月27日)

(五)加快工业固废规模化高效利用。推动工业固废按元素价值综合开发利用,加快推进尾矿(共伴生矿)、粉煤灰、煤矸石、冶炼渣、工业副产石膏、赤泥、化工废渣等工业固废在有价组分提取、建材生产、市政设施建设、井下充填、生态修复、土壤治理等领域的规模化利用……

(五)《矿业权人勘查开采信息管理办法》(2024 年 5 月 16 日)

第七条　下列信息由采矿权人负责填报:

(二)矿山开采回采率、选矿回收率、综合利用率、矿石采出量,尾矿、废石以及共伴生矿产等利用情况;

第十六条　本办法第十五条规定的违反矿产资源管理法律法规等有关规定,依法受到较重行政处罚的情形包括:

(六)未达到矿产资源合理开发利用"三率"最低指标;未按照规定开展综合开采、综合利用,对尚不能利用的矿产资源(包括共伴生矿产)未采取保护性措施,或者采取破坏性的开采方法开采矿产资源,造成矿产资源损失破坏,依照《矿产资源法》及有关法律、行政法规规定受到较重行政处罚的;

(六)《关于进一步加强绿色矿山建设的通知》

自然资源主管部门负责矿山"三率"(开采回采率、选矿回收率、综合利用率)监管、矿山地质环境保护与土地复垦方案等执行情况的监管。

(撰稿人:罗壹涵、曹宇)

第四十条　【储量】国家建立矿产资源储量管理制度,具体办法由国务院制定。

矿业权人查明可供开采的矿产资源或者发现矿产资源储量发生重大变化的,应当按照规定编制矿产资源储量报告并报送县级以上人民政府自然资源主管部门。矿业权人应当对矿产资源储量报告的真实性负责。

一、条文主旨

本条是关于矿产资源储量管理的规定。

二、立法目的

本条确立了国家对矿产资源储量行使管理职权的法律依据,并明确制定矿产资源储量管理制度的有权主体为国务院,实践中具体负责该项工作的部门一般为自然资源部。

矿产资源关乎一个国家国民经济的命脉,对矿产资源进行有效管理十分重要。在我国,《宪法》明确规定矿藏属于国家所有。20 世纪 50 年代,我国建立了矿产资源储量管理制度,对矿产资源储量实施管理。矿产储量关系国家经济发展大局,掌握矿产资源储量是开发利用矿产资源的前提和基础。作为国家在矿产资源领域最早建立的制度,矿产资源储量管理对维护国家矿产资源所有者权益、保障国家经济社会发展和资源安全发挥了重要作用,为中国特色社会主义建设作出了历史性贡献。

三、立法沿革

本条为此次《矿产资源法》修订的新增条款,位于第三章“矿产资源勘查、开采”。

四、规范解读

(一)何为矿产资源“储量”

矿产“储量”,是用于统计已探明矿产蕴藏量的一个概念。与矿产“储量”紧密相关的另一个概念是“资源量”,要理解何为矿产“储量”,必须先理解矿产“资源量”的概念。根据我国最新颁布的《固体矿产资源储量分类》(GB/T 17766—2020)标准,矿产“资源量”是指经矿产资源勘查查明并经概略研究,预期可经济开采的固体矿产资源,其数量、品位①或质量是依据地质信息、地质认识及相关技术要求估算的。按照地质可靠程度由低到高,资源量分为推断资源量、控制资源量、探明资源量,其地质可靠程度分别为较低、较高和高。与之相关,“储量”是指探明资源量和(或)控制资源量中可经济采出的部分,是经过预可行性研究、可行

---

① 品位是指矿石(或选矿产品)中有用成分或有用矿物的含量。品位是矿石和选矿产品的主要质量指标,它直接影响选矿效率。大多数矿产以有用成分(元素或化合物)或有用矿物含量的质量百分比(%)表示。矿石品位是衡量矿石质量好坏的最主要指标。在矿体勘查工作中,为合理地评价矿体的工业价值,矿石的品位通常用边界品位和工业品位两个指标来综合表示。

性研究或与之相当的技术经济评价，充分考虑了可能的矿石损失和贫化①，合理使用转换因素后估算的，满足开采的技术可行性和经济合理性。换言之，“资源量”可以转化为“储量”，“储量”是“资源量”中可经济采出的部分。根据地质可靠程度，按照转换因素的确定程度由高到低，储量可分为可信储量和证实储量。相较于可信储量，证实储量的估算准确度更高。大多数国家只统计发布储量，不统计发布其他量，因为储量已是成品，是当前经济可开发利用的，具有国家规划意义。其他的实物产品能否利用还不确定，发布其统计数据可能会误导国家及民众。

（二）矿产资源储量管理制度的具体内容（第40条第1款）

我国的矿产资源储量管理始于1953年，中共中央政治局会议决定成立埋藏量检定委员会，负责审查和批准各种矿物原料的储量。1954年，我国成立全国矿产储量委员会（简称全国储委，现更名为全国矿产资源委员会），各省级储委也相继成立，并建立了我国第一个储量管理制度，即矿产资源储量审批制度，规定由储委负责审查和批准用于矿山建设设计依据的储量报告。为了适应社会需求的发展，储量审批制度先后改革为评审认定制以及现在的评审备案制。在储量审批制度不断演变的同时，我国储量管理制度的内容也在不断丰富和发展，在此过程中建立了矿产资源标准管理、矿产资源登记统计、矿山储量动态管理、矿产勘查资源储量成果信息发布等制度，逐步形成了以评审备案、登记统计为核心的储量管理制度体系。②

为贯彻落实党中央、国务院关于矿业权出让制度改革、石油天然气体制改革、加大油气勘探开发力度等决策部署，充分发挥市场配置资源的决定性作用和更好发挥政府作用，深化“放管服”改革，进一步完善矿产资源管理，自2019年起自然资源部制定发布了一系列推进矿产资源储量制度改革的法规，确定了矿产资源储

---

① 贫化是指有用矿物含量在采出的矿石中比在矿体中的含量低。贫化率表示为工业矿石品位与采出矿石品位之差与工业品位的比值，以百分数表示。贫化的程度可以通过贫化率来量化，这个比率反映了采出的矿石品位相对于原始矿体品位的降低程度。矿石损失与贫化主要存在于采矿过程的矿体揭露、爆破、运搬、选矿和损失管理等环节。例如，在矿体揭露的过程中，矿体形态、厚度、产状等的不规则性，可能使部分矿石无法被采出，从而造成损失。

② 参见陈敏等：《我国矿产资源储量管理现状、问题及建议》，载《中国矿业》2020年第7期。

量改革的方向和框架。[①] 以下将重点介绍矿产资源储量分类标准以及矿产资源储量评审制度的内容。

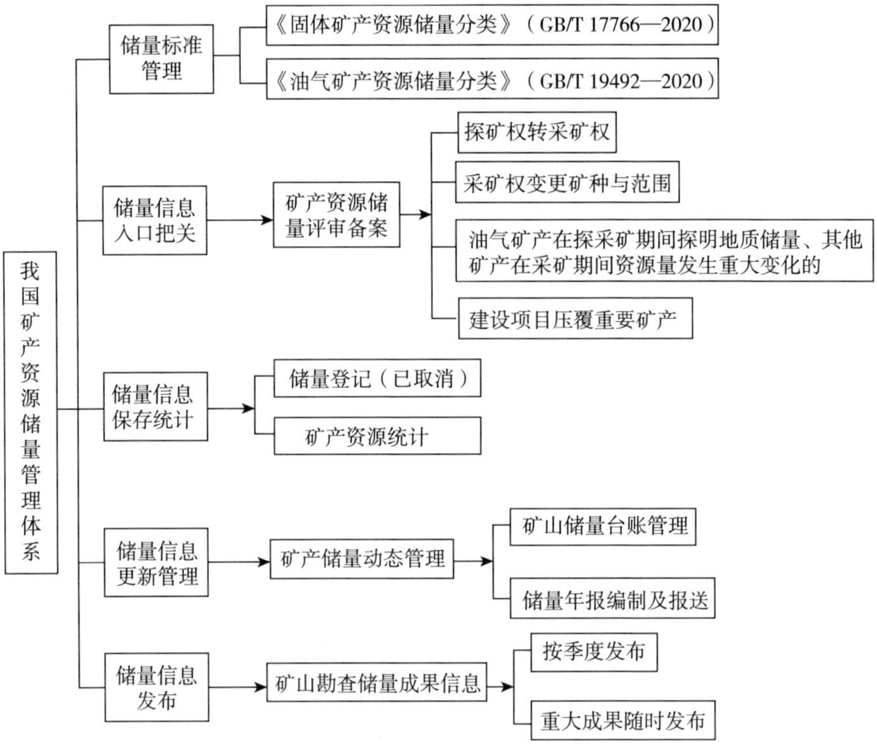

图 1　我国矿产资源储量管理制度体系

1. 矿产资源储量分类标准

与大多数实物产品不同，矿产资源在最终成为可投入工业生产的成品前看不见摸不着，只能被表达为一堆图表和图表上的数字，因此必须设立相应的标准和管理制度，确保图表和图表上的数字的真实性和准确性。

国际上主要有三大矿产资源储量分类体系：一是以前苏联为代表的计划经济条件下的分类体系；二是以澳大利亚及欧美为代表的市场经济条件下的分类体

① 该系列法规主要包括：《自然资源部关于推进矿产资源管理改革若干事项的意见（试行）》（自然资规〔2019〕7 号）（已失效）；《矿产资源统计管理办法》；《自然资源部办公厅关于矿产资源储量评审备案管理若干事项的通知》（自然资办发〔2020〕26 号）；《自然资源部关于做好矿产资源储量统计工作的通知》（自然资发〔2020〕158 号）；《自然资源部办公厅关于规范矿山储量年度报告管理的通知》（自然资办发〔2020〕54 号）。

系;三是联合国主持的分类体系。20 世纪末,经济全球化兴起,矿产业也成为经济全球化的一个重要组成部分,目前三大体系正进入一个广泛而深度融合的时代。[①] 经过世界各国及国际专业学会和行业协会的努力,2000 年前后国际上形成了三大"储量"估算和矿产权价值评估的国际标准:(1)固体矿产储量报告标准(CRIRSCO);(2)油气资源管理系统(PRMS);(3)国际矿产权评估标准(IMVAL)。

目前,我国针对固体矿产资源的管理适用的是 GB/T 17766—2020 标准(该标准与国际矿产储量报告委员会制定的 CRIRSCO 标准大致相近),针对油气矿产资源的管理适用的是 GB/T 19492—2020 标准。新的矿产资源储量分类对 1999 年国家标准作出重要改革和修订,对最大限度降低社会认知和信息交易成本、服务矿业资本市场和企业资产管理、客观认识矿产资源国情以及适应国际形势等具有重要意义。

2. 矿产资源储量评审制度

矿产资源的地质勘查分为普查、详查和勘探三个阶段。勘探阶段是地质勘查领域最后一个阶段,其探求的矿产储量将作为矿山设计的依据,进入开发利用和生产勘探领域,俗称"探转采",是一次重要的跨界交接,其地质可靠性须有严格地把控,避免其偏差给矿业造成重大损失。因此,勘探地质报告涉及的矿产储量必须经过第三方鉴定,原矿产储量委员会的职责就是把控该环节,现交由矿产资源储量评审中心负责。

矿产资源储量评审制度是矿产资源储量管理制度的核心,也是本次矿产资源制度改革的重点。我国矿产资源储量评审管理制度经历了储量审批、评审认定和评审备案三个阶段。1953 年至 1997 年我国实行储量审批制,矿业权人提交的矿产资源储量报告须由全国矿产储量委员会以及各省级储委进行审查,审查合格的报告经批准后才能作为开展矿产资源开发生产活动的依据。在这种严格的审查模式下,不通过的、降级的、被要求补充勘探的报告占有相当的比例。[②] 强有力的行政审查可以有效地剔除不合格的储量报告,从而保障矿产资源储量数据的真实性。但是这种模式也有明显的弊端:第一,详细、严格的审查意味着需要投入大量

① 参见国土资源部咨询研究中心编:《矿产资源/储量分类国际标准》,地质出版社 2014 年版,第Ⅱ-Ⅲ页。

② 参见孟刚、卜小平等:《国外矿产资源储量管理分析及启示》,载《中国矿业》2014 年第 8 期。

的人力、物力和财力资源。第二，随着矿产资源开发的市场化，储量造假问题也日渐突出，矿业权转让、利用矿产资源勘查、开发项目进行融资等，完全属于市场行为，原则上应当由市场主体自行承担交易风险，不应由政府背书，牵连政府承担责任。1998 年原国土资源部等四部委联合发文，将矿产资源储量行政审批制改革为评审认定制，2003 年原国土资源部进一步将评审认定制改革为评审备案制。我国目前对于矿产资源储量报告实行的是“评审备案制”。从实践来看，评审认定制与评审备案制在工作程序上并无实质差异。该制度改革的重点在于：将矿产资源储量报告的管理分为评审和认定（备案）两个步骤，对于评审环节，自然资源主管部门可直接组织开展工作，也可全部或部分委托矿产资源储量评审机构开展工作。认定（备案）环节则由自然资源主管部门对评审机构提交的评审意见书及储量报告进行合规性检查并出具备案证明。该行为的性质为行政确认行为。在评审备案制下，政府对评审的结果进行审核，并对评审机构和评审人员的资质进行把关。评审机构不再对原始资料的真实性进行审查，矿业权人须对提交送审资料的真实性作出书面承诺，矿业权人提供评审、认定的资料不真实所造成的后果，由矿业权人自行承担。此外，此次改革还大幅缩减了矿产资源储量评审备案的范围，由改革前的 18 种情形减为改革后的 4 种情形，从而减轻矿业权人负担。

（三）矿业权人的矿产资源储量报告义务（第 40 条第 2 款）

1. 矿业权人编制矿产资源储量报告

本条规定了矿业权人负有储量报告义务的两种情形：一是新查明可供开采的矿产资源，二是发现矿产资源储量发生重大变化的（指变化量超过 30% 或达到中型规模以上）。当遇到上述两种情形时，矿业权人应当按照规定编制矿产资源储量报告并报送县级以上人民政府自然资源主管部门。本款规定的矿业权人的储量报告义务是国家实施矿产资源储量管理的前提和基础，同时与矿产资源储量评审备案制的规定相衔接。根据《自然资源部办公厅关于矿产资源储量评审备案管理若干事项的通知》（自然资办发〔2020〕26 号，以下简称 26 号文）的规定，探矿权转采矿权，采矿权变更矿种与范围，油气矿产在探采矿期间探明地质储量、其他矿产在采矿期间资源量发生重大变化（变化量超过 30% 或达到中型规模以上），以及建设项目压覆重要矿产的，矿业权人应当编制矿产资源储量报告，并申请评审备案。本条只覆盖了 26 号文规定的部分情形，但应当认为 26 号文是对本款规定的细化和补充，本款规定的“报送”即指矿业权人向自然资源主管部门申请评审备案，实践中矿业权人应当按照26号文规定的情形履行矿产资源储量报告义务。

2. 矿业权人对矿产资源储量报告的真实性负责

矿业权人对矿产资源储量报告的真实性负责是指矿业权人在编写矿产资源储量报告时，应当使用真实的矿产资源勘查数据，并严格依照有关法律规定、国家标准、行业标准和技术规范对矿产资源储量的空间分布、质量、数量及其经济意义等作出说明和绘制图表。在储量评审程序中，评审机构不再对原始资料的真实性进行审查，矿业权人须对提交送审资料的真实性作出书面承诺，矿业权人提供评审、认定的资料不真实所造成的后果，由矿业权人自行承担。

五、典型案例

出让方承诺储量与实际储量不一致受让方可以据此主张赔偿①

1. 基本案情

2010年12月30日，华电国际电力股份有限公司（以下简称华电国际）与李某治、高某、杨某源、马某签订了《内蒙古浩源煤炭有限公司股权转让协议》及补充协议，根据上述协议，华电国际收购了李某治、高某所持有的内蒙古浩源煤炭有限公司（以下简称浩源煤炭公司）85%的股权，分别于2011年1月21日、8月5日、8月24日分三次向李某治、高某支付了股权转让对价款共计7.15亿元。

《股权转让协议》第5条约定："李某治、高某向华电国际作出声明、保证和承诺如下：浩源煤炭合法有效地拥有燕家塔煤矿《采矿许可证》项下采矿权，并不存在任何争议。截至2010年5月31日，燕家塔煤矿煤炭资源储量备案为：资源储量7788万吨，保有量7672万吨。"为证明燕家塔煤矿煤炭资源储量，李某治、高某向华电国际提供了《〈内蒙古自治区东胜煤田万利川矿区燕家塔煤矿煤炭露天生产勘探报告〉矿产资源储量评审意见书》[中矿蒙储平字（2010）126号]（以下简称储量意见书）。储量意见书记载："截至2010年5月31日，燕家塔煤矿煤炭资源储量备案为：资源储量7788万吨，保有量7672万吨。"第9条违约责任约定："双方互相承诺，任何一方如因违反其在本协议中所作的声明、保证或承诺而导致另一方蒙受损失，该方应给予受损方足额赔偿。"

---

① 参见山东省高级人民法院民事判决书，（2014）鲁商初字第91号。

2011 年 7 月 12 日，双方完成了股权转让工商变更登记。在华电国际接管浩源煤炭后，其向内蒙古自治区国土资源厅查证储量意见书，储量意见书记载：“截至 2010 年 5 月 31 日，燕家塔煤矿煤炭资源储量为 3385 万吨，保有量为 3269 万吨。”这一情况与被告在交易过程中承诺的“资源储量 7788 万吨，保有量 7672 万吨”存在较大差异。

2014 年 7 月 28 日，华电国际再次委托评估机构对案涉采矿权价值进行评估。评估报告显示，评估基准日 2010 年 10 月 31 日，保有资源储量 3269.00 万吨，评估结论：采矿权价值为 65051.42 万元。在此基础上，评估机构重新评估出浩源煤炭的全部权益价值为 62660.19 万元。华电国际收购浩源煤炭 85% 股权应支付的对价为 53261.16 万元。

华电国际据此向山东省高级人民法院（以下简称山东高院）提起诉讼，请求判令李某治、高某向华电国际赔偿多支付的股权转让对价 19264.37 万元及按同期银行贷款利率自 2011 年 8 月 24 日起计算至判决生效之日止的利息。山东高院审理后作出（2014）鲁商初字第 91 号民事判决书，判决李某治、高某向华电国际赔偿损失 18238.84 万元及利息。

2. 典型意义

资源储量是判断矿业权价值的核心指标，也是矿业并购中用以确定矿业权及矿业公司股权交易价格的重要依据。本案中，华电国际的真实意思表示是按照合同载明的煤炭资源储量支付相应的交易对价，李某治、高某提供虚假的储量意见书，其行为已构成欺诈，受损害方有权请求人民法院变更或撤销合同。

但是否只要发生出让方承诺的资源储量与实际资源储量不符的，出让方均应赔偿受让方相应损失呢？对这一问题不能一概而论。受让方应对储量报告的真实性亦有一定的注意义务，受让方作为专业的矿业企业，受让前应对煤炭资源储量应进行相应的核实、评估工作。例如，在周某甲、周某乙与凉山彝族自治州国土资源局采矿权出让合同纠纷案[①]中，凉山州国土资源局在拍卖伊始明确说明了采矿权竞买的风险，并声明不对竞买和采矿风险承担责任，即不对拍卖标的矿山提供担保。最高人民法院认为，可以推定周某甲、周某乙在明确知悉案涉采矿权只经过初步勘探，事实可能与初步勘探不符的情况下，自愿承担竞买所带来的商业

---

① 参见最高人民法院民事裁定书，（2012）民申字第 1622 号。

风险，并高价购得案涉采矿权。因此，周某甲、周某乙购得采矿权后的具体情况与拍卖公告不符，为其可以预见范围内的风险，应当自行承担。

此外，由于在现行的储量评审程序中，评审机构不再对原始资料的真实性进行审查，司法裁判的态度普遍倾向于不支持受让人仅以自然资源主管部门评审备案的储量不实或采矿权登记违法为由请求撤销或解除转让合同。对于主张储量登记不实或违法的，司法实践中法院一般选择向当事人释明先就备案或登记问题向自然资源主管部门申请解决。

六、规范链接

《自然资源部关于深化矿产资源管理改革若干事项的意见》（自然资规〔2023〕6号）

各省、自治区、直辖市自然资源主管部门，新疆生产建设兵团自然资源局：

为贯彻落实党中央、国务院关于矿业权出让制度改革、石油天然气体制改革、加强重要能源矿产资源国内勘探开发和增储上产等决策部署，充分发挥市场在资源配置中的决定性作用，更好发挥政府作用……现就深化矿产资源管理改革提出如下意见。

……

八、执行新的矿产资源储量分类

矿产资源管理和规划、政策制定，矿产资源勘查、开采，资源储量估算、评价，矿产资源统计和发布，及相关技术标准制定，应当执行《固体矿产资源储量分类》（GB/T 17766－2020）、《油气矿产资源储量分类》（GB/T 19492－2020）和地热、矿泉水等现行国家颁布的标准规范。

九、强化矿产资源储量评审备案

自然资源主管部门落实矿产资源国家所有的法律要求，依申请对矿业权人或项目建设单位申报的矿产资源储量进行评审备案，出具评审备案文件。自然资源主管部门可以委托矿产资源储量评审机构根据评审备案范围和权限组织开展评审备案工作，相关费用按照国家有关规定执行。

十、明确评审备案范围和权限

探矿权转采矿权，采矿权变更矿种，采矿权变更（扩大或缩小）范围涉及矿产资源储量变化，油气矿产在探采矿期间探明地质储量、其他矿产在采矿期间累计查明矿产资源量发生重大变化的（变化量超过30%或达到中型规模以上的），以及建设项目压覆重要矿产，应当编制符合相关标准规范的矿产资源储量报告，申请评审备案。不对探矿权保留、变更矿种，探矿权和采矿权延续、转让、出让，矿山闭坑，以及上市融资等事由进行评审备案。

自然资源部负责本级已颁发勘查许可证或采矿许可证的矿产资源储量评审备案工作，其他由省级自然资源主管部门负责。涉及建设项目压覆重要矿产的，由省级自然资源主管部门负责评审备案，石油、烃类天然气、页岩气、天然气水合物和放射性矿产资源除外。持续推进矿产资源储量市场服务体系建设，满足企业生产经营、矿业行业发展和市场需要。

（撰稿人：尹思雨）

第四十一条 【矿山闭坑】采矿权人应当按照国家有关规定将闭坑地质报告报送县级以上地方人民政府自然资源主管部门。

采矿权人应当在矿山闭坑前或者闭坑后的合理期限内采取安全措施、防治环境污染和生态破坏。

县级以上地方人民政府应当组织有关部门加强闭坑的监督管理。

一、条文主旨

本条是关于矿山闭坑的规定。

二、立法目的

为了完善生态文明制度体系，落实“绿水青山就是金山银山”理念的体制机制，实现矿业绿色发展，本条规定旨在要求采矿权人履行矿山闭坑义务，县级以上地方人民政府加强闭坑的监督管理，压实各方对闭坑矿山生态环境恢复及安全隐患处理的法律责任，以期最大限度地减少矿山关闭后对社会、经济、环境造成的负面影响。同时，通过闭坑地质报告的报送，完善矿产资源勘查开采监管体系功能，促进矿产资源合理开发利用。[①]

三、立法沿革

《矿产资源法》(1986)第18条要求,关闭矿山需提出矿山闭坑报告及有关采掘工程、不安全隐患、土地复垦利用、环境保护的资料,并按照国家规定报请审查批准。《矿产资源法实施细则》第33条、第34条进一步将"矿山闭坑报告"明确为闭坑地质报告和关闭矿山报告,前者是后者应附文件。考虑到闭坑地质报告的重要性,本条规定明确要求采矿权人向县级以上地方人民政府自然资源主管部门报送闭坑地质报告,确认了闭坑地质报告作为矿山闭坑法定程序的法律地位。因采掘工程资料包含在闭坑地质报告内,故本条规定删除了单独报送采掘工程材料的要求;土地复垦利用的内容则由新的矿区生态修复的相关规定所涵盖,故在本条规定中不再提及,转而为响应新增的"矿区生态修复"专章,增加了采矿权人防治生态破坏的义务。明确采矿权人的义务主体地位和县级以上地方人民政府的监管主体地位则是本次的修订亮点,致力于压实责任,推进矿山闭坑治理,减少废弃矿山遗留。

四、规范解读

"矿山闭坑又称关闭矿山。"[②]在国内,"关闭矿山"一般指地质条件复杂、资源枯竭、市场影响、经营状况、宏观调控等导致的永久性停产矿山企业。[③]但闭坑的内涵并不局限于矿山生产经营活动的停止,还涉及国有资源性资产的注销、资源保护、安全隐患处理、环境污染治理、土地复垦等诸多对矿区和未来有深远影响的工作。[④]然而,现阶段,我国部分矿山管理者在环境治理与生态保护方面的陈旧观念,导致其在生产中只追求利润而忽视了环境保护与治理,致使矿山闭坑时诸多环境治理问题集中暴露。

因此,闭坑是矿山企业退出的必经程序,是履行环境治理、安全隐患处理等各项义务的法定环节。本条规定对此予以回应,共设置3款内容,以责任主体为主

---

① 参见孙志伟等:《矿山闭坑管理研究》,地质出版社2017年版,第3页。

② 地质矿产部矿产开发管理局编:《〈中华人民共和国矿产资源法实施细则〉条文解释》,地质出版社1995年版,第96页。

③ 参见董霁红、吉莉等:《关闭矿山空间资源特征解析与转型路径》,载《煤炭学报》2022年第6期。

④ 参见地质矿产部矿产开发管理局编:《〈中华人民共和国矿产资源法实施细则〉条文解释》,地质出版社1995年版,第96页。

线，规定了矿山闭坑阶段各方应履行的义务和职责。

（一）规定闭坑地质报告报送义务（第 41 条第 1 款）

闭坑地质报告是综合反映矿山地质、设计开采、剩余资源量及采掘系统现状和地质环境影响现状的图文资料。其是矿山闭坑的地质依据，是矿山剩余资源再开发利用、矿山地质环境治理和土地复垦利用的基础资料，具有重要的意义。当下执行《矿山闭坑地质报告编写规范》（DZ/T 0347—2020）标准。

按照现行法规及政策的规定，拟关闭的矿山，在开采结束的前一年，需要向原批准开办矿山的管理部门提出矿山关闭申请，并提交闭坑地质报告。结合本条第 1 款之规定，采矿权人应当依法将闭坑地质报告报送至县级以上地方政府自然资源主管部门。

（二）规定闭坑合理注意义务（第 41 条第 2 款）

1. 采取安全措施

闭坑后的矿山涉及诸多安全隐患。例如，在煤矿漏风的情况下，残留煤体可能会自燃，若遇到二氧化硫、甲烷等煤岩体释放的气体积聚，还有可能发生爆炸事故。此外，大量积水体容易赋存在矿井采空区内，一旦受到扰动，可能向低势能区域透水，甚至向邻近生产矿井涌水，威胁工人安全。因此，相关法律法规对此予以回应。

本条第 2 款规定，采矿权人在矿山闭坑前后的合理期限内采取安全措施。除此之外，《矿山安全法》第 19 条规定，矿山企业对矿山闭坑后可能引起的危害，应当采取预防措施。《矿山安全法实施条例》第 27 条规定，矿山企业应当采取预防措施应对矿山关闭后可能发生的危害。其还规定关闭矿山报告应当包括采掘范围及采空区处理情况、对矿井采取的封闭措施、对其他不安全因素的处理办法等。虽然此处对于安全隐患处理主体的表述并不一致，但考虑到二者同为法律，效力位阶一致，且《矿产资源法》较之《矿山安全法》为新法，代表当下的立法用语倾向，故应当认为，采矿权人负有处理闭坑矿山安全隐患的义务，其应当积极采取措施，监测安全隐患并予以处理。

2. 防治环境污染

矿山关闭后，未经治理或者治理不到位的矿区内会产生诸多环境污染源：例如，发生风化和淋溶的煤矸石山会淋出重金属元素，长期污染土壤；停止排水的采空区、老窑等地下空间形成的污染性矿井（坑）水体会串层污染地下水或渗出污染地表水；[①]氧化的矸石山残煤和井巷残留煤岩体，会在自燃后排放有害气体污染空气，因而闭坑阶段有必要开展环境治理工作。

本条第 2 款规定，采矿权人在矿山闭坑前后的合理期限内防治环境污染。就此，针对固体废物，《固体废物污染环境防治法》规定：尾矿、废石、煤矸石等矿业固体废物贮存设施停用后，矿山企业应当依法进行封场，避免造成环境污染和生态破坏。针对水污染，《水污染防治法》规定：进行采矿活动，应当采取防护性措施，防止污染地下水，对于报废矿井，还应当实施封井或者回填措施。针对大气污染，《大气污染防治法》要求矿产开采企业，采取集中收集处理等措施，严格限制粉尘和气态污染物的排放。

3. 防治生态破坏

矿产资源的开发会对生态环境造成扰动。地下开采的井工矿山，可能导致地面塌陷、滑坡、泥石流等地质灾害。地上开采的露天矿山，其堆放的废石会压占土地，而剥离表土、清除植被等活动则会造成土地毁损、地形变化、水土流失、野生动植物生存环境改变等一系列生态问题。[②] 由此，对生态破坏的系统性治理工作，成为采矿权人不可逃避，贯穿矿山全生命周期的义务之一。

本条第 2 款规定，采矿权人在矿山闭坑前后的合理期限内防治生态破坏。就此，《矿山地质环境保护规定》明确要求采矿权人需要在完成矿山地质环境保护与土地复垦义务并经自然资源主管部门验收合格的基础上，申请办理闭坑手续，将矿区生态破坏治理义务的履行作为准予闭坑的必备条件，防止义务主体逃避应承担的生态破坏治理责任。同时，其还规定了矿山地质环境保护与土地复垦义务履行不到位的处罚措施，加强了对相关义务履行的监管。新修订的《矿产资源法》更是设专章对矿区生态修复事项进行了规制，其第 45 条规定，因开采矿产资源导致矿区生态破坏的，采矿权人应当依法履行生态修复义务，表明防治生态破坏和矿区生态修复的紧密关联性，实现了闭坑矿山防治生态破坏规定和矿区生态修复专章的衔接。第 47 条关于矿区生态修复，至少要在矿山闭坑前后的合理期限内依照经批准的矿山生态修复方案及时完成的规定，更是与本条第 2 款防治生态破坏的要求相呼应，一同构成了推进闭坑矿山防治生态破坏的法律基础，压实

---

① 参见武强、李松营：《闭坑矿山的正负生态环境效应与对策》，载《煤炭学报》2018 年第 1 期。

② 参见吴文盛、王琳等：《新时期我国矿产资源开发与生态环境保护矛盾的探讨》，载《中国矿业》2020 年第 3 期。

了采矿权人在闭坑阶段完成生态破坏治理的应尽责任。具体到生态修复的内容方面,其第 44 条要求,做好地质环境恢复治理、地貌重塑、植被恢复、土地复垦等。

(三)规定矿山闭坑的监督管理(第 41 条第 3 款)

本条第 3 款规定,县级以上地方人民政府应当组织有关部门加强闭坑的监督管理。不同于本条第 1 款所指称的监管主体,即自然资源主管部门,第 3 款中指称的监督主体是县级以上地方人民政府,而非自然资源主管部门。这种表述上的变化蕴含着立法者的深远考量。

1. 压实监管责任

矿产资源的长期开采,形成了数量众多的待闭坑矿井,但在实践中,矿山闭坑管理工作却一直没能得到足够的重视,废弃矿山越来越多,引发的地质灾害、环境和土地破坏、安全隐患等问题越来越严重,影响越来越大,废弃矿井的治理亟须进一步加强。

国家层面高度重视废弃矿井的监督管理,为进一步加强矿井关闭监管以及废弃矿井治理工作,2008 年《中央机构编制委员会办公室关于进一步明确矿井关闭监管职责分工的通知》发布,明确了县级以上地方政府作为本地矿井关闭监管责任主体的职责。上述文件的出台,表明闭坑治理责任尚待继续压实,监管尚需继续加强 ,因此要不断明确闭坑监管主体,督促其履行职责。《矿产资源法》第 41 条第 3 款以县级以上人民政府作为监督主体,正是对该做法的延续。

2. 提升监管效能

矿山闭坑涉及的内容杂,管理部门多,不仅涉及自然资源主管部门,按照现行法以及政策的规定,还涉及劳动行政部门、生态环境部门和税务部门等。各部门之间职责界限不清、监管范围交叉、管理措施类似导致部门监管职能的重叠和缺位。职能重叠会造成多头管理,职能缺位则会导致无人监管,由此管理网络会出现漏洞,管理效率也会受到影响。①

以县级以上人民政府作为监督主体,正是因为存在管理碎片化、部门职能不清的问题。政府作为监督管理机关,更加有利于监管效能的提升,沟通协作的高效,避免某一部门单独监管造成的盲区以及低效或者多头监管带来的重叠和

---

① 参见石小石、白中科等:《我国矿产资源开发中的政府协同监管机制研究》,载《资源与产业》2017 年第 1 期。

冲突。

五、典型案例

(一)矿山闭坑治理的非法占地问题

闭坑治理期间,若对尚未取得使用权的土地进行治理,是否属于非法占用土地?就该问题,可以富宁县自然资源局、文山壮族苗族自治州自然资源和规划局资源行政管理案作为参考。①

2012年,富宁县政府与林兰公司(后变更登记为万汇公司)签订了《富宁县煤矿闭坑转产协议》。此后,在《富宁林兰煤矿闭坑实施方案》编制完毕并经富宁县政府审查的基础上,富宁县自然资源局于2014年与林兰公司签订《富宁县林兰煤矿闭坑回填协议》。万汇公司依照上述协议对涉案地块开展闭坑治理。

2019年3月,县自然资源局对万汇公司涉嫌未经审批非法占用土地开发地产的行为立案调查,后经听证,作出处罚决定书,州自然资源局在复议中予以维持。万汇公司认为其在涉案地块上实施的是闭坑回填行为,故不服处罚决定及复议决定,诉至法院。该案经历两审。

经审理查明,万汇公司的行为不涉及地产开发,因此本案的主要争议焦点在于万汇公司在涉案地块实施闭坑回填行为是否属于非法占用土地?法院认为根据上述文件,万汇公司治理行为的合法性源自富宁县政府及县自然资源局的授权,与万汇公司是否取得土地使用权无关。最终,一审法院作出撤销处罚决定和复议决定的判决,二审法院予以维持。

由此可知,法院对于政府授权的闭坑治理行为,即使没有土地使用权证,亦可认定为合法行为。本案中的授权来源主要是行政协议,但治理实施方案、矿山关闭报告的批准能否视为政府授权有待进一步研究,以便更好协调《矿产资源法》修订后的闭坑治理与土地管理。

(二)公益诉讼督促矿山闭坑治理

根据《最高人民法院、最高人民检察院关于检察公益诉讼案件适用法律若干问题的解释》第21条关于行政公益诉讼的规定,环保监管机关存在失职行为时,检察机关应当通过检察建议、公益诉讼方式督促监管机关履行职责。

以重庆市武隆区人民检察院督促治理矿山地质环境行政公益诉讼案为引,可

---

① 参见云南省文山壮族苗族自治州中级人民法院行政判决书,(2020)云26行终77号。

对此类案件建立概念。①

武隆区某石材公司在矿产开采过程中因防护不当,大量废弃渣石落入大溪河,致使边坡植被毁坏,河道也被阻塞。此后经当地主管部门同意,启动闭坑治理工程。因未严格执行实施方案,恢复工程虽通过验收,但河流及矿区生态环境仍处于受损状态。武隆区人民检察院遂立案调查,并向主管部门发出检察建议督促其履行监管职责,但效果不佳。检察院因此对主管部门武隆区规划和自然资源局、武隆区水利局提起行政公益诉讼,经审理,法院判令主管部门履行监管职责。

由此可见,闭坑治理主管部门在验收中并不严谨,存在监管不到位的问题,使矿区生态环境持续受损,而行政公益诉讼制度的建立,为闭坑治理层面的行政监管不到位打上了补丁,为矿山闭坑环境治理提供了坚实的司法保障。《矿产资源法》修订后,应当继续发挥公益诉讼对闭坑治理的监督作用。

六、规范链接

(一)《中华人民共和国矿产资源法》(2024 年 11 月 8 日修订)

第四十七条 采矿权人应当按照经批准的矿区生态修复方案进行矿区生态修复。能够边开采、边修复的,应当边开采、边修复;能够分区、分期修复的,应当分区、分期修复;不能边开采、边修复或者分区、分期修复的,应当在矿山闭坑前或者闭坑后的合理期限内及时修复。

(二)《中华人民共和国矿山安全法》(2009 年 8 月 27 日修正)

第十九条 矿山企业对使用机械、电气设备,排土场、矸石山、尾矿库和矿山闭坑后可能引起的危害,应当采取预防措施。

(三)《中华人民共和国矿山安全法实施条例》(1996 年 10 月 30 日)

第二十七条 矿山企业应当按照国家有关规定关闭矿山,对关闭矿山后可能引起的危害采取预防措施。关闭矿山报告应当包括下列内容:

(一)采掘范围及采空区处理情况;

(二)对矿井采取的封闭措施;

(三)对其他不安全因素的处理办法。

① 参见《重庆市武隆区人民检察院督促治理矿山地质环境行政公益诉讼案》,载最高人民检察院网 2023 年 2 月 27 日,https://www.spp.gov.cn/xwfbh/wsfbh/202302/t20230227_604248.shtml。

（四）《矿山地质环境保护规定》（2019 年 7 月 16 日修正）

第十九条　矿山关闭前，采矿权人应当完成矿山地质环境保护与土地复垦义务。采矿权人在申请办理闭坑手续时，应当经自然资源 主管部门验收合格，并提交验收合格文件。

第二十七条　违反本规定，未按照批准的矿山地质环境保护与土地复垦方案治理的，或者在矿山被批准关闭、闭坑前未完成治理恢复的，责令限期改正，并列入矿业权人异常名录或严重违法名单；逾期拒不改正的或整改不到位的，处 3 万元以下的罚款，不受理其申请新的采矿权许可证或者申请采矿权许可证延续、变更、注销。

（撰稿人：特尼贡、曹宇）

第四十二条　【环保安监等义务的参照执行】勘查、开采矿产资源，应当遵守有关生态环境保护、安全生产、职业病防治等法律、法规的规定，防止污染环境、破坏生态，预防和减少生产安全事故，预防发生职业病。

一、条文主旨

本条是关于环保安监等义务参照执行的规定。

二、立法目的

本条规定旨在构建矿产资源开发利用过程中的关联法律体系，明确环保、安监等法律责任，构建让管制法规及政策考虑“流入”其法律关系的管道，将其他法律规范、强制标准中所举明的必要、合理的义务纳入其中，提高《矿产资源法》的系统性、整体性和协同性。

自然资源部法规司司长魏莉华提出，自然资源法治建设须适应生态文明体制改革需要，提高自然资源立法质量，包括加强法律整合梳理，加快消除法律规范之间存在的不完整、不协调、不统一的现象，将自然资源法律体系变成协调统一的整体。法律规定有缺项的，及时补充。已有的法律规定，有些需要及时修改完善，有些需要进一步配套、解释，有些不合时宜的内容及时废止。不同法律之间监督管理内容相近重合的及时整合调整。[①] 本条内容为完善矿产资源在开发、利用、善后等全过程、多领域中需参照执行的义务条款，加强《矿产资源法》的开放性，引入其他法律规范进行充分调整，加强矿产资源法制保障，推动从数量型立法向质量型立法转变。[②]

三、立法沿革

本条作为本次《矿产资源法》修订中内容变化较大的转介条款，在延续过往立法精神的基础上，进一步融合新时代发展理念。

本条的修改，强化了对矿产资源安全生产领域的高标准、严要求，积极响应时代发展需要，将《矿产资源法》与安全生产法律体系进行紧密连接，推动矿产资源安全、有序、稳步发展。

（一）坚守环境保护理念

《矿产资源法》（1986）第 30 条第 1 款规定："开采矿产资源，必须遵守有关环境保护的法律规定，防止污染环境。"首次以法律条文的形式将环境保护相关的法律法规转介入矿产资源领域，标定环境保护总态势。本次《矿产资源法》修订中，第 42 条进一步明确规定开采矿产资源，应当遵守有关环境保护的法律法规的规定，防止污染环境。本条丰富矿产资源领域的法律规制手段，是对"十四五"规划的积极响应，是保护生态环境，加强污染治理，促进绿色低碳发展，维护能源与资源安全等一系列新时代发展理念与矿业发展的一次重要融合。

（二）压实安全生产责任

《矿产资源法》（2009）第 31 条对安全生产的要求为"开采矿产资源，必须遵守国家劳动安全卫生规定，具备保障安全生产的必要条件"。本法第 42 条对安全生产的表述修正为"勘查、开采矿产资源，应当遵守有关生态环境保护、安全生产、职业病防治等法律、法规的规定，防止污染环境、破坏生态，预防和减少生产安全事故，预防发生职业病。"强调在矿产资源生产中，应严格履行法律法规对安全生产条件的高标准，明确预防为主防治结合的严要求。进一步夯实安全生产工作基础，着重补强安全理念、安全标准、安全责任、安全法治，推动重大安全事故隐患

---

① 参见魏莉华：《自然资源法律体系变革与重构》，载中国海洋发展研究中心网 2018 年 5 月 22 日，https://aoc.ouc.edu.cn/2018/0522/c9821a197669/pagem.psp。

② 参见魏莉华：《用最严密法治守护绿水青山》，载《资源与人居环境》2023 年第 8 期。

动态清零，不断提升安全生产水平，加快推进安全生产治理体系和治理能力现代化，努力推进高质量发展和高水平安全良性互动。

（三）落实人权保障制度

本次《矿产资源法》修订对环保安监义务的重大调整，充分考量矿业活动与劳动者、社会生活和环境保护之间广泛、直接的联系，纳入对劳动者的保护，将劳动安全与生产安全并论，注入人权保障新理念。从观念和制度上强化职业安全保障落实，从理论与实践的结合点上破解职工权益保障难题。

此次修订是对《矿产资源法》内容进一步丰富的肯定，意在筑牢安全发展理念，体现出立法者对加强安全生产监管，切实维护人民群众生命财产安全的重视。

四、规范解读

在《矿产资源法》经过漫长的酝酿积累后，本条内容的重大变化，意在全面系统回应深入推进生态文明建设的迫切需求和全面落实依法治国的时代要求，以系统性切实维护矿产资源权益。

在框架结构方面，本条提前至本法第三章"矿产资源勘查、开采"中，凸显矿产资源开发利用过程中及时对环境保护、权益保障的严格要求，注重事前和事中进行约束，进一步表达出对矿业企业应积极主动地遵守相关规定履行义务，而非消极等待相关部门监管的要求。

在条文形式方面，本次修订将该转介条款单设为一条，规定表述更为精练，义务划分更加明晰，且将监管主体、监管职责等规定分设一条至"监督管理"一章中，在整体体例结构划分、内容排布上更为科学合理。

在具体内容方面，本条经过此次修改，亮点在于以列举的方式吸收融合先前立法关键内容的同时，又以开放性的表达拓宽了本条所欲涵盖的内容。"等法律、法规"概括式的表述，既是对过往立法的回应，也是为在应对未来新挑战进行的立法留白。

（一）转介条款增强《矿产资源法》开放性

本条在性质上被定义为"转介条款"。转介条款作为不同法律规范之间的法桥梁，在当前的法律体系中十分常见。学界对于转介条款的理解，多采用苏永钦教授的观点："转介条款只是概括的转介某个社会伦理或公法规定，对于它在私法领域的具体适用，如何与私法自治的价值适度调和，都还未作出决定。司法者站在公私法汇流的闸口，正要替代立法者去做决定：让公法规范以何种方式，以多大的流量,注入私法。”[①]故转介条款通常认为是在为其他法律规范进入本法,与本法共同调整某种法律关系所设的“通道”。本次修订概括提供了法律之间的接口,能够在需要的时候获得特定管制法的支援,很大程度上消解了《矿产资源法》在表面上所具有的封闭性。相较于本法中的其他条款,转介条款的特点在于:第一,转介条款规范内容更加宽广,参照其他领域中不特定的法律规范;第二,转介条款的调整范围更加概括,不局限于本法领域中的特定法律关系;第三,转介条款在一定程度上是对“自由裁量权”的限缩,该条在约束行为人的同时,本质上是对法律适用者的权利义务范围进行的调整,赋予法律适用者必要的自主选择权,同时要求法律适用者在对相关法律关系依法依规进行裁量。

本条通过转介条款的设置,扩大了《矿产资源法》的法外制度构成,着眼于未来的发展进程,对生态环境保护、安全生产、职业病防治等规定的完善更加依赖其外部法源体系的持续供给,以形成相关权责动态更新的法律体系。[②]《矿产资源法》与外部法源体系的相互衔接、协调、合作,在维护《矿产资源法》专有调整领域的同时,更维护了其价值上的开放性。

(二)转介条款强化多元价值保障

资源开发具有价值多元性,在追求获得资源价值、经济价值的同时,环境、安全以及健康等其他多元价值目标的实现亦是此次《矿产资源法》修订关切的要点。限于立法规模以及篇幅内容等影响,《矿产资源法》采用设置转介条款的方式,打通《矿产资源法》与其他相关法律的关系。

本条规定了矿产企业以及劳动者的职责和权利义务,明确矿产企业与劳动者应当严格遵守国家有关生态环境保护、安全生产、职业病防治等规定。要求矿产企业应当承担更多的社会责任与法律责任。

在生态环境保护方面,本条要求矿产企业严格遵守环境保护相关法律法规,如《环境保护法》(2014)第 19 条第 1 款“编制有关开发利用规划,建设对环境有影响的项目,应当依法进行环境影响评价”以及第 30 条第 1 款“开发利用自然资源,应当合理开发”等规定,在矿产资源的勘察开采过程中均有体现。这些规定的背后,都意在杜绝“边治理边破坏”“治理赶不上破坏”等问题的发生,严守生态

---

① 苏永钦:《走入新世纪的私法自治》,中国政法大学出版社 2002 年版,第 331 页。

② 参见曹宇:《循环利用机制纳入环境法典探索:理念、体系与制度构成》,载《政法论坛》2022 年第 2 期。

保护红线。强制要求矿产企业严格遵守生态环境保护相关的法律法规，努力建设绿色矿山，以立法的方式号召上下齐心践行“两山”理念，在矿产资源领域推动生态文明建设。

在安全生产和劳动保护方面，本条要求矿产企业也应当遵守安全生产相关法律法规的规定。满足如《安全生产法》(2021)第32条有关程序性的强制规定：“矿山、金属冶炼建设项目和用于生产、储存、装卸危险物品的建设项目，应当按照国家有关规定进行安全评价。”此类规范，均是对《矿产资源法》的补充、完善。要求矿产企业从事相关活动时，理应将其充分考虑，肩负起相关义务。执法、监管部门在对相关活动进行监督管理时，也应当对其充分考虑。

此外，本条所规定的“等法律、法规的规定”内涵还包括诸如《自然保护区条例》(2017)第26条规定“禁止在自然保护区内进行砍伐、放牧、狩猎、捕捞、采药、开垦、烧荒、开矿、采石、挖沙等活动”对矿业用地的法律限制；《矿山安全法》(2009)、《地质灾害防治条例》(2004)、《矿产资源开采登记管理办法》(2014)等其他法律规范中针对矿产资源各个环节、各个方面所作出的调整规范。“等法律、法规”的表述均将此类规范涵盖其中。

本条规范恰当的将《矿产资源法》与其他法律规范进行了衔接，减少立法成本，保证了法律体系内部的协调统一，且对生态环境保护、矿产安全生产的重要性进行了重点强调，积极回应矿业繁荣发展的时代需求，注重点面结合、标本兼治，实现由重点整治到系统治理的重大转变；是坚持转变观念、压实责任，不断增强相关主体推进生态文明建设的自觉性主动性，切实维护矿产资源权益，实现由被动应对到主动作为的重大转变。

五、典型案例

最高人民检察院指导性案例明确要求矿产企业应积极承担环境保护义务，履行修复治理责任

以《矿产资源法》(2009)第32条为例，2023年最高人民检察院发布的指导性案例“某矿业公司未履行矿山恢复治理责任行政非诉执行检察监督案”，最高人民检察院认为“矿产开采及修复治理涉及环境资源保护和经济社会发展大局。根据《中华人民共和国矿产资源法》第三条、第三十二条和《矿山地质环境保护规定》第三条的规定，矿产开发实行许可制，并且相关企业应当因地制宜开展复垦

利用、补植复绿等修复治理义务”①。

最高人民检察院对此案典型意义的总结，明确该案中矿产企业在环境保护方面所需承担的具体义务，将本条内容进一步明确、细化。该案例一经公布，在今后的司法实践过程中，司法工作人员及矿产企业等主体，均需以此为裁判、行为指引。此外，诸如《矿山地质环境保护规定》《地质灾害防治条例》等行政法规，也被本条内容所涵盖，是相关主体履行职责的重要依据，此类规定均进一步明晰本条的责任内涵。

六、资料索引

（一）深学细悟笃行党的二十届三中全会精神，敢担当善作为干实事求实效进一步全面深化矿山安全领域改革发展②

会议指出，全会通过的《中共中央关于进一步全面深化改革　推进中国式现代化的决定》是新时代新征程上推动全面深化改革向广度和深度进军的总动员、总部署，深刻阐明了进一步全面深化改革、推进中国式现代化的重大意义，明确了进一步全面深化改革的指导思想、总目标、重大原则、重大举措、根本保证，是新征程上进一步全面深化改革的宣言书和动员令。全系统上下要领会好改革意图，把准改革指向，自觉把矿山安全工作置于以中国式现代化全面推进强国建设、民族复兴伟业的战略全局，加强矿山安全领域改革发展的顶层设计、整体谋划、有效落实，深入推进矿山安全高质量发展，深入推进矿山安全治理模式向事前预防转型，深入推进矿山安全生产风险排查整治和责任倒查机制健全完善，深入推进矿山领域科技强安、人才兴安，深入推进矿山安全法治建设，深刻领会进一步全面深化改革的根本保证，不断提高抓改革促发展的积极性、主动性、创造性、能动性，切实用真理力量武装头脑、指导实践、推动工作。

---

① 《“检察为民办实事”——行政检察与民同行系列典型案例（第十二批）行政检察助力生态环境和资源保护典型案例》，载最高人民检察院网上发布厅 2023 年 6 月 11 日，https://www.spp.gov.cn/spp/xwfbh/wsfbt/202306/t20230611_617036.shtml#2。

② 参见《国家矿山安全监察局召开全系统学习宣传贯彻党的二十届三中全会精神视频会议强调深学细悟笃行党的二十届三中全会精神　敢担当善作为干实事求实效 进一步全面深化矿山安全领域改革发展》，载国家矿山安全监察局网，https://www.chinamine-safety.gov.cn/xw/mkaqjcxw/202407/t20240730_496486.shtml。

（二）国家职业病防治规划明确：职业健康是健康中国建设的重要基础和组成部分，事关广大劳动者健康福祉与经济发展和社会稳定大局①

党中央、国务院始终高度重视各行业职业健康工作，通过发布职业健康保护相关政策文件，设立《职业病防治法》宣传周等方式，多措并举建立健全职业健康工作与监督管理机制，提高职业病综合防治能力。矿山作为职业病危害严重的行业领域，矿产企业作为职业病防治的责任主体，应当自觉履行国家对生产安全、劳动保护、职业健康等相关方面的法律法规。主动依照我国《劳动法》《职业病防治法》等法律法规的相关规定，为从业人员提供安全的工作环境，配备必要的安全防护设施，以及提供其他必要的劳动保障，随时接受相关监管部门监督管理。

七、规范链接

（一）《中华人民共和国环境保护法》（2014 年 4 月 24 日修订）

第四条第二款　国家采取有利于节约和循环利用资源、保护和改善环境、促进人与自然和谐的经济、技术政策和措施，使经济社会发展与环境保护相协调。

（二）《中华人民共和国安全生产法》（2021 年 6 月 10 日修正）

第二条　在中华人民共和国领域内从事生产经营活动的单位（以下统称生产经营单位）的安全生产，适用本法……

（三）《中华人民共和国矿山安全法》（2009 年 8 月 27 日修正）

第二条　在中华人民共和国领域和中华人民共和国管辖的其他海域从事矿产资源开采活动，必须遵守本法。

（四）《矿山地质环境保护规定》（2019 年 7 月 16 日修正）

第二条第一款　因矿产资源勘查开采等活动造成矿区地面塌陷、地裂缝、崩塌、滑坡，含水层破坏，地形地貌景观破坏等的预防和治理恢复，适用本规定。

（五）《煤矿作业场所职业病危害防治规定》（2015 年 2 月 28 日）

第二条　本规定适用于中华人民共和国领域内各类煤矿及其所属为煤矿服

---

①　参见《国家职业病防治规划》（2021—2025 年），载中国政府网 2021 年 12 月 7 日，https://www.gov.cn/zhengce/zhengceku/2021-12/18/content_5661756.htm。

务的矿井建设施工、洗煤厂、选煤厂等存在职业病危害的作业场所职业病危害预防和治理活动。

（撰稿人：赵靖玉、曹宇）

第四十三条 【发现地质遗迹、古生物化石和文物的处理】勘查、开采矿产资源时发现重要地质遗迹、古生物化石和文物的，应当加以保护并及时报告有关部门。

一、条文主旨

本条是关于矿产资源勘查、开采时发现地质遗迹、古生物化石和文物时处理方式的规定。

二、立法目的

万物有所生，而独知守其根。关于历史文化遗产和自然遗产，“保护”二字是习近平总书记再三强调的关键词。[①] 地质遗迹和文化遗产承载着中华民族的基因和血脉，不仅属于我们这一代人，也属于子孙万代。为加强对地质遗迹和文化遗产的有效保护，规制开采者行为，防止在开采矿产资源时对重要地质遗迹、古生物化石和文物造成不可挽回的损害，筑牢历史文化遗产和自然遗产安全底线，守护好前人留给我们的宝贵财富制定本条款。

三、立法沿革

从《矿产资源法》(1986)开始制定时起，就引入保护地质遗迹及文化古迹的条款，且一直延续至今。《矿产资源法》历经更迭，但遗迹保护的条款一直未有变动，核心内容紧紧围绕两个方面展开，分别为矿产资源勘查、开采者的保护义务与报告义务。此次修订在延续以往立法精神的基础上，致力于保护条款用语的明确，将旧法中“具有重大科学文化价值的罕见地质现象以及文化古迹”的表述修

---

① 参见《关于历史文化遗产和自然遗产，总书记这样论述》，载中青在线 2022 年 6 月 12 日，https://news.cyol.com/gb/articles/2022-06/12/content_wXa2wiRVx.html。

改为“重要地质遗迹、古生物化石和文物”，意在扩大保护对象范围，进一步强化地质、文化遗产的保护。

四、规范解读

（一）本条在性质上为“转介条款”

转介条款主要适用于民法中，是授权法官在审理民事案件时斟酌适用管制规范的管道性条款。现代民法典中，转介条款的主要功能在于配合其“普通法”的定位，在不损伤《民法典》中立性的同时，一般性地“内建引进特别法的管制政策的管道，以调和国家管制和社会自治空间的矛盾”，为此，必然只能采取概括条款的方式。[①] 本法第 43 条使用转介条款的方式规定勘查、开采矿产资源时的保护、报告义务。一方面精简了法律条文，避免重复规定；另一方面扩张了规范的适用范围，扩充转介法域的规范容量。这种立法技术使《矿产资源法》在构建一个足够一般和稳定结构的同时又能够通过各种渠道在规则和价值上与其他法律良好的沟通，能够在需要的时候将特定的管制法“拉”进来，消解法条表面上所具有的封闭性。

（二）勘查、开采矿产资源的保护、报告义务

筑牢历史文化遗产和自然遗产安全底线，守护好前人留给我们的宝贵财富。由于地质遗迹、古生物化石和文物不仅具有重要的科学研究价值，更是进行爱国主义教育的生动教材，故而要正确处理经济建设、社会发展与这类资源保护的关系，确保其安全。当矿产资源开发利用与这类资源保护利用存在冲突时，义务人应及时履行保护和报告义务。

总体来讲，本条作为转介条款规定的保护、报告义务起到提醒和强化作用。相关的法律规范已经规定了这种义务的主要内容。例如，《地质遗迹保护管理规定》第 17 条规定禁止在保护区内及可能对地质遗迹造成影响的范围内开矿。《古生物化石保护条例》第 18 条要求发现古生物化石应保护现场并立即上报。《文物保护法》（2024）第 46 条亦规定发现文物须保护现场并上报，且文物归国家所有，严禁哄抢私藏。《矿产资源法》第 43 条与上述法规相辅相成，共同夯实了遗迹保护工作的法律与实践基石。

---

① 参见茅少伟：《寻找新民法典：“三思”而后行　民法典的价值、格局与体系再思考》，载《中外法学》2013 年第 6 期。

(三)保护对象的表述蝶变使范围更加明晰

本次修订改变了对保护对象的表述,将旧法条文中“具有重大科学文化价值的罕见地质现象以及文化古迹”的表述修改为“重要地质遗迹、古生物化石和文物”。修订条文去掉“具有重大科学文化价值”和“罕见”两个修饰词,意在将保护的范围扩大,增强对重要地质遗迹、古生物化石和文物的保护力度。旧条文中使用的“地质现象”和“文化古迹”的表述所指概念包含内容广泛,未有相应的法律法规界定其范围,缺乏对实践的指引。不过国家在1995年公布的《地质遗迹保护管理规定》和2010年公布、2019年修订的《古生物化石保护条例》以及1991年公布经多次修订的《文物保护法》都分别对“地质遗迹”、“古生物化石”和“文物”作出了内涵与外延确切的定义。因此,此次修改表述不仅与时俱进,与相关法律规定相衔接,更是规范了相关立法语言的统一。

修订后的条款规定保护对象为重要地质遗迹、古生物化石和文物三大类。对于保护对象更加精准的表述使我们得以站在新的起点上看待历史遗产,而推进遗迹保护利用和遗迹保护传承依然任重道远。要落实保护遗迹之责应先聚焦于保护对象的认定。

1. 重要地质遗迹的认定

厘清保护类型及范围是保护地质遗迹的首要前提。2008年自然资源部中国地质调查局将地质遗迹依其形成原因、自然属性等分为6种类型,分别为标准地质剖面、著名古生物化石遗址、地质构造形迹、典型地质与地貌景观、特大型矿床以及地质灾害遗迹。[①]《地质遗迹保护管理规定》给出地质遗迹的明确定义为:在地球演化的漫长地质历史时期,由于各种内外动力地质作用,形成、发展并遗留下来的珍贵、不可再生的地质自然遗产。同时《地质遗迹保护管理规定》以列举加兜底的方式给出范围:

(1)对追溯地质历史具有重大科学研究价值的典型层型剖面(含副层型剖面)、生物化石组合带地层剖面、岩性岩相建造剖面及典型地质构造剖面和构造形迹;

(2)对地球演化和生物进化具有重要科学文化价值的古人类与古脊椎动物、

---

① 《我国地质遗迹有哪些类型?》,载中国地质调查局网2008年12月16日,https://www.cgs.gov.cn/kpzs/dzly/gydz/201603/t20160309_290205.html。

无脊椎动物、微体古生物、古植物等化石与产地以及重要古生物活动遗迹；

（3）具有重大科学研究和观赏价值的岩溶、丹霞、黄土、雅丹、花岗岩奇峰、石英砂岩峰林、火山、冰川、陨石、鸣沙、海岸等奇特地质景观；

（4）具有特殊学科研究和观赏价值的岩石、矿物、宝玉石及其典型产地；

（5）有独特医疗、保健作用或科学研究价值的温泉、矿泉、矿泥、地下水活动痕迹以及有特殊地质意义的瀑布、湖泊、奇泉；

（6）具有科学研究意义的典型地震、地裂、塌陷、沉降、崩塌、滑坡、泥石流等地质灾害遗迹；

（7）需要保护的其他地质遗迹。

地质遗迹与地球的可持续发展息息相关，是具有重要科普意义、教育意义之场所。近年来，我国地质遗迹保护取得显著成效。我国的 7 个地质遗迹凭借其优良的保护状况受到国际社会的高度肯定，入选全球最大的科学组织之一国际地质科学联合会公布的全球首批 100 个地质遗产地的最终名录。中国是首批入选地质遗产地最多的国家之一，这不仅说明了我国地球科学研究的国际水平和精神文明建设水平，更是我国人与自然和谐共生现代化的重要体现。

2. 古生物化石的认定

（1）文物与古生物化石的区别。

从自然属性以及概念的内涵与外延等方面来看，文物研究的时间跨度是“人类历史以来”，更侧重与人类文明的相关性；古生物化石则多是“人类出现以前”古生物的遗体遗迹所形成，主要是具有进行生物进化等方面研究的科学价值。从主管部门来看，文物与古生物化石的管理并不统一，文物由国家文物局主管，古生物化石主要由自然资源部主管。在法律规定上，《文物保护法》（2024）在列举了受国家保护的 5 类文物后，另起一款规定“具有科学价值的古脊椎动物化石和古人类化石同文物一样受国家保护”。该条明确了古生物化石和文物应有区分。此次修法在保护对象中新增一项“古生物化石”与文物相并列也是对此问题的明确回应。

（2）古生物化石范围已有界定。

目前《古生物化石保护条例》第 2 条第 2 款将古生物化石的范围界定为，地质历史时期形成并赋存于地层中的动物和植物的实体化石及其遗迹化石。《古生物化石保护条例》另起一款规定：“古猿、古人类化石以及与人类活动有关的第四纪古脊椎动物化石的保护依照国家文物保护的有关规定执行。”从《矿产资源法》遗迹保护条款的修订来看，古生物化石不属于文物一类显而易见，而为进一步区分、保护古生物化石，有关部门应尽快制定国家重点保护的古生物化石名录和全国统一的古生物化石鉴定标准。

3. 文物的认定

《文物保护法》（2024）第 2 条对文物进行了明确分类，并规定：“文物受国家保护。本法所称文物，是指人类创造的或者与人类活动有关的，具有历史、艺术、科学价值的下列物质遗存：（一）古文化遗址、古墓葬、古建筑、石窟寺和古石刻、古壁画；（二）与重大历史事件、革命运动或者著名人物有关的以及具有重要纪念意义、教育意义或者史料价值的近代现代重要史迹、实物、代表性建筑；（三）历史上各时代珍贵的艺术品、工艺美术品；（四）历史上各时代重要的文献资料、手稿和图书资料等；（五）反映历史上各时代、各民族社会制度、社会生产、社会生活的代表性实物。文物认定的主体、标准和程序，由国务院规定并公布。具有科学价值的古脊椎动物化石和古人类化石同文物一样受国家保护。”鉴于文物是不可再生的文化资源，故而一切机关、组织和个人都有依法保护文物的义务。

（四）报告义务中“及时”的考量

正确理解“及时”的含义是正确适用该条规定的前提，也是正确把握报告义务人是否履行义务的标准之一。考量是不是“及时”，不能简单、机械、片面地只看报告义务人报告相关部门的时间节点，还要结合其报告的主观意识和行为表现加以全面、综合的判断。

《古生物化石保护条例》以及《文物保护法》中分别规定，发现古生物化石、文物的，应当“立即”报告相关部门，相关部门接到报告后应当在 24 小时内赶赴现场，并在 7 日内提出处理意见。根据实践经验，本法第 43 条中“及时报告有关部门”的“及时”应指第一时间，在发现重要地质遗迹、古生物化石和文物时当即（24 小时内）报告有关部门。但如果遇到特殊情况，如受外力阻拦等不能第一时间报告时，报告义务人应在阻拦因素消灭后第一时间报告，在此期间内要履行保护义务，不得使本条所保护的资源受到损害。

五、典型案例

（一）河南新乡挖砂采石造成战国赵长城遗址部分受损案①

2018 年，卫辉市矿山主管部门为卫辉市天然资源有限公司四车间办理采矿许可证时，未按规定征求文物行政部门意见，将赵长城遗址唐庄 2 段划入采矿范围。导致历经 2300 多年沧桑的河南省文物保护单位战国赵长城遗址部分受损，采矿企业作业后形成的巨大陡坡，将原本蜿蜒曲折的赵长城拦腰截断。

原则上，文物保护单位的保护范围内不得进行其他建设工程，如因特殊情况需要在文物保护单位的保护范围内进行其他建设工程，须经相关部门批准、同意。实践中，有很多企业未向文物行政部门申报办理审批手续，擅自在文物保护范围内进行建设工程，将历史遗址划入采矿范围。非法采矿工作给各地历史文物造成了不可估量的损失，究其原因，一方面是地方相关部门文物保护意识不强，制定采石开矿规划未统筹考虑文物保护工作；另一方面是相关企业缺乏文物保护法治意识，未能保证文物保护单位的安全。

（二）内蒙古自治区达拉特旗人民检察院诉达拉特旗 A 煤矿、B 煤炭公司损毁文物公益诉讼案②

秦直道遗址，横跨陕西省与内蒙古自治区两地，全长达 700 余公里，为国家级文物保护单位，对研究古代交通与秦代历史意义重大。2009 年至 2020 年，鄂尔多斯市达拉特旗两家煤矿公司在遗址上非法采煤，致 3214.01 米遗址消失，严重损害国家与公众利益。

2023 年 7 月，达旗检察院立案调查此文物损毁公益诉讼案。其间，自治区检察院与文旅厅紧密协作，通过联席会议与专家论证，制定了遗址虚拟修缮方案，估算成本为 506.66 万元。2024 年 4 月，达拉特旗法院一审判决支持检察机关诉求。目前，包括修缮费用在内的总计 554 万余元已到位并公证提存，计划用于达拉特旗文物保护工作。

---

① 参见《挖砂采石“截断”长城遗址？超 2000 米文物消失无踪！中央环保督察通报河南新乡挖砂采石乱象》，载微信公众号“中国砂石网”2023 年 12 月 21 日，https://mp.weixin.qq.com/s/-G1UfQFhyrICcNqNPd0B9A。

② 参见《最高检发布文物和文化遗产保护检察公益诉讼典型案例》，载微信公众号“最高人民检察院”2024 年 6 月 8 日，https://mp.weixin.qq.com/s/8DGrcMCHryGQ2l2qsfXB4g。

六、规范链接

（一）《中华人民共和国文物保护法》（2024 年 11 月 8 日修订）

第二十八条 在文物保护单位的保护范围内不得进行文物保护工程以外的其他建设工程或者爆破、钻探、挖掘等作业；因特殊情况需要进行的，必须保证文物保护单位的安全。

因特殊情况需要在省级或者设区的市级、县级文物保护单位的保护范围内进行前款规定的建设工程或者作业的，必须经核定公布该文物保护单位的人民政府批准，在批准前应当征得上一级人民政府文物行政部门同意；在全国重点文物保护单位的保护范围内进行前款规定的建设工程或者作业的，必须经省、自治区、直辖市人民政府批准，在批准前应当征得国务院文物行政部门同意。

（二）《古生物化石保护条例》（2019 年 3 月 2 日修订）

第十八条 单位和个人在生产、建设等活动中发现古生物化石的，应当保护好现场，并立即报告所在地县级以上地方人民政府自然资源主管部门。

县级以上地方人民政府自然资源主管部门接到报告后，应当在 24 小时内赶赴现场，并在 7 日内提出处理意见。确有必要的，可以报请当地人民政府通知公安机关协助保护现场。发现重点保护古生物化石的，应当逐级上报至国务院自然资源主管部门，由国务院自然资源主管部门提出处理意见。

生产、建设等活动中发现的古生物化石需要进行抢救性发掘的，由提出处理意见的自然资源主管部门组织符合本条例第十一条第二款规定条件的单位发掘。

（撰稿人：石蕾、曹宇）

第四章 矿区生态修复

第四十四条 【矿区生态修复一般规定】矿区生态修复应当坚持自然恢复与人工修复相结合，遵循因地制宜、科学规划、系统治理、合理利用的原则，采取工程、技术、生物等措施，做好地质环境恢复治理、地貌重塑、植被恢复、土地复垦等。涉及矿区污染治理的，应当遵守相关法律法规和技术标准等要求。

国务院自然资源主管部门会同国务院生态环境主管部门等有关部门制定矿区生态修复技术规范。

国务院生态环境主管部门指导、协调和监督矿区生态修复工作。

县级以上地方人民政府应当加强对矿区生态修复工作的统筹和监督，保障矿区生态修复与污染防治、水土保持、植被恢复等协同实施，提升矿区生态环境保护和恢复效果。

一、条文主旨

本条是关于矿区生态修复理念、原则、措施、目标、技术要求、监管机构等的一般规定。

二、立法目的

（一）在法律层面明确矿区生态修复的重要性

从宏观政策背景来看，生态修复或生态保护修复已经成为我国近年来经济社会发展与建设中的重要底色之一，而矿产资源开发利用活动中也经常或必然会发生生态系统破坏的情况，尽管可能是暂时性的。从全部条文内容来看，本法主要定位是规范矿产资源开发利用方面的相关问题，但揭示本法立法目的的第 1 条明确把加强生态文明建设作为立法目的之一，第一章“总则”下的第 2 条、第 3 条、第 11 条、第 12 条、第 14 条也有相关的表达。因此，本条作为“矿区生态修复”部分的第 1 条，对矿区生态修复问题作出一般性规定，有其必要性。

（二）总结矿区生态修复的实践经验

包括矿区生态修复在内的生态修复已经在实践中推行了多年，相关监管部门积累了较为丰富、成熟的经验，如《国务院办公厅关于鼓励和支持社会资本参与生态保护修复的意见》《自然资源部关于探索利用市场化方式推进矿山生态修复的意见》《自然资源部办公厅关于加强国土空间生态修复项目规范实施和监督管理的通知》《自然资源部办公厅关于严守土石料利用政策底线进一步完善矿山生态修复激励措施的通知》《自然生态空间用途管制办法（试行）》《绿色矿山评价指标》《绿色矿山遴选第三方评估工作要求》《矿山地质环境保护规定》《地质环境监测管理办法》《历史遗留工矿废弃地复垦利用试点管理办法》（已失效）等。从国家层面的立法经验来看，既有的单行法之中业已有了明确提到生态修复甚至矿区生态修复的条文，前者如《海岛保护法》第 21 条、第 27 条，《水土保持法》第 30 条，《森林法》第 46 条，《生物安全法》第 60 条、第 64 条，《乡村振兴促进法》第 36 条，《湿地保护法》第 16 条、第 33 条，《黄河保护法》第 29 条、第 31 条、第 44 条，《海洋环境保护法》第 40 条、第 42 条等，后者如《青藏高原生态保护法》第 34 条。此次《矿产资源法》修订中，专章规定“矿区生态修复”，并在本条作出较为全面的一般性规定，也是我国成熟法律体系建成之后的必然要求。

三、立法沿革

本条为此次《矿产资源法》修订的新增条款，归属于第四章“矿区生态修复”。不过，就矿区生态修复而言，既有的各类、各层级规范性文件和政策性文件之中已多有涉及，本条有比较丰富的规范经验基础。

四、规范解读

（一）矿区生态修复作业的具体展开

矿区生态修复作业具有相当的专业性，展开具体的修复作业过程，需要遵循特定的自然规律或技术规范。本条第 1 款从理念、原则、措施、目标等几个角度，对矿区生态修复作业提出了总体性要求。

在理念方面，考虑到生态系统修复必须遵循自然界的规律，需要坚持自然恢复与人工修复相结合，一方面避免自然修复过程与成效的过于缓慢达成，需要人工修复的协力；另一方面避免一味依赖人工修复手段，违背生态系统养成的自然规律，进而导致被破坏生态系统难以恢复如初。

在原则方面，考虑到矿区生态修复有可能与矿产资源开采作业同时展开，以及不同的开采措施与不同的生态系统修复需求之间的相互依赖性，因此需要遵循“因地制宜”“科学规划”“系统治理”“合理利用”四项原则，避免生态系统保护（修复）与矿产资源正常开发利用两项目标之间相互抵牾，贯彻不了绿色发展的国家战略政策。这几项原则，不仅是对矿产资源开采者的要求，而且是对监管机构执法监督方面的要求。

在措施方面，基于特定区域生态系统的特征以及该系统被破坏的程度，可以采取不同的措施，常见的如工程措施、技术措施、生物措施等，这些措施混合使用的情形可能更为普遍。不过，修复措施的选择本身很难说具有拘束性，修复目标的能否达成才是判断标准。

在目标方面，基于矿区所处的国土空间位置、生态系统类型以及生态系统被破坏程度的不同，可以区分为“地质环境恢复治理”“地貌重塑”“植被恢复”“土地复垦”等不同情况，总体而言即为恢复原状。

如果矿产资源的开采构成了矿区的污染，本条第 1 款第 2 句规定对污染的治理应遵守相关法律法规和技术标准等要求。此处提到的“相关法律法规和技术标准”，应该指向了环境保护范畴下的相关规范与标准，如《尾矿污染环境防治管理办法》《工矿用地土壤环境管理办法（试行）》《尾矿库污染隐患排查治理工作指南（试行）》等。从本条第 1 款的立法文义看，立法机关刻意区分了生态修复与污染治理，不过二者的界限能否精确划定，存在疑问。此外，虽然本条第 1 款仅是针对污染治理强调了要遵守“技术标准”，但并非否认在生态修复的问题上不需要遵守技术标准。实际上，本条第 2 款已经明确提到了矿区生态修复方面的技术规范，该规范显然会在矿区生态修复作业方面起到实质性作用。考虑到矿区生态修复事务的复杂性，本条第 2 款明确要求和授权由国务院自然资源主管部门会同生态环境主管部门等协同制定矿区生态修复技术规范。目前已有生态系统修复方面的技术性规范，包括《山水林田湖草生态保护修复工程指南（试行）》《自然资源标准化管理办法》等。

（二）矿区生态修复行政监管职责配置

行政监管是矿区生态修复作业开展必须存在的制度，确定具体的监管部门有利于监管职责的落实，避免出现行政机关相互推诿卸责的现象发生。考虑到生态系统的整体性以及生态修复作业监督的便捷性、效率性，本条第3款规定由国务院生态环境主管部门承担矿区生态修复工作的监管职责，监管方式包括指导、协调和监督等。虽然第3款并未明说，但是从立法文义和矿区生态修复作业的实际开展角度看，国务院自然资源主管部门应当配合生态环境主管部门履职。本条第2款要求相关部门协同制定矿区生态修复技术规范已经反映了此方面的要求。为了更好地实现矿区生态修复有效监管的目的，国务院生态环境主管部门应当尽快会同自然资源主管部门制定协同工作的规范。同时，本法第14条业已对自然资源部门与其他部门之间的协调工作作了原则性规定。

基于矿产资源的属地性，本条第4款为矿产资源所在地的县级以上地方人民政府设定了加强统筹和监督矿区生态修复工作的任务，旨在压实地方人民政府在矿区生态修复方面的责任。本法第14条只是从矿产资源行业主管部门的角度，规定了从上到下的监管职责及机构协调事宜，而本条第4款则为地方人民政府施加了积极作为的义务，并不是第14条的简单重复。不过，本法第七章“法律责任”并没有专门的条款追究地方人民政府的失职责任，需要在以后的实践中进一步完善对应的规则。

此外，从《自然资源部2023年立法工作计划》中得知，单行的“生态修复法”也在国家的立法筹划之中，矿区生态修复规范在将来还有调整和变化的可能性。

五、典型案例

大余县某矿业有限公司等4家企业合并破产重整案[①]

1. 基本案情

2003年，大余县某矿业有限公司（以下简称矿业公司）通过公开竞拍取得大余洪水寨矿区钨矿经营权，该矿于1918年投入开采，具有近百年开采史，长期以来乱挖滥采导致水土流失严重，粗放炼矿致使矿区生态环境遭受严重破坏。2020

---

① 参见《最高法发布人民法院服务和保障新质生产力发展典型案例》，载最高人民法院网2024年8月16日，https://www.court.gov.cn/zixun/xiangqing/440531.html。

年12月,《2020年长江经济带生态环境警示片》披露了矿业公司矿山生态修复推进不力的问题。从2017年起,矿业公司及其关联公司由于管理混乱、资金链断裂等原因导致公司走上破产之路。2022年12月,大余县人民法院裁定对矿业公司等4家公司进行合并破产重整。案件受理后,大余县人民法院聚焦环保治理问题症结,对症施策,发挥府院联动机制优势,积极推进大余县洪水寨坑口钨矿的科学发展及矿区生态环境的恢复治理,有效推动了企业重整工作的顺利开展和生态环境的及时修复。破产重整过程中,在碳酸锂价格高位时,招募到重整投资人,为矿业公司实现腾笼换鸟、新旧动能转换打下坚实基础。现如今,矿区内的生态环境得到有效修复,矿山生态修复治理工程及环保整改工程已经通过了省级专家组验收并进行了销号,矿山复产亦在有序推进。

2. 裁判结果

江西省大余县人民法院认为,管理人提交的合并重整计划草案获得了各表决组的通过,第二次债权人会议对合并重整计划草案的表决程序符合法律规定,根据《企业破产法》第86条第1款,矿业公司等4家公司合并重整计划即为通过,且合并重整计划内容合法,具有可行性。遂裁定:批准矿业公司等4家公司合并重整计划;终止矿业公司等4家公司合并重整程序。

3. 典型意义

本案是探索破产办理与生态环境治理有机融合助力营造“生态+营商”双优环境的典型案例。一是突出了能动履职司法理念。在受理破产案件前,法官深入企业走访,了解到企业存在生态修复及生态修复资金短缺的问题,提前与意向投资人联系,由意向投资人垫付生态修复资金,有力缓解生态环境治理费用“筹集难”问题,充分保障生态环境快速治理和修复,同时避免了企业破产终结后环境治理责任难落实问题。二是明确了生态保护职责。矿山生态修复治理工程若未及时推进,则难以办理采矿权延续和推进矿山复产。管理与处置环境瑕疵财产是法院司法为民的重要体现。本案中,人民法院增强责任意识,督促管理人积极摆正履职理念,对矿区生态修复问题进行主动核查、积极应对,最终将环境治理工作落到实处,提升了破产企业财产价值。三是提升了企业环境治理能力。矿区废水渗透,势必影响附近居民的安全用水,案涉企业根据生态修复的需要,制定三级分流堤坝、淋溶水收集池建设方案,强化内部监督管理机制,实现雨水与含重金属的淋溶水分流及废水的全面收集,促使废水处理全流程在线监控、自动检测,提升了自身废水处理能力，确保环境安全。

六、资料索引

首批专门针对正在生产矿山生态修复的国家标准出台，推动生产矿山“边开采、边修复”①

自然资源部出台了《煤矿土地复垦与生态修复技术规范》《金属矿土地复垦与生态修复技术规范》《石油天然气项目土地复垦与生态修复技术规范》《矿山土地复垦与生态修复监测评价技术规范》等4项国家标准，这是我国首批专门针对正在生产矿山生态修复的国家标准，对生产矿山“边开采、边修复”提出要求，填补了该领域空白。4项国家标准将于今年8月1日起正式施行。

自然资源部国土空间生态修复司副司长卢丽华说，矿产资源开发利用有力支撑了国民经济和社会发展，矿山生态保护修复在统筹生态安全和资源安全、推动矿业高质量发展、促进人与自然和谐共生等方面发挥着重要作用，加强矿山生态保护修复，越来越受到各级政府、矿山企业以及社会各界的高度关注。此次出台的4项国家标准，要通过大力推进技术标准体系建设，发挥标准规范引领作用，指导矿山企业积极主动、科学有效履行修复义务，助力行政主管部门公平公正、依法依规履行监管职责。

据了解，4项国家标准充分体现新时代生态文明建设的理念，充分衔接相关法律法规及行政管理要求，吸纳基于自然的解决方案、适应性管理等国际先进理念，总结我国成功经验，对矿山企业开展生态修复提出了5项基本原则，明确了多个重点环节工作要求，指导企业遵循山水林田湖草沙一体化保护修复理念，坚持节约优先、保护优先、自然恢复为主的方针。通过采取减缓保护、预防控制与复垦修复等多种措施，推动矿山生态修复与矿产资源开采统一规划、统筹实施，及时复垦利用损毁土地，恢复并提升矿区生态系统多样性、稳定性、可持续性，协同推进绿色矿山建设，助力实现人与自然和谐共生。

七、规范链接

TD/T 1092—2024《矿山生态修复工程验收规范》（略）

TD/T 1093—2024《矿山生态修复工程实施方案编制导则》（略）

---

① 参见常钦：《推动生产矿山“边开采、边修复”》，载《人民日报》2024年6月4日，第14版。

TD/T 1070.1—2022《矿山生态修复技术规范　第1部分:通则》(略)
TD/T 1070.2—2022《矿山生态修复技术规范　第2部分:煤炭矿山》(略)
TD/T 1070.4—2022《矿山生态修复技术规范　第4部分:建材矿山》(略)
TD/T 1070.5—2022《矿山生态修复技术规范　第5部分:化工矿山》(略)
TD/T 1070.6—2022《矿山生态修复技术规范　第6部分:稀土矿山》(略)
TD/T 1070.7—2022《矿山生态修复技术规范　第7部分:油气矿山》(略)

(撰稿人:聂卫锋)

第四十五条　【矿区生态修复义务主体】因开采矿产资源导致矿区生态破坏的,采矿权人应当依法履行生态修复义务。采矿权人的生态修复义务不因采矿权消灭而免除。

采矿权转让的,由受让人履行矿区生态修复义务,国家另有规定或者矿业权出让、转让合同另有约定的除外。

历史遗留的废弃矿区,矿区生态修复责任人灭失或者无法确认的,由所在地县级以上地方人民政府组织开展矿区生态修复。

国家鼓励社会资本参与矿区生态修复。

一、条文主旨

本条是关于矿区生态修复义务主体的规定。

二、立法目的

本条是对矿区生态修复义务的多元主体在法律层面的确认,为厘清不同主体的矿区生态修复义务提供法律指引。《矿山地质环境保护规定》规定了"谁开发谁保护、谁破坏谁治理、谁投资谁受益"的原则、采矿权人治理恢复的责任以及国家鼓励社会资本投资已关闭或废弃矿山的治理恢复。2019年自然资源部《关于探索利用市场化方式推进矿山生态修复的意见》(自然资规〔2019〕6号)提出吸引各方资本参与,鼓励矿山土地综合修复利用。《长江保护法》(2020)以及《黄河保护法》(2022)将督促采矿权人履行生态环境修复责任以及组织历史遗留矿山生态修复的工作分配给相应流域的县级以上地方人民政府。上述法律、规章以及相关规范性文件共同构建了矿区生态修复义务的主体制度。

此次《矿产资源法》修订确认了采矿权人、采矿权受让人、县级以上地方人民政府、社会资本等矿区生态修复义务的多元主体，设定的前提条件更为细化，合理划分了矿区生态修复的责任主体，搭建起一个多元化的生态修复义务主体的框架，为落实矿区生态修复的主体义务提供强有力的支撑。

三、立法沿革

本条为此次《矿产资源法》修订的新增条款，归属于第四章“矿区生态修复”。

四、规范解读

（一）规定采矿权人的矿区生态修复义务（第 45 条第 1 款）

本条第 1 款规定了采矿权人承担矿区生态修复义务。采矿权人是矿区生态修复义务的责任主体，对其开采矿产资源的行为所造成的矿区生态环境破坏，应当依法履行生态修复义务，并且此义务不因采矿权消灭而免除。

第一，规定采矿权人是义务主体。此处的矿区生态修复义务不同于《民法典》侵权责任编第 1234 条规定的“生态修复责任”。“生态修复责任”本质上是侵权行为人承担的侵权责任。只有污染环境、破坏生态的行为存在违法性，才构成生态环境修复责任，只要行为合法，即使造成了生态环境损害，也是无须承担生态环境损害修复责任的。[①]“矿区生态修复义务”是基于采矿权人合法的采矿行为引发的，是对于采矿权人合法采矿行为可能引发或引发生态环境破坏的规制。结合本法第 46 条开采前要求采矿权人编制矿区生态修复方案，采矿权人需要依照方案开展矿区生态修复工作，否则需要承担相应的法律责任。

第二，规定义务主体的扩张解释。依照法律的一般规定，责任主体的消灭通常导致其义务的随之消灭。《矿产资源法》修订明确规定“采矿权人的生态修复义务不因采矿权消灭而免除”，这具有深远的价值考虑。一方面，这是对于“采矿权人”一种立法层面的扩张解释。尽管本法在诸多法条规定了采矿权消灭的情形，但这种穿透式的责任承担要求符合“谁开发谁保护、谁破坏谁治理”的基本原则，也是严格采矿权人对于矿区生态修复义务的责任落实和追究。另一方面，这

---

① 参见张新宝：《中国民法典释评 · 侵权责任编》，中国人民大学出版社 2020 年版，第 228 – 229 页。

是一种预防性规范，是对采矿权人逃避矿区生态修复义务道德风险的预先调整。主要在于防止采矿权人通过消灭采矿权的方式逃避矿区生态修复义务。与此配套的本法第 71 条规定了县级以上人民政府自然资源主管部门，对于采矿权人不履行或不适当履行矿区生态修复义务时相应的处罚措施，为矿区生态修复义务的落实提供强有力的法律支撑。

（二）规定采矿权受让人的矿区生态修复义务（第 45 条第 2 款）

矿区生态修复义务的设置是针对采矿权人自身的，与采矿权人有着不可分离的关系。采矿权主体变更后，受让人因基于其享有的采矿权承担矿区生态修复义务。但本条第 2 款在确立矿区生态修复义务随采矿权转让原则的同时，又通过“国家另有规定或者矿业权出让、转让合同另有约定的除外”的表达设置了“法定例外”和“约定例外”的空间。

第一，本条第 2 款“国家另有规定”的表达，其中“规定”不仅包括法律，还包括行政法规、部门规章等其他渊源。通过创设“法定例外”的方式预留通道，赋予国家相关部门根据本条的执行情况，结合实践经验进一步探索采矿权人与受让人共同承担法律责任的方式。如经营不善的原采矿权人故意将财产挪作他用后转让给没有实际履行能力的受让人，通过脱离原法律关系的方式逃避矿区生态修复的义务。此时，显然由双方承担连带责任更有利于矿区生态修复义务的履行，关于连带责任承担的条件、程序以及方式等有待进一步探索。

第二，通过“矿业权出让、转让合同另有约定的除外”的立法表达，意味着受让人履行矿区生态修复的义务可以在矿业权出让合同中另有约定或在不违反法律、行政法规的强制性规定的前提下，通过采矿权转让合同的约定加以分担。例如，采矿权的受让人约定矿山交接之前的矿区生态修复义务由转让人承担，接手之后的矿区生态修复义务由受让人承担。现实中，原采矿权人开采过程中造成的一些矿区生态环境破坏可能在受让人接手后才开始显露，此时如果必须由受让人承担矿区生态修复义务显然有失公平，以“约定例外”的方式通过协商在一定程度上可以衡平双方利益。

矿区生态修复义务承担的基本规则以及“法定例外”“约定例外”等规定试图将公法上生态环境的价值与私法当中意思自治的价值统合起来，既保障市场主体通过意思自治安排其权利义务的空间，又坚守矿区生态修复义务承担的底线。

(三)规定县级以上政府的矿区生态修复义务(第45条第3款)

根据我国矿山地质环境管理办法的变化进程,历史遗留矿山应包括:(1)计划经济时期遗留的废弃矿山;(2)市场经济时期因国家去产能、退出自然保护地等政策原因,在政府作出关闭决定时明确由政府承担恢复治理责任的废弃矿山;(3)责任人灭失或难以确定的废弃矿山。① 本款确定所在地县级以上地方人民政府对于历史遗留废弃矿区,在矿区生态修复责任人灭失或者无法确认的情况下,要组织各方力量进行生态修复,即承担矿区生态修复义务主体的责任。

第一,自1987年颁布《全民所有制矿山企业采矿登记管理暂行办法》(已失效)第20条作出"采矿许可证有效期以国家批准的矿山设计服务年限为准"的规定以来,直至2014年《矿产资源开采登记管理办法》才对采矿许可证有效期作出规定,其间由于政府监管缺位,矿山企业并未及时履行土地复垦义务,许多采矿权人在丧失采矿权后早已破产或难以确定。② 责任主体灭失或不明,并不意味着受损的环境无法修复,此时国家基于保护环境义务,应当根据实际情况组织对历史遗留的废弃矿区实施生态修复。

第二,政府起着组织、引导和协调作用。"组织"一词代表此时政府的角色不再是生态修复的监督管理者,而是生态修复的主导力量,组织协调各有关部门和引导各界社会力量共同参与到生态修复中,为生态文明建设提供坚强后盾。但关于如何认定矿区生态修复责任人灭失或者无法确认,以及认定程序的规定仍有望进一步细化,避免相关部门为追求效率或未穷尽一切手段就任意认定生态修复责任人无法找到,而直接适用政府兜底责任,加重政府财政负担。

(四)鼓励社会资本参与矿区生态修复(第45条第4款)

为构建社会资本运作机制来纾解政府生态环境治理的财政压力,激发市场活力参与到生态建设中。党的十九大报告提出"构建政府为主导、企业为主体、社会组织和公众共同参与的环境治理体系",进一步为矿区生态修复提供了政策支持。2021年,国务院办公厅印发了《关于鼓励和支持社会资本参与生态保护修复的意见》,将矿山生态保护修复列入生态保护修复的重点领域,按照"谁修复、谁受益"的原则,提出规划管控、产权激励、资源利用、财税支持、金融扶持等支持政

---

① 参见杨金中等:《历史遗留矿山核查方法研究》,载《自然资源遥感》2022年第3期。

② 参见张琨:《矿区生态修复义务主体研究》,内蒙古大学2023年硕士学位论文。

策，鼓励社会资本采取自主投资、与政府合作、公益参与等模式投入历史遗留矿山生态修复。

目前，在政府统筹主导下，调动社会各方面资本投入矿区生态修复中在全国各地已经取得了一些成功经验。在2021年10月14日联合国《生物多样性公约》缔约方大会第十五次会议生态文明论坛主题四——“基于自然解决方案的生态保护修复”论坛上，自然资源部国土空间修复司发布了《中国生态修复典型案例集》，18个案例中有5个案例涉及矿山生态修复治理。在各地政府的主导推动下，整合项目资金、引进企业投资，全面实施矿山的环境治理和生态修复，将原来生态退化严重、安全隐患突出的废弃矿区系统治理、生态修复转化为集旅游观光、地质科普教学、生态农业于一体的生态景观。此外，湖北武穴引入PPP项目央企投资修复废弃矿山，建设33公里景观绿化生态廊道和3个小公园。[①] 江西于都探索市场化运作方式实施历史遗留废弃矿山生态修复项目，形成“生态农业 + 乡村旅游 + 乡村振兴”的废弃矿山生态修复模式。[②] 在激励社会资本投入的有效政策利好下，以市场化方式推进矿区生态修复的路径正在不断拓展，但目前市场化机制尚未完全建立，资金问题仍然是矿区生态修复的制约“瓶颈”。社会资本投入面临着融资风险、投资收益的不确定性、政策稳定性、行业发展前景等方面的影响。因此，为了能积极引导社会资金投入，地方政府还需实际制定切实可行的支持政策细化措施，适当地让利，以回应社会资本对于优惠政策的期待和投资后的回报，从而逐步建立起多元化的融资渠道。

五、典型案例

检察机关督促行政机关履行职责，协作推进矿山生态修复

——最高人民检察院发布16起检察机关服务保障长江经济带发展典型案例(第三批)之十三：重庆市嘉陵江右岸矿山地质环境保护行政公益诉讼案[③]

① 参见江卉：《露天矿山“疗伤记”：武穴探索PPP模式修复矿山生态》，载湖北日报网2020年6月28日，http://news.cnhubei.com/huanggang/p/13161623.html。

② 参见邱奇华、钟燕玲、郑周赟：《于都：首批次探索市场化矿山生态修复项目成效明显》，载中国江西网2023年12月26日，https://jiangxi.jxnews.com.cn/system/2023/12/26/020349101.shtml。

③ 参见《最高检发布服务保障长江经济带发展典型案例(第三批)》，载最高人民检察院网上发布厅2020年12月11日，https://www.spp.gov.cn/spp/xwfbh/wsfbt/202012/t20201211_488711.shtml#2。

1. 裁判要旨

针对矿山地质环境破坏及修复不到位问题，检察机关督促行政机关全面履职整改，与规资部门联合出台矿山生态修复实施办法，协作推进矿山生态修复。

2. 基本案情

重庆市合川区嘉陵江右岸盐井街道片区分布有5处关闭矿山和12家在产矿山，部分采矿权人未严格按照治理恢复方案和绿色矿山建设要求实施环境治理和生态修复工作，存在闭矿区或退采区覆土不达标、砾石含量高、先锋植物少、易造成水土流失以及安全隐患等问题，危及嘉陵江生态环境；作业区扬尘污染影响空气质量和矿区周边居民的生产生活，社会公共利益持续受到侵害。

3. 调查和督促履职

2018年5月，国家生态环境部发布《关于对安徽省、湖南省、重庆市的7起长江生态环境违法案件挂牌督办的通知》通报：重庆市合川区长江岸边的华新水泥有限公司生产过程中产生巨大矿坑，对生态环境造成破坏，并存在一定的安全隐患。重庆市人民检察院第一分院（以下简称重检一分院）掌握线索后调查发现，在嘉陵江右岸的合川区盐井街道片区同样存在大量闭矿区生态修复效果差、多数在产矿山未按照边开采边治理的原则实施等问题。重检一分院由检察长任主办检察官，率办案组多次开展现场踏勘，使用无人机等技术手段固定证据；委托重庆同汇勘测规划有限公司进行勘测，出具测绘文书；聘请西南大学司法鉴定所专家进行现场勘查，出具专家组意见；办案组先后十余次到矿山现场、相关行政机关、村民住地等地调取了大量证据材料。经核查，该区域矿山地质环境治理恢复普遍不符合要求，部分矿区扬尘污染严重，职能部门存在监管履职不到位的情形。

2019年8月1日，重检一分院向合川区规划和自然资源局现场送达诉前检察建议书督促其依法履职。该局随即开展嘉陵江右岸盐井片区矿山综合治理行动，通过制定方案、专项巡查、咨询专家、现场督促等措施抓整改落实。共计整治5处关闭矿山和12家在产矿山，第一期治理面积即达803亩，投入整治资金2730万元，补植植物82031棵，补植草本植物10713千克。该局还将盐井片区其他2个闭矿区和5个在建矿山纳入了整治范围。

重检一分院对整改情况开展跟进监督。经现场查验，闭矿区矿山已清除砾石、覆盖新土、补植先锋植物，植被成活率良好；在产矿山修建了密闭生产车间，增设了喷淋喷雾设备，完成了矿区段河堤建设，替换及增植了绿植等，第一期治理达到预期效果。该院通过该案的带动和“集中整治非法采砂采矿”专项行动的推动，统筹辖区院立案办理公益诉讼案件 12 件。2020 年 7 月，该院以此案为契机，与重庆市规资部门联合制定《协作推进关闭矿山生态修复实施办法》，为实质化推进重庆市关闭矿山生态修复提供了先试先行的规范样本。目前，该院辖区的长寿、北碚、合川等地检察机关与对应规资部门已按照该实施办法的要求协作推进矿山生态修复工作，取得了积极成效。

4. 典型意义

嘉陵江系长江流域面积最广的一级支流。为地表疗伤、为矿山披绿，督促嘉陵江沿岸矿山实现地质环境治理恢复，是践行习近平总书记“绿水青山就是金山银山”理念的重要举措。该案办理难度大，涉及矿区多，督促治理任务重，生态修复成效明显；检察机关协调行政机关在市级层面会签了协作治理意见，以点带面效果好；通过办案促进了矿山业主转变并增强环保理念，改良提升生产工艺、更新设施设备，推动了绿色矿山建设，保护了嘉陵江沿岸生态环境。

六、规范链接

（一）《中华人民共和国长江保护法》（2020 年 12 月 26 日）

第六十二条　长江流域县级以上地方人民政府应当因地制宜采取消除地质灾害隐患、土地复垦、恢复植被、防治污染等措施，加快历史遗留矿山生态环境修复工作，并加强对在建和运行中矿山的监督管理，督促采矿权人切实履行矿山污染防治和生态环境修复责任。

（二）《中华人民共和国黄河保护法》（2022 年 10 月 30 日）

第四十四条第三款　黄河流域县级以上地方人民政府应当加强对矿山的监督管理，督促采矿权人履行矿山污染防治和生态修复责任，并因地制宜采取消除地质灾害隐患、土地复垦、恢复植被、防治污染等措施，组织开展历史遗留矿山生态修复工作。

（三）《矿山地质环境保护规定》（2019 年 7 月 16 日修正）

第三条　矿山地质环境保护，坚持预防为主、防治结合，谁开发谁保护、谁破坏谁治理、谁投资谁受益的原则。

第六条　国家鼓励企业、社会团体或者个人投资，对已关闭或者废弃矿山的地质环境进行治理恢复。

第十六条第一款　开采矿产资源造成矿山地质环境破坏的，由采矿权人负责治理恢复,治理恢复费用列入生产成本。

(四)《自然资源部关于探索利用市场化方式推进矿山生态修复的意见》(自然资规〔2019〕6号)

三、鼓励矿山土地综合修复利用

历史遗留矿山废弃国有建设用地修复后拟改为经营性建设用地的,在符合国土空间规划前提下,可由地方政府整体修复后,进行土地前期开发,以公开竞争方式分宗确定土地使用权人;也可将矿山生态修复方案、土地出让方案一并通过公开竞争方式确定同一修复主体和土地使用权人,并分别签订生态修复协议与土地出让合同。历史遗留矿山废弃国有建设用地修复后拟作为国有农用地的,可由市、县级人民政府或其授权部门以协议形式确定修复主体,双方签订国有农用地承包经营合同,从事种植业、林业、畜牧业或者渔业生产。

(五)《国务院办公厅关于鼓励和支持社会资本参与生态保护修复的意见》(国办发〔2021〕40号)

(十三)产权激励。对集中连片开展生态修复达到一定规模和预期目标的生态保护修复主体,允许依法依规取得一定份额的自然资源资产使用权,从事旅游、康养、体育、设施农业等产业开发;其中以林草地修复为主的项目,可利用不超过3%的修复面积,从事生态产业开发。对社会资本投入并完成修复的国有建设用地,拟用于经营性建设项目的,在同等条件下,该生态保护修复主体在公开竞争中具有优先权;涉及海域使用权的,可以依法依规比照上述政策办理。修复后新增的集体农用地,鼓励农村集体经济组织将经营权依法流转给生态保护修复主体。修复后的集体建设用地,符合规划的,可根据国家统一部署稳妥有序推进农村集体经营性建设用地入市,生态保护修复主体可在同等条件下优先取得使用权。社会资本投资修复并依法获得的土地、海域使用权等相关权益,在完成修复任务后,可依法依规流转并获得相应收益。

释放产权关联权益。社会资本将修复区域内的建设用地修复为农用地并验收合格后,腾退的建设用地指标可以优先用于相关产业发展,节余指标可以按照城乡建设用地增减挂钩政策,在省域范围内流转使用。生态保护修复主体将自身依法取得的存量建设用地修复为农用地的,经验收合格后,腾退的建设用地指标可用于其在省域范围内占用同地类的农用地。

……

（十四）资源利用。按照生态保护修复方案及其工程设计，对于合理削坡减荷、消除地质灾害隐患等新产生的土石料及原地遗留的土石料，河道疏浚产生的淤泥、泥沙，以及优质表土和乡土植物，允许生态保护修复主体无偿用于本修复工程，纳入成本管理；如有剩余的，由县级以上地方政府依托公共资源交易平台体系处置，并保障生态保护修复主体合理收益。

（撰稿人：赖天雯、曹宇）

第四十六条　【矿区生态修复方案编制与批准】开采矿产资源前，采矿权人应当依照法律、法规和国务院自然资源主管部门的规定以及矿业权出让合同编制矿区生态修复方案，随开采方案报原矿业权出让部门批准。矿区生态修复方案应当包括尾矿库生态修复的专门措施。

编制矿区生态修复方案，应当在矿区涉及的有关范围内公示征求意见，并专门听取矿区涉及的居民委员会、村民委员会、农村集体经济组织和居民代表、村民代表的意见。

一、条文主旨

本条是关于矿区生态修复方案编制与批准的规定。

二、立法目的

（一）把“边开采、边修复”的要求提升为法律层面的原则

我国《土地管理法》《环境保护法》《水土保持法》《土地复垦条例》等法律法规以及本法先前的文本，已经确立了“谁开发、谁保护”“谁损毁、谁复垦”“边开采、边治理”等基本原则，自然资源部也制定了《土地复垦条例实施办法》《矿山地质环境保护规定》等具体制度。[①] 2024 年 8 月 1 日开始实施的由自然资源部组织编制的《煤矿土地复垦与生态修复技术规范》《金属矿土地复垦与生态修复技术

① 参见黄晓芳：《源头防控全程监管——生产矿山生态修复有了国家标准》，载《经济日报》2024 年 5 月 20 日，第 6 版。

规范》《石油天然气项目土地复垦与生态修复技术规范》《矿山土地复垦与生态修复监测评价技术规范》等4项国家标准，对矿山生产企业明确提出了“边开采、边修复”的要求。[①] 本条通过立法程序，在法律层面把“边开采、边修复”的要求提升为矿产资源开发利用、矿区生态系统治理方面应当遵循的基本原则。

（二）明确公众对矿区生态系统修复事务的参与

按照我国的现行法，矿产资源归国家所有，因此，矿产资源开发利用的相关法律规范一般只涉及矿业权人与代表国家行使资源所有权以及监督权的相应政府部门之间的关系。但是，矿区相关的生态系统则并非专属于国家，而是由矿区周围的群体共享。与矿区生态系统相关的群体参与到生态系统修复的事务之中，不是可有可无的一般意义上的公众监督，而是生态利益相关群体应有的权利。

三、立法沿革

本条为此次《矿产资源法》修订的新增条款，归属于第四章“矿区生态修复”。

四、规范解读

（一）编制矿区生态修复方案作为矿产资源开发的必备条件

矿产资源的开采活动往往不可避免地破坏矿区既有的生态系统。生态修复乃是生态系统被破坏之后不得不开展的工作。因此，为了平衡矿产资源开发利用与矿区生态系统保护之间的关系，在开采矿产资源之前就应当要求采矿权人基于矿区既有的生态系统制定将来实施的矿区生态修复方案。在实践中，考虑到矿区生态修复方案的专业性以及编制成本方面的因素，采矿权人自行编制修复方案未必可行或者说成本可能过高，采矿权人可以委托第三方专业人士或专业机构编制修复方案。

（二）矿区生态修复方案的编制基准

矿区生态修复方案的编制并非可以由采矿权人任意而为，而是需要依照一定的基准。本条把采矿权人应当依照的基准区分为两类：一类是国家法层面普遍适用的规范性文件，包括法律、行政法规及部门规章三个层级；另一类是在具体当事人之间（此处主要是针对矿业权人）适用的具有个别规范属性的合同类文件。第一类文件是经过不同层级的立法程序制定，一体适用于从事矿产资源开采活动的所有的采矿权人，本条只是做了指引；第二类文件不是规范性文件，而是规范具体

---

① 参见常钦：《推动生产矿山“边开采、边修复”》，载《人民日报》2024年6月4日，第14版。

矿产资源开采项目的合同类文件,会因为矿产资源类型、矿区开采条件、矿区生态系统等的不同而有不同的合同内容。

采矿权人编制的矿区生态修复方案,如果存在对第一类文件的违背,需要承担形态不同的违法性法律后果,而由于第二类文件只是矿业权出让方面的合同,如果存在对该合同内容的违背,只是需要承担违约责任。之所以在法律、行政法规和部门规章之外,还要求依照矿业权出让合同编制矿区生态修复方案,主要原因在于,具体的矿产资源开采项目以及开采活动、进程,需要有针对性的动态化生态修复方案相匹配,立法无力作过于细致的规定,只能在个案之中做具体判断。不过在实践中,由于矿业权出让合同本来就是由自然资源管理部门与采矿权人签订,因此生态修复方案的编制与矿业权出让合同的签订一方面可以确保同步完成,另一方面也可以确保矿产资源开采方案与生态修复方案的匹配度。本法第20条对矿业权出让合同必备事项的列举以及自然资源主管部门制定的矿业权出让合同示范文本,可以与本条结合起来理解适用。

需要特别注意的是,本条第1款第2句特别强调了矿区生态修复方案应当包括尾矿库生态修复的专门措施,意味着生态修复必须是全程覆盖。尾矿库对生态系统安全的威胁很大,在生态系统保护方面具有特殊的重要性,需要专门的、针对性很强的生态修复措施。

(三)矿区生态修复方案与矿产资源开采方案需同时获批

矿区生态修复方案需要经过自然资源主管部门批准之后才能生效。本条之所以把批准机关具体表达为"原矿业权出让部门",一方面是考虑到矿业权的取得时间不同于采矿权人实施矿产资源开采活动的时间,另一方面还在于矿业权出让过程中的监管目的(参见本法第20~21条)与矿产资源开采监管的目的(参见本法第33条)不完全相同。[①] 由原矿业权出让部门行使修复方案审批权,更符合监管实践中的通常做法。此外,考虑到在矿业权取得之后可能发生矿业权的变动情况,明确由原矿业权出让部门行使监管审批权,也能够在矿业权市场化流转的背景下确保矿产资源开采监管的延续性。针对开采方案的审批,本法第33条有明确规定。本条明确把生态修复方案的审批与矿产资源开采方案的审批关联在

---

① 矿业权出让合同中的法定事项虽然也包含有矿区生态修复方面的内容,但合同中的这方面内容往往属于原则性的,不能与具体的开采活动相适配。

一起，要求同步获批之后才能实施开采活动，体现了“边开采、边修复”的理念，避免出现以前发生而至今并未完全解决的所谓矿区生态修复方面的历史遗留问题。

（四）编制矿区生态修复方案需公开征求意见

除生态修复方案的编制基准外，本条还规定生态修复方案需要在矿区所涉及的有关范围内公开征求意见，并特别强调要听取矿区涉及的居民委员会、村民委员会、农村集体经济组织和居民代表、村民代表的意见。之所以有此程序上的设计，主要是考虑到矿区资源开采所影响的人群最熟悉当地的生态系统，该生态系统也首先或主要影响这些群体的经济、生活、生态环境利益，自然资源部门并不能完全代表这些群体发声。矿产资源开采过程中对生态系统的破坏或影响程度、开采之后的生态系统修复目标，由相关群体参与到开采方案、修复方案的确定过程之中，一方面可以消除或减少开采、修复过程中采矿权人与相关群体的矛盾，另一方面则可以保证开采、修复目标的顺利达成。需要注意的是，本条在立法文义上只是强调了要征求、听取意见，并没有对应的意见反馈机制。对此，需要自然资源主管部门在实施细则中加以完善。

五、典型案例

刘某斌等非法采矿刑事附带民事公益诉讼案——多份生态环境修复方案的选定[①]

1. 基本案情

2020 年 4 月至 11 月，被告人刘某斌等人在未取得采矿许可证的情况下，擅自在河北省灵寿县郝某河村非法开采风化砂进行销售。经评估认定，开采方量为 6277 立方米，价格为 100432 元。2021 年 3 月至 10 月，被告人司某芳伙同刘某斌等人在未取得采矿许可证的情况下，擅自在灵寿县南某川村非法开采风化砂进行销售。经评估认定，开采方量为 11450 立方米，价格为 171750 元。河北省公益诉讼技术专家库专家出具的咨询意见显示，案涉两处非法开采建筑用砂治理措施费用分别为 500838.39 元、351087.64 元。

河北省灵寿县人民法院于 2023 年 4 月 28 日作出（2022）冀 0126 刑初 144 号刑事附带民事判决：刘某斌、司某芳等人犯非法采矿罪，分别判处相应刑罚。但对

① 参见河北雄安新区中级人民法院刑事附带民事判决书，（2023）冀 96 刑终 38 号。

于附带民事公益诉讼部分，法院以刘某斌、司某芳等人已对非法开采建筑用砂区域实施生态修复并验收合格为由，判令其承担非法采矿破坏生态环境的专家咨询意见费 2500 元，驳回附带民事公益诉讼起诉人的其他诉讼请求。宣判后，灵寿县人民检察院对附带民事公益诉讼部分提出上诉。

二审期间，为查清生态环境修复的专门性问题，二审法院依职权另行委托国土空间规划、农业资源利用和土壤学领域的专家组成专家组出具案涉非法开采建筑用砂案件环境影响和治理措施的咨询意见，认为：(1)矿山地质环境保护与土地复垦有关方案编制对资质无明确要求；(2)刘某斌、司某芳等人提交的两份实施方案对矿山地质环境影响和土地损毁评估深度不够，复垦目标、质量要求不明确，工程量测算、工程预算有关过程和数据表格缺失；(3)施工过程中没有施工管理的书面材料；(4)验收标准不明确，验收组专家的专业构成不全；(5)附带民事公益诉讼被告刘某斌、司某芳等人已经采取的恢复治理措施一般不会造成二次生态环境或土地损害的问题，可以根据已发生的工程内容按比例适当认可。

2. 裁判理由

被告人刘某斌、司某芳等人自行修复的结果是否达到恢复生态环境的标准是本案争议的焦点。

关于灵寿县人民检察院委托公益诉讼技术专家出具的咨询意见是否比附带民事公益诉讼被告刘某斌、司某芳等人提交的实施方案更加科学、合理的问题。刘某斌、司某芳等人非法采砂的行为不仅造成国家矿产资源损失，更为严重的是影响当地的地质结构，增加水土流失、次生地质灾害的风险。因此，在修复方案中除了回填平整外，还要恢复原地形地貌，修建护脚墙。刘某斌、司某芳等人实施方案的修复目标是对被破坏的地形地貌、挖损的土地资源进行恢复，而没有考虑到恢复原有地貌景观、地质环境、生态环境。灵寿县人民检察院委托公益诉讼技术专家出具的咨询意见全面考虑了对采坑进行回填平整、覆土、绿化、修建护脚墙等有利于恢复良好地质环境的措施，更有助于恢复生态环境，更加具有科学性、合理性。

关于附带民事公益诉讼被告刘某斌、司某芳等人是否完成修复工作的问题。虽然灵寿县自然资源和规划局对案涉项目组织相关专家验收、委托第三方制作验收报告，并将土地交付相关权利人，但是，该验收是以实施方案的修复目标为导向。刘某斌、司某芳等人虽然完成了实施方案中的修复工作，但未达到恢复生态环境的标准。故刘某斌、司某芳等人应当继续履行生态环境修复义务或支付相应费用。

关于后续修复费用问题。鉴于灵寿县自然资源和规划局对刘某斌、司某芳等人已经实施的修复工程验收，并认可修复结果是按照刘某斌、司某芳等人委托编制的实施方案完成，且修复结果对恢复生态环境起到了一定作用，故对附带民事公益诉讼被告刘某斌、司某芳等人完成的工程量予以认可，并对其支付的修复费用进行相应抵扣。

3. 裁判结果

河北雄安新区中级人民法院于 2023 年 9 月 28 日作出（2023）冀 96 刑终 38 号刑事附带民事判决：（1）维持一审判决附带民事公益诉讼被告刘某斌、司某芳等人等连带承担非法采矿破坏生态环境的专家咨询意见费 2500 元；（2）撤销一审判决驳回附带民事公益诉讼起诉人的其他诉讼请求；（3）附带民事公益诉讼被告司某芳等人连带承担南某川村采坑修复费用 385844. 39 元，于判决发生法律效力后 10 日内支付至石家庄市财政局设立的生态环境损害赔偿资金账户；（4）附带民事公益诉讼被告刘某斌等人连带承担郝某河村采坑修复费用 291841. 64 元，于判决发生法律效力后 10 日内支付至石家庄市财政局设立的生态环境损害赔偿资金账户。

4. 裁判要旨

公益诉讼起诉人、生态环境侵权人分别委托有关机构出具生态环境修复方案的，法院应当着重对方案的生态修复效果进行审查，必要时可以参考专家意见，采纳更加科学、合理，更有利于实现生态环境修复效果的方案。

六、规范链接

（一）《中华人民共和国矿产资源法》（2024 年 11 月 8 日修订）

第三十三条　矿业权人依照本法有关规定取得矿业权后，进行矿产资源勘查、开采作业前，应当按照矿业权出让合同以及相关标准、技术规范等，分别编制勘查方案、开采方案，报原矿业权出让部门批准，取得勘查许可证、采矿许可证；未取得许可证的，不得进行勘查、开采作业。

矿业权人应当按照经批准的勘查方案、开采方案进行勘查、开采作业；勘查方案、开采方案需要作重大调整的，应当按照规定报原矿业权出让部门批准。

（二）《自然资源部关于进一步加强生产矿山生态修复监管工作的通知（征求意见稿）》（2024 年 10 月 9 日）

（一）优化方案编制要求。将现行矿山地质环境保护与土地复垦方案更名为矿区生态修复方案（以下简称“方案”）。方案是采矿权人实施矿山地质环境治理、土地复垦、生态系统功能恢复等生态修复活动的总体部署和基本依据。方案以采矿权为单位进行编制，即一个采矿权编制一个方案。

（撰稿人：聂卫锋）

第四十七条　【矿区生态修复方案落实】采矿权人应当按照经批准的矿区生态修复方案进行矿区生态修复。能够边开采、边修复的，应当边开采、边修复；能够分区、分期修复的，应当分区、分期修复；不能边开采、边修复或者分区、分期修复的，应当在矿山闭坑前或者闭坑后的合理期限内及时修复。

一、条文主旨

本条是关于矿区生态修复方案落实的规定。

二、立法目的

（一）明确矿区生态修复方案的法律效力

矿区生态修复方案的编制与获批并非只是作为获得矿产资源开发许可的手段，而是需要采矿权人在开采矿产资源的同时积极实施该方案，因为矿区生态系统的保护本身构成了特定矿区资源综合利用环节的重要一环。本条采取强制性规范模式的表达，目的是督促采矿权人积极落实矿区生态修复方案，避免该方案沦为空文。

（二）明确矿区生态修复的实施原则

矿区生态修复方案的法律效力转化实然的生态系统修复成效，需要采矿权人采取妥当的修复方式。矿区生态系统、矿产资源开采条件、矿区生态修复的内容工作千差万别，需要在个案之中具体确定生态修复的开展时机。尽管如此，尽快且成效最佳地修复生态系统，是最值得期待的修复方式，因此，本条确定了生态修复实施的基本原则。

三、立法沿革

本条为此次《矿产资源法》修订的新增条款,归属于第四章“矿区生态修复”。

四、规范解读

(一)获批矿区生态修复方案的拘束力

按照本法第 46 条的规定,生态修复方案同时获批是矿产资源开采方案获批并进而得以实施的必备条件,而本条第 1 句则明确了矿区生态修复方案本身的拘束力。生态修复方案的拘束力表现为两个方面:其一,采矿权人应当开展生态修复作业;其二,采矿权人应当按照经批准的矿区生态修复方案开展修复作业,而不是任意而为或佯装修复。前者是在义务履行启动方面的要求,后者是在义务履行基准方面的要求。

(二)以边开采、边修复和分区、分期修复为主

在生态修复方案的实施原则方面,本条第 2 句规定能边开采、边修复就应当边开采、边修复,以及能分区、分期修复就应当分区、分期修复,即以边开采、边修复和分区、分期修复为主。在矿产资源开采作业过程中,基于矿产资源类型的不同、矿产资源开采条件的不同、矿区生态系统及其被破坏方式或程度的不同,可能会需要边开采、边修复或者分区、分期采取生态修复措施,以达到最佳的生态系统恢复的效果。从理论上讲,在矿区生态修复方案的编制过程中,基于对所在矿区矿产资源的诸多信息的掌握,采矿权人可以在设计开采方案的同时考虑清楚生态修复方案的展开时机、方式、措施等。因此,一般来说,是否边开采、边修复或者分区、分期采取生态修复措施,从生态修复方案就可以在先形成预判,即根据本条第 1 句的规定按照获批的生态修复方案实施即可,并没有第 2 句所赋予的采矿权人自主判断能否边开采、边修复和分区、分期采取生态修复措施的选择空间。

从逻辑上讲,本条第 2 句下采矿权人对能否边开采、边修复和分区、分期实施生态修复措施做出自主判断的空间,可能会存在两种情形:其一,生态修复方案设计得不够细致,没有考虑分区、分期采取生态修复措施的情况,但开采过程中出现了可能需要边开采、边修复或者分区、分期修复生态系统的契机或需要。这很大可能是采矿权人对矿产资源相关信息掌握得不够充分,在设计开采方案和生态修复方案过程中产生了误判。其二,生态修复方案虽然考虑了边开采、边修复和分

区、分期修复矿区生态系统的情况，但是在实际开采矿区资源的过程中，发生了情势上的变化，以至于在原先预判可以采取生态修复措施的区域、时期内针对采取相关措施的可能性产生了正当的怀疑。或许还有类似的其他情形使采矿权人需要做出能否分区、分期采取生态修复措施的判断，但不管怎样，都应当是作为生态修复方案的例外情况，否则原先获批的生态修复方案对采矿权人的拘束力就会被削弱。

（三）在合理期限内修复为辅

如果确实不能边开采、边修复或者分区、分期采取生态修复措施，本条第 2 句则规定了矿业权人需在矿山闭坑前或者闭坑后的合理期限内及时修复的辅助规则。辅助规则的关键点在于合理期限的确定，不管其计算起点是在矿山闭坑前还是闭坑后。之所以要求合理期限，主要是考虑到矿区生态系统被破坏后的持续时间以及生态修复的时间都会对生态修复工作的成效产生影响，受到矿区生态系统影响的公众群体的生态环境利益也应当尽可能地减小负面影响。关闭矿山意义上的闭坑是需要自然资源主管部门按照法定的条件且经过严格的审批程序之后方可实施，闭坑的过程会影响到生态修复工作的开展，因此区分闭坑前后确定生态修复的合理期限，实有必要。为了实践的方面，合理期限的确定还需在本法的配套规范体系中建立更具体的规则。

（撰稿人：聂卫锋）

第四十八条　【矿区生态修复验收】矿区生态修复由县级以上地方人民政府自然资源主管部门会同生态环境主管部门等有关部门组织验收。验收应当邀请有关专家以及矿区涉及的居民委员会、村民委员会、农村集体经济组织和居民代表、村民代表参加，验收结果应当向社会公布。

矿区生态修复分区、分期进行的，应当分区、分期验收。

一、条文主旨

本条是关于矿区生态修复验收的规定。

二、立法目的

(一)设置矿区生态修复工作的终端监管

矿区生态修复工作的监管不仅仅体现在修复方案的编制需要经过自然资源主管部门的审批才能生效,关键在于生态修复的目标能够最终达成。因此,对矿区生态修复效果的终端监管即生态修复验收就至关重要。考虑到终端监管的专业性、公正性、权威性,生态修复验收工作也应当由合适的专业主管部门负责。

(二)强调矿区生态修复工作成效的公众监督

在公共性事务上,吸收社会公众参与监督,本来就是现代法治国家的通行做法,由此可以增加政府行为、决定的可信性和说服力。与生态修复方案编制的确定过程类似,在生态修复成效的验收方面,矿区生态系统相关公众群体的参与,也是必不可少的程序性环节。此外,生态系统的破坏与修复本来涉及公众群体的切身利益,公众参与监督已经成为生态环境相关制度规范体系中的惯例。

三、立法沿革

本条为此次《矿产资源法》修订的新增条款,归属于第四章"矿区生态修复"。

四、规范解读

(一)矿区生态修复验收的履责部门

矿区生态修复是否达到了生态修复方案所确定的目标和标准,需要经过严格的验收程序才能够作出判断。根据本条的规定,县级以上地方人民政府自然资源主管部门会同生态环境主管部门等有关部门履行组织验收的职责。自然资源主管部门本来就是生态修复方案的批准者,由其履行生态修复成效验收的职责具有正当性、便捷性。不过,本条在自然资源主管部门之外明确增加了生态环境主管部门作为生态修复验收的部门,乃是考虑到生态环境主管部门是生态系统保护通常意义上的首要主责部门,该部门的参加具有必要性。此外,本条通过"等"字为其他部门保留了参与验收履责的可能性,如水行政主管部门、海洋主管部门、农业主管部门、林业与草业主管部门等。矿产资源开采与生态修复涉及相关领域时,由相关主管部门参与验收显然符合部门分工协作的工作实践。

(二)验收过程中的公众参与

虽然是在具有相关专业性的主管部门主导下实施验收工作,但矿区生态系统是否恢复如初或者更好,只有生活在矿区周围并且受到矿区生态系统影响的群体才具有亲历性或切身感受，在某种意义上，这些群体才是最适当的判断者。此外，相关领域的行业专家具有专业性知识，在一定程度上也具有立场上的中立性，吸收相关专家参与到生态修复成效的过程中，一方面有助于客观判断修复成果是否与修复方案相吻合，另　方面也有助于避免矿区周围相关群体由于知识的匮乏而与矿业权人发生认识上的纠纷。不过，按照本条的规定，公众群体、有关专家只是验收程序的参与者，并不拥有判断生态修复成效是否达成的最终判断权。此外，与本法第46条相类似，本条并未对公众群体、有关专家参与验收的具体程序及话语权重等关键问题作出具有实践操作价值的细致规定，需要在配套行政法规中加以补充完善。

此外，根据自然资办发〔2022〕48号文，自然资源部国土空间生态保护修复暨生态系统碳汇专家咨询委员会已经成立，该委员会的主要任务包括：（1）参与国土空间生态保护修复和生态系统碳汇战略规划编制、重大问题研究、法规政策制定等。（2）参与国土空间生态保护修复和生态系统碳汇重大工程决策研究和实施成效评估。（3）对国土空间生态保护修复和生态系统碳汇标准规范修订、创新技术研究与示范推广等提供咨询建议。（4）对国土空间生态保护修复和生态系统碳汇工作中的重点、难点问题提出意见建议。（5）研究分析国内外生态保护修复和生态系统碳汇的经验与做法，为推进生态保护修复工作、提升生态系统碳汇能力提出意见建议。（6）其他工作。①

（三）修复实施方式与修复验收方式相适应原则

本法第47条确立了边开采、边修复和分区、分期修复为主，合理期限内修复为辅的修复方案实施原则，因此，修复成效的验收工作应当与修复实施的方式相适应。理由在于，生态系统具有立体性、整体性、复杂性，表层化的生态系统状况未必能够反映矿区生态系统的真实情况，如果修复工作是边开采、边修复或者分区、分期进行，但验收采取事后统一验收的方式进行，那么就有可能无法准确判断不同矿区生态系统修复的成效是否达到应然的状态。

（撰稿人：聂卫锋）

---

① 参见《自然资源部办公厅关于成立自然资源部国土空间生态保护修复暨生态系统碳汇专家咨询委员会的通知》（自然资办发〔2022〕48号）。

第四十九条 【矿区生态修复费用】采矿权人应当按照规定提取矿区生态修复费用，专门用于矿区生态修复。矿区生态修复费用计入成本。

县级以上人民政府自然资源主管部门应当会同财政等有关部门对矿区生态修复费用的提取、使用情况进行监督检查。

矿区生态修复费用提取、使用和监督管理的具体办法由国务院财政部门会同国务院自然资源主管部门制定。

一、条文主旨

本条是关于矿区生态修复费用的规定。

二、立法目的

（一）矿区生态修复费用实践经验的修法确认

相较于《矿产资源法》(2009)，本条为此次修订的新增条款。但矿区生态修复费用条款(第49条)并非凭空创设，而是有着充分的规范支撑与丰富的实施经验，是对矿区生态修复费用政策与实践有益经验的法律确认。2017年4月，《国务院关于印发矿产资源权益金制度改革方案的通知》(国发〔2017〕29号)发布，矿山环境治理恢复基金制度改革正式起航。2017年11月，国家部委层面的配套规定《财政部、国土资源部、环境保护部关于取消矿山地质环境治理恢复保证金建立矿山地质环境治理恢复基金的指导意见》(财建〔2017〕638号)颁布实行。截至2022年1月底，全国28个省(自治区、直辖市)陆续出台了矿山地质环境基金管理的相关文件，对基金使用范围、账户设立、计提标准与依据、使用监管方式等作出明确规定。①

（二）矿区生态修复费用制度健全的修法回应

矿山地质环境治理恢复基金作为权益金制度改革的内容，从2017年开始正式替代保证金成为矿产地质环境治理资金保障的关键支撑。此次《矿产资源法》修订充分尊重、借鉴并确认了矿山地质环境恢复基金制度实施以来的有益经验，将制度改革、政策实验以及地方探索等临时性措施上升为国家意志，为矿区生态修复费用制度的健全以及完善提供充足的法律依据。

---

① 参见刘向敏、侯冰、余振国：《矿山地质环境治理恢复基金管理现状及改革探讨》，载《中国国土资源经济》2022年第9期。

三、立法沿革

本条为此次《矿产资源法》修订的新增条款，归属于第四章“矿区生态修复”。

四、规范解读

（一）规定矿区生态修复费用的内容（第49条第1款）

矿区生态修复费用作为矿区生态修复的资金保障，其义务人是矿区生态修复的义务人，即采矿权人。关于费用的性质，主要采用当前权益金改革文件国发〔2017〕29号文以及矿山地质环境恢复基金配套政策的表述，确认了“专款专用，但计入企业成本”的性质界定。“提取费用”而非“缴纳费用”的立法表达，在某种程度上延续了矿区生态修复费用企业所有的基本原则，但是否设置有例外则需要相关规定的进一步明确。

（二）规定矿区生态修复费用的监督检查（第49条第2款）

该款规定主要明确了矿区生态修复费用的监督检查主体和内容。其一，自然资源主管部门与财政部门是《矿产资源法》“点名”的监督检查主体。二者关系也因为“会同”一词的使用呈现出“前重后轻”的责任划分趋势。其二，监管部门的级别层面限定在“县级以上”，但《矿产资源法》就各级部门监督检查职责的划分则没有给出具体方案，仍需进一步的配套规定加以明确。实践中，矿区生态修复费用的监督检查尚缺专门化、系统化的规范体系。其三，“等”字的扩张解释将关系到监督检查部门的范围。部分省区矿山地质环境修复基金的政策文件显示，审计、生态环境、林草等部门不同程度上发挥了监督检查的职能，但各自职能的发挥以及边界在实践中存在争议。其四，监督检查的内容主要限定在计提和使用两个主要的方面。《矿产资源法》的规定，为实践中矿山地质环境修复基金的政策实验与管理实践提供了坚实的上位法基础。正如本书反复强调的观点，精细化的配套规定仍将是矿产资源法治建设的重要内容。

（三）规定矿区生态修复费用具体办法的制定（第49条第3款）

1. 明确本条第1款与第3款的关系

本条第3款是对第1款所言“按照规定”中“规定”的进一步回应，但这种回应并非直接给出答案，而是给出了“授权立法”的回答。显然这种“回应”不是可直接适用的“规定”，似乎并不“解渴”，综观此次《矿产资源法》修订的基本精神，对于精细化的、可操作性的规范普遍采取了授权立法的模式。

2. 具体办法的制定主体以及机制

本条第3款仅有的授权立法的1句话，依然较为全面地明确了具体办法的制定主体以及机制。

矿区生态修复费用相关规定的制定主体是国务院财政部门和自然资源主管部门。财政部门居前以及"会同"一词的使用,似乎说明规范制定当中二者的关系是财政部门牵头。如此表述的理解涉及三个重要的方面:

其一,"相关规定"的制定主体没有生态环境部门。相较于财政部、国土资源部、环境保护部联合发布《关于取消矿山地质环境治理恢复保证金建立矿山地质环境治理恢复基金的指导意见》,本条的要点是没有出现生态环境部门。

其二,"相关规定"的制定主体突出财政部门的重要性。更为深层次的意义在于,"相关规定"的制定依然需要财政部门的牵头和参与。这一点在实践中,尤其是在省级、地市级矿山地质环境治理基金管理办法的制定与实施中尤为重要。考察各地基金管理办法,自然资源主管部门往往承担主要起草任务。财政部门在矿山地质环境恢复基金规定的制定以及运行中履行什么样的职责存在不同的理解。本条确立的"相关规定"的制定机制从国务院部门层面予以明确,在一定程度上回应了财政部门是否参与的难题。

其三,"相关规定"应包括费用提取、使用和监督管理等主要内容,同时还应该就实践中的疑难复杂问题进行回应。综合考察各省区、地级市关于矿山地质环境恢复基金的相关办法,其主要结构其实涵盖了本法要求的三项主要内容,但在"基金使用范围,账户设立要求,计提标准和依据,监督管理方式"等方面的具体规定并不统一,呈现出"百花齐放"的样态。因此,如何厘清国务院部门层面制定的"相关规定"与各地依据具体实践制定的"相关办法"的调整范围以及界限,形成兼具多元层次和地方特色的规范体系是下一步工作努力的重点和难点。即便如此,"相关规定"并非只限于如上主要内容,还应考虑将人民法院强制执行基金账户等实践难题纳入调整范围。

五、典型案例

(一)环境治理恢复保证金能否执行的问题[①]

1. 基本案情

在甲起诉乙煤业公司股权转让纠纷案中,执行法院追加丙矿业公司为被执行人,并作出裁定冻结并扣划丙矿业公司下属煤矿按当地国土资源局要求缴存的矿

① 参见最高人民法院执行局编:《执行工作指导》(第73辑),人民法院出版社2020年版,第1-7页。

山地质环境治理恢复保证金(以下简称环境治理恢复保证金),当地法院就环境治理恢复保证金能否执行的问题,请示最高人民法院。

2. 不同观点

第一种意见:采矿权人对于其所缴存的环境治理恢复保证金具有所有权,环境治理恢复保证金不属于法定不能执行的财产范围,应当予以执行。根据《矿山地质环境保护规定》(2016)的规定,环境治理恢复保证金属于采矿权人所有。采矿权人作为被执行人时,其缴存的环境治理恢复保证金属于其责任财产范围,应当予以执行。

第二种意见:对环境治理恢复保证金可采取查控措施,但不宜立即执行,可先发出协助执行通知,待保证金符合返还条件时再予执行。根据《矿山地质环境保护规定》(2016)的规定,对于采矿权人缴存的环境治理恢复保证金,在其履行了环境治理恢复义务并经验收合格后,可以根据义务履行情况返还相应额度的环境治理恢复保证金及利息。对于环境治理恢复保证金不宜立即执行,待其不具备环境治理恢复的担保功能时再予执行。

3. 法官会议纪要

采第二种意见,人民法院在执行以采矿权人为被执行人的案件中,可向有关单位发出协助执行通知书,先对保证金采取查控措施,待保证金符合返还条件时再予执行。

最高人民法院关于矿山地质灾害和地质环境治理恢复保证金能否作为执行的答复

[2018 年 9 月 30 日　(2018)最高法执他 11 号]

贵州省高级人民法院:

你院(2017)黔执他 3 号《关于矿山地质灾害和地质环境治理恢复保证金能否作为执行标的的请示》收悉。经研究,答复如下:

原则同意你院审判委员会多数意见。设立矿山地质环境治理恢复保证金,是为了确保有充足资金用于治理恢复因矿产资源勘查开采活动造成的矿山地质环境破坏,以促进矿产资源的合理开发利用和经济社会、资源环境的协调发展。矿山地质环境治理恢复保证金虽为企业所有,但应当遵循政府监管、专款专用的原则,只有在符合法定条件时,才可以返还采矿权人。在返还之前,采矿权人对保证金的使用受到严格限制，缺乏自主处分权利。人民法院在执行以采矿权人为被执行人的案件中，可向有关单位发出协助执行通知书，先对保证金采取查控措施，待保证金符合返还条件时再予执行。

此复

尽管最高人民法院的“答复”讨论的是保证金能否执行的问题，但作为替代制度的矿山地质环境治理恢复基金具备类推适用的基础和条件。

其一，保证金到基金的制度转变，从本质上没有改变企业所有的基本属性，没有改变专款专用的制度功能。

其二，基金作为保证金的升级版制度，其公共利益维护的属性没有改变。尽管是企业所有，但其使用受到限制，并接受有关部门的监督管理，其强制执行需要充分考虑公共利益的维护。

其三，即使类推适用最高人民法院关于保证金的“答复”，关于基金强制执行的若干难题仍需深入研究，尽快形成统一的规则体系，避免行政、司法、财政等资源的浪费，避免矿山企业合法权益，债权人利益以及国家生态环境利益的受损。具体而言，应考虑“加紧推进相关司法解释的出台，建立司法与行政机关的沟通协调机制”①。

（二）检查建议督促矿山地质环境治理恢复基金计提

2021 年以来，湖北省赤壁市人民检察院在办理相关行政机关对部分企业不及时履行矿山修复义务怠于履职公益诉讼案时发现：数家矿山企业没有按规定及时计提矿山地质环境治理恢复基金至银行专户。为了保护和合理利用地质环境，防治地质灾害，保护国家财产和公民生命财产安全，湖北省赤壁市人民检察院制发检察建议督促有关行政机关履职，促使违规企业缴存矿山地质环境治理恢复基金 1400 万元。②

依照规定，督促矿山地质环境恢复治理基金计提的行政机关为自然资源主管部门。实际的基金计提实践当中，呈现出人民检察院通过环境公益诉讼、检查建议等手段监督自然资源主管部门强化履职，督促矿山企业完成计提矿山地质环境

---

① 熊敏瑞、王光禹：《法院执行矿山生态修复专项资金的法理分析》，载《中国国土资源经济》2023 年第 2 期。

② 参见刘怡廷：《1400 万元矿山治理基金缴存到位》，载《检察日报》2022 年 3 月 26 日，第 2 版。

恢复基金的典型经验。

六、规范链接

（一）《国务院关于印发矿产资源权益金制度改革方案的通知》（国发〔2017〕29号）

在矿山环境治理恢复环节，将矿山环境治理恢复保证金调整为矿山环境治理恢复基金。按照“放管服”改革的要求，将现行管理方式不一、审批动用程序复杂的矿山环境治理恢复保证金，调整为管理规范、责权统一、使用便利的矿山环境治理恢复基金，由矿山企业单设会计科目，按照销售收入的一定比例计提，计入企业成本，由企业统筹用于开展矿山环境保护和综合治理。有关部门根据各自职责，加强事中事后监管，建立动态监管机制，督促企业落实矿山环境治理恢复责任。

（二）《财政部、国土资源部、环境保护部关于取消矿山地质环境治理恢复保证金建立矿山地质环境治理恢复基金的指导意见》（财建〔2017〕638号）

二、落实企业矿山地质环境治理恢复责任。保证金取消后，企业应承担矿山地质环境治理恢复责任，按照《关于做好矿山地质环境保护与土地复垦方案编报有关工作的通知》（国土资规〔2016〕21号）要求，综合开采条件、开采矿种、开采方式、开采规模、开采年限、地区开支水平等因素，编制矿山地质环境保护与土地复垦方案。落实企业监测主体责任，加强矿山地质环境监测。根据矿山地质环境保护与土地复垦方案和动态监测情况，督查企业边生产、边治理，对其在矿产资源勘查、开采活动中造成的矿山地质环境问题进行治理修复。

三、通过建立基金的方式，筹集治理恢复资金。矿山企业按照满足实际需求的原则，根据其矿山地质环境保护与土地复垦方案，将矿山地质环境恢复治理费用按企业会计准则相关规定预计弃置费用，计入相关资产的入账成本，在预计开采年限内按照产量比例等方法摊销，并计入生产成本。同时矿山企业需在其银行账户中设立基金账户，单独反映基金的提取情况。

基金由企业自主使用，根据其矿山地质环境保护与土地复垦方案确定的经费预算、工程实施计划、进度安排等，专项用于因矿产资源勘查开采活动造成的矿区地面塌陷、地裂缝、崩塌、滑坡、地形地貌景观破坏，地下含水层破坏、地表植被损毁预防和修复治理以及矿山地质环境监测等方面（不含土地复垦）。

矿山企业的基金提取、使用及矿山地质环境保护与治理恢复方案的执行情况须列入矿业权人勘查开采信息公示系统。

四、建立动态监管机制。地方各级国土资源主管部门会同环境保护主管部门应建立动态化的监管机制，加强对企业矿山地质环境治理和恢复的监督检查。对于未按照矿山地质环境保护与土地复垦方案开展恢复治理工作的企业，列入矿业权人异常名录或严重违法失信名单，责令其限期整改。对于逾期不整改或者整改不到位的，不得批准其申请新的采矿许可证或者申请采矿许可证延期、变更、注销，不得批准其申请新的建设用地。对于拒不履行矿山地质环境恢复治理义务的企业，有关主管部门应将其违法违规信息建立信用记录，录入全国信用信息共享平台，通过“信用中国”网站、国家企业信用信息公示系统等向社会公布，为相关行业、部门实施联合惩戒提供信息，并可指定符合条件的社会组织就其破坏生态环境的行为向人民法院提起公益诉讼，依据《中华人民共和国矿产资源法》《中华人民共和国环境保护法》《最高人民法院关于审理矿业权纠纷案件适用法律若干问题的解释》《矿山地质环境保护规定》等相关法律法规规定对其进行处罚并追究其法律责任。对于拒不履行生效法律文书确定义务的被执行人，将由人民法院将其纳入失信被执行人名单，依法对其进行失信联合惩戒。

五、各地应结合实际情况，根据指导意见的原则，制定本地区的矿山地质环境治理恢复基金管理办法，确保制度办法切实可行。

（三）《矿山地质环境保护规定》（2019 年 7 月 16 日修正）

第十七条　采矿权人应当依照国家有关规定，计提矿山地质环境治理恢复基金。基金由企业自主使用，根据其矿山地质环境保护与土地复垦方案确定的经费预算、工程实施计划、进度安排等，统筹用于开展矿山地质环境治理恢复和土地复垦。

第二十八条　违反本规定，未按规定计提矿山地质环境治理恢复基金的，由县级以上自然资源主管部门责令限期计提；逾期不计提的，处 3 万元以下的罚款。颁发采矿许可证的自然资源主管部门不得通过其采矿活动年度报告，不受理其采矿权延续变更申请。

（撰稿人：曹宇）

第五章　矿产资源储备和应急

第五十条　【战略性矿产资源储备体系】国家构建产品储备、产能储备和产地储备相结合的战略性矿产资源储备体系，科学合理确定储备结构、规模和布局并动态调整。

一、条文主旨

本条是关于建立战略性矿产资源储备体系的规定。

二、立法目的

建立矿产资源储备和应急制度的立法目的旨在保障国家矿产资源安全、提升应急保供能力。相较于《矿产资源法》(2009)，本条是涉及矿产资源储备的新增条款。本章规定国家构建产品储备、产能储备和产地储备相结合的战略性矿产资源储备体系，并就矿产品储备的组织实施、产能储备的责任落实、战略性矿产资源储备地的划定，以及出现矿产资源应急状态时可以采取的处置措施作了明确规定。矿产资源是国家经济发展的重要基础，其供应的稳定性直接关系到国家的经济安全和可持续发展。建立矿产资源储备和应急制度，可以在矿产资源供应出现紧张或中断时，通过动用储备资源来保障国家的正常生产和生活需求，从而维护国家的经济安全和稳定。

三、立法沿革

本条作为本次《矿产资源法》新增的条款，归属于第五章“矿产资源储备和应急”。2021 年《国民经济和社会发展第十四个五年规划和 2035 年远景目标纲要》第五十三章“强化国家经济安全保障”中明确提出加强战略性矿产资源规划管控，提升储备安全保障能力，实施新一轮找矿突破战略行动。截至 2023 年年底，战略性矿产资源储备体系建设历经广泛的探索和试点,在煤炭、天然气、石墨等战略性矿产资源管理实践、制度中已经建立起科学、动态的储备体系。目前,我国仅出台了《国家物资储备管理规定》等综合性的储备法规,针对矿产品储备的立法缺位。[①] 此次《矿产资源法》新增战略性矿产资源储备子系统,无疑为进一步完善我国资源储备系统提供了法律依据。

四、规范解读

(一)规定产品储备、产能储备和产地储备相结合的战略性矿产资源储备体系

矿产资源储备的定义是对一些短缺矿种和矿产品实行战略储备的工作。广义的矿产资源储备包括储量储备和矿产品储备两类。

国务院印发了《关于促进稀土行业持续健康发展的若干意见》(国发〔2011〕12 号),提出要划定一批矿区作为国家稀土资源储备矿产地。同年,原国土资源部印发了《关于开展矿产地储备试点工作的意见》(已废止),开展矿产地储备试点工作。

《国土资源"十一五"规划纲要》明确提出,中国矿产储备包括石油和铀等矿产地储备、煤炭资源战略储备,并启动铁、铜、铝、锰、铬、钾盐等非能源短缺性矿产和稀土、钨等优势矿产的矿产品战略储备,逐步推进探明矿产地的战略储备。《国土资源"十三五"规划纲要》明确指出,要实施重要矿产地储备,制定专项规划,加快推进矿产资源储备体系建设。完善矿产地储备机制,加强对钨、稀土、晶质石墨等战略性矿产重要矿产地的储备。划定矿产资源储备区,将各类生态保护区、生态脆弱地区内国家出资查明的重要矿产大中型矿产地,以及对国民经济具有重要价值的矿区纳入储备管理。建立矿产地储备的动态调整机制。实施矿产资源调查评价和保护储备工程,科学确定储备的矿种、规模、布局,划定资源储备区,探索在生态保护区等区域内由国家出资勘查,成果纳入储备的模式,建立储备地收储、动用、轮换的运行机制,建立矿产地储备的监管体系和符合国情的矿产资源战略储备体系。

《全国矿产资源规划(2016—2020 年)》提出,完善矿产储备体系,稳定国内资

---

① 参见翟步金、祝诗蓓、王贤卫:《我国建立重要金属矿产资源储备的对策研究》,载《中国工程咨询》2023 年第 5 期。

源安全保障水平，建设战略性矿产安全供应监测预警分析系统。划定 28 个对国民经济具有重要价值的矿区，强化重要矿产保护与储备。探索建立矿产资源储备制度，设立矿产资源保护和储备工程。建立国家和企业共同参与，矿产品和矿产地相结合的战略储备体系，保障矿产资源供应安全和代际公平。加大原油储备力度，科学合理确定有色金属、稀贵金属等国家战略储备规模、品种、结构，完善储备制度。健全矿产地储备机制，加强对钨、稀土、晶质石墨等战略性矿产重要矿产地的储备，探索采储结合新机制。以储备为目的，探索在自然保护区内由国家财政出资、市场化运作方式进行勘查，已探明和新发现的大中型矿产地纳入储备管理。建立储备矿产地的动态调整机制，根据经济社会发展需要适时动用。《全国国土规划纲要（2016—2030 年）》要求，加强石油等重要能源资源战略储备，统筹油气进口运输通道和国内储备系统建设，健全战略储备与商业储备相互结合、矿产品储备与矿产地储备互为补充的重要矿产储备体系。到 2030 年，重要矿产国内保障程度有所提高。

2016 年 3 月，国务院颁布了《国民经济和社会发展第十三个五年规划纲要》，明确要求建立“产品产能产地储备相结合的国家战略资源能源储备体系”。产品储备体系，是由战略性矿产资源产地、中转地和终端用户三方组成，鼓励企业根据市场需求，保证一定数量的应急储备。产能储备就是充分利用我国战略性矿产资源的生产能力，在特定战略性矿产资源供大于求时，压缩产量，保存一定比例的产能，在特定战略性矿产资源供不应求时，全部释放产能，保障应急需求。

矿产地储备是后备矿产资源开采体系的组成部分。其是针对特定矿产资源基于经济社会发展需求或受当前开发技术条件、经济条件限制，为保障矿产资源利用效率，将矿产资源合理配置而储备起来，留待将来开发利用的储备形式。产地储备的量取决于矿产资源储备的规模和结构。党和国家对战略性矿产资源储备体系的建立早有布局，早在 2017 年国家能源局印发的《煤炭深加工产业示范“十三五”规划》（国能科技〔2017〕43 号）就提出了要在煤炭领域落实好战略技术储备和产能储备目标，并确立了新疆准东、内蒙古西部（含天津渤化、国储能源）、内蒙古东部（兴安盟、伊敏）、陕西榆林、武安新峰、湖北能源、安徽京皖安庆等煤制天然气储备项目。

我国矿产品储备和矿产地储备分别由国家物资储备局和原国土资源部中央地质勘查基金管理中心负责，矿产品、产能和产地储备管理长期处于分割状态，缺乏统一的组织协调。① 战略性矿产资源储备体系以产地储备为战略基础，产能储备为动态连接产地储备与产品储备的桥梁，产品储备为战略性矿产资源应急补充、市场调节的先导，三者之间有机统一。

（二）规定科学合理确定战略性矿产资源储备结构、规模和布局并动态调整

习近平总书记在中央全面深化改革委员会第二十一次会议上强调，国家储备是国家治理的重要物质基础，要从体制机制层面加强战略和应急物资储备安全管理，强化战略保障、宏观调控和应对急需功能，增强防范抵御重大风险能力。② 科学设定储备结构、规模和布局，战略性矿产资源储备品种规模既要考虑当前需求还要有前瞻性，也要根据技术进步和产业发展预判未来储备需求变化，考虑矿产资源市场状况、价格波动和资源可获取性，提前布局、动态调整。如近年来部分稀贵金属需求暴增、价格暴涨，在评判储备品种和规模时，应充分考虑产业链供应链的稳定性，对确实存在重大风险的战略物资储备，提前做好产能、产地、实物储备布局并动态调整。

新时代较长时间内，中国矿产资源的需求仍处于高位运行状态。面对当前的国际国内形势，中国矿产资源安全形势越发严峻。建立适合中国国情的战略性矿产资源储备体系是保证矿产资源持续供应的有效办法，是保障国家资源安全的长远应对。储备勘查是国家矿产地储备体系的重要组成部分，系指国家及相关组织，为保障国防和经济安全，根据国家战略需求，结合本国资源禀赋而组织开展、以实施矿产地储备为目的的矿产勘查活动。面对百年变局，开展矿产储备勘查研究，对于完善矿产资源储备体系，保障国家资源能源与国防、经济安全具有重要意义。

五、资料索引

（一）我国将建立煤炭产能储备制度③

国家发展改革委、国家能源局发布了《关于建立煤炭产能储备制度的实施意

---

① 参见张小陌：《美日矿产资源战略储备制度研究及其借鉴意义》，载《矿业研究与开发》2019 年第 1 期。

② 参见白冰：《加强反垄断反不正当竞争监管力度　完善物资储备体制机制深入打好污染防治攻坚战》，载《光明日报》2021 年 8 月 31 日，第 1 版。

③ 参见邱丽芳：《我国将建立煤炭产能储备制度》，载新华网 2024 年 4 月 12 日，http://www.xinhuanet.com/fortune/20240412/b488c32795b642439a5419d61f368005/c.html。

见》。该意见提出，创新产能管理机制，推动煤炭产能保持合理裕度和足够弹性，增强供给保障能力，更好发挥煤炭在能源供应中的兜底保障作用。

该意见明确，到2027年，初步建立煤炭产能储备制度，有序核准建设一批产能储备煤矿项目，形成一定规模的可调度产能储备。到2030年，产能储备制度更加健全，产能管理体系更加完善，力争形成3亿吨/年左右的可调度产能储备，全国煤炭供应保障能力显著增强，供给弹性和韧性持续提升。

国家能源局有关负责人介绍，建成一定规模的煤炭储备产能，可在国际能源市场剧烈波动、恶劣天气多发、供需形势急剧变化等极端情形下"向上弹性生产"，快速释放储备产能，有效提升煤炭应急保障能力，更好发挥煤炭在能源供应中的兜底保障作用。同时，煤炭产能储备可有效提升煤炭供应灵活性，保障煤电更好发挥支撑调节作用，推动新能源高质量发展，促进能源绿色低碳转型。

（二）国家能源局：持续夯实能源保障基础　增加战略储备和调节能力①

据国家能源局网站消息，国家能源局近日印发《2024年能源工作指导意见》。该指导意见要求，持续夯实能源保障基础，把能源安全作为高质量发展的基石，持续巩固提升油气产量，保持煤炭产能合理裕度，增加战略储备和调节能力，强化区域协同保障，筑牢能源安全保障的根基。

一是强化化石能源安全兜底保障。深入研究实施油气中长期增储上产发展战略。加大油气勘探开发力度，推进老油田稳产，加快新区建产，强化"两深一非一稳"重点领域油气产能建设。有序推动炼油项目改造升级。加快储气设施建设，推进地下储气库、沿海液化天然气接收站储罐工程。加强油气管道保护。有序释放煤炭先进产能，推动已核准项目尽快开工建设，在建煤矿项目尽早投产达产，核准一批安全、智能、绿色的大型现代化煤矿，保障煤炭产能接续平稳，在安全生产基础上，推动产量保持较高水平。建立煤炭产能储备制度，加强煤炭运输通道和产品储备能力建设，提升煤炭供给体系弹性。

二是提升电力系统稳定调节能力。印发实施指导火电转型发展的相关政策。推动煤炭、煤电一体化联营，合理布局支撑性调节性煤电，加快电力供应压力较大省份已纳规煤电项目建设，力争尽早投产。推动退役机组按需合规转为应急备用

① 参见刘湃：《国家能源局：持续夯实能源保障基础　增加战略储备和调节能力》，载中国新闻网2024年3月22日，https://m.chinanews.com/wap/detail/chs/zw/10184795.shtml。

电源。在气源有保障、气价可承受、调峰需求大的地区合理规划建设调峰气电。深入落实《关于新形势下配电网高质量发展的指导意见》,提升配电网支撑保障能力和综合承载能力。强化迎峰度夏、度冬电力供需平衡预警,"一省一策"做好电力供应保障,加大供应紧张和偏紧地区的督促指导力度。优化抽水蓄能中长期发展规划布局。推动新型储能多元化发展,强化促进新型储能并网和调度运行的政策措施。压实地方、企业责任,推动电力需求侧资源参与需求侧响应和系统调节。

三是提高区域协同保障能力。推进京津冀、长三角、粤港澳大湾区、黄河流域等重点区域能源规划落地实施,支持东北等地区能源高质量发展。优化完善政策机制,推动跨省跨区输电通道高质量发展。重点推进陕北—安徽、甘肃—浙江、蒙西—京津冀、大同—天津南等特高压工程核准开工,加快开展西南、西北、东北、内蒙古等清洁能源基地送出通道前期工作。强化蒙东与东北主网联网,推进华北特高压交流电网向蒙西地区延伸加强,提升西北省间通道输电能力,建成华中特高压骨干网架。加快推进西气东输四线、川气东送二线、中俄东线南段、虎林—长春等干线管道建设。持续做好农村电网巩固提升。

六、规范链接

(一)《中华人民共和国能源法》(2024 年 11 月 8 日)

第四十七条 国家按照政府主导、社会共建、多元互补的原则,建立健全高效协同的能源储备体系,科学合理确定能源储备的种类、规模和方式,发挥能源储备的战略保障、宏观调控和应对急需等功能。

第四十八条 能源储备实行政府储备和企业储备相结合,实物储备和产能储备、矿产地储备相统筹。

政府储备包括中央政府储备和地方政府储备,企业储备包括企业社会责任储备和企业其他生产经营库存。

能源储备的收储、轮换、动用,依照法律、行政法规和国家有关规定执行。

国家完善政府储备市场调节机制,采取有效措施应对市场大幅波动等风险。

第四十九条 政府储备承储运营机构应当依照法律、行政法规和国家有关规定,建立健全内部管理制度,加强储备管理,确保政府储备安全。

企业社会责任储备按照企业所有、政策引导、监管有效的原则建立。承担社会责任储备的能源企业应当按照规定的种类、数量等落实储备责任,并接受政府有关部门的监督管理。

能源产能储备的具体办法，由国务院能源主管部门会同国务院财政部门和其他有关部门制定。

能源矿产地储备的具体办法，由国务院自然资源主管部门会同国务院能源主管部门、国务院财政部门和其他有关部门制定。

（二）《国家发展改革委、国家能源局关于建立煤炭产能储备制度的实施意见》（发改能源规〔2024〕413 号）

为深入贯彻党的二十大和二十届二中全会精神，认真践行能源安全新战略，落实党中央、国务院关于促进初级产品供给保障和价格稳定的决策部署，深化煤炭供给侧结构性改革，创新产能管理机制，完善产能储备政策，推动煤炭产能保持合理裕度和足够弹性，增强供给保障能力，更好发挥煤炭在能源供应中的兜底保障作用，制定以下实施意见。

一、总体要求

充分发挥市场在资源配置中的决定性作用，更好发挥政府作用，主动适应煤炭供需形势变化，形成稳定的产能储备支持政策预期，积极引导具备条件的企业建设煤炭储备产能。以大型现代化露天煤矿和安全保障程度高的井工煤矿为实施重点，在新建和在建煤矿项目中优选一批产能储备煤矿，积极稳妥组织实施。保持煤炭产能合理充裕，增强煤炭供给弹性和灵活度，有效应对煤炭供应中的周期性和季节性波动等情形。大力提升绿色生产素质，促进产能储备与生态环境保护相协调，提高安全保障投入，在储备产能日常维护和释放过程中确保安全可靠。

到 2027 年，初步建立煤炭产能储备制度，有序核准建设一批产能储备煤矿项目，形成一定规模的可调度产能储备。到 2030 年，产能储备制度更加健全，产能管理体系更加完善，力争形成 3 亿吨/年左右的可调度产能储备，全国煤炭供应保障能力显著增强，供给弹性和韧性持续提升。

（三）《2024 年能源工作指导意见》（国能发规划〔2024〕22 号）

二、持续夯实能源保障基础

把能源安全作为高质量发展的基石，持续巩固提升油气产量，保持煤炭产能合理裕度，增加战略储备和调节能力，强化区域协同保障，筑牢能源安全保障的根基。

强化化石能源安全兜底保障。深入研究实施油气中长期增储上产发展战略。

加大油气勘探开发力度，推进老油田稳产，加快新区建产，强化“两深一非一稳”重点领域油气产能建设。有序推动炼油项目改造升级。加快储气设施建设，推进地下储气库、沿海液化天然气接收站储罐工程。加强油气管道保护。有序释放煤炭先进产能，推动已核准项目尽快开工建设，在建煤矿项目尽早投产达产，核准一批安全、智能、绿色的大型现代化煤矿，保障煤炭产能接续平稳，在安全生产基础上，推动产量保持较高水平。建立煤炭产能储备制度，加强煤炭运输通道和产品储备能力建设，提升煤炭供给体系弹性。

(四)自然资源部《关于规范石墨产业发展，加强石墨资源战略性储备的提案复文摘要》(2015 年 9 月 10 日)

(二)关于建立石墨战略储备制度。党中央、国务院对矿产资源战略储备工作高度重视。2008 年 7 月，国务院批准国土资源部“三定”方案中将“矿产地储备”职能赋予我部。2011 年 11 月，部办公厅印发中央地质勘查基金管理中心新“三定”方案，赋予中心“研究实施国家矿产资源战略储备制度，承办有关矿产地储备的具体工作”的职责，并设立项目四处专职负责。为落实此项工作，我部开展了相关的调查研究工作，为矿产资源战略储备奠定了基础。一是扎实开展矿产资源储备专题研究。完成了中央财经领导小组办公室组织我部开展的“矿产资源储备战略研究”等课题。二是组织开展第三轮全国矿产资源规划编制工作，进一步推进矿产地储备工作。

(五)《内蒙古自治区建设国家重要能源和战略资源基地促进条例》(2023 年 7 月 31 日)

第六十条 自治区统筹推进能源储备能力建设，推动建立完善煤电油气储备制度、煤炭应急储备产能制度。

(撰稿人：徐哲、曹宇)

第五十一条 【战略性矿产资源产品储备】国务院发展改革、财政、物资储备、能源等有关部门和省、自治区、直辖市人民政府应当按照国家有关规定加强战略性矿产资源储备设施建设，组织实施矿产品储备，建立灵活高效的收储、轮换、动用机制。

一、条文主旨

本条是关于战略性矿产资源产品储备的规定。

二、立法目的

本条的目的是通过立法明确战略性矿产资源储备设施、矿产品储备机制的建设主体和主要内容。本条的关注点包括两个:一是储备设施。强调相关责任主体需要加强战略性矿产资源储备设施建设。二是矿产品的储备机制。重点对储备机制给出了法定要求,即“灵活高效的收储、轮换、动用机制”。从责任主体考察,二者的建设任务主体是国务院发展改革、财政、物资储备、能源等有关部门和省、自治区、直辖市人民政府。

三、立法沿革

本条为本次《矿产资源法》新增条款,归属于第五章“矿产资源储备和应急”。

四、规范解读

本条是关于我国矿产资源储备与管理的规定,具体可以从以下几个方面进行解读。

(一)建立国家矿产资源安全战略保障体系势在必行

2022 年年底召开的中央经济工作会议指出,加强重要能源、矿产资源国内勘探开发和增储上产,加快规划建设新型能源体系,提升国家战略物资储备保障能力。习近平总书记在给山东省地矿局第六地质大队全体地质工作者的回信中希望广大地质工作者,积极践行绿色发展理念,加大勘查力度,加强科技攻关,在新一轮找矿突破战略行动中发挥更大作用。现实的国际与经济现实,特别是针对我国重要产业链供应链的现实,都要求加快制定战略性矿产目录,精准预测战略性矿产资源需求,动态研究重要国家矿产资源情况和矿业发展态势,系统解决矿产领域重大战略问题。贯彻落实绿色发展理念,统筹资源保护与开发,同样需要制定完善全国和省级矿产资源规划、地质勘查专项规划、矿产资源保护专项规划、战略性矿产勘查开发单项规划,形成完整的规划体系。所以,需要尽快制定并完善矿产资源储备相关的法律法规,明确矿产资源储备的目的、主体、品种、规模、形式等内容,根据不同矿种的战略定位,建立优势矿产、紧缺矿产和替代矿产资源储备制度和安全保障制度。在深入了解国内外矿产战略储备,特别是矿产储备勘查现状与研究进展的基础上，很多地方都结合自己实际，认为省级储备勘查应锁定矿种大类、多个储备勘查矿种（矿种组合）；初步圈定多个储备勘查（深部找矿）区；建议省储备勘查投资规模每年达到一定规模。结合省级地勘行业事业改革实际，提出以省地质勘查基金管理中心为基础，组建省级储备勘查管理机构新思路。[①] 抓住《矿产资源法》修订的有利时机，从法律制度上确立国家矿产资源储备体系建设，任重道远。

（二）明确了主管部门与地方政府对矿产资源储备的责任

1. 明确了中央地方共同建设的模式

国务院发展改革、财政、物资储备、能源等有关部门以及省、自治区、直辖市人民政府都应当参与并执行这一政策。这显示了从中央到地方，多个政府部门和行政区域都需要协同合作，确保矿产资源储备工作的有效实施。

2. 提出要完善矿产资源储备设施建设

根据国家规定，这些部门和地方政府需要加强战略性矿产资源储备设施的建设。这意味着，不仅要有足够的存储设施，而且这些设施还需要符合战略性需求，确保其能够长期、稳定地运行。

3. 落实矿产品储备的组织与实施

除了设施建设，还要求落实组织实施矿产品的储备。这包括确定哪些矿产品需要储备、如何储备、储备的数量和质量标准等。这需要各相关部门和地方政府根据实际情况和市场需求进行细致的规划和执行。

4. 建立健全收储、轮换、动用机制

条文中提到的“建立灵活高效的收储、轮换、动用机制”是确保矿产资源储备有效性的关键。收储是指将矿产品收入储备设施；轮换是指定期更新储备产品，确保其质量和数量始终满足需求；动用是指在需要时，能够迅速、有效地调用储备的矿产品。这一机制的建立需要综合考虑多个因素，如市场需求、价格波动、资源供应稳定性等。综上所述，该条文旨在确保我国矿产资源的安全和稳定供应，通过加强储备设施建设、组织实施矿产品储备以及建立高效的收储、轮换、动用机制，提高我国矿产资源的整体管理水平和应对突发事件的能力。

---

① 参见陈汉：《矿产资源安全与矿业经济发展如何步调一致》，载《中国黄金报》2020 年 6 月 9 日，第 2 版。

(三)矿产资源储备体系建设的核心是组建能有效运行的国家矿产资源储备管理机构

要通过法律法规及相关制度,保障储备投入,维护储备工作的正常开展;调动相关企业、勘查单位及各相关方的积极性,实现国家矿产储备目标。战略性矿产资源储备设施建设,是战略性矿产资源储备体系的基础组成部分,储备设施是物质保障基础。战略性矿产资源储备设施建设,需要统一规划、合理布局。我国各省市地区矿产资源禀赋不同,战略性矿产资源储备设施具有区域性、可共享的特点,应当统一规划国家战略性矿产资源储备设施的设置,合理布局,建立灵活高效的收储、轮换、动用机制。

1. 矿产勘查储备属于矿产地储备,是国家矿产资源储备体系的组成部分

为减小中央政府财政压力,更好地发挥储备作用,像中国这样幅员辽阔的大国,有必要建立以中央为主体,各省结合本省矿产资源禀赋实际为补充的两级矿产资源储备体系。

2. 我国需要开展战略性找矿突破专项行动

我国需要制定"五年找矿突破专项行动"实施意见和年度目标。以形成大型能源资源基地为主线,聚焦油气、页岩气、煤层气、铜、金、锂等紧缺战略性矿产,围绕基础调查区、重点调查区、重点勘查区和重要矿山深部"四区",开展基础地质调查、战略性矿产资源调查与勘查等工作。加强科技攻关,制定绿色勘查方法技术标准,研发攻克一批重大关键技术装备,推动找矿逐步向深部、覆盖区、高海拔、深切割等地区拓展。构建中央、地方、企业协调联动的新机制,形成全国"一盘棋"部署、"大兵团"作战的新格局。

3. 我国要建立新一轮找矿常态化多元化投入机制

发挥财政资金撬动引领作用,设立地质找矿专项资金,用于公益性、基础性地质调查,找矿靶区优选,矿产资源潜力评价及重要矿山资源预测,形成一批绿色勘查区块。地方财政设立地质找矿专项,用于基础地质调查和战略性矿产资源调查。探索建立省级地质勘查基金,吸纳社会资本投入找矿,完善社会资本投入找矿的激励政策。调整优化矿业权获取政策,出台新的矿业权出让收益征收管理办法及配套政策,优先保障战略性矿产探矿权转采矿权的用地需求,鼓励矿山企业加大现有矿业权勘探开发再投入力度,推动增储上产。

4. 我国正探索新一轮找矿保障机制

中央地勘单位和地方地勘单位要合力构建“科技引领、业务指导、优势互补、协调联动”新型央地关系。调整地勘单位改革方向，强化公益属性，让地勘单位回归基础性、公益性、战略性地质调查的主责主业；研究出台鼓励地勘单位提供勘查区块的以奖代拨机制。要加强找矿队伍能力建设，支持地勘单位优化人才结构，培育领军人才和创新团队；支持地勘单位改善找矿装备，逐步实现找矿技术装备现代化，支撑地勘单位向深部找矿转型。①

五、规范链接

（一）《国家石油储备条例（征求意见稿）》（2016年5月31日）

第十四条 〔储备轮换〕

国务院能源主管部门会同国务院财政部门建立政府储备石油的轮换机制，规定轮换条件和程序。

国家石油储备单位根据轮换机制，按照保证质量、节约成本、提高效率的原则，拟定石油储备轮换方案，向国务院能源主管部门报备后组织实施。政府储备石油的收储、轮换原则上应当通过交易市场公开进行。

第十五条 〔配合义务〕

对政府储备的收储和轮换，相关单位应当在石油接卸、管道输送等方面予以优先保证。

（二）《国家发展改革委、国家能源局关于建立煤炭产能储备制度的实施意见》（发改能源规〔2024〕413号）

五、保障措施

（一）加强组织协调。建立煤炭产能储备管理工作机制，强化统筹指导，协调做好全国煤炭产能储备管理工作。有关产煤省区煤炭行业管理部门会同同级发展改革等部门，可根据实际建立省级工作机制，指导辖区内企业做好产能储备工作。

（二）压实工作责任。产能储备煤矿的项目单位要严格履行主体责任，扎实推进产能储备煤矿建设，确保如期保质保量完成建设任务，按国家统一调度组织

---

① 参见谈文胜：《把矿产勘探作为提升国家战略物资储备保障能力的基础工程》，载《中国经济时报》2023年5月17日，第3版。

生产，有效发挥产能储备煤矿作用。省级煤炭行业管理部门要履行好监督管理责任，加强对辖区内产能储备煤矿日常监督，逐矿建立工作台账，调度掌握产能储备煤矿在非应急和应急两种状态下的生产情况，相关台账信息定期报送至国家发展改革委、国家能源局。

（三）强化监督管理。国家能源局会同有关部门加强对全国煤炭产能储备工作的综合协调和督促指导，研究解决产能储备煤矿建设生产过程中的重大问题，推动产能储备各项工作有序开展。省级煤炭行业管理部门适时组织开展检查，对未按照国家有关规定组织建设生产的，应当责令限期整改，违反有关法律法规的按规定予以处罚，确保产能储备各项要求落实落地。

（撰稿人：徐哲、曹宇）

第五十二条　【战略性矿产资源产能储备】开采战略性矿产资源的采矿权人应当按照国家有关规定，落实产能储备责任，合理规划生产能力，确保应急增产需要。

一、条文主旨

本条是关于战略性矿产资源产能储备的规定。

二、立法目的

采矿权人产能储备是战略性矿产资源储备体系的重要内容。本章“矿产资源储备和应急”的第一个条文（第 50 条）明确了我国的战略性矿产资源储备体系包括产能储备。本条则是对产能储备的具体化表达和关键性要求。其一，明确规定战略性矿产资源产能储备的义务人为采矿权人。其二，明确规定采矿权人落实产能储备义务的主要内容。本条将产能储备及其主要内容以法律的形式加以确定，旨在进一步提升和强化国家战略性矿产资源的储备和保障能力。

三、立法沿革

本条为本次《矿产资源法》新增条款，归属于第五章“矿产资源储备和应急”。在我国，早期的矿产资源立法主要侧重于矿产资源的勘查、开采、管理等方面，对于采矿权人的产能储备责任并没有明确的法律规定。随着市场经济的发展和矿产资源管理的不断完善,国家开始逐步加强对采矿权人产能储备责任的立法规范。近年来,国家发展改革委、国家能源局等部门出台了一系列政策文件,对煤炭等矿产资源的产能储备提出了明确要求,并鼓励采矿权人积极参与产能储备建设。一个重要的立法节点是国家发展改革委、国家能源局出台的《关于建立煤炭产能储备制度的实施意见》(发改能源规〔2024〕413 号)。该意见明确提出到 2027 年初步建立煤炭产能储备制度,有序核准建设一批产能储备煤矿项目,并鼓励采矿权人积极参与产能储备建设。

四、规范解读

(一)规定开采战略性矿产资源采矿权人的产能储备责任

本条确定战略性矿产资源采矿权人产能储备责任是概括规定,按照国家有关规定执行。这确定了本法与其他法律法规对战略性矿产资源采矿权人要求的关系,本法作为新法、基本法,原则上优先适用。考虑到不同战略性矿产资源禀赋和市场形势也存在差异,有些其他行政法规也设定了部分战略性矿产资源的产能储备责任要求和目标,且是必要的,有的根据部门实际情况规定了具体程序,因此其他法律、行政法规对落实产能储备责任有规定的,从其规定。

(二)规定开采战略性矿产资源的采矿权人落实产能储备责任的内容

《全国矿产资源规划(2016—2020 年)》强调探索建立国家和企业共同参与的矿产资源储备制度。全球战略性矿产资源地质储量分布极不均衡,各国战略性矿产资源产业链供应链各有优势,且存在不同的利益诉求。由于缺乏统一的战略性矿产资源协调机构,很多区域化供应链联盟相继建立。利益群体诉求的差异性、资源分布的分散化及产业链分工机制的不健全,使战略性矿产资源产业链供应链安全极具复杂性,这也对战略性矿产资源的采矿权人合理规划生产以确保应急增产需要提出了要求。2022 年 8 月,自然资源部、生态环境部、国家林业和草原局联合印发《关于加强生态保护红线管理的通知(试行)》,明确提出:在符合法律法规的前提下,允许包括"地质调查与矿产资源勘查开采"等对生态功能不造成破坏的有限人为活动。该通知明确,已依法设立和新立铬、铜、镍、锂、钴、锆、钾盐、(中)重稀土矿等战略性矿产资源探矿权开展勘查活动,可办理探矿权登记,因国家战略需要开展开采活动的,可办理采矿权登记。当前,我国一些主要矿产对外依存度比较高,新能源、新材料矿产的需求也在快速增长,所以必须采取措施,加强国内战略性矿产资源勘探开发和增储上产,确保能源资源、重要产业链和供应链的安全。在战略性矿产资源开发过程中充分发挥采矿权人积极性,严格落实采矿权人产能储备责任,确保战略性矿产资源的开发能够满足应急增产需要。

五、资料索引

(一)内蒙古自治区赤峰市协助企业落实煤炭应急增产①

赤峰市强化煤炭资源保障支撑,采取多种措施加快采矿手续办理,服务保供煤矿生产,有序增加煤矿接续资源储备,全力打好煤炭增产保供攻坚战。

一是协助企业复工复产,确保产能有效释放。主动对接煤炭企业,进行"一对一服务",针对矿山企业在用地、立项、环保、安全生产等相关手续办理中存在的问题,会同各旗县区政府及相关部门专项推进解决,确保企业顺利复工复产。赤峰市共有在期煤矿采矿权 13 家,目前具备复工复产条件的 9 家已全部复工复产。

二是审批工作提质增效,全力优化办证流程。将矿业权审批事项全部进驻市政务服务中心办理,实行矿业权审批会签制,将"串联审查"调整为"并联审查",让数据"多跑路",企业"少跑腿",矿业权审批时限由 13 天缩短至 8 天,最大限度提高效率,增强企业的办事便利度和满意度。

三是推进煤炭资源整合,保障资源高效利用。赤峰西拉沐沦(集团)公格营子煤矿和古山第一煤矿周边边角空白区整合工作已顺利完成,已颁发周边空白区煤炭资源扩大范围采矿许可证,实现煤炭增储 3300 万吨,每年增加产量 65 万吨,新增就业 600 人,增加产值 3 亿元左右。

(二)提高极端天气下的保供能力②

2023 年 12 月 20 日,国务院国资委党委召开扩大会议。会议强调,要全力抓好基础保供工作,提高极端天气下的保供能力,做好能源安全增产增供,组织好煤炭生产,提高电力生产供应能力,全力保障油气稳定供应,强化电网运行监控,加强交通设备设施检维修管理,强化民航水运灾害应对能力,保障人民群众基本生

---

① 参见《赤峰市积极应对煤炭供应保障形势　全力以赴做好煤炭增产保供工作》,载内蒙古自治区自然资源厅网 2024 年 1 月 22 日,https://zrzy. nmg. gov. cn/xwdt/msdt/202401/t20240122_2444098. html。

② 参见薛涛:《防范应对低温雨雪冰冻丨国务院国资委:国资央企要全力做好基础保供、抢险救援等工作》,载新华网 2023 年 12 月 21 日,http://www. news. cn/2023 - 12/21/c_1130039616. html。

活需要。

六、规范链接

(一)《国家石油储备条例(征求意见稿)》(2016 年 5 月 31 日)

第二十五条 〔义务储备主体〕

从事原油加工、成品油批发和原油进出口的企业(以下简称承储企业),应当承担企业义务储备。

第二十六条 〔义务储备规模〕

企业义务储备以企业日常依法保有的最低库存量计算。

企业义务储备量的计入范围,为企业专用油库和炼厂内的油罐内归企业所有的石油库存量,按 10% 的比例扣除罐底等不可动用库存后的可动用库存量。

根据石油市场供需状况,国务院能源主管部门可以允许企业义务储备量在一定时期内适量调整。

第二十七条 〔特殊情况调整〕

因自然灾害、火灾等不可抗力使企业无法达到义务储备量要求时,企业应当及时向国务院能源主管部门报告。国务院能源主管部门可以根据具体情况,对企业的义务储备予以调整。

第二十八条 〔承储企业集团〕

承储企业为集团公司的,对其直属企业、全资或者控股企业的储备量可以进行内部平衡和合并计算。

(二)《国家发展改革委、国家能源局关于建立煤炭产能储备制度的实施意见》(发改能源规〔2024〕413 号)

二、产能储备煤矿建设工作规则

产能储备煤矿的设计产能由常规产能和储备产能两部分组成。常规产能是指非应急状态下煤矿正常生产的产能,由企业根据市场情况自主组织生产,不纳入国家统一调度范围。储备产能是指在常规产能基础之上预留的规模适度、用于调峰的产能,应急状态下按国家统一调度与常规产能同步释放,实现煤矿"向上弹性生产"。产能储备煤矿的常规产能与储备产能之和为设计产能。在产能储备煤矿建设过程中,应按照如下要求组织实施:

(一)规划阶段。在煤炭矿区总体规划编制(修编)工作中,省级及以下煤炭矿区总体规划编制部门要组织对矿区内的规划新建和在建煤矿项目进行认真研究，论证项目是否具备建设储备产能的条件，科学合理确定单个煤矿规划建设规模。产能储备煤矿原则上应按照设计产能一次建成投产。项目单位要对产能储备煤矿建设的可行性进行深入研究，确保经济合理、安全可控。矿区外运基础设施要充分考虑储备产能释放的情形。

（二）核准阶段。拟建设储备产能的新建煤矿项目需按设计产能办理用地预审与选址意见书、社会稳定风险评估报告等。编制项目申请报告书时，应对储备产能建设生产方案进行深入分析。在建煤矿项目可在现有核准产能基础上建设储备产能，也可按相关政策要求申请调整建设规模后建设储备产能。

（三）建设阶段。产能储备煤矿应在符合矿区总体规划及规划环评要求的前提下，按照设计产能依法依规办理采矿、用地、用林、用草、环评、取水许可、水土保持、安全生产等各项手续，为储备产能依法合规释放创造条件。煤矿的生产、运输、通风、排水、机电等系统及相关设备均需按照设计产能建设和配备，确保应急状态下能够安全有效释放储备产能。产能储备煤矿主要通过增强采掘（剥）能力、提高工作面推进度的方式形成储备产能，不通过增加工作面的方式实现。要加强建设安全管理，严格执行安全设施“三同时”制度。

（四）验收阶段。项目进入联合试运转后，分别按设计产能和常规产能组织试生产，在规定的联合试运转期限内，项目单位可根据煤矿实际自主确定按两种产能组织试生产的时间。项目单位在组织竣工验收时，需在竣工验收报告中明确产能储备建设情况。省级煤炭行业管理部门要加强项目竣工验收活动监管，储备产能建设不符合要求的，责令项目单位进行整改，符合要求后方可竣工投产。

（五）生产阶段。产能储备煤矿要完善“平急转换”机制，研究制定按照常规产能和设计产能组织生产的工作方案，合理安排生产组织，保持安全稳定的生产秩序，充分发挥产能储备的作用。日常要合理配备人员并科学安排采掘（剥）接续，提前做好应急生产的准备。在应急状态下，坚决服从国家统一调度，快速释放储备产能，确保产得出、调得快、用得上。要切实加大安全生产投入，强化隐患排查治理，不断增强安全供应保障能力。

（三）《内蒙古自治区建设国家重要能源和战略资源基地促进条例》（2023 年 7 月 31 日）

第六十条 自治区统筹推进能源储备能力建设，推动建立完善煤电油气储备制度、煤炭应急储备产能制度。

（撰稿人：徐哲、曹宇）

第五十三条 【战略性矿产资源产地储备】国务院自然资源主管部门会同有关部门，根据保障国家矿产资源安全需要，结合资源储量、分布情况及其稀缺和重要程度等因素，划定战略性矿产资源储备地。

战略性矿产资源储备地管理办法由国务院自然资源主管部门会同有关部门制定。

一、条文主旨

本条是关于战略性矿产资源产地储备的规定。

二、立法目的

本条的立法目的是确保国家矿产资源的安全供应，维护国家经济安全和战略利益。通过划定战略性矿产资源储备地，国家可以更有效地控制和管理重要矿产资源的开采和利用，防止资源过度消耗和依赖外部供应，从而确保国家经济的稳定运行和持续发展。

三、立法沿革

本条为本次《矿产资源法》新增条款，归属于第五章“矿产资源储备和应急”。2011年11月，自然资源部办公厅印发中央地质勘查基金管理中心新“三定”方案，赋予中央地质勘查基金管理中心“研究实施国家矿产资源战略储备制度，承办有关矿产地储备的具体工作”的职责，并设立项目四处专职负责。《国土资源部关于发布实施〈全国矿产资源规划（2008—2015年）〉的通知》（国土资发〔2008〕309号，已失效）提出建立矿产地储备机制。重点加强西部地区已查明矿产资源储量的矿产地储备并提出实行矿产地储备补偿机制，落实矿产资源储备地保护政策。《全国矿产资源规划（2016—2020年）》划定28个对国民经济具有重要价值的矿区，作为储备和保护的重点区域，并提出建立储备矿产地的动态调整机制，根据经济社会发展需要适时动用。在主要指标上，明确各行政区2015年、

2020年和2025年应储备的矿产地数量;在重点规划布局上,将财政出资的,查明储量大、质量较好的矿产地划定为资源储备区,或将成矿条件好、有重大资源潜力经储备勘查后,符合储备条件的矿产地划定为资源储备区。国务院自然资源主管部门会同有关部门制定战略性矿产资源储备地管理办法,明确制定战略性矿产资源储备地管理主要包括立法目的、确立标准、划定规则、职责分工、适用范围、保障措施等内容。本条规定为战略性矿产资源储备地管理办法制定提供了法律依据。

四、规范解读

(一)规定战略性矿产资源储备地的内容(第53条第1款)

《国土资源"十三五"规划纲要》明确指出,要实施重要矿产地储备,制定专项规划,加快推进矿产资源储备体系建设。完善矿产地储备机制,加强对钨、稀土、晶质石墨等战略性矿产重要矿产地的储备。划定矿产资源储备区,将各类生态保护区、生态脆弱地区内国家出资查明的重要矿产大中型矿产地,以及对国民经济具有重要价值的矿区纳入储备管理。建立矿产地储备的动态调整机制。实施矿产资源调查评价和保护储备工程,科学确定储备的矿种、规模、布局,划定资源储备区,探索在生态保护区等区域内由国家出资勘查,成果纳入储备的模式,建立储备地收储、动用、轮换的运行机制,建立矿产地储备的监管体系和符合国情的矿产资源战略储备体系。矿产资源储备从储备的形态上,可分为矿产品储备与矿产地储备,我国应该进一步完善战略性矿产资源储备地制度,适度划定储备规模和储备种类。建议在条件成熟时把铁矿石、天然气等战略性矿产资源纳入储备体系中。

(二)规定制定战略性矿产资源储备地管理办法(第53条第2款)

战略性矿产资源储备地管理办法属于行政法规,行政法规是国务院制定的规范性文件,行政法规的效力仅次于《宪法》和其他法律,本法授权行政法规制定战略性矿产资源储备地管理规定,仍需遵循行政法的法律优先的原则,就是尚未制定法律,行政法规才可以规定;如其他法律作了规定,行政法规要与法律的规定一致,不能超出法律的规定。本条第2款授权国务院自然资源主管部门会同有关部门从国家战略高度来制定战略性矿产资源储备地管理办法。矿产资源储备地管理办法需充分遵循《矿产资源法》等法律法规对战略性矿产资源储备地的规定,也要考虑我国矿产资源种类较多,矿产资源物质成分复杂的特点,还需要结合国际矿产资源竞争发展趋势和产业发展的现实需求,不断充实战略性矿产资源储备地标准的内涵。要持续完善数据调查与筛选,客观科学确定划定战略性矿产资源储备地权重,明确战略性矿产资源的“战略性”所在,提升战略性矿产资源储备地遴选的有效性和针对性,科学界定战略性矿产资源外延。①

五、资料索引

(一)内蒙古自治区国家重要能源和战略资源基地建设实践②

2023 年 10 月,《国务院关于推动内蒙古高质量发展奋力书写中国式现代化新篇章的意见》提出“紧紧围绕高质量发展这个首要任务,把内蒙古建设成为我国北方重要生态安全屏障、祖国北疆安全稳定屏障、国家重要能源和战略资源基地”和“加强稀土等战略资源开发利用”,目前,内蒙古打造形成了全国最大的煤电、煤化工基地,全球规模最大的“沙戈荒”风电光伏基地加紧建设;呼和浩特加快能源资源总部经济集聚区建设;包头全力打造全国最大的稀土材料基地和全球领先的稀土应用基地及“世界绿色硅都”;鄂尔多斯正在全面构筑现代煤化工、新能源等 4 个世界级产业。2023 年 1—11 月,内蒙古新能源产业投资同比增长 73%。全区新能源新增装机量 1900 万千瓦,位居全国第一;全区新能源发电量达到 1450 亿千瓦时,同比增长 22.8%,稳居全国第一。

(二)华东地区找矿突破聚焦大型资源基地构建③

为深入学习贯彻党的二十大精神和习近平总书记给山东省地矿局第六地质大队全体地质工作者重要回信精神,1 月 16 日,中国地质调查局资源评价部、中国地质调查局南京地质调查中心采用线上线下相结合的形式,组织召开华东地区钦杭等成矿区带找矿重大地质问题与工作部署研讨会。

本次会议旨在根据部局党组关于新一轮找矿突破战略行动的指示要求,贯彻落实 2023 年全国地质调查工作会议及中国地质调查局工作会议精神,围绕华东地区大型资源基地构建,梳理华东地区重要成矿带制约找矿突破关键地质问题,

① 参见周维富、陈文静:《发达国家提高关键矿产资源供应保障能力的经验与启示》,载《自然资源情报》2024 年第 2 期。

② 参见王宇天、李霞、韩雪茹等:《为天下“储”为国家强——内蒙古为国家经济高质量发展贡献澎湃力量》,载新华网 2023 年 12 月 25 日,http://www.xinhuanet.com/local/20231225/369017432332492e980212e0e5d6f367/c.html。

③ 参见范飞鹏:《华东地区找矿突破聚焦大型资源基地构建》,载自然资源部网 2023 年 2 月 2 日,https://www.mnr.gov.cn/dt/kc/202302/t20230202_2774961.html。

研讨找矿突破工作部署,明确重点任务和攻关方向。

会上,南京地调中心和华东地区各省自然资源厅(局)分别介绍了华东地区和各省"十四五"找矿突破目标任务、工作思路、部署方案及预期成果。与会专家建议,要以促进形成和巩固大型资源基地为主线,突出铜、金、锂、铍、铌、钽、萤石等大宗紧缺矿产和战略性矿产,聚焦"四区"(基础地质调查区、重点调查区、重要勘查区和重要矿山)按照轻重缓急分年度、分层次部署工作;发挥传统优势学科的根基作用,充分依托新一轮找矿突破战略行动强化学科建设和人才队伍培养;以科技创新为引领,突出新理论新技术应用,加强火山岩下、浅覆盖下、推覆构造下"三下"找矿技术方法研究,特别是推进南京地调中心具显著优势的高光谱技术等绿色勘查技术方法应用,开展矿产资源综合评价与利用研究,提高矿产资源绿色勘查技术水平;强化央地企协同联动、产学研深度融合,构建华东地区找矿突破大团队,形成多方协同推进的新格局。

本次研讨明确了问题,凝聚了共识。下一步,南京地调中心将按照中国地质调查局党组的统一部署,积极发挥"大区主战"作用,统筹辖区内各省的找矿行动,加强与各省厅(局)对接及与地方政府、行业单位、科研院所的多方合作,积极构建形成"政府主导、公益先行、商业跟进、科技引领、快速突破"的中央—地方—企业协调联动新机制,全面推进华东地区新一轮找矿突破工作。

六、规范链接

(一)《全国矿产资源规划(2008—2015 年)》(国土资发〔2008〕309 号)

四、矿产资源开发利用总量调控

(三)实施矿产资源储备

逐步建立适合我国国情的矿产储备体系。实行战略矿产储备制度,增强应对突发事件和抵御国际市场风险的能力。推进建立石油、特殊煤种和稀缺煤种、铜、铬、锰、钨、稀土等重点矿种的矿产资源储备。建立完善矿产资源战略储备的管理机构和运行机制,形成国家重要矿产地与矿产品相结合、政府与企业合理分工的战略储备体系。

建立矿产地储备机制。重点加强西部地区已查明矿产资源储量的矿产地储备。以整装大、中型矿区(床)为对象,建立 10—20 个大中型特殊煤种和稀缺煤种井田储备。进行钨、锡、锑、稀土等国家规定实行保护性开采特定矿种的重要矿产地储备,建立 10—30 个大中型矿产地储备。启动山西、内蒙古、湖南、江西、云南、青海等优势矿产资源富集地区矿产地储备调查评价与勘查。国家主导,企业联合,加快国家储备矿产地的探矿权整合。实行矿产地储备补偿机制,落实矿产资源储备地保护政策,通过多种渠道投入,加大对矿产资源储备地的保护、管理和经济补偿力度。

建立紧缺矿产的矿产品储备机制。启动和完善石油、铬、铜、锗、铟等紧缺和重要矿产的矿产品国家战略储备,积极推进企业的商业储备,加大东部地区的矿产品储备基地建设力度。加快开展枯竭油气藏、含水构造、地下盐穴储油库等选址论证工作,积极促进地下空间资源开发利用。在东南沿海适合建设大规模地下储油库的地质构造区进行勘查,为大型地下储油气库建设提供支持。

(二)自然资源部《关于规范石墨产业发展,加强石墨资源战略性储备的提案复文摘要》(2015 年 9 月 10 日)

(二)关于建立石墨战略储备制度。……在重点规划布局上,将财政出资的,查明储量大、质量较好的矿产地划定为资源储备区,或将成矿条件好、有重大资源潜力经储备勘查后,符合储备条件的矿产地划定为资源储备区。

(撰稿人:徐哲、曹宇)

第五十四条 【矿产资源供应安全预测预警体系】国家建立和完善矿产资源供应安全预测预警体系,提高预测预警能力和水平,及时对矿产品供求变化、价格波动以及安全风险状况等进行预测预警。

一、条文主旨

本条是关于构建矿产资源供应安全预测预警体系的规定。

二、立法目的

立法确定建立和完善矿产资源供应安全预测预警体系。我国现行立法中并未对矿产资源供应安全预测预警体系作出明确要求,仅在《全国矿产资源规划(2016—2020 年)》中提出了战略性矿产监测预警机制,而矿产资源供应安全关乎国计民生,矿产资源供应安全预测预警体系的重点是战略性矿产,但也不能仅着眼于战略性矿产。矿产资源安全是国家安全的重要组成部分，作为国家安全的基点，其为内部安全且为非传统安全。矿产资源供应安全直接关乎国家资源安全与能源安全，尤其是关键性矿产资源关乎未来高端产业发展的优先权和实现中国特色现代化的原材料供给，因此在资源安全上升到国家战略的当下，亟须建立和完善矿产资源供应安全预测预警体系。

三、立法沿革

本条为《矿产资源法》修订新增条款，归属于第五章"矿产资源储备和应急"。近年来，随着全球资源竞争的加剧和国内经济发展的需要，国家对矿产资源供应安全的重视程度进一步提高，随着市场经济的发展和矿产资源管理需求的不断变化，国家开始逐步加强对矿产资源供应安全的关注，并在相关法律法规中初步构建了预测预警体系的框架。自然资源部印发《关于完善矿产资源规划实施管理有关事项的通知》（自然资发〔2024〕53 号）明确指出："强化规划数据库建设和管理系统应用，提高信息化服务水平。"

四、规范解读

（一）规定建立和完善矿产资源供应安全预测预警体系

建立和完善应对矿产资源供应安全预测预警体系，规范和指导矿产资源供应应急处理工作，一旦发生突发矿产资源事件，能够有效的组织、快速反应，及时控制矿产资源供应突发事件。矿产资源供应安全与矿产资源市场形势变化紧密相关。矿产资源供应安全涉及生产、储备、运输、贸易、销售等多个环节。建立和完善矿产资源供应安全预测预警体系必须充分把握科学规律，在充分考虑我国矿产资源实际的前提下，构建矿产资源供应安全预测预警模型。充分运用人工智能、云平台、大数据等现代化信息手段，构建从生产保障到战略储备、市场流通全程把控的矿产资源供应安全预测预警体系。规定矿产资源供应安全预测预警体系构建应当坚持以下 4 个原则：（1）科学性。基于科学的方法和模型，准确预测矿产资源供应安全状况。（2）系统性。综合考虑矿产资源的勘探、开发、储备、利用等各个环节，形成完整的预测预警系统。（3）动态性。根据国内外市场变化和政策调整，及时调整预测预警指标和阈值。（4）实用性。预测预警结果应具有可操作性和实用性，能够为政府决策和企业经营提供有效指导。

（二）规定矿产资源供应安全预测预警体系的内容

加强矿产资源供应形势分析和市场监测，即时掌握风险演变动态，提高对矿产资源供应安全态势的实时感知。建立健全矿产资源供应安全预测预警体系，跟踪评估矿产资源需求和供应前景。根据《突发事件应对法》（2024）关于“国务院制定国家突发事件总体应急预案，组织制定国家突发事件专项应急预案”“地方各级人民政府和县级以上地方人民政府有关部门根据有关法律、法规、规章、上级人民政府及其有关部门的应急预案以及本地区、本部门的实际情况，制定相应的突发事件应急预案并按国务院有关规定备案”的要求，建议立法中规定由有关部门根据矿产资源供应安全预测预警体系制定国家矿产资源供应安全应急预案。具体可从以下 5 个方面展开：（1）预警指标的选择与确定。包括矿产资源的储量、产量、进口量、价格、国际政治经济形势等相关指标。这些指标应能够全面反映矿产资源供应安全状况。（2）警限界定。根据历史数据和实际情况，合理设定预警阈值。当预警指标超过阈值时，系统将自动发出预警信号。（3）数据采集与处理。建立高效的数据采集机制，确保数据的准确性和及时性。同时，运用先进的数据处理技术，对采集到的数据进行清洗、整合和分析。（4）预测模型构建。基于大数据和人工智能技术，构建矿产资源供应安全预测模型。通过对历史数据的学习和训练，模型能够准确预测未来矿产资源供应安全状况。（5）预警信息发布与应对。当预警系统发出预警信号时，应及时将预警信息传递给相关部门和企业。同时，制定详细的应急预案和措施，确保能够迅速有效地应对供应安全风险。

五、资料索引

（一）如何将战略产业“维生素”牢牢掌握在自己手中[①]

近年来，随着全球能源转型、新一轮科技革命和产业变革向纵深推进，关键矿产已成为全球主要大国战略博弈的新领域，呈现出竞争品类高度重叠、地缘布局角力明显、各方资本争夺加剧、资源保护主义抬头等新趋势。

围绕关键矿产的竞争之所以迅速白热化，直接原因是快速增长的需求和缓慢增长的供应之间缺口日益扩大，根本原因在于关键矿产资源的稀缺性和垄断性。

---

① 参见安平：《如何将战略产业“维生素”牢牢掌握在自己手中？》，载微信公众号“国家安全部”2023 年 11 月 30 日，https://mp.weixin.qq.com/s/Af34_y18rMqdTivFhNxIAA。

从供给层面来看，关键矿产资源储量有限，分布极不均衡。中国社科院世界经济与政治研究所统计数据显示，全球战略性关键矿产资源高度集中在少数国家。

从需求层面看，主要经济体战略性关键矿产需求重合度较高。我国公布的关键矿产清单与美国有21种（类）重合，与欧盟有17种（类）重合。

……

面对某些西方国家的围堵打压，如何保障关键矿产资源安全，成为摆在我们面前的一道现实课题。

近年来，国家安全机关践行总体国家安全观，将维护关键矿产资源领域国家安全作为重要任务，坚决履职；严格防范并依法打击境外间谍情报机关及其代理人对我关键矿产资源，特别是对战略性关键矿产资源的情报窃密活动；及时阻止并打击境外间谍情报机关及其代理人企图拉拢、策反我相关领域人员的卑劣图谋；协助相关部门开展反间防谍宣传教育，坚决维护我国资源安全。

同时，国家安全机关坚决做好涉我海外投资、人员、财产的安全保卫工作，维护我国海外矿产合作项目安全，服务保障我国矿产领域相关企业安全“走出去”，保障我国关键矿产资源供应链安全。

（二）保障矿产资源产业链供应链安全[①]

习近平总书记2022年10月2日给山东省地矿局第六地质大队全体地质工作者的重要回信中强调：“矿产资源是经济社会发展的重要物质基础，矿产资源勘查开发事关国计民生和国家安全。”党的二十大报告强调：“巩固优势产业领先地位，在关系安全发展的领域加快补齐短板，提升战略性资源供应保障能力。”2023年9月，自然资源部、国家能源局印发《矿产资源和电力市场化交易专项整治工作方案》，提出紧紧围绕加快建设全国统一大市场的工作目标，聚焦以行政手段干预矿产资源和电力市场化交易问题，压实地方和部门责任，打破地方保护和市场分割，进一步规范矿产资源和电力市场交易秩序，保障安全稳定供应，助力能源资源高质量发展。要完善战略性矿产安全监测预警机制，提升监测预警能力，并系统开展国内外矿产品供需分析和供应链风险评价，建立战略性矿产

---

① 参见《习近平回信勉励山东省地矿局第六地质大队全体地质工作者　在找矿突破战略行动中发挥更大作用　奋力书写“英雄地质队”新篇章》，载新华网，http://www.xinhuanet.com/politics/2022-10/04/c_1129050612.htm。

监测预警报告制度，充实政策池工具箱，强化应对国际重大冲突资源安全预警能力。

六、规范链接

（一）《中华人民共和国能源法》（2024年11月8日）

第五十一条 国家建立和完善能源预测预警体系，提高能源预测预警能力和水平，及时有效对能源供求变化、能源价格波动以及能源安全风险状况等进行预测预警。

能源预测预警信息由国务院能源主管部门发布。

（二）《全国矿产资源规划（2016—2020年）》（2016年11月2日）

六、强化矿产资源宏观管理

……

建立战略性矿产监测预警机制。加强监测预警能力建设，建立预警指标、安全临界值及综合评价模型，系统开展国内外矿产品供需和资源形势分析，强化应对国际重大冲突资源安全预警能力。建立战略性矿产监测预警报告制度，支撑政府决策，引导行业发展，加强政策储备，建立风险处置预案，增强风险防控能力。

（撰稿人：徐哲）

第五十五条 【应急状态及应急处置措施】出现矿产品供需严重失衡、经济社会发展和人民生活受到重大影响等矿产资源应急状态的，省级以上人民政府应当按照职责权限及时启动应急响应，可以依法采取下列应急处置措施：

（一）发布矿产品供求等相关信息；

（二）紧急调度矿产资源开采以及矿产品运输、供应；

（三）在战略性矿产资源储备地等区域组织实施矿产资源应急性开采；

（四）动用矿产品储备；

（五）实施价格干预措施、紧急措施；

（六）其他必要措施。

出现矿产资源应急状态时，有关单位和个人应当服从统一指挥和安排，承担相应的应急义务，配合采取应急处置措施，协助维护市场秩序。

因执行应急处置措施给有关单位、个人造成损失的，应当按照有关规定给予补偿。

矿产资源应急状态消除后，省级以上人民政府应当按照职责权限及时终止实施应急处置措施。

一、条文主旨

本条是关于矿产资源应急状态和可采取的应急措施的规定。

二、立法目的

（一）矿产资源应急状态与处置措施的立法肯认

应对矿产资源供给的应急机制中法治建设的重点是既要有统一的应对紧急状态法律制度，又要明晰紧急状态情况下政府可以采取紧急措施的必要行政程序，不为政府随意扩大行政紧急权力留下法律上的漏洞。此次《矿产资源法》修订明确了省级以上人民政府矿产资源应急处理职责，我国政府还要继续健全和完善各级政府和单位在应对危机与处理突发事件中的法律责任和职能分工。

（二）矿产资源应急处置措施的内容规范定型化

矿产资源应急处置措施是出现矿产品供需严重失衡、经济社会发展和人民生活受到重大影响等矿产资源应急状态下采取的应急措施。此次《矿产资源法》修订充分考虑矿产品供需严重失衡等应急状态需要采取的应急措施，规定五项主要应急处置措施并设立了第六项其他必要措施作为补充条款，为人民政府依法采取应急处理措施应对矿产资源突发应急事件提供了法律依据。

三、立法沿革

本条为本次《矿产资源法》修订的新增条款，置于第五章“矿产资源储备和应急”。

四、规范解读

(一)规定了矿产资源应急状态的确定标准与启动

1. 切实保障矿产资源安全,才能保障国家经济安全,进而保障国家安全

应急状态是指《突发事件应对法》中所称的应急状态,包括出现矿产品供需严重失衡、经济社会发展和人民生活受到重大影响等矿产资源应急状态,是一种社会影响大的阶段性矿产资源公共危机,需要公权力的介入和动用社会人力、物力才能解决。保障矿产资源安全的前提是查明矿产资源家底,做到国家有矿心不慌;实现矿产资源持久安全就需要构建矿产资源勘查资本市场和矿业权交易市场,勘查和开发两大市场持久安全,矿产资源安全才能持久安全。

所以要通过修改《矿产资源法》,创设保障矿产资源安全的法律制度,才能切实保障矿产资源安全,才能真正实现国家安全,所以才于此次修改中,将可操作能执行的保障矿产资源安全条款落实到法条之中。

2. 凡有突发事件发生即需行政机关积极地承担维护社会秩序的责任

行政机关即指依法行使国家权力、执行国家行政职能的机关。从广义上讲,行政机关是一级政府机关的总称,包括国家政权组织中执行国家法律、从事国家政务、机关内部事务和社会公共事务管理的政府机关及其工作部门。

现代社会中不确定风险增多,自然灾害、事故灾难、公共卫生事件和社会安全事件均威胁着广大民众的生命财产安全。凡有突发事件发生,即需要行政机关积极地承担维护社会秩序的责任,采取各类措施以减少突发事件带来的各种不利影响。我国当前立法着力于规定突发事件下行政机关的权力分配,一直通过明确各部门的职责,推动应急处置工作的有序开展。

所以本条第 1 款明确了应急状态的启动,当出现矿产品供需严重失衡、经济社会发展和人民生活受到重大影响等矿产资源应急状态时,启动主体为省级以上人民政府,并强调了需要按照其职责权限来及时启动应急响应。

故而行政主体是指能够以自己名义行使国家行政权,实施行政管理行为,并对行为的法律后果承担责任的组织,享有行政处罚,行政强制等职权的组织,一般称为行政执法主体,构成行政主体的主要部分。这自然意味着,当矿产资源市场出现严重问题时,省级地方政府需要迅速介入,采取必要的措施来予以应对。

(二)规定矿产资源应急状态处置措施的具体内容

现有立法中有关权力限制的规定相对较少,难以全面保障行政相对人的权

利,公民的知情权、财产权、人身自由都面临被不当侵害的风险,为此应通过立法整合现有行政程序规定、规范权力行使、保护行政相对人权利,解决现有行政应急程序存在的零散性问题。

所以根据本条第1款规定:在矿产资源应急状态下,政府可以采取以下措施。发布矿产品供求等相关信息:通过公开透明的信息发布,帮助市场参与者了解当前的供需情况,从而作出更合理的决策。紧急调度矿产资源开采以及矿产品运输、供应:政府可以调整矿产资源的开采计划,优化运输路线,确保矿产品的稳定供应。在战略性矿产资源储备地等区域组织实施矿产资源应急性开采:在必要情况下,政府可以在战略性矿产资源储备地等地进行应急性的开采,以满足市场的急需。动用矿产品储备:在供需失衡的情况下,政府可以动用之前储备的矿产品来平衡市场。实施价格干预措施、紧急措施:为了维护市场秩序和稳定,政府可以对矿产品的价格进行干预,或者采取其他紧急措施。其他必要措施:除上述措施外,政府还可以根据实际情况采取其他必要的措施来应对矿产资源应急状态。例如,在应急状态下,政府需要加强对矿产资源市场的监管力度,打击非法开采、囤积居奇等违法行为,维护市场秩序和公平竞争。本条第1款所规定的应急措施是指在突发事件中依法采取的性质属于行政强制措施的应急处置措施。

在其他法律法规中,除了《突发事件应对法》外,还有多部法律、行政法规规定了突发事件中可采取的应急措施和临时措施。需要指出的是,不能对应急措施作扩大理解,必须是在省级以上人民政府应当按照职责权限及时启动应急响应后采取的应急措施。

(三)规定矿产资源应急状态下单位和个人的责任

行政相对人是指在行政管理法律关系中与行政主体相对应的另一方当事人,即行政主体的行政行为影响其权益的个人或组织。所以本条第2款规定在矿产资源应急状态下,相关的单位和个人即行政相对人,须服从政府的统一指挥和安排,承担相应的应急义务,配合采取应急处置措施,并协助维护市场秩序。这体现了在紧急情况下,全社会需要团结一致,共同应对挑战。构建多主体合作的战略性矿产资源应急治理体系。面对突发公共事件,需要政府、企业、社会组织、公众等力量的共同参与,形成全社会协调战略性矿产资源供需结构的合力,才能有效应对。本条第2款对相关的单位和个人配合矿产资源应急协助义务作了规定。

(四)规定矿产资源应急状态的补偿机制与终止程序

1. 本条第 3 款、第 4 款规定了矿产资源应急状态的终止与补偿机制

与本条第 1 款规定采取应急处置措施的要求一致,矿产资源应急状态消除后同样由省级以上人民政府应当按照职责权限及时终止实施应急处置措施。本条第 3 款规定:"因执行应急处置措施给有关单位、个人造成损失的,应当按照有关规定予以补偿。"

其中"按照有关规定"考察现有的立法规范,最早规定征用补偿相关内容的为我国《宪法》,2004 年《宪法修正案》第 20 条规定,国家为了公共利益的需要,可以依照法律规定对土地实行征收或者征用并给予补偿。有关应急征用补偿的要求,《民法典》第 117 条规定:"为了公共利益的需要,依照法律规定的权限和程序征收、征用不动产或者动产的,应当给予公平、合理的补偿。"

对于应急征用补偿的构成要求应当符合特定的情形,《民法典》第 245 条规定:"因抢险救灾、疫情防控等紧急需要,依照法律规定的权限和程序可以征用组织、个人的不动产或者动产。被征用的不动产或者动产使用后,应当返还被征用人。组织、个人的不动产或者动产被征用或者征用后毁损、灭失的,应当给予补偿。"

2. 补偿机制属于事后救济的组成部分

本条规定的应急强制措施本身的特点决定了其紧迫性,大多是由于情况紧急而不容拖延,并且有的属于事实行为,所以对有的应急强制的救济不能适用撤销诉讼,当事人只能请求损害赔偿或损失补偿的救济。但是,在某些情况下,应急状态的影响具有持续性,如对保障应急矿产资源生产的要求。对于这种持续性的应急强制措施,在应急状态消除时,应当立即解除,尽量减轻对当事人的损害,造成损害的,当事人可以提起赔偿或补偿。如果因为执行矿产资源应急处置措施给相关单位和个人造成了损失,政府需要按照有关规定进行补偿。这既是对单位和个人损失的弥补,也是对他们参与应急响应的鼓励。

当矿产资源应急状态消除后,省级以上人民政府需要及时终止实施应急处置措施。这意味着,一旦市场恢复正常,政府需要适时退出干预,让市场自行运行。应急补偿遵循合法合理补偿、补偿直接损失、补偿实际损失的原则,资金按照分级负担、分级管理原则,由各级人民政府通过财政资金安排、社会化补偿等多元化方式,多渠道筹集解决。

五、资料索引

煤炭市场近年市场突发变化与应急处理措施

以全国煤炭市场为例，我国已经建立了相对完善的煤炭市场监管法律法规体系，如《煤炭法》《矿产资源法》《安全生产法》等，为煤炭市场的监管提供了法律保障。2019 年至 2023 年受美国量化宽松政策影响，国际大宗商品价格普遍上涨，加之煤炭进口量近 10% 刚需缺口、辅以国内能源结构转型等众多因素叠加，形成了我国煤价上涨的内外环境，使相对稳定的煤炭市场从 2020 年起煤价突然上演“过山车”现象，对相关用煤行业造成深度冲击，火电首当其冲。[①] 为应对煤炭市场供应波动和突发事件导致的煤炭供应中断或严重不足情况，我国建立了煤炭应急储备制度。国家发展改革委等部门负责拟定国家煤炭应急储备规模，确定承储企业和储备点布局，下达收储计划和动用指令，并指导企业现场管理。发布《关于加强煤炭清洁高效利用的意见》，提出到 2030 年煤炭绿色智能开发能力明显增强，生产能耗强度逐步下降，储运结构持续优化，商品煤质量稳步提高，重点领域用煤效能和清洁化水平全面提升。煤炭价格经历了波动与反弹的过程，到 2024 年煤炭市场价格走势呈现出波动与反弹的特点，整体趋势向好。

六、规范链接

（一）《中华人民共和国突发事件应对法》（2024 年 6 月 28 日修订）

第十七条 县级人民政府对本行政区域内突发事件的应对管理工作负责。突发事件发生后，发生地县级人民政府应当立即采取措施控制事态发展，组织开展应急救援和处置工作，并立即向上一级人民政府报告，必要时可以越级上报，具备条件的，应当进行网络直报或者自动速报。

突发事件发生地县级人民政府不能消除或者不能有效控制突发事件引起的严重社会危害的，应当及时向上级人民政府报告。上级人民政府应当及时采取措施，统一领导应急处置工作。

法律、行政法规规定由国务院有关部门对突发事件应对管理工作负责的，从其规定；地方人民政府应当积极配合并提供必要的支持。

---

① 参见《煤价“过山车” 价值“大挪移”——以 X 市近四年煤电产业链为例》，载长治市统计局网 2023 年 9 月 12 日，https://tjj.changzhi.gov.cn/sjfx/202309/t20230912_2796450.html。

(二)《内蒙古自治区建设国家重要能源和战略资源基地促进条例》(2023 年 7 月 31 日)

第六十一条 自治区采取措施加强应急备用电源建设,实施电网关键节点燃煤电厂黑启动改造,因地制宜推动退役机组按照退而不拆原则转为应急备用电源,布局灾备应急电源,提升极端情况下电力应急保障能力。

(撰稿人:徐哲)

第六章　监督管理

第五十六条　【监督检查主体】县级以上人民政府自然资源主管部门和其他有关部门应当按照职责分工，加强对矿产资源勘查、开采和矿区生态修复等活动的监督检查，依法及时查处违法行为。

上级人民政府自然资源主管部门和其他有关部门应当加强对下级人民政府自然资源主管部门和其他有关部门执法活动的监督。

一、条文主旨

本条是关于矿产资源勘查、开采和矿区生态修复等活动监督检查主体的规定。

二、立法目的

矿业活动是外部性很强的活动，需要受到政府管制。[①]《矿产资源法》(2009)对矿产资源监督管理仅作了原则性规定，难以满足生态文明建设和社会主义市场经济发展需求，因此进一步强化矿产资源勘查、开采以及矿区生态修复等活动的监督管理相关制度措施显得尤为重要。在监督管理落实过程中，明确监督主体的权利义务是首要环节。本条规定为合理划分各级自然资源主管部门之间以及与其他相关部门之间的监管职责提供法律依据，助力相关部门更好地开展监督检查工作。

三、立法沿革

本条为本次《矿产资源法》修订的新增条款，归属于第六章“监督管理”。

① 参见李炜等：《自然资源管理法律适用与政策指南Ⅱ》，中国大地出版社2022年版，第208页。

四、规范解读

(一)规定监督检查的主体和内容(第56条第1款)

1. 监督检查的主体

本条第1款规定监督检查主体为县级以上人民政府自然资源主管部门和其他有关部门,非县级以上人民政府自然资源主管部门,如乡(镇)人民政府,不得行使本法赋予县级以上人民政府自然资源主管部门的监督检查权。

2. 监督检查的内容

本条第1款中监督检查的对象是矿产资源勘查、开采和矿区生态修复等活动。明确将上述活动作为监督检查对象是尊重客观实际的需要。监督检查对象中的矿产资源勘查、开采活动具有很强的负外部性特征,必须进行必要监管。进行矿产资源勘查、开采活动的前提是矿业权的全面竞争出让。对于已经出让的矿业权,自然资源主管部门应当依据合同约定的管制性要求,对矿业权人的勘查、开采活动进行监督检查。除此之外,近年来,中国稳步推进矿产资源管理制度改革,提升矿产综合利用开发水平,积极推进绿色矿山建设。生态修复是"绿色矿山"一级指标的重要组成部分,做好矿区生态修复是一项任务艰巨的系统工程,是践行绿色发展理念、助推高质量发展的必然要求,加强对矿区生态修复活动的监督检查,有助于加快矿区生态修复活动进度,切实提高修复力度和治理成效。总体来说,本条第1款通过监督检查约束和规范矿产资源管理者的行为,同时有效阻止和防范矿产资源管理中的违法、违纪行为,有利于矿产资源的科学管理和合理开发利用。

(二)明确上级对下级的监督关系(第56条第2款)

2024年5月,中共中央办公厅、国务院办公厅印发《关于加强行政执法协调监督工作体系建设的意见》,对加强新时代行政执法协调监督工作作出系统部署。该意见指出,行政执法监督作为上级行政机关对下级行政机关行政执法工作的内部层级监督,是党和国家监督体系的重要组成部分,是各级党委和政府统筹行政执法工作的基本方式。从现实情形来看,对于矿产资源勘查、开采和矿区生态修复等活动的监督检查职责主要集中于市、县两级,法律明确规定上级部门加强对下级部门监管职责的监督,有利于提升市、县自然资源主管部门的监管积极性,同时为充分发挥行政执法监督对行政执法工作的统筹协调、规范管理、指导监督、激励保障作用保驾护航。

五、典型案例

凤冈县自然资源局怠于履行矿山修复监管职责案[①]

凤冈县西部水泥有限公司于2012年取得采矿许可证，此后长期在某矿区采矿。采矿行为导致大量耕地和部分林地遭受破坏，土地资源受到压占。采矿点岩石裸露，千疮百孔，自然景观遭受破坏。一些地方高危边坡形成断面、陡壁。公益诉讼起诉人贵州省凤冈县人民检察院认为被告凤冈县自然资源局不履行法定职责，于2020年9月16日向贵州省湄潭县人民法院提起怠于履行矿山修复监管职责行政公益诉讼。

该案表明，自然资源主管部门在履职不利的情况下，面临行政公益诉讼的监督。因此，该案的指导意义在于强调自然资源主管部门应当加强对矿区生态修复活动的监督，采取切实有效的措施督促行政相对人履行矿山地质环境治理恢复义务，为促进绿色矿山发展，推动行政机关全面提升矿山地质环境恢复和综合治理水平，推动生态文明建设，依法维护国家和社会公共利益保驾护航。

六、规范链接

（一）《自然资源执法监督规定》（2020年3月20日修正）

第八条　县级以上地方自然资源主管部门根据工作需要，可以委托自然资源执法监督队伍行使执法监督职权。具体职权范围由委托机关决定。

上级自然资源主管部门应当加强对下级自然资源主管部门行政执法行为的监督和指导。

（二）《自然资源部办公厅关于开展2023年度矿山地质环境保护与土地复垦“双随机、一公开”监督检查工作的通知》（自然资办函〔2023〕877号）

各省、自治区、直辖市自然资源主管部门，新疆生产建设兵团自然资源局：

为贯彻落实国务院“放管服”改革要求，加强矿山地质环境保护与土地复垦事中事后监管，督促矿山企业切实履行矿山地质环境保护与土地复垦义务，根据《矿产资源法》《土地管理法》《矿产资源法实施细则》《土地复垦条例》《矿山地质环境保护规定》《土地复垦条例实施办法》等规定，部决定组织开展矿山地质环境保护与土地复垦“双随机、一公开”监督检查。现就做好2023年度相关工作通知如下。

---

① 参见贵州省湄潭县人民法院行政判决书，（2020）黔0328行初1号。

一、监督检查对象

包括本通知印发之日,本行政区域内所有采矿许可证尚在有效期的采矿权人和采矿许可证过期未注销的原采矿权人。

二、监督检查内容

(一)矿山地质环境保护与土地复垦方案编报与备案情况

是否按规定编制矿山地质环境保护与土地复垦方案;方案是否已通过具有相应权限的自然资源主管部门审查;方案是否在适用期内;方案是否按要求报矿山所在地县级自然资源主管部门备案。

(二)矿山地质环境治理恢复基金制度落实情况

是否按规定设立基金账户;是否按规定足额计提基金;基金是否用于矿山地质环境治理恢复与土地复垦。

(三)矿山地质环境保护与土地复垦方案实施与验收情况

是否按照矿山地质环境保护与土地复垦方案开展复垦修复工作;是否完成年度或阶段性目标任务并执行了年度报告制度;关闭矿山是否完成复垦修复并通过验收(已明确由地方人民政府负责复垦修复的政策性关闭矿山除外);依法依规应当缴纳土地复垦费的,是否及时足额缴纳土地复垦费。

各省(区、市)自然资源主管部门可以根据本地区相关规定,结合实际,增加监测管护等相关监督检查内容。

四、有关要求

(三)监督检查工作完成后,省级自然资源主管部门要认真总结经验,分析存在问题,强化整改监督,并于2023年12月31日前将监督检查总结报告(见附件3)报部。部将对各地监督检查工作实施情况进行跟踪督导,并对监督检查情况予以通报。

(撰稿人:魏敏、王宝新)

第五十七条 【监督检查措施】县级以上人民政府自然资源主管部门和其他有关部门实施监督检查,可以采取下列措施:

（一）进入勘查、开采区域等实施现场查验、勘测；

（二）询问与检查事项有关的人员，要求其对有关事项作出说明；

（三）查阅、复制与检查事项有关的文件、资料；

（四）查封、扣押直接用于违法勘查、开采的工具、设备、设施、场所以及违法采出的矿产品；

（五）法律、法规规定的其他措施。

自然资源主管部门和其他有关部门依法实施监督检查，被检查单位及其有关人员应当予以配合，不得拒绝、阻碍。

自然资源主管部门和其他有关部门及其工作人员对监督检查过程中知悉的国家秘密、商业秘密、个人隐私和个人信息依法负有保密义务。

一、条文主旨

本条是关于监督检查措施的规定。

二、立法目的

行政监督检查是一种重要的行政行为。行政监督检查作为矿产资源管理领域中核心的执法方式，对于实现风险治理，建构公法秩序，维护公共利益，具有至关重要的作用。从现实管理以及中央生态环境保护督察发现的问题看，一些矿山企业法律意识和生态保护意识不强，粗放开采现象仍然存在；一些矿山企业缺乏诚信自律，生态修复积极性不高、主动性不够，治理修复责任落实不到位；矿产资源开采活动全生命周期监管制度有待健全，对采矿权人开采行为及其实施生态修复的过程监管有待加强。因此，明确规定监督检查部门与被检查单位及个人的权力（利）义务，有利于积极探索和实施自然资源督察，引导全国统筹处理好发展与安全、发展与保护的关系，维护自然资源管理良好秩序，保障经济高质量发展。

本条从立法层面赋予监督检查部门在实施监督检查过程中采取措施的正当性基础。将具体措施以法律形式规定，有助于监督检查相关部门及检查人员更好地开展监督检查工作，对于及时纠正违法行为、避免损害发生、防止损害扩大以及维护社会秩序等方面具有重要意义。

三、立法沿革

本条为本次《矿产资源法》修订的新增条款，归属于第六章“监督管理”。

四、规范解读

（一）规定监督检查的具体措施（第57条第1款）

本条第1款规定表明了自然资源主管部门在实施监督检查时享有调查权、强制执行权以及法律规定的其他权力。其中第1款第1项、第2项、第3项均为实施监督检查时享有调查权的内容。调查是自然资源主管部门启动监督检查程序的基础，只有在获取足够信息的情况下，才能对被监查对象采取相应的措施。为方便信息获取的及时、高效与准确，本条第1款中规定可通过现场勘查以及询问并听取有关人员说明的方式进行。在行使调查权的过程中，自然资源主管部门有权查阅并复制与检查事项有关的文件和资料，这是重要的取证手段。同时，本条第1款第4项规定县级以上人民政府自然资源主管部门和其他有关部门可“查封、扣押直接用于违法勘查、开采的工具、设备、设施、场所以及违法采出的矿产品”，从而以法律形式明确有关主管部门可采取相应的行政强制措施对违法行为进行查处，为自然资源主管部门依法执法提供了法律依据。这些规定旨在确保矿产资源的有效保护和管理，通过赋予自然资源主管部门必要的执法权力，加强对矿区的监督和保护力度。

（二）规定监督检查行政相对人的义务（第57条第2款）

自然资源主管部门和其他有关部门依法实施监督检查时要求被检查单位及其有关人员予以配合，不得拒绝、阻碍。在进行监督检查过程中，被检查单位出于担心受到处罚等原因，可能存在拒绝、阻挠监督检查的情形，从而给监督检查工作造成困难。为保障监督检查人员能够依法履行监督检查职责，本条第2款规定了被检查单位的配合义务。例如，要求被检查的单位或者个人就有关事项作出说明时，被检查单位或个人应当如实作出说明，准确反映客观情况，不得隐瞒重要情况，不得弄虚作假。同时允许监督检查人员进入相关场所实施现场检查，为监督检查人员依法履行职务提供便利条件，满足监督检查人员依法提出的调阅有关资料等需求。

（三）规定监督检查机关严格遵守保密义务（第57条第3款）

保密义务是工作者在执法活动中必须遵循的最基本的法律义务。保守“国家秘密”作为公民的一项基本义务，在我国宪法中已有明确规定。“商业秘密”是指不为公众所知悉，能为权利人带来经济利益，具有实用性并经权利人采取保密措施的技术信息和经营信息。商业秘密一旦泄露，将会给生产经营单位造成不利影响，因此自然资源主管部门和其他有关部门及其工作人员对监督检查过程中知悉的商业秘密，应承担保密的义务。除此之外，《民法典》第1032条第1款规定，自然人享有隐私权；第1034条第1款规定，自然人的个人信息受法律保护；第1039条规定，国家机关、承担行政职能的法定机构及其工作人员对于履行职责过程中知悉的自然人的隐私和个人信息，应当予以保密，不得泄露或者向他人非法提供。《个人信息保护法》第34条规定，国家机关为履行法定职责处理个人信息，应当依照法律、行政法规规定的权限、程序进行，不得超出履行法定职责所必需的范围和限度。根据上述规定，自然资源主管部门作为国家行政机关，其仍然需要遵守《民法典》《个人信息保护法》等关于个人信息和个人隐私保护的相关法律规范，除在法定权限和履职所必需的范围内，自然资源主管部门不得随意处理履职过程中获悉的相关个人信息。因此，本条第3款规定是对监督检查机关在实施监督检查过程中应当严格遵守保密义务的规范。

五、典型案例

牛某某、中宁县铜铁沟陶瓷粘土矿有限公司非法采矿案①

2020年9月，被告人牛某某从田某某处收购了中宁县铜铁沟陶瓷粘土矿，后一直进行陶瓷粘土开采。2020年12月，牛某某注册成立被告单位中宁县铜铁沟陶瓷粘土矿有限公司。2021年6月24日，中宁县自然资源局执法监察大队工作人员在巡查时对该公司开采情况进行了现场勘验，发现该公司存在越界开采行为，同日，中宁县自然资源局责令中宁县铜铁沟陶瓷粘土矿有限公司停止（越界待查）开采，遂向该公司下发了责令停止违法行为通知书。之后，牛某某在明知公司存在超越采矿许可规定范围越界开采陶瓷粘土的情况下，仍组织挖掘机等机械设备继续非法越界开采陶瓷粘土用于销售牟利。2021年12月17日，该公司被立案查处，随后公安机关依法从段某某处扣押挖掘机共5台。

法律规定矿产资源属于国家所有，国家保障矿产资源的合理开发利用。实践中，越界采矿属于开采矿产资源活动中的违法行为之一，会对矿产资源国家所有

① 参见宁夏回族自治区中卫市中级人民法院刑事裁定书，(2023)宁05刑终13号。

权和矿业权人的合法权益造成严重损害。因此,加强对矿产资源勘查、开采活动的监督检查,有利于国家保护探矿权和采矿权不受侵犯,保障矿区和勘查作业区的生产秩序、工作秩序不受影响和破坏。在对矿产资源开采等活动进行监督检查时,应当积极采取措施,通过现场勘查、询问情形、查封、扣押等方式进行检查,以便及时发现、制止和查处自然资源领域违法行为,全力维护安全稳定的矿产资源开发秩序。

六、规范链接

(一)《稀土管理条例》(2024 年 6 月 22 日)

第十八条 工业和信息化主管部门和其他有关部门(以下统称监督检查部门)应当依照有关法律法规和本条例规定,按照职责分工对稀土的开采、冶炼分离、金属冶炼、综合利用、产品流通、进出口等活动进行监督检查,对违法行为及时依法处理。

监督检查部门进行监督检查,有权采取下列措施:

(一)要求被检查单位提供有关文件和资料;

(二)询问被检查单位及其有关人员,要求其对与监督检查事项有关的情况作出说明;

(三)进入涉嫌违法活动的场所进行调查和取证;

(四)扣押违法活动相关的稀土产品及工具、设备,查封违法活动的场所;

(五)法律、行政法规规定的其他措施。

被检查单位及其有关人员应当予以配合,如实提供有关文件和资料,不得拒绝、阻碍。

第十九条 监督检查部门进行监督检查,监督检查人员不得少于 2 人,并应当出示有效的行政执法证件。

监督检查部门的工作人员,对监督检查中获悉的国家秘密、商业秘密和个人信息负有保密义务。

(二)《自然资源行政处罚办法》(2024 年 1 月 24 日修订)

第十九条 自然资源主管部门进行调查取证,有权采取下列措施:

(一)要求被调查的单位或者个人提供有关文件和资料,并就与案件有关的问题作出说明;

(二)询问当事人以及相关人员,进入违法现场进行检查、勘测、拍照、录音、

摄像,查阅和复印相关材料;

（三）依法可以采取的其他措施。

第二十条　当事人拒绝调查取证或者采取暴力、威胁的方式阻碍自然资源主管部门调查取证的,自然资源主管部门可以提请公安机关、检察机关、监察机关或者相关部门协助,并向本级人民政府或者上一级自然资源主管部门报告。

（三）《自然资源执法监督规定》(2020 年 3 月 20 日修正)

第十四条　县级以上自然资源主管部门履行执法监督职责,依法可以采取下列措施:

（一）要求被检查的单位或者个人提供有关文件和资料,进行查阅或者予以复制;

（二）要求被检查的单位或者个人就有关问题作出说明,询问违法案件的当事人、嫌疑人和证人;

（三）进入被检查单位或者个人违法现场进行勘测、拍照、录音和摄像等;

（四）责令当事人停止正在实施的违法行为,限期改正;

（五）对当事人拒不停止违法行为的,应当将违法事实书面报告本级人民政府和上一级自然资源主管部门,也可以提请本级人民政府协调有关部门和单位采取相关措施;

（六）对涉嫌违反自然资源法律法规的单位和个人,依法暂停办理其与该行为有关的审批或者登记发证手续;

（七）对执法监督中发现有严重违反自然资源法律法规,自然资源管理秩序混乱,未积极采取措施消除违法状态的地区,其上级自然资源主管部门可以建议本级人民政府约谈该地区人民政府主要负责人;

（八）执法监督中发现有地区存在违反自然资源法律法规的苗头性或者倾向性问题,可以向该地区的人民政府或者自然资源主管部门进行反馈,提出执法监督建议;

（九）法律法规规定的其他措施。

（撰稿人:魏敏、王宝新）

第五十八条 【矿产资源开发利用水平调查评估制度】国家建立矿产资源开发利用水平调查评估制度。

国务院自然资源主管部门建立矿产资源开发利用水平评估指标体系。县级以上人民政府自然资源主管部门应当加强对矿产资源勘查、开采情况的汇总、分析,并定期进行评估,提出节约集约开发利用矿产资源等方面的改进措施。

一、条文主旨

本条是关于矿产资源开发利用水平调查评估制度的规定。

二、立法目的

(一)矿产资源开发利用水平调查评估实践经验的法律确认

矿产资源开发利用水平调查评估制度对优化我国矿产资源管理、保障国家安全和高质量发展具有重要意义。该制度是中央生态文明体制改革的要求,旨在严守资源安全底线、促进绿色低碳发展。在此之前,我国已进行两次试点和两次大规模调查评估,积累了丰富的实践经验和数据,也更加深刻地认识到矿产资源开发利用水平调查评估制度对于提升我国矿产资源管理水平的重要性,故需要通过此次立法对此前的实践经验进行法律确认,从而更好地服务于我国的矿业发展。

(二)矿产资源开发利用水平调查评估制度完善的法律保障

全面调查、合理评估我国矿产资源开发利用水平,有助于摸清资源家底,提升资源能源安全保障。建立该制度是一项全新挑战,国内外并无先例,故面临评价指标体系建设、调查数据质量把控、评估结果应用等诸多难题。[①] 尽管已经经过两轮试点,但我国建设矿产资源开发利用水平调查评估制度依旧任重道远,需要通过立法将其上升为国家意志来保障该制度在全国范围内的有效运行,进而在运行的过程中使其不断地迭代与完善。该制度对矿产资源监督管理至关重要,此次立法将其规定为独立法律条文,是对矿业监督管理工作的有益补充,有助于找到矿业发展转型症结,对产业转型升级、绿色发展模式创新、矿产资源管理水平提升具有重要意义。

---

① 参见丁全利、王雪峰:《重要的制度创新》,载《中国自然资源报》2024 年 2 月 6 日,第 2 版。

三、立法沿革

本条为此次《矿产资源法》修订的新增条款，归属于第六章“监督管理”。

四、规范解读

（一）强调矿产资源开发利用水平调查评估制度的建立（第58条第1款）

本条第1款旨在推进矿产资源开发利用水平调查评估制度的完善与适用，明确“国家”在该制度建立过程中的主体地位。此次《矿产资源法》修订将其作为独立条款加以规定有利于彰显矿产资源开发利用水平调查评估制度的重要性。

“国家”作为矿产资源开发利用水平调查评估制度的制定主体，应该从三个方面加以理解。首先，在适用范围方面，矿产资源开发利用水平调查评估制度是一项全国性的制度，适用于在中华人民共和国领域及其管辖的其他海域，对其中的矿产资源开发利用行为加以规制。其次，在具体工作方面，此处的“国家”不再代表一个宏观概念，而是全国各级自然资源主管部门上下联动、协调配合、通力合作对矿产资源开发利用水平调查评估制度进行探索与完善，最终在全国范围内实现“形成一套评估方法、建立一个标准体系、形成一个总结报告、出台一个管理制度、培养一支队伍、形成一套工作机制”的成果。[①] 最后，在评估对象方面，该制度在全国范围内开展对同类矿山、不同地区、不同矿种和不同行业的开发利用水平调查评估，掌握国内资源供应能力和开发利用潜力，从而促进矿产资源节约集约和高效利用。

总体来说，本第1款通过强调国家的主体地位来彰显建立矿产资源开发利用水平调查评估制度的规范层级和重要意义。最终实现在国家的组织统筹之下建立一个以矿产资源全面节约和高效利用为目标，以矿业权人勘查开采信息公开公示为基础，评估指标体系合理，激励约束机制完善，得以推动矿产资源利用方式发生根本转变的社会制度。

（二）规定建立矿产资源开发利用水平评估指标体系（第58条第2款）

指标体系对于矿产资源开发利用水平调查评估制度的建立具有重要意义，它不仅是科学评价矿产资源开发利用水平的重要依据，而且是引导资源高效利用、促进生态文明建设和支持政策制定与决策的重要工具。所以在本条第2款第1

---

① 参见王琼杰：《为守住国内矿产资源安全底线提供保障》，载《中国矿业报》2023年4月3日，第1版。

句便明确规定了建立评估指标体系的目标任务，并将该重任交由国务院自然资源主管部门也就是自然资源部负责。其作为我国最高级别矿政管理的专职部门，在制定指标体系时最具专业性和权威性，有利于保障指标体系在后续评估实践中的指引性和实用性，进而推动调查评估制度的完善和发展。

根据《矿产资源开发利用水平调查评估办法（试行）》的规定，我国现阶段的矿产资源开发利用水平评估指标体系是指以开采回采率、选矿回收率、共伴生矿产综合利用率“三率”的实际值作为矿产资源开发利用水平评估指标，在国家发布的“三率”标准一般指标基础上，以矿山“三率”提高值（矿山“三率”实际值与国家发布的“三率”标准一般指标的差值）作为评估基础数据，采用极差标准化法形成评估值。其中“三率”评估值占调查评估总值的80%，特征指标（为综合评价矿产资源开发利用水平，可以对矿山企业研发推广先进适用技术、创建绿色矿山以及积极利用低品位难选冶矿产资源等有关情况通过特征指标进行评价）得分占调查评估总值的20%。最后各级调查评估组织实施单位应根据评估值将评估对象划分为领先、正常、落后3个档次。

（三）明确矿产资源调查评估制度具体实施机制（第58条第2款）

本条第2款第2句要求县级以上人民政府自然资源主管部门对矿产资源勘查、开采情况进行汇总、分析，定期进行评估，并提出相应的改进措施，该部分从纵向和横向两个方面对矿产资源开发利用水平调查评估的具体工作进行了明确安排。从纵向层面来看，县级以上人民政府自然资源主管部门都要参与其中，这表示该项工作在中央的统筹领导之下需要在地方分层次进行，县级以上人民政府自然资源主管部门负责各自区域内的调查评估工作的开展实施，如此规定不但有利于提高调查评估工作的效率，而且有利于强化问责机制。从横向层面来看，本条第2款第2句阐述了矿产资源开发利用水平调查评估工作不同阶段的任务，对调查评估工作的开展起到了指引作用，未来的具体工作将以此为基础进行细化和衍生。在我国的矿政实践中已经对调查评估工作的参与主体、具体分工、评估期限等情况作出更为细致详尽的规定。

首先，参与主体方面，本条第2款中的县级以上人民政府自然资源主管部门是指自然资源部、各省（区、市）自然资源厅（局）、地级市自然资源局、县（市、区）自然资源局以及中国石油天然气集团有限公司总公司、中国石油化工集团有限公司总公司、中国海洋石油集团有限公司总公司、陕西延长石油（集团）有限责任公司总公司。

其次，具体分工方面，由于矿产资源勘查、开采情况的汇总、分析工作比较庞杂，综合考虑评估工作组织协调机制和效率，调查评估工作设计了部级、省级、县级三个层级，自上而下分级进行，确保每个层级评估对象数量在几十至一百，易于划定奖惩档次，形成直接比较效应，实施推进较为容易。① 根据《矿产资源开发利用水平调查评估办法（试行）》的规定，自然资源部在全国范围内肩负着矿产资源开发利用水平调查评估的组织实施重任，这包括制定相关的配套政策和标准规范，以及对各省（区、市）以及新疆生产建设兵团的矿产资源开发利用水平进行调查评估。省级自然资源主管部门负责制定实施方案和特征指标加分规则，并组织对本辖区内的县（市、区）进行评估。地（市）级自然资源主管部门在评估工作中虽然未直接参与评估体系，但却扮演着承上启下的关键角色，它们协助省级自然资源主管部门开展调查评估工作，并指导、监督各县（市、区），对调查评估基础数据进行严格的质量把控。县级自然资源主管部门负责各自地区的数据采集、核查和质量管控，并对矿山企业进行详细调查评估。对于四家拥有众多油气采矿权的大型企业，其油气采矿权的调查评估工作由各自总公司负责，以此确保工作效率和效果。

最后，评估期限方面，县级以上自然资源主管部门"定期"进行评估，根据《矿产资源开发利用水平调查评估办法（试行）》第 11 条、第 13 条、第 15 条的规定，各级自然资源主管部门应在每年 11 月底前完成评估工作。在评估工作结束之后要将调查评估成果（调查评估数据、调查评估总结报告、调查评估结果等）通过调查评估系统逐级汇交，各县（市、区）调查评估成果应于每年 12 月 10 日前完成并报省（区、市）自然资源主管部门，油气公司调查评估成果应于每年 12 月 15 日前完成调查评估成果并报自然资源部。各省（区、市）调查评估成果应于每年 12 月 20 日前完成并报自然资源部。

五、资料索引

（一）矿产资源开发利用水平调查评估制度推动生态保护②

面对资源约束、环境污染和生态系统退化的挑战，青海省海西州乌兰县积极

① 参见王琼杰：《家底清方能行长远》，载《中国矿业报》2024 年 2 月 5 日，第 1 版。

② 参见《青海乌兰矿产资源综合利用水平高》，载中国循环经济协会网 2014 年 7 月 15 日，https://www.chinacace.org/news/view?id=3003。

推进矿产资源综合利用和产业结构调整。他们结合实际，加强矿产资源勘查、开采日常监管，促进勘查、开发工作有序进行，并及时解决开发利用中的问题，引导采矿权人依法、合理开发。同时，建立矿产资源开发监督管理台账，跟踪掌握开发动态，为经济社会发展提供依据。乌兰县还扶持和引导矿山企业引进和应用先进技术、设备，对技术落后、资源利用水平低下的矿山进行整改，优化资源配置和产业结构。通过健全准入条件，加强开采管理，采用适合的采矿技术，提高了主要矿种的开采回采率、选矿回收率和综合利用率。

（二）矿产资源开发利用水平调查评估制度助力矿业发展[①]

为坚守矿产资源保障底线，原国土资源部与中国地质调查局组织编制了《重要矿产资源开发利用水平通报》。该通报显示，"十三五"初期，我国矿产资源产能结构进一步优化，生产矿山数量显著降低，尤其是锌矿、铁矿等矿种。开发利用技术水平低的矿山多数被淘汰。尽管部分矿种产量有所下降，但总体采矿和选矿能力保持稳定。随着供给侧结构性改革的深入，矿山整合加速，大型矿山产能占比显著提高，矿产资源集约化程度增强。同时，我国废石、尾矿排放量增速下降，循环利用效率提高，部分矿种废石循环利用率高于全国平均水平，显示出废石资源化的潜力。

六、规范链接

《矿产资源开发利用水平调查评估办法（试行）》（自然资发〔2024〕29 号）

四、自然资源部负责全国矿产资源开发利用水平调查评估的组织实施工作，制定调查评估配套政策和标准规范，建立全国调查评估信息系统，组织对省（区、市）和新疆生产建设兵团矿产资源开发利用水平进行调查评估。

省级自然资源主管部门负责制定实施方案及本省（区、市）特征指标加分规则，组织对本辖区有正常生产矿山（上年度生产时间 6 个月及以上）的县（市、区）矿产资源开发利用水平进行调查评估。

地（市）级自然资源主管部门协助省级自然资源主管部门开展县（市、区）调查评估，指导并监督各县（市、区）对调查评估基础数据进行质量把控。

县级自然资源主管部门负责基础数据采集、实地核查、质量管控等工作，组织

---

① 参见于德福：《我国重要矿产资源开发利用"体检报告"出炉》，载中国政府网 2018 年 2 月 5 日，https://www.gov.cn/xinwen/2018-02/05/content_5264000.htm。

对本辖区内上年度证照齐全、合法有效且正常生产的矿山企业矿产资源开发利用水平进行调查评估。处于基建期、停产（关闭）矿山不纳入调查评估范围。

中国石油天然气集团有限公司、中国石油化工集团有限公司、中国海洋石油集团有限公司、陕西延长石油（集团）有限责任公司（以下简称“油气公司”）的油气（石油、天然气、页岩气）采矿权由本公司负责调查评估，4 个油气公司负责制定本公司实施方案及特征指标加分规则。

各级自然资源主管部门可委托相关事业单位或采取政府购买服务开展调查评估工作。

七、对矿山“三率”提高情况采用极差标准化法（指通过极差处理，将矿山“三率”提高值转换成可对比的标准数据，并进行评分划档的方法）开展评估。以矿山“三率”提高值作为评估基础数据，按照赋予的权重进行加权平均，形成评估值。该评估值占调查评估总值的 80%。

（一）原始数据为矿山“三率”实际值，评估基准值是国家发布的“三率”标准一般指标。

（二）矿山评估，评估基础数据为“三率”提高值。“三率”提高值是矿山实际“三率”与评估基准值的差值。

（三）地区评估，评估基础数据为“三率”平均提高值。矿山“三率”平均提高值是地区内所有评估矿山的“三率”提高值的算术平均值。

八、矿山企业积极研发、推广、应用自然资源部最新版《矿产资源节约和综合利用先进适用技术目录》中的技术工艺和设备，或通过技术工艺改进升级，对促进矿产资源全面节约和高效利用贡献较大的，积极创建绿色矿山的，以及积极利用低品位难选冶矿产资源的，通过特征指标进行评价，特征指标得分占调查评估总值的 20%。

特征指标所占分值最多提高一个档次。

九、各级调查评估组织实施单位应根据评估值对评估对象进行排序划档，分为领先、正常、落后 3 个档次。其中，领先档次不超过所有评估对象的 20%，落后档次不低于所有评估对象的 20%。

十三、相关自然资源主管部门应确保本行政区调查评估工作的规范性、完整性，及时组织开展调查评估工作总结，形成总结报告，并将调查评估成果通过调查评估系统逐级汇交。调查评估成果包括调查评估数据、调查评估总结报告、调查评估结果等。各县(市、区)调查评估成果应于每年 12 月 10 日前完成并报省(区、市),各省(区、市)调查评估成果应于每年 12 月 20 日前完成并报部。

十五、油气公司调查评估工作参照上述有关要求执行。每年 12 月 15 日前完成调查评估成果报部。

(撰稿人:刘鑫、曹宇)

第五十九条 【信息化建设】国务院自然资源主管部门建立全国矿业权分布底图和动态数据库。

国务院自然资源主管部门组织建立全国矿产资源监督管理信息系统,提升监管和服务效能,依法及时公开监管和服务信息,并做好信息共享工作。

一、条文主旨

本条是关于矿产资源治理信息化建设的规定。

二、立法目的

(一)矿产资源治理信息化建设有益经验的法律支持

当前,我国矿山企业信息化发展不均衡,中小型矿山企业尤为突出,导致数据分散、难以共享,影响矿产资源储量统计的准确性和时效性。为改变此现状,建立矿产资源治理信息平台尤为迫切,该平台可实现全国矿业权信息的集中管理和动态更新,为矿产资源勘查、开采、保护和监管提供全面数据支持,有助于提高治理效率和水平,促进资源合理开发和利用。因此,将矿产资源治理信息化建设纳入法律法规框架,明确了其法律地位和作用,且为这一建设的推进提供了坚实的法律基础。

(二)矿产资源治理信息化建设具体实践的方向指引

本次修法将矿产资源治理信息化的内容单独规定在“监督管理”一章中,这正是立足于矿产资源治理所面临的问题而对未来的发展方向提出的要求与展望。该条通过设置行为主体、法律义务、兜底条款等方式充分发挥法律的指引作用,引导自然资源主管部门不断完善矿产资源治理新形式,提升监管新效能。在全新背景和要求下，作为国家统筹矿业发展转型、促进高质量发展的重要方式和手段，聚焦治理核心内容，探索治理新路径，是新形势下矿政主管部门履行政府职能，提升管理服务能力的全新方向。[①]

三、立法沿革

本条为此次《矿产资源法》修订的新增条款，归属于第六章“监督管理”。

四、规范解读

（一）建立全国矿业权分布底图和动态数据库（第59条第1款）

1. 指导全国矿业权分布底图和动态数据库的实践深化

矿业权管理，作为矿政管理的坚实基础，其核心在于明确矿业权的空间范围。这一属性不仅是《矿产资源法》等法律赋予的基石性要求，更是保障国家矿产资源科学规划与高效利用的前提。为此，全国矿业权分布底图应运而生，它如同一幅精细的地图，直观展现了我国矿业权在全国范围内的实际布局。这张图不仅有助于我们深入剖析矿业权的空间分布特征，揭示潜在的布局构成，还为矿业权管理的宏观规划与精准调控提供了不可或缺的决策支持。

值得一提的是，我国在矿业权管理信息化的道路上早已迈出坚实步伐。为摸清我国矿产资源状况并完善管理机制，自2007年起我国开展了为期4年的全国矿业权实地核查工作，累计投入28694人和22亿元经费，完成了147248个矿业权的核查。此工作形成了包括31个省（区、市）矿业权分布图、全国1∶250万矿业权分布图、矿产资源与矿业权分布综合图等主要图件。[②] 这一系列举措，不仅为矿业权管理由传统属性管理向空间管理转型奠定了坚实基础，更直接催生了矿业权实地核查数据库管理信息系统的诞生，极大地提升了我国矿业权管理的信息化、智能化水平。

在此基础上，矿业权动态数据库的构建更是将这一进程推向了新的高度。相较于传统数据库，动态数据库的核心优势在于其强大的“动态”能力，能够实时捕捉新矿业权的设立、现有矿业权的变更乃至消亡等动态信息，确保数据的鲜活与准确。这一系统的建立，不仅实现了矿业权数据的动态更新、即时查询、精准统计

---

① 参见李文超、王雪峰、薛亚洲：《新形势下矿产资源综合利用监督管理研究》，载《中国矿业》2022年第8期。

② 参见于洪奇：《全国矿业权实地核查工作全面完成》，载自然资源部网2011年1月6日，https://www.mnr.gov.cn/dt/ywbb/201810/t20181030_2254355.html。

与快速发布，还为矿业权的全面、高效、动态监管插上了信息化的翅膀，有力推动了我国矿产资源治理事业的现代化进程。

综上所述，该规定的创设是有着充足的理论基础和实践经验的，本次立法明确规定全国矿业权分布底图和动态数据库的建立工作，并非推动该工作在我国从无到有的实施，而是对该种矿政治理现有经验的法律确认，并将其上升为国家意志保障该项工作能够在全国范围内持续、有效、稳定的实施，从而推动矿产资源治理信息化发展进程，促进我国矿产资源的合理健康发展。

2. 明确建立全国矿业权分布底图和动态数据库的责任主体

本条第1款指出，国务院自然资源主管部门是建立全国矿业权分布底图和动态数据库的责任主体。这一规定明确了在矿业权管理信息化建设中，具体由哪个部门负责统筹协调、组织实施和监督管理工作，解决了“谁来做”的问题，避免了职责不清、推诿扯皮。自然资源部作为我国等级最高的自然资源主管部门，在统筹该项工作时有其得天独厚的优势。自然资源部作为矿政管理的核心机构，具备丰富的专业知识和实践经验，能够准确把握矿业权管理的关键环节和核心要素。其主导建立全国矿业权分布底图和动态数据库，能够确保数据的专业性、准确性和权威性。同时，作为政策制定和执行的主要部门，自然资源部能够紧密围绕国家矿产资源战略和管理需求，制定科学合理的建设方案和实施计划，推动矿业权管理信息化建设与国家发展战略相契合。所以，本条第1款将国务院自然资源主管部门规定为责任主体，是根据其极高的专业性、权威性、统筹性而做出的综合判断，这种制度安排有助于推动我国矿业权管理工作的科学化、规范化和信息化发展进程。

（二）建立全国矿产资源监督管理信息系统（第59条第2款）

1. 布置建立全国矿产资源监督管理信息系统的任务

《矿产资源监督管理暂行办法》等规范矿产资源监督管理的制度文件长期未修订，而当前监管的对象、方式、内容、技术等均发生了较大变化，已不适应新形势下监管需求。[①] 为了顺应如今监管方式的发展趋势，通过信息化手段加强矿产资源监管成为提升监管效能的关键，本条第2款规定正是通过立法来明确我国矿业

① 参见曾凌云等：《矿产资源勘查开采监管现状、问题分析与建议》，载《中国矿业》2021年第S1期。

监管信息化的主要任务，通过全国矿产资源监督管理信息系统的建立来完善我国矿产资源监管机制，指引我国矿产资源监督管理朝着信息化的方向发展。此前出台的《矿产资源规划编制实施办法》(2019)、《国土资源部关于健全完善矿产资源勘查开采监督管理和执法监察长效机制的通知》(国土资发〔2009〕148 号)等文件中也提到要使用现代信息技术和科技手段对矿产资源进行规划管理，构建矿产资源综合监管平台，提高工作效率和监管水平。本次《矿产资源法》的修订将建立全国矿产资源监督管理信息系统的工作单独规定，也是对此前各种法规政策的立法回应，为矿产资源监管的信息化发展提供更为完备的法律依据。

2. 明确建立全国矿产资源监督管理信息系统的主体

本条第 2 款直接指出了“国务院自然资源主管部门”作为组织建立全国矿产资源监督管理信息系统的主体。这表明在矿产资源监督管理信息化建设过程中，国务院自然资源主管部门承担着核心领导和协调的角色，确保信息系统的顺利建设和有效运行。值得注意的是，“组织”一词并不是指简单的召集或安排，而是涵盖了从规划、设计、实施到监督管理的全过程。国务院自然资源主管部门首先需要根据国家矿产资源管理的需求和目标，制定信息系统的建设规划和设计方案。在信息系统的实施过程中，国务院自然资源主管部门需要负责监督和管理各项工作的执行情况，确保按照既定的规划和设计方案进行。同时，还需要及时解决实施过程中出现的问题和困难，确保信息系统的顺利建成并投入使用。并且，信息系统的建设涉及多个部门、单位和领域的合作与配合，自然资源部作为牵头单位，应与财政部门、环保部门、应急部门等相关部门以及专业机构协调配合，通力合作，充分发挥其统筹领导作用，促进各部门之间的信息共享和资源整合，形成工作合力，共同推进信息系统的建设进程。

3. 提出建立全国矿产资源监督管理信息系统的要求

本条第 2 款规定是对国务院自然资源主管部门建立全国矿产资源监督管理信息系统所提出的目标与要求。首先，该系统的建立是要提升监管和服务效能，实现对矿产资源开发、利用、保护等全过程的信息化、智能化监管。这一举措极大地提高了监管效率，使监管部门能够更加迅速、准确地掌握矿产资源的动态情况，及时发现并处理违法违规行为。同时，信息系统的建立也提升了服务效能，为矿产资源开发企业提供更加便捷、高效的服务，促进了矿产资源的合理开发和可持续利用。

其次,依法及时公开监管和服务信息是政府信息公开的重要原则。国务院自然资源主管部门通过建立全国矿产资源监督管理信息系统,实现了监管和服务信息的实时更新和公开。这既保障了公众的知情权,又使监管部门的工作更加透明、公正。同时,信息的及时公开还有助于形成社会监督,促进监管部门更加严格、规范地履行职责。社会监督具体包含两个方面:一方面要充分发挥群众对政府工作的监督作用,提高政府公信力;另一方面要发挥群众对矿山企业的监督作用,及时发现违法行为。

最后,信息共享是提升政府治理能力和服务水平的重要手段。国务院自然资源主管部门通过建立全国矿产资源监督管理信息系统,实现了与其他相关部门的信息共享。这有助于打破信息孤岛,促进政府部门之间的协同合作,形成监管合力。同时,信息共享还有助于提高政府决策的科学性和准确性,为制定更加合理、有效的矿产资源政策提供有力支撑。

五、资料索引

(一)浙江省长兴县"矿产资源智慧监管"场景建设项目探索实践①

长兴县自然资源和规划局组织专家对中地数码集团承建的"矿产资源智慧监管"应用场景进行评审验收。该场景已在浙江全省推广,并获评省域空间治理数字化平台的"最优场景"。系统聚焦"边坡监测"、"越界开采"和"生态环境"三大监管子场景,实现矿产资源监管全业务闭环。采用智慧界桩、钻机定位等手段,实现问题早发现、早制止、早整改。建立智能监管中心,运用无人机遥感、视频监控等技术实时动态监测,结合分析模型精准预警,提升监管效率。通过多部门数据对接,实现矿山全方位监管,保障矿产资源健康开发。

(二)山东省地矿六院废弃矿山治理信息化监管平台建设及应用②

近年来,山东省地矿六院积极服务地方发展与生态文明建设,治理矿山近百处。为解决施工与管理难题,实现智能化、信息化、安全化管理,建设了废弃矿山治理信息化监管平台。该平台由大数据中心、四大终端和十二个大模块组成,为矿山监管及决策提供技术支撑,推动业务与数据融合,助力现代化治理。该平台

---

① 参见《构建矿山协同闭环监管新模式:长兴县"矿产资源智慧监管"场景建设项目实践》,载中地数码网 2022 年 12 月 28 日,https://www. mapgis. com/index. php? a = shows&catid = 33&id = 1377。

② 参见《"全局制度创新和管理提升十佳典型"参评案例 | 地矿六院:废弃矿山治理信息化监管平台建设及应用》,载腾讯网 2021 年 10 月 27 日,https://new. qq. com/rain/a/20211027A0AFMY00。

创建多维监管指标体系，解决数据处理难题，引领信息化，并进行全面安全监控。目前，该平台在临港九处矿山监管中试用效果良好，后期将广泛应用，实现信息共享和业务协同，提升管理水平，为监管部门提供技术保障，提高效率，降低成本。

六、规范链接

（一）《矿产资源规划编制实施办法》（2019 年 7 月 16 日修正）

第十二条 各级自然资源主管部门应当在矿产资源规划管理和监督中推广应用空间数据库等现代信息技术和方法。

（二）《国土资源部关于健全完善矿产资源勘查开采监督管理和执法监察长效机制的通知》（国土资发〔2009〕148 号）

六、建立健全保障机制，增加执行力

（二）加快矿产资源勘查开采监管和执法监察信息化建设。在矿产资源储量利用核查和矿业权核查成果形成的动态更新的数据库基础上，与矿产资源规划、矿业权配号管理、勘查开采监督管理、矿山遥感监测、执法监察、储量登记统计等系统实行有机衔接，构建矿产资源综合监管平台，以信息化和高科技手段加强监管，提高工作效率和监管水平。

（撰稿人：刘鑫、曹宇）

第六十条 【信用信息】县级以上人民政府自然资源主管部门应当按照国家有关规定，将矿业权人和从事矿区生态修复等活动的其他单位和个人的信用信息记入信用记录。

一、条文主旨

本条是关于信用信息的规定。

二、立法目的

信用信息记录，是我国社会信用体系建设的内容之一，在实践中已积累了较为丰富的经验。《国民经济和社会发展第十四个五年规划和 2035 年远景目标纲要》明确提出要健全以“双随机、一公开”监管和“互联网 + 监管”为基本手段、以重点监管为补充、以信用监管为基础的新型监管机制，推进线上线下一体化监管。本条规定是将信用信息作为在矿产资源领域监管手段的立法确认，将实践中的有益经验上升到法律层面。

三、立法沿革

本条为此次《矿产资源法》修订的新增条款，归属于第六章"监督管理"。

四、规范解读

（一）规定信用的记入主体

县级以上人民政府自然资源主管部门是矿产资源勘查、开采以及矿区生态修复等信息的记入主体。矿业权人以及从事矿区生态修复活动的其他单位或个人应当配合自然资源主管部门完成信息记入。

（二）"有关规定"的理解空间

"有关规定"从文义解释的角度展开，可以涵盖法律、行政法规、规章、其他规范性文件、党内法规以及一般规范性文件等所有的渊源形式。当前我国法治建设进程中关注信息建设，诸多规范对信用信息的记入予以规定。具体到矿产资源开发领域，常用的规范主要包括《矿业权人勘查开采信息管理办法》、《矿产资源勘查区块登记管理办法》(2014)、《企业信息公示暂行条例》(2024)等。

（三）信用信息的主要类型

根据《全国公共信用信息基础目录》(2024 年版)，该目录共纳入公共信用信息 13 类，包括登记注册基本信息、司法裁判及执行信息、行政管理信息、职称和职业信息、经营（活动）异常名录（状态）信息、严重失信主体名单信息、合同履行信息、信用承诺及履行情况信息、信用评价结果信息、遵守法律法规情况信息、诚实守信相关荣誉信息、知识产权信息和经营主体自愿提供的信用信息。

以上是公共信用信息范畴，而自然资源部门主要负责的包括矿业权信息和矿区生态修复信息两类。

1. 矿业权包括探矿权与采矿权。(1)由探矿权人负责填报的信息包括：承担勘查工作的单位名称、地址等情况；年度勘查投入资金数额、探矿工程、样品分析等主要实物工作量完成数量，以及是否编制勘查成果报告等情况；勘查矿种、勘查阶段，以及是否对共伴生矿产进行综合勘查评价等情况；勘查作业完毕后是否及时封填遗留井硐情况；按照矿产资源管理法律法规等有关规定缴纳相关费用情况；地质资料汇交义务履行情况；法律法规规定的其他勘查义务履行情况。(2)由采矿权人负责填报的信息包括：矿山状态，实际开采利用矿种，以及是否编制矿山储量年度报告、报送储量统计基础表、综合利用矿产资源、开展矿山生态修复等基本情况；矿山开采回采率、选矿回收率、综合利用率、矿石采出量，尾矿、废石以及共伴生矿产等利用情况；按照矿产资源管理法律法规等有关规定缴纳相关费用情况；地质资料汇交义务履行情况；法律法规规定的其他开采义务履行义务情况。(3)由县级以上人民政府自然资源主管部门负责填报的信息包括：矿业权新立、延续、变更（转让）、保留、注销等登记信息；矿产资源勘查实施方案、开发利用方案、矿山地质环境保护与土地复垦方案审查（备案）情况以及阶段验收信息；矿产资源储量评审备案情况；矿业权人因违反矿产资源管理法律法规，受到行政处罚的信息等。

《矿业权人勘查开采信息管理办法》第9条规定："矿业权人应当于每年3月31日前填报上一年度的勘查开采信息；但是，上一年度设立的矿业权至最迟填报日不满六个月的除外。县级以上人民政府自然资源主管部门应当于勘查开采信息产生之日起三十日内填报。"

2. 矿区生态修复。与矿区生态修复有关的信用信息包括行政处罚、矿山地质环境保护与土地复垦方案编制、自然资源部门的双随机抽查（矿山地质环境保护与土地复垦义务履行情况的监督检查、对单独选址项目土地复垦活动的检查）、列入异常名录、严重失信主体等。

关于矿山地质环境保护与土地复垦方案，是根据《土地复垦条例》《矿山地质环境保护规定》(2019)等有关规定，采矿权申请人申请办理采矿许可证时应当编制的，并报有批准权的自然资源主管部门批准。矿业权人未履行法定义务或履行法定义务不到位的，将列入异常名录。

关于信用信息的核查工作：(1)省级以上人民政府自然资源主管部门可以按照"双随机、一公开"监管要求，随机抽取一定比例的勘查项目和矿山，制定核查方案并组织实施矿业权人勘查开采信息公示情况核查工作。县级以上人民政府自然资源主管部门开展矿业权人公示信息核查应当组成核查组。(2)在核查过程中发现矿业权人未按照规定填报勘查开采信息的，应当对其进行书面告知，并提出整改要求；发现矿业权人违反矿产资源管理法律法规规定的，应当依法追究法律责任。

关于严重失信主体：(1)不得参与自然资源主管部门组织的评优、评先活动；

被列为重点监管对象,依法受到严格监管;在自然资源管理行政程序中不适用告知承诺制;在矿业权人申请财政性资金项目、参与矿业权竞争性出让时作为不利考量因素。(2)以上管理措施的期限为3年,3年内矿业权人积极进行整改、纠正失信行为、消除不良影响、作出信用承诺的,可以提前向严重失信主体认定机关提出移出严重失信主体名单申请。(3)存在不予提前移出情形,如申请移出严重失信主体名单过程中存在弄虚作假、故意隐瞒事实等欺诈行为的,申请移出严重失信主体名单过程中又因同一原因受到行政处罚的等。

关于异常名录:(1)异常名录会在全国矿业权人勘查开采信息公示系统中予以标注,如未按照规定的期限和要求填报公示勘查开采信息;填报勘查开采信息不真实;违反矿产资源管理法律法规等有关规定依法受到行政处罚,但是未达到严重失信主体认定标准等。(2)异常名录中的矿业权人会被列为重点监管对象,依法受到严格监管;在评优评先等方面予以重点审查;异常名录有关信息会被提供给有关部门查询,供其在相关信用管理工作中参考使用。(3)矿业权人及时进行整改,经核实可以在系统中取消标注,并移出异常名录。

(四)信用记录

"信用记录"主要是指有关信用信息系统记载的信息,常见的信用信息系统包括全国矿业权人勘查开采信息公示系统、"信用中国"网站、国家企业信用信息公示系统等。

1. 全国矿业权人勘查开采信息公示系统

该系统由自然资源部主办、自然资源部信息中心承办。每年3月31日前及时公布勘查开采年度公示信息、历年异常名录、历年严重违法名单、抽查和实地核查结果公示、行政处罚信息、举报查询等。具体信息有:(1)勘查开采年度公示信息。主要涉及基本信息、履行义务信息、当年勘查投资及资金分项核算、开发利用情况、当年完成主要实物工作量及投入技术力量、地理位置等。(2)历年异常名录查询、历年严重违法名单查询。矿业权人被列入异常名录、严重违法名单,自然资源主管部门应当依法对其违法违规行为进行处罚。自然资源主管部门在自然资源资金专项审批、自然资源领域工程招投标、国有土地出让、矿业权申请审批、授予荣誉称号等工作中,将矿业权人勘查开采信息公示结果作为重要考量因素,对矿业权人被列入异常名录的依法予以限制,对矿业权人被列入严重违法名单的依法予以禁入。(3)抽查和实地核查结果公示。(4)行政处罚信息。(5)举报查询。

总体而言,该系统突出“信用”在矿产资源监管中的基础性作用,利用信息化手段实现数据采集、管理和共享,实现矿业现代化。

2.“信用中国”网站

该网站上线于2015年,由国家发展改革委、中国人民银行指导,国家公共信用和地理空间信息中心主办,且有国家社会信用体系建设部际联席会议各成员单位的支持。设有信用动态、政策法规、信息公示、信用服务、信用研究、诚信文化、信用承诺、联合惩戒、个人信用、行业信用、诚实信用等栏目,同时还接入了省(区、市)共32个信用系统。通过输入主体名称或统一社会信用代码,可查询:(1)基础信息:法定代表人、企业类型、成立日期、住所地等;(2)行政管理:行政许可、行政处罚等;(3)诚实守信:纳税人名称、识别号等;(4)严重失信:失信被执行人姓名/名称、执行法院、被执行人的履行情况;(5)经营异常;(6)信用承诺;(7)信用评价;(8)司法判决。

总体而言,“信用中国”网站能全面、有效、及时地收集归纳信用记录,提高信用记录的透明度,有效约束并激励社会主体,充分促进社会信用体系建设。

3. 国家企业信用信息公示系统

该系统依据《政府信息公开条例》(2019)、《企业信息公示暂行条例》(2024)等法律法规,由国家市场监督管理总局主办。提供市场主体信用信息的填报、公示、查询和异议等服务,公示内容包括市场主体的注册登记、许可审批、年度报告、行政处罚、抽查结果、经营异常名录等。通过输入主体名称或统一社会信用代码,可查询基础信息、行政许可信息、行政处罚信息、列入经营异常名录信息、列入严重违法失信名单(黑名单)信息、公告信息、市场主体歇业、终止、注销、公告、营业执照作废声明等信息。

总体而言,市场主体可以在该系统中便捷、迅速地获得其他主体的经营信息,提高交易效率,也保证交易安全。

五、典型案例

(一)2024年7月,四川省自然资源厅作出多份移出异常名录的决定书。如达州市长虹红旗煤矿因未足额缴纳采矿权出让收益(价款)、[①]布拖县奔诚矿业有

① 参见《关于将达州市长虹红旗煤矿移出矿业权人勘查开采信息异常名录的决定书》,载四川省自然资源厅网2024年7月29日,http://dnr.sc.gov.cn/scdnr/gzdt/2024/7/29/a0e4ee6070294fcabff5a35926a2f777.shtml。

限责任公司因交际河萤石矿 2020 年度履行法定义务不到位，[1]两位矿业权人都曾被列入异常名录，后都整改到位，四川省自然资源厅根据《矿业权人勘查开采信息管理办法》作出了移出矿业权人勘查开采信息异常名录的决定书，通过全国矿业权人勘查开采信息管理系统向社会公开，解除相关管理措施。

（二）2021 年 7 月，云南省自然资源厅将 140 名矿业权人列入严重违法名单，并予以公示。[2] 云南太耀矿业开发有限公司、文山州海联建筑工程有限责任公司等 140 名矿业权人，因未按规定公示其矿业权信息或履行义务，且列入异常名录满 3 年，后省自然资源厅决定将其列入严重违法名单，并公示了矿业权人、所属项目名称、许可证号、列入原因、文号等信息。

六、规范链接

《矿业权人勘查开采信息管理办法》(2024 年 5 月 16 日)

第五条 矿业权人勘查开采信息按照“谁产生，谁填报”的原则，由矿业权人和县级以上人民政府自然资源主管部门在全国矿业权人勘查开采信息管理系统中负责填报，并依照本办法规定向社会公示。

第十三条 县级以上人民政府自然资源主管部门在核查过程中发现矿业权人未按照规定填报勘查开采信息的，应当对其进行书面告知，并提出整改要求；发现矿业权人违反矿产资源管理法律法规规定的，应当依法追究法律责任。

第二十八条 县级以上人民政府自然资源主管部门应当加强认定严重失信主体相关信息与全国信用信息共享平台等其他部门间信息的互联共享，依照法律法规等相关规定实施联合惩戒。

（撰稿人：苏继成、徐梓秋）

---

① 参见《关于将布拖县奔诚矿业有限责任公司移出矿业权人勘查开采信息异常名录的决定书》，载四川省自然资源厅网 2024 年 7 月 15 日，http://dnr.sc.gov.cn/scdnr/gzdt/2024/7/15/e2ac7f0328b54b53b6401cde322b0e78.shtml。

② 参见《列入严重违法名单结果公示》，载云南省自然资源厅网 2021 年 6 月 24 日，http://dnr.yn.gov.cn/html/2021/jieguogongshi_0624/32278.html。

第六十一条　【矿产资源违法行为举报】任何单位和个人对违反矿产资源法律、法规的行为，有权向县级以上人民政府自然资源主管部门和其他有关部门举报，接到举报的部门应当及时依法处理。

一、条文主旨

本条是关于矿产资源违法行为举报的规定。

二、立法目的

强化矿产资源保护是切实维护国家资源安全的应有之义。然而，从治理实际来看，无证采矿、越界采矿等老问题和"以生态修复为名，从非法采矿之实"等新问题依然呈现高发态势。基于矿产资源违法行为隐蔽性与复杂性的特征，以及执法资源的不足与政府信息的不对称等现实情况，"线索发现"成为依法查处矿产资源违法案件的重要前提和难点问题。本条作为此次《矿产资源法》修订的新增条款，首次在国家法律的层面将社会监督纳入矿产资源监管体系，功能锚定在拓宽线索发现渠道，为优化监管提供了可选路径。

"法律在演进过程中，其根本动力的确在于一个社会内部的增长、进化和发展，但也离不开外部环境的推动。"①在《矿产资源法》修订之前，部分地方政府已经在借鉴环境保护、食品安全、医疗保险等监管领域有益经验的基础上，制定了矿产资源违法行为举报的规范性文件，尝试借助社会监督拓展矿产资源违法线索的获取，加强矿产资源的保护力度。截至2024年11月，贵州省、广东省、山西省、福建省、内蒙古自治区、河北省等以制定规范性文件的方式，进一步加强了矿产资源违法行为举报的规范化。此次《矿产资源法》修订中新增本条，是立足于丰富实践经验之上的理性确认，是矿产资源监管法律体系发展与完善中不可或缺的一环，符合法律演进的客观规律。

三、立法沿革

本条为此次《矿产资源法》修订的新增条款，归属于第六章"监督管理"。

---

① 张文显：《法理学》（第4版），高等教育出版社2011年版，第160页。

四、规范解读

(一)规定矿产资源违法行为举报的参与主体

矿产资源违法行为举报的参与主体是“任何单位和个人”。“任何”本身有最大化之意。

采取上述立法表述,明确宣示了国家肯定和鼓励公众参与社会监督的基本立场,强化了举报监督的正当性,有利于增强公众对矿产资源违法行为进行举报的信心和合理预期。

(二)规定矿产资源违法行为举报的对象

关于举报对象,本条并未进行详细列举,以“违反矿产资源法律、法规的行为”进行概括。

矿产资源违法行为主要发生在勘查和开采矿产资源、开展矿区生态修复等活动中。依据《矿产资源法》以及矿政管理实践,可分为矿产资源行政违法行为、矿产资源民事违法行为和矿产资源刑事违法行为三种类型。在表现形式上,又具体包括:(1)违法勘查类(无证勘查和越界勘查;擅自进行滚动勘探开发、边探边采或者试采)。(2)违法开采类(无证采矿;越界采矿;破坏性采矿)。(3)违法转让类(买卖、出租或者以其他形式转让矿产资源;将探矿权、采矿权倒卖牟利;未经批准,擅自转让探矿权、采矿权;以承包等方式擅自转让采矿权)。(4)违法审批发证类(违法审批发放勘查许可证、违法审批发放采矿许可证)等。①

在此次《矿产资源法》修订的背景下,以下两点转变需要额外关注。一是随着矿业权制度的进一步完善(第 17 条、第 18 条、第 21 条、第 23 条至第 27 条),矿业权转让审批的取消,违法转让类矿产资源违法行为在《矿产资源法》修订之后将明显减少。二是“矿区生态修复”(第四章)作为新增章节,有力回应了生态文明建设的客观要求,但在实践中以生态修复名义违法采矿、违规销售采出矿产资源或者超出批准的范围采挖矿产资源等新型矿产资源违法行为屡有发生,将是未来社会监督的重要内容。

因此,在当前的立法体系下,采用如上概括性表述,既符合立法准确性、简洁性的要求,又可以在很大程度上扩大条文的适用范围,使其不失灵活性和全面性。

---

① 参见《自然资源部关于印发〈自然资源违法行为立案查处工作规程(试行)〉的通知》(自然资发〔2022〕165 号)。

（三）规定矿产资源违法行为举报的受理机关和处理方式

根据本条的规定，举报受理的层级被限定在“县级以上人民政府”，具体受理机关为“自然资源主管部门”和“其他有关部门”。接到举报的部门需要对线索进行“及时”“依法”处理。具体而言，可从以下两个方面进一步观察：

一方面，在受理机关的设置上有所突出。首先，“自然资源主管部门”在条文中的位置居前且单独以部门名称出现，突出了其在举报受理中的主责单位的身份。究其原因，自然资源主管部门承担着自然资源管理职能，依法拥有规划编制、行政许可、行政处罚、资质审批等多项行政权力，将其作为举报受理的主要机关，既是依法行政的具体体现，也是保证举报受理效率的必然选择。其次，“和”字表明，其他有关部门也可以对举报进行受理。至于有关部门是否可以直接受理，还是仅在某些特殊情况下才可以受理，则需要相关法律、法规以及政策的进一步明确。同时，这种多部门共同受理的安排也意味着，将对部门之间的沟通协作以及信息流动提出更高的要求。在具体实践中，“要尽快推进部门合作，高效整合不同部门掌握的线索资源，形成治理合力”①。

另一方面，行政机关的依法履职在社会监督中具有主导作用。虽然社会监督在矿产资源监管中具备提供矿产资源违法信息、弥补政府发现能力不足的功能，但不能直接对违法行为起到监管作用，其合理定位依然是一种辅助执法的手段。换言之，自然资源主管部门等相关部门对举报进行及时回应，“依法履职尽责，采取‘长牙齿’的硬措施”②，矿产资源违法行为举报的价值和作用才能发挥出来。

五、典型案例

江西省赣州市信丰县刘某无证采矿案③

2021 年 1 月，信丰县自然资源局接到群众举报，发现信丰县虎山乡隘高村高前山野猪坑有人在非法开采稀土。经现场勘测，该违法开采稀土点开采面积为

---

① 曹宇、祁瑞祥、茶娜：《全民所有矿产资源资产损害发现机制的优化——以内蒙古锡林郭勒盟为研究样本》，载《中国国土资源经济》2023 年第 10 期。

② 《自然资源部公开通报 25 起土地矿产违法案件》，载法治网 2023 年 3 月 28 日，http://www.legaldaily.com.cn/index/content/2023-03/28/content_8837340.html。

③ 参见《自然资源部公开通报 20 起矿产违法案件》，载自然资源部网 2022 年 3 月 17 日，https://www.mnr.gov.cn/dt/zb/2022/gktb/jiabin/。

1083 平方米，采用原地浸矿的方式采矿，注液孔约 236 个。执法人员现场对生产管道进行了捣毁，暂扣稀土原矿 18 包及无牌照越野车、摩托车各一辆，并暂扣全部生产设备及开矿原料。因无法确定非法开采稀土当事人，信丰县自然资源局将该案移送公安机关立案侦查，信丰县公安局立案调查后抓获犯罪嫌疑人刘某。经查，刘某非法开采稀土造成资源破坏的储量为 7.28 吨，破坏价值达 139.78 万元。2021 年 8 月，信丰县人民法院判处涉案人员刘某有期徒刑 3 年 10 个月，并处罚金 4 万元。

自然资源部在 2022 年至 2023 年公开通报的 45 起矿产资源违法案件显示，尽管此前部分地区已经将群众举报作为线索发现渠道，但仅有一起典型案件支撑，社会监督的潜力似乎并未有效挖掘。这与"相关的法律确定性不足，法律激励功能减弱"①不无关系。

矿产资源违法行为举报（第 61 条）在国家法律的层面将社会监督纳入矿产资源监管体系，意味着对制度精细化表达和搭建完善提出了更高的要求。一方面，应推动更多地方政府建立相应的奖励制度，鼓励社会公众在监管实际中更为广泛而积极地参与。另一方面，从审慎角度出发，在制度构建中还应考虑到对举报人的合理规范和引导，避免奖励条款"为借举报谋取私利，打压他人提供空间"②。

六、规范链接

表 4　各地矿产资源违法行为举报奖励办法汇编表（选例）

序号	文件名称	文号	制定主体	渊源形式	实施时间	条文数量
1	《广东省自然资源厅关于印发〈广东省自然资源厅矿产资源违法行为举报奖励办法〉的通知》	粤自然资规字〔2020〕1 号	广东省自然资源厅	地方规范性文件	2020.03.01	共计 32 条

① 万江、李璇：《地方政府为何会推进举报式执法？》，载《山东大学学报（哲学社会科学版）》2024 年第 1 期。

② 赵宏：《权力的边界》，云南人民出版社 2023 年版，第 549 页。

续表

序号	文件名称	文号	制定主体	渊源形式	实施时间	条文数量
2	《山西省自然资源厅、山西省公安厅、山西省财政厅、山西省政务服务中心关于联合印发〈山西省非法违法采矿线索举报奖励办法〉的通知》	晋自然资发〔2022〕1号	山西省自然资源厅、山西省公安厅、山西省财政厅、山西省政务服务中心	地方规范性文件	2022.01.11	共计17条
3	《福建省自然资源厅、福建省财政厅关于印发〈福建省矿产资源违法行为举报奖励办法〉的通知》	闽自然资规〔2023〕3号	福建省自然资源厅、福建省财政厅	地方规范性文件	2023.10.08	共计17条
4	《关于印发〈内蒙古自治区自然资源厅土地和矿产资源违法行为举报奖励办法(试行)〉的通知》	内自然资发〔2023〕075号	自治区自然资源厅	地方规范性文件	2023.11.19	共计22条
5	《河北省自然资源厅、河北省财政厅关于印发〈河北省矿产资源违法线索举报奖励办法(试行)〉的通知》	冀自然资规〔2024〕4号	河北省自然资源厅、河北省财政厅	地方规范性文件	2024.09.20	共计20条

在矿产资源违法行为举报的制度建设层面，广东省、山西省、福建省、内蒙古自治区、河北省等陆续制定相关奖励办法，是先行者和推动者。奖励办法的渊源形式为地方规范性文件，尚未检索到立法、地方政府规章等其他渊源形式。在内容设置上，奖励办法涵盖举报渠道、奖励标准、保密措施及奖励发放流程等，确保举报人的合法权益得到充分保障。

作为地方政府受理矿产资源违法行为举报的基础遵循，上述奖励办法旨在鼓励社会公众积极举报矿产资源违法行为，不仅彰显了地方政府对矿产资源保护的高度重视，还体现了通过社会共治提升监管效能的决心，具有典型示范意义。

（撰稿人：祁瑞祥、曹宇）

第七章　法律责任

第六十二条　【执法人员失职渎职法律责任】县级以上人民政府自然资源主管部门和其他有关部门的工作人员在矿产资源勘查、开采和矿区生态修复等活动的监督管理工作中滥用职权、玩忽职守、徇私舞弊的，依法给予处分。

一、条文主旨

本条是关于矿产资源执法人员失职渎职法律责任的规定。

二、立法目的

本条的立法目的在于加强对矿产资源执法人员履职行为的监督。矿产资源执法行为是维护矿产资源勘查、开采秩序，加强矿区生态修复的关键抓手。但在我国矿产资源的执法实践中，相关执法人员滥用职权、玩忽职守、徇私舞弊等行为，损害了矿产资源执法的权威，严重危害着矿产资源监督管理秩序。立足新的发展阶段，党和国家都以更严格的要求、更严肃的态度、更严厉的措施来加强矿产资源执法。

三、立法沿革

本条为此次《矿产资源法》修订的新增条款，归属于第七章“法律责任”。该条的前身为《矿产资源法》（2009）第 47 条，存在失职渎职行为的矿产资源执法人员所应承担的法律责任。

对比原有立法，一方面，本条删去了对执法人员失职渎职行为的具体列举，使监督覆盖范围从集中在行政许可和行政处罚扩大到矿产资源勘查、开采、修复的监督管理全过程；另一方面，本条的规定使违反本条的执法人员的行政处分独立于其他责任，改变了原矿法规定的单一“行政处分”，将监察机关对违法的公职人员给予的政务处分纳入《矿产资源法》的法律责任体系之中。这一改变，适应了我国监察体制改革的实践，有效加强了行政执法监督与纪检监察监督的协作，有利于做好矿产执法的“后半篇文章”。

四、规范解读

（一）规定给予处分的前提

1. 承担责任的主体

本条规定的“县级以上人民政府自然资源主管部门和其他有关部门的工作人员”是承担本条法律责任的主体。依据《矿产资源法》的规定以及当前自然资源司法裁判的实践，上述主体主要包括以下四类人员：

第一，在县级以上人民政府自然资源主管部门中依法履行环境监管公职、纳入国家行政编制、由国家财政负担工资福利的工作人员。县级以上人民政府自然资源主管部门包括国家一级的自然资源部，省、自治区、直辖市的自然资源厅以及自治州、县、自治县、市一级的自然资源局。

第二，在县级以上人民政府有关部门和军队自然资源主管部门等国家行政机关中依法履行环境监管公职、纳入国家行政编制、由国家财政负担工资福利的工作人员，涉及国务院发展改革、应急管理、工业和信息化、能源、矿山安全监察等部门以及地方政府有关部门。

第三，地方各级人民政府中负责自然资源监管事务的工作人员。

第四，经由上述国家机关委托、委任或授权从事自然资源监管的工作人员。只有上述人员才是适用本条予以处分的对象。

2. 本条规定适用的范围

矿产资源执法人员只有在下述活动范围内存在违法行为，才能适用本条予以处分。即“矿产资源勘查、开采和矿区生态修复等活动的监督管理工作”，其涉及两方面的内容。

第一，“勘查、开采和矿区生态修复等活动”。相关内容在本书有关《矿产资源法》第三章至第五章的条文释义中已有详述，在此不再赘述。

第二，涉及上述活动的监督管理工作。上述活动的监督管理工作规定在《矿产资源法》第六章，包括职责部门、监督措施、矿产资源开发利用水平调查评估、全国矿业权分布底图和动态数据库建设、信用信息系统的建立等内容。

（二）规定失职渎职行为认定

本法规定的相关人员失职渎职行为，在最高人民法院的司法解释中有较为全面的规定，其中：

"滥用职权"是指矿产资源执法主体故意逾越职权，不按或违反法律决定，处理其无权决定、处理的事项，或者违反规定处理公务。

"玩忽职守"是指执法人员存在职务上的过失，如疏忽大意、过于自信、擅离职守等，导致未履行或未正确履行应负的职责。

"徇私舞弊"是指执法人员为徇私情、私利，故意违背事实和法律，伪造材料，隐瞒情况，弄虚作假的行为。

本条的适用当中，需要注意区分失职渎职行为与工作失误。

第一，行为人履职是否尽责是区分二者的基本界限，如果行为人履行职务已尽职尽责，但由于个人能力限制，客观状况的阻碍，行为人难以避免地出现失误，这种情况对行为人进行处分时应当更为慎重。

第二，看行为人的主观心态。工作失误的行为人主观的心态是追求积极的工作结果或是创造性的工作，但事与愿违。失职渎职的行为人主观上可能是马虎草率、疏忽大意甚至谋求私利。二者的区分，并不意味着对于工作失误的行为人可以免予处分，公职人员任免机关、单位或监察机关在对环境监管失职渎职的行为人进行处分时，要综合考量行为的履职状况以及主观心态，做到宽严相济，合理合法。

（三）规定对失职渎职行为进行处分

处分既包括《公务员法》规定的处分，也包括《公职人员政务处分法》规定的政务处分。作出处分和政务处分的主体不同，处分由公职人员任免机关、单位作出，政务处分则由检察机关对违法的公职人员作出。处分和政务处分均包括警告、记过、记大过、降级、撤职、开除。在具体适用上，矿产资源执法人员的滥用职权、玩忽职守、徇私舞弊的行为可能涉及《公职人员政务处分法》第33条至第39条的规定。

值得注意的是，在当前我国政务处分与处分双轨并行的二元处分体制下，衔接好自然资源行政监督与纪检监察监督是适用本条的关键。

首先，对于同一个矿产资源执法失职渎职行为既可以由任免机关、单位给予处分，也可以由监察机关给予政务处分，但二者不可以并存。监察机关发现矿产资源执法人员在矿产资源勘查、开采、矿区生态修复等活动的监督管理工作中滥用职权、玩忽职守、徇私舞弊的,可以依法直接予以处分,也可以提出监察建议要求任免机关、单位给予处分。其次,《公职人员政务处分法》第16条规定,对公职人员的同一违法行为,监察机关和公职人员任免机关、单位不得重复给予政务处分和处分。这一规定能够避免被处分人受到双重处罚,确保"一事不再罚"。

五、典型案例

(一)广东省惠东县宝口镇非法开采稀土矿案[①]

1. 基本案情

2006年12月以来,广东省惠东县宝山贸易有限公司黄某松等人在惠东县宝口镇擅自开采稀土矿,相继形成11个非法开采矿点。惠东县国土资源局及林业、安监等部门进行过多次制止,但非法开采未停止。经查,2007年5月,宝口镇政府与该公司签订协议,同意该公司取得合法手续后开采矿产资源,期限15年。同时约定,该公司无偿赞助镇政府人民币60万元,开采后每年按照市场价提取5%作为矿产资源管理协调费上交镇政府。调查证实,在已经发生上述非法采矿行为的情况下,宝口镇政府未采取有效措施予以制止,且收取了该公司缴纳的赞助费27万元。对政府及管理部门在上述案件中存在的严重失职问题,广东省纪委、监察厅作出严肃处理,对宝口镇镇委书记赖某彪、宝口镇镇长林某鸿给予了严厉的党纪、政纪处分;对其他负有失职责任的人员,分别给予了相应的党纪、政纪处分。

2. 指导意义

自然资源主管部门和其他有关部门存在失职渎职行为,应对负有责任的领导人员和直接责任人员予以处分。

3. 案例解读

该案中,宝口镇政府存在越权批矿、管理失职等问题。第一,宝口镇政府无权批准开采矿产资源,其同意该公司取得合法手续后开采矿产资源,期限15年的行为超出其管理权限;第二,明知该公司非法采矿,不仅不采取有效措施予以制止,还收取了不法矿主赞助费27万元,支持、放纵了违法行为。宝口镇政府的上述行为,表明其对非法采矿行为是支持和放纵的。因此,对相关责任人予以严厉的党纪、政纪处分于法有据。

---

① 参见《五起公开挂牌督办国土资源违法案件调查处理情况》,载中国政府网2010年5月5日,https://www.mnr.gov.cn/zt/zh/xzzfgs/jg/tb/201903/t20190313_2401348.html。

值得注意的是,案件发生时,适用的是1996年颁布的《矿产资源法》第47条,规定的责任主体为"负责矿产资源勘查、开采监督管理工作的国家工作人员和其他有关国家工作人员",该案中的宝口镇政府属于上述范围之内。并且有关人员受到的处分是由人民政府内部的监察机关依据《行政监察法》(已失效)作出的。

(二)河北地勘开发局原党组书记、局长刘某峰被开除党籍案①

1. 基本案情

河北省地质矿产勘查开发局原党组书记、局长刘某峰存在严重违纪违法问题。经查,刘某峰不正确履行职责,长期纵容默许下属单位私设"小金库";把地矿系统当成"自留地""钱袋子",贪污巨额公款,"靠地矿吃地矿",利用职务便利为他人在工程项目、矿权转让等方面提供帮助,并非法收受巨额财物。

刘某峰严重违反党的政治纪律、组织纪律、廉洁纪律和工作纪律,构成严重职务违法和其他违法,并涉嫌贪污犯罪和受贿犯罪,性质严重,影响恶劣,应予严肃处理。依据《中国共产党纪律处分条例》《监察法》《公职人员政务处分法》等有关规定,经河北省纪委常委会会议研究并报河北省委批准,决定给予刘某峰开除党籍处分,取消其退休待遇;收缴其违纪违法所得;将其涉嫌犯罪问题移送检察机关依法审查起诉,所涉财物一并移送。

2. 指导意义

矿产资源执法人员失职渎职行为的刑事责任不影响其接受处分。

3. 案例解读

本案中,刘某峰涉嫌贪污犯罪和受贿犯罪,应当依据《刑法》追究其刑事责任。除此之外,根据《公职人员政务处分法》第33条、第64条等的规定,应当对其予以开除的处分,但是本案发生时,刘某峰已经退休,因此无法给予开除处分。根据《公职人员政务处分法》第27条的规定,相应取消其享受的退休待遇。

六、规范链接

(一)《中华人民共和国公职人员政务处分法》(2020年6月20日)

第三十九条 有下列行为之一,造成不良后果或者影响的,予以警告、记过或者记大过;情节较重的,予以降级或者撤职;情节严重的,予以开除:

① 参见《河北省地质矿产勘查开发局原党组书记、局长刘鹤峰被开除党籍》,载中央纪委国家监委网2023年10月18日,https://www.ccdi.gov.cn/yaowenn/202310/t20231018_301069.html#%EF%BC%9B。

（一）滥用职权，危害国家利益、社会公共利益或者侵害公民、法人、其他组织合法权益的；

（二）不履行或者不正确履行职责，玩忽职守，贻误工作的；

（三）工作中有形式主义、官僚主义行为的；

（四）工作中有弄虚作假，误导、欺骗行为的；

（五）泄露国家秘密、工作秘密，或者泄露因履行职责掌握的商业秘密、个人隐私的。

（二）《自然资源行政处罚办法》（2024 年 1 月 24 日修订）

第五十四条　县级以上自然资源主管部门直接负责的主管人员和其他直接责任人员，违反本办法规定，有下列情形之一，致使公民、法人或者其他组织的合法权益、公共利益和社会秩序遭受损害的，应当依法给予处分：

（一）对违法行为未依法制止的；

（二）应当依法立案查处，无正当理由未依法立案查处的；

（三）在制止以及查处违法案件中受阻，依照有关规定应当向本级人民政府或者上级自然资源主管部门报告而未报告的；

（四）应当依法给予行政处罚而未依法处罚的；

（五）应当依法申请强制执行、移送有关机关追究责任，而未依法申请强制执行、移送有关机关的；

（六）其他徇私枉法、滥用职权、玩忽职守的情形。

（三）《自然资源部办公厅关于加强和改进矿产执法工作的通知》（自然资办函〔2021〕1288 号）

四、着力纠正矿产执法不严的问题

部省两级自然资源主管部门要通过案卷评查、调研督导、实地抽查等方式，加强对市县自然资源主管部门的监督指导，重大典型违法问题将直接立案查处、挂牌督办或公开通报。市县自然资源主管部门要认真落实矿产执法主体责任和属地责任，坚持实事求是，依法履职尽责，不得弄虚作假、敷衍塞责；符合立案条件的必须立案查处，不得作非立案处理，并严格执行行政执法公示、执法全过程记录、重大执法决定法制审核三项制度；作出的矿产执法处罚决定，必须严格依照矿产资源法律法规，对违法所得和违法采出矿产品依法没收，不得以罚款代替没收；涉嫌犯罪的矿产违法案件，必须移送司法机关追究刑事责任。对执法不严、弄虚作假等问题，要坚持刀刃向内，及时纠正有关问题，开展通报批评，涉嫌违纪违法的，追究有关单位和人员责任。

（撰稿人：苏继成、李瑞鑫）

第六十三条 【未取得探矿权型非法勘查】违反本法规定，未取得探矿权勘查矿产资源的，由县级以上人民政府自然资源主管部门责令停止违法行为，没收违法所得以及直接用于违法勘查的工具、设备，并处十万元以上一百万元以下罚款；拒不停止违法行为的，可以责令停业整顿。

超出探矿权登记的勘查区域勘查矿产资源的，依照前款规定处罚；拒不停止违法行为，情节严重的，原矿业权出让部门可以吊销其勘查许可证。

一、条文主旨

本条是关于未依法取得探矿权非法探矿行为的行政法律后果的规定。理解本条的主旨，要把握以下两点：第一，本条是对未依法取得探矿权型非法探矿行为的法律后果的规定；第二，本条规定的法律后果在性质上属于行政法律责任。

二、立法目的

（一）维护矿产资源国家所有者权益

矿产资源属于国家所有，非法探矿行为侵犯了国家对矿产资源的所有权，规定非法探矿行为的法律责任，为国家维护矿产资源国家所有者权益，预防打击侵犯国家矿产资源所有者权益的违法行为，提供了法律依据。本法第 5 条第 1 款规定："勘查、开采矿产资源应当依法分别取得探矿权、采矿权，本法另有规定的除外。"该款从正面规定了法律所设定的勘查矿产资源的行为模式，即必须依法取得探矿权。根据一般的立法原理，立法者在正面规定法律所设定的行为模式的同时，也要从反面规定违反所设定的行为模式的法律后果，才能保障立法者所期望的行为模式在社会生活中得到尊重和实施，从而成为普遍的社会行为。本条规定即是为了维护《宪法》和本法所确认的国家作为矿产资源所有者的权益，保障本法第 5 条第 1 款所设定的勘查矿产资源的行为模式,成为社会成员所普遍遵守的行为规范。

(二)维护国家矿产资源管理秩序,更具体地说是维护国家矿产资源勘查管理秩序

矿产资源开发,不仅涉及国家矿产资源所有者权益保护,还涉及安全生产、环境保护、资源节约等一系列问题,因此,国家在矿产资源开发活动中,具有双重身份:一是作为矿产资源所有者的身份,二是作为矿产资源开发活动管理者的身份。国家作为矿产资源开发活动的管理者,根据本法通过设立勘查许可证制度来实现对矿产资源开采活动的规范管理,关于这一问题,本书在对本法第 66 条释义时作了具体阐述(见第 66 条释义项下“二、立法目的”)。需要注意的是,探矿权制度与勘查许可制度二元制度下,两个制度并非各自独立的平行关系,而是后者是以前者为前提,即公司企业、其他组织或者自然人,只有先取得探矿权,然后才能申请勘查许可,因此,未取得探矿权的非法探矿行为,一定同时也是未取得勘查许可的非法探矿行为,据此,禁止未取得探矿权型的非法探矿行为,就不仅仅是维护了国家的矿产资源所有权,还规范了国家的矿产资源勘查秩序。

三、立法沿革

《矿产资源法》于 1986 年 3 月 19 日由第六届全国人民代表大会常务委员会第十五次会议通过,自 1986 年 10 月 1 日起施行。以后分别经 1996 年、2009 年两次修正。但是均未对非法探矿行为及其法律后果作出规定。

四、规范解读

(一)未取得探矿权型非法探矿行为

通过梳理本法可以看出,非法探矿行为包括两种类型:第一种类型是未取得探矿权型非法探矿行为;第二种类型是未取得勘查许可证型非法探矿行为。其中未取得探矿权型非法探矿行为,即本条第 1 款所规定的“违反本法规定,未取得探矿权勘查矿产资源的”行政违法行为;未取得勘查许可证型非法探矿行为,是指本法第 66 条所规定的“违反本法规定,探矿权人未取得勘查许可证进行矿产资源勘查作业的”行政违法行为。

(二)未取得探矿权型非法探矿行为的构成要件

根据本条的条文表述,运用法解释学的方法,可以归纳出未取得探矿权型非法探矿行为的构成要件，具体阐述如下。

第一，违法主体系法人、非法人组织或者自然人。

一切未依法取得探矿权，又不具备法律豁免条件，实施勘查矿产资源行为的法人、非法人组织或者自然人，均可以成为本条所规范的违法主体。

第二，违反本法第 5 条第 1 款、第 23 条第 1 款的规定。

本条的“违反本法规定”，系指违反本法第 5 条第 1 款、第 23 条第 1 款的规定。其中本法第 5 条第 1 款规定，勘查矿产资源应当依法取得探矿权，本法另有规定的除外；本法第 23 条第 1 款规定，探矿权人在登记的勘查区域内，享有勘查有关矿产资源并依法取得采矿权的权利。前者系设定法律义务性规定，说明要开采矿产资源，必须承担依法取得探矿权的义务；后者系赋权规定，说明探矿权人享有在登记勘查区域内勘查并依法取得采矿权的权利。这两款规定共同说明，若没有依法取得探矿权进行矿产资源勘查作业，则构成违法行为。

第三，不具备本法第 28 条规定的“无需取得探矿权”情形。

根据本法规定，并非所有的勘查矿产资源行为，均需要取得探矿权。本法第 28 条规定了法定探矿权豁免的情形，具体包括：(1)国家出资勘查矿产资源的；(2)采矿权人在登记的开采区域内为开采活动需要进行勘查的；(3)国务院和国务院自然资源主管部门规定的其他情形。符合上述法定情形的矿产资源勘查活动，不需要取得探矿权。

第四，实施了勘查矿产资源的作业行为。

关于这一点，涉及对于矿产资源内涵和外延的理解。本法第 2 条第 2 款规定：“本法所称矿产资源，是指由地质作用形成、具有利用价值的，呈固态、液态、气态等形态的自然资源。矿产资源目录由国务院确定并调整。”上述规定既有对矿产资源的内涵的定义，又有对矿产资源范围的列举，是矿产资源执法实践和司法实践中确定非法勘查行为的对象的依据。只有作业行为的对象符合矿产资源的立法界定，才能考虑是否构成非法探矿行为问题。

第五，超范围探矿，属于一种特殊情况的未取得探矿权型非法探矿行为。

本法第 23 条第 1 款规定，探矿权人在登记的勘查区域内，享有勘查有关矿产资源并依法取得采矿权的权利。采用反面解释原则可知，在登记的勘查范围之外，探矿权人不享有勘查有关矿产资源并依法取得采矿权的权利，换言之，在登记的勘查范围之外进行勘查作业，仍然属于违反本法规定，未取得探矿权勘查矿产资源，应按照未取得探矿权型非法探矿的法律后果处理。

（三）未取得探矿权型非法探矿行为的法律后果

本条对于未取得探矿权型非法探矿行为所规定的法律后果，在责任性质上属于行政法律责任。对于本条所规定的未取得探矿权型非法探矿行为的法律后果的理解，要注意以下几点。

1. 违法行为查处主体

对于未取得探矿权型非法探矿行为进行处罚的主体，是县级以上人民政府自然资源主管部门。

2. 违法行为的行政法律后果

本条所规定的违法行为的行政后果有 6 种，具体包括责令停止违法行为、没收直接用于违法勘查的工具设备、罚款、没收违法所得、责令停业整顿、吊销勘查许可证。

五、司法实践中应注意的问题①

（一）对于没收直接用于违法勘查的工具、设备的理解与适用

1. 没收勘查的工具、设备的性质和立法目的

《行政处罚法》（2021）第 9 条规定了五种行政处罚类型，同时又规定，法律、行政法规可以在行政处罚之外，规定其他行政处罚类型。从《行政处罚法》第 9 条的文字表述看，其中并无“没收违法工具”，因此，仅从文字表述上看，似乎可以认为，本条第 1 款所规定的没收直接用于违法勘查的工具、设备属于《行政处罚法》之外，由本法规定的“其他行政处罚”。但是，如果抛开文字表述，从实质上考察，其仍然可以归入《行政处罚法》第 9 条第 2 项所规定的“没收非法财物”，也就是说，在性质上，没收勘查工具、设备，属于没收非法财物。理论上一般认为，上述“没收非法财物”中的“非法财物”，包括两种类型：一种是将合法的财产用于非法活动，即所谓的违法工具、用具；另一种则是本身属于法律禁止公司、企业、其他组

---

① 本条及第 66 条、第 67 条系新增加的法律规定，第 64 条虽然在原《矿产资源法》中有无证采矿的对应规定，但是原《矿产资源法》中的无证采矿之“证”，与第 64 条的“证”内涵已经发生很大变化，可以视为新增加的规定，没有相应的先例可循，所以笔者以司法实务中应注意的问题，来弥补没有案例提供的缺憾。另外，本条目下的行政处罚类型也出现在本法第 64 条、第 66 条、第 67 条，因此，本条目所探讨的内容同时也适用于本法第 64 条、第 66 条、第 67 条规定的行政处罚适用问题。

织或者个人持有的物品,即所谓的违禁品。[①]

基于“非法财物”的不同类型,国家设置“没收财物”行政处罚的立法目的,也不能一概而论,要分类型而定。具体来说,对于违禁品而言,因为法律法规禁止公司企业其他组织或者个人持有,因此,国家没收违禁品,是基于违禁品本身的性质。对于违法工具、用具而言,其本身属于公司企业其他组织或者个人的合法财产,其违法性仅在于其被用于违法活动,国家没收违法工具的正当性在于预防或者阻止违法活动的发生,在理论上属于保安处分。[②]

2. 没收勘查工具、设备的范围界定

如何限制没收违法工具、用具的范围,在行政法理论界鲜见讨论,但在刑法学界一直是个热点问题。考虑到行政处罚上的没收违法工具、用具与刑事处罚上的没收犯罪工具,具有可类比性,因此,我们可以参照刑法学界对于没收犯罪工具的讨论,并结合其所具有的保安处分性质,来研究“没收勘查工具、设备”的范围界定问题。与违禁品不同,违法工具、用具仍然属于公司企业其他组织和个人可以合法持有的财物,国家设置没收违法工具、用具的目的,在于预防阻止违法行为的发生和持续,因此,不能超过该目的的限制,去没收非法工具。这也是我们理解本条为何在“没收勘查的工具、设备”上增加“直接”限制的缘由。所谓“直接”,是指被没收的工具、设备应该与非法勘查行为存在直接联系,而非间接联系,该工具、设备对非法勘查行为或者结果的发生起到决定或者直接作用,或者说该工具、设备是实施或者完成非法勘查行为的必要条件或者重要条件。正因为被没收的工具、设备是非法勘查行为所必备或者不可或缺的,国家才能通过没收这些工具、设备达到预防阻止非法勘查行为的目的,至于非法探矿人在非法勘查活动中非直接用于违法勘查作业的其他工具、设备,因为其不是非法勘查行为所必备或者不可或缺的,没收这些工具、设备,就属于单纯侵犯非法探矿人合法财产,而又不能达到国家设置该处罚的立法目的,所以不应予以没收。

(二)对于并处10万元以上100万元以下罚款的理解和适用

1. 对于“并处”之“并”的理解

这里的“并处”之“并”所指向的对象包括“并处”罚款之前的“没收直接用于

---

① 参见王青斌:《行政法中的没收违法所得》,载《法学评论》2019年第6期。

② 参见张明楷:《外国刑法纲要》(第3版),法律出版社2020年版,第387-388页。

违法勘查的工具、设备”，还包括“并处”罚款之后的“十万元以上一百万元以下罚款”。

2. 本条罚款幅度的具体化问题

本条罚款起点是 10 万元，上限则高达 100 万元，法律设置的幅度巨大，固然是为了应对现实中非法勘查行为的违法性程度差别大，不得不赋予执法机关较大的灵活性，但是也确实带来执法机关自由裁量权过大和自由裁量权滥用的风险。这有待于未来在制定法律实施细则时针对不同的违法情形进一步具体化罚款的幅度。同时，执法机关除遵循合法性原则之外，还要遵循合理性原则，在本执法机关管辖区域内，要做到各案件之间罚款幅度的统一性和协调性。

（三）对于没收违法所得的理解和适用

1. 没收违法所得的性质争议与立法目的

关于没收违法所得的性质，可以从立法与学理两个方面去理解。从立法上看，没收违法所得，属于《行政处罚法》第 9 条第 2 项规定的行政处罚类型，在性质上是属于行政处罚。但是，从学理分析，行政处罚的本质是通过对行政违法主体的财产、人身权利施加不利法律后果，达到制裁其违法行为的目的。基于违法所得，本来就不属于行政违法主体的合法财产，因此，没收违法所得的实质就是收回本来不属于其的财产利益，不具有处罚性，并不符合行政处罚的概念内涵，因此，有学者认为其不属于行政处罚，而应该认定为一类独立的行政行为。①

通过准确界定没收违法所得的性质，可以澄清传统对于没收违法所得立法目的一些模糊认识。基于传统对于没收违法所得属于行政处罚的认识，可能得出的结论是，该条规定没收违法所得的立法目的在于通过惩戒非法探矿人，实现对矿产资源勘查活动的规范管理。但是没收违法所得并非一种惩戒措施，而是剥夺非法探矿人本来不应当取得的利益，其立法目的则可以理解为，通过使非法探矿人无利可图，实现对矿产资源勘查活动的规范管理。

2. 本条没收违法所得所针对情形

矿产资源勘查的目的在于查明矿产形成与分布的地质条件、矿床赋存规律、矿体变化特征，综合评估开采利用价值，为后续的工业化开采做准备。与矿产资源开采取得矿产品收益不同，矿产资源勘查，基本属于纯投入，因此，在矿产资源

① 参见王青斌：《行政法中的没收违法所得》，载《法学评论》2019 年第 6 期。

勘查过程中,通常不会取得收益。但是也有例外的情形,在勘查过程中作为勘查活动的副产品也会取得一些矿产品。因此,本条所指的违法所得,首先是指在违法勘查过程中作为副产品而取得的少量矿产品。另外,还可能存在违法勘查人打着勘查的名义,实施采矿行为,在此情况下也会有违法所得。上述情况均属于本条所指的应予没收的违法所得。

需要注意的是,还有另外一种情形的违法所得,即违法探矿人,基于名义上的探矿权人身份,通过合作、转让等交易形式,从公司企业其他组织或者个人那里取得的交易收益。但是这种收益本质上侵犯的是该其他公司企业其他组织或者个人的利益,而非国家的矿产资源利益,不应当属于本条没收违法所得的对象。

(四)对于责令停业整顿的理解和适用

1. 责令停业整顿的性质探讨

从《行政处罚法》第 9 条的规定看,该条明文规定的行政处罚类型里并没有责令停业整顿,因此,本条的责令停业整顿应该属于《行政处罚法》第 9 条第 6 项规定的“法律、行政法规规定的其他行政处罚”,更具体地说就是本法根据《行政处罚法》第 9 条第 6 项规定创设的行政处罚类型。

2. 责令停业整顿与《行政处罚法》之间的法律适用关系

就本条第 1 款“责令停业整顿”与《行政处罚法》第 9 条第 6 项所规定的“法律、行政法规规定的其他行政处罚”之间的关系而言,其虽然由《行政处罚法》之外的“法律、行政法规”所创设,但是仍然属于《行政处罚法》所规范的行政处罚类型,除创设该行政处罚的法律、法规另有规定外,在法律适用上,仍然受到《行政处罚法》的约束,适用《行政处罚法》的相关规定。这里还需要阐明的是,由于在惩戒程度上,本条所规定的停业整顿,更接近《行政处罚法》第 9 条第 4 项规定的“责令停产停业”,因此,在法律适用时,要参照《行政处罚法》对于“责令停产停业”的规定处理,如《行政处罚法》第 63 条第 4 项规定,行政机关拟作出责令停产停业的行政处罚时,应当告知当事人有要求听证的权利,当事人要求听证的,行政机关应当组织听证,据此,矿产资源管理部门拟对非法探矿人作出停业整顿时,也应当告知非法探矿权人有要求听证的权利,并且如果非法探矿人要求听证,自然资源主管机关有义务组织听证。

3. 责令停业整顿以“责令停止违法行为”为前置条件

根据本条规定,责令停业整顿的前提条件是“拒不停止违法行为”,而判定是否构成“拒不停止违法行为”，又是以自然资源主管机关责令非法探矿人停止违法行为为前提，因此，矿产资源管理部门已经对非法探矿人作出责令停止违法行为的行政行为，构成矿产资源管理部门对非法探矿人作出责令停业整顿的前置条件。换言之，自然资源主管机关不得未经责令停止违法行为，径行作出责令停业整顿的行政处罚。

4. 责令停业整顿的规范具体化问题

责令停业整顿是本次《矿产资源法》修改才规定的行政处罚类型，且属于本法创设的行政处罚类型，并不属于《行政处罚法》明文规定的行政处罚类型。虽然其也受《行政处罚法》的规范，并可以参照《行政处罚法》所规定的责令停产停业的相关条文来解决其适用过程中出现的问题，但是如何“整顿”问题，终究在《行政处罚法》上是空白的。因此，未来需要在制定本法实施细则时就“整顿”的具体化问题，作出进一步规定。

（五）吊销勘查许可证的适用

1. 吊销勘查许可证的性质

《行政处罚法》第 9 条第 3 项规定了“吊销许可证件”的行政处罚，本条规定的“吊销其勘查许可证”可以归入上述行政处罚类型。明确这一点的意义在于，在实践中吊销勘查许可证涉及处罚程序问题，均可以适用《行政处罚法》解决，如在吊销勘查许可证是否可以不经听证，由行政机关径行作出的问题上，鉴于《行政处罚法》第 63 条第 1 款第 3 项的规定，吊销许可证属于需要告知当事人有权要求听证的事项，可以得出结论，自然资源主管机关适用本条对非法探矿人作出吊销勘查许可证处罚的，也必须告知当事人有权要求进行听证，并在当事人提出听证要求的情况下，必须启动听证程序。

2. 吊销勘查许可证只能由原矿业权出让部门作出

本条第 2 款规定的是持有探矿权的探矿权人，超出其所持有探矿权登记的勘查区域范围之外勘查矿产资源的情形，在这种情形下所进行的勘查行为，实际上就其所勘查区域而言，其并未取得探矿权，也属于未依法取得探矿权而勘查矿产资源的违法探矿行为，因此，本条第 2 款才规定“依照前款规定处罚”，即按照对于未取得探矿权而勘查矿产资源的非法探矿行为的处罚规定进行处罚。

这里需要注意的是，本条第 2 款规定在实践中可能遇到两种情况：一种情况是持有探矿权的探矿权人越界勘查的区域，仍属于探矿权人所持有的探矿权的所属的自然资源主管机关。这种情况下，对于越界勘查进行处罚的机关，与探矿权所持有的探矿权证、勘查许可证的发证机关，属于同一机关，因此，不管是对于越界勘查采取本条第1款所规定的行政处罚，还是采取本条第2款所规定吊销勘查许可证处罚，均由同一自然资源主管机关管辖。另一种情况是持有探矿权的探矿权人越界勘查的区域，不属于探矿权人所持有的探矿权所属的自然资源主管机关，这种情况下，对于越界勘查进行处罚时，不管是对于越界勘查采取本条第1款所规定的行政处罚，还是根据地域管辖原则，由越界勘查区域所属的自然资源主管机关进行处罚，但是采取本条第2款所规定吊销勘查许可证处罚时，则只能由勘查许可证的发证机关，也就是探矿权的登记机关，来吊销勘查许可证。

六、规范链接

（一）《中华人民共和国行政处罚法》（2021年1月22日修订）

第九条 行政处罚的种类：

（一）警告、通报批评；

（二）罚款、没收违法所得、没收非法财物；

（三）暂扣许可证件、降低资质等级、吊销许可证件；

（四）限制开展生产经营活动、责令停产停业、责令关闭、限制从业；

（五）行政拘留；

（六）法律、行政法规规定的其他行政处罚。

第十条 法律可以设定各种行政处罚。

限制人身自由的行政处罚，只能由法律设定。

（二）《违反矿产资源法规行政处罚办法》（1993年7月19日）

第四条 本办法所称行政处罚，是指矿产资源法规所规定的行政处罚。

本办法所称行政处罚机关，是指国务院地质矿产主管部门，省、自治区、直辖市人民政府地质矿产主管部门，设区的市、自治州和县级人民政府或者经授权的负责地质矿产管理工作的部门，以及矿产资源法规规定的其他机构。

第六条 行政处罚由矿产资源法规规定的矿产资源所在地或者违法行为发生地的行政处罚机关决定并执行。

行政处罚机关之间对行政处罚管辖发生争议时，由双方协商解决；协商不成的，由共同上级人民政府或者地质矿产主管部门指定管辖。

第八条 对违反矿产资源法规的行为的行政处罚包括：

（一）警告；

（二）责令限期改正，限期补交资料；

（三）责令停止开采，退回本矿区范围内开采，停产整顿，停止借阅地质资料；

（四）责令赔偿损失；

（五）没收违法所得，没收违法采出的矿产品；

（六）罚款；

（七）通知银行停止拨款或者贷款；

（八）吊销勘查许可证，吊销采矿许可证；

（九）矿产资源法规规定的其他处罚措施。

对同一违法行为，第（一）项处罚不得与其他处罚并用；第（三）项处罚不得与第（八）项处罚并用；其他处罚可以依法并用。

（撰稿人：孔德峰）

第六十四条　【未取得采矿权型非法开采】违反本法规定，未取得采矿权开采矿产资源的，由县级以上人民政府自然资源主管部门责令停止违法行为，没收直接用于违法开采的工具、设备以及违法采出的矿产品，并处违法采出的矿产品市场价值三倍以上五倍以下罚款；没有采出矿产品或者违法采出的矿产品市场价值不足十万元的，并处十万元以上一百万元以下罚款；拒不停止违法行为的，可以责令停业整顿。

超出采矿权登记的开采区域开采矿产资源的，依照前款规定处罚；拒不停止违法行为，情节严重的，原矿业权出让部门可以吊销其采矿许可证。

违反本法规定，从事石油、天然气等矿产资源勘查活动，未在国务院自然资源主管部门规定的期限内依法取得采矿权进行开采的，依照本条第一款规定处罚。

一、条文主旨

本条是关于未依法取得采矿证非法采矿行为的行政法律后果的规定。理解本条的主旨,要把握以下两点:第一,本条是对未依法取得采矿权型非法采矿行为的法律后果的规定;第二,本条规定的法律后果的性质属于行政法律责任。

二、立法目的

(一)维护矿产资源国家所有者权益

矿产资源属于国家所有,非法采矿行为侵犯了国家对矿产资源的所有权,规定非法采矿行为的法律责任,为惩治侵犯矿产资源国家所有者权益的行为,提供了法律依据。

本法第5条第1款规定开采矿产资源应当依法取得采矿权,本法另有规定的除外,该款从正面规定了法律所设定的开采矿产资源的行为模式,即必须依法取得采矿权。根据一般的立法原理,立法者在正面规定法律所设定的行为模式的同时,也要从反面规定违反所设定的行为模式的法律后果,才能保障立法者所期望的行为模式在社会生活中得到尊重和实施,从而成为普遍的社会行为。本条规定即是为了维护《宪法》和本法所确认的国家作为矿产资源所有者的权益,保障本法第5条第1款所设定的开采矿产资源的行为模式,成为社会成员所普遍遵守的行为规范。

(二)维护国家矿产资源管理秩序,更具体地说是维护国家矿产资源开采管理秩序

国家作为矿产资源开发活动的管理者,根据本法是通过设立采矿许可证制度来实现对于矿产资源开采活动的规范管理的,关于这一问题,本书在对本法第67条释义时作了具体阐述(见第67条释义项下"二、立法目的")。需要注意的是,在二元制度下,采矿权制度与采矿许可制度,并非各自独立的平行关系,而是后者是以前者为前提,即公司、企业、其他组织或者自然人,只有先取得采矿权,然后才能申请采矿许可,因此,未取得采矿权的非法采矿行为,一定同时也是未取得采矿许可的非法采矿行为,据此,禁止未取得采矿权型的非法采矿行为,就不仅仅是维护了国家的矿产资源所有权,还规范了国家的矿产资源开采秩序。因此,本条规定,除了旨在保护国家矿产资源所有权之外,也是为了维护国家的矿产资源开发管理秩序,更具体地说是为了维护国家矿产资源开发管理秩序中的矿产资源开采管理秩序。

三、立法沿革

本次修订前的《矿产资源法》对于非法采矿行为的法律后果的相关规定如下。

1.《矿产资源法》(1986)

第 39 条规定:“违反本法规定,未取得采矿许可证擅自采矿的,擅自进入国家规划矿区、对国民经济具有重要价值的矿区和他人矿区范围采矿的,擅自开采国家规定实行保护性开采的特定矿种的,责令停止开采、赔偿损失,没收采出的矿产品和违法所得,可以并处罚款;拒不停止开采,造成矿产资源破坏的,依照《刑法》第一百五十六条的规定对直接责任人员追究刑事责任。”

第 40 条规定:“超越批准的矿区范围采矿的,责令退回矿区范围内开采、赔偿损失,没收越界开采的矿产品和违法所得,可以并处罚款;拒不退回本矿区范围内开采,造成矿产资源破坏的,吊销采矿许可证,依照《刑法》第一百五十六条的规定对直接责任人员追究刑事责任。”

2.《矿产资源法》(1996)

第 39 条规定:“违反本法规定,未取得采矿许可证擅自采矿的,擅自进入国家规划矿区、对国民经济具有重要价值的矿区范围采矿的,擅自开采国家规定实行保护性开采的特定矿种的,责令停止开采、赔偿损失,没收采出的矿产品和违法所得,可以并处罚款;拒不停止开采,造成矿产资源破坏的,依照刑法第一百五十六条的规定对直接责任人员追究刑事责任。单位和个人进入他人依法设立的国有矿山企业和其他矿山企业矿区范围内采矿的,依照前款规定处罚。”

第 40 条规定:“超越批准的矿区范围采矿的,责令退回本矿区范围内开采、赔偿损失,没收越界开采的矿产品和违法所得,可以并处罚款;拒不退回本矿区范围内开采,造成矿产资源破坏的,吊销采矿许可证,依照刑法第一百五十六条的规定对直接责任人员追究刑事责任。”

四、规范解读

(一)非法采矿行为的类型

通过梳理本法可以看出,非法采矿行为包括两种类型:第一种类型是未取得采矿权型非法采矿行为;第二种类型是未取得采矿许可证型非法采矿行为。其中未取得采矿权型非法采矿行为,即本条所规定的“违反本法规定,未取得采矿权开采矿产资源的”行政违法行为;未取得采矿许可证型非法采矿行为,是指本法

第67条所规定的“违反本法规定，采矿权人未取得采矿许可证进行矿产资源开采作业的”行政违法行为。

（二）未取得采矿权型非法采矿行为的构成要件

根据本条的条文表述，运用法解释学的方法，可以归纳出未取得采矿权型非法采矿行为的构成要件，具体阐述如下。

1. 违法主体系法人、非法人组织或者自然人

一切未依法取得采矿权，又不具备法律豁免条件，而实施采矿行为的法人、非法人组织或者自然人，均可以成为本条所规范的违法主体。

2. 违反本法第5条第1款、第23条第2款的规定

本条的“违反本法规定”，系指违反本法第5条第1款、第23条第2款的规定。其中本法第5条第1款规定，开采矿产资源应当依法取得采矿权；本法第23条第2款规定，采矿权人在登记的开采区域内，享有开采有关矿产资源并获得采出的矿产品的权利。前者系设定法律义务性规定，说明要开采矿产资源，必须承担依法取得采矿权的义务；后者系赋权规定，说明采矿权人享有在登记开采区域内开采并取得矿产品的权利。两条共同说明，如果没有依法取得采矿权，而开采国家矿产资源，则构成违法行为。

3. 不具备本法第29条第1款规定的“无需取得采矿权”情形

本法第29条第1款是关于采矿权豁免的规定，符合豁免情形的法人、非法人组织或者自然人，可以无需取得采矿权，而实施开采行为；换言之，符合豁免条件的法人、非法人组织或者自然人，实施采矿行为，不构成非法采矿。

4. 从事石油、天然气等矿产资源勘查活动，超过规定的期限，未取得采矿权

本法第36条规定，石油、天然气等矿产资源勘查过程中发现可供开采的石油、天然气等矿产资源的，探矿权人依法履行相关程序后，可以进行开采，但应当在国务院自然资源主管部门规定的期限内依法取得采矿权和采矿许可证。依据该规定，从事石油、天然气等矿产资源勘查活动中，可以在履行法定程序后，在国务院自然资源主管部门规定的期限内，无需取得采矿许可证即可进行合法开采。但是若超过上述规定的期限后，仍未取得采矿权而进行开采，则构成非法采矿。

5. 实施了开采矿产资源的作业行为

关于这一点，涉及对于矿产资源内涵和外延的理解。本法第2条第2款规定：“本法所称矿产资源，是指由地质作用形成、具有利用价值的，呈固态、液态、

气态等形态的自然资源。矿产资源目录由国务院确定并调整。”上述规定既有对矿产资源内涵的定义，又有对矿产资源范围的列举，是矿产资源执法实践和司法实践中确定非法采矿行为的对象的依据。只有作业行为的对象符合矿产资源的立法界定，才能考虑是否构成非法采矿行为问题。

（三）未取得采矿权型非法采矿行为的法律后果

本条对于未取得采矿权型非法采矿行为所规定的法律后果，在责任性质上属于行政法律责任。对于本条所规定的未取得采矿权型非法采矿行为的法律后果的理解，要注意以下几点。

1. 违法行为查处主体

对于未取得采矿权型非法采矿行为进行处罚的主体，是县级以上人民政府自然资源主管部门。

2. 违法行为的行政后果

本条所规定的违法行为的行政后果，有 6 种，具体包括责令停止违法行为、没收直接用于违法开采的工具设备、没收违法采出的矿产品、罚款、责令停业整顿、吊销采矿许可证。

五、本法规定的非法采矿行为与《刑法》上非法采矿罪规定的衔接问题

（一）非法采矿罪与非法采矿行政违法之间的关系

非法采矿罪系行政犯。根据理论界的界定，行政犯也称法定犯，是指违反行政法规，侵害刑法保护的法益，情节严重的行为。[①] 行政犯具有行政和刑事的双重违法性。就该双重违法性之间的关系而言，行政违法构成刑事违法的前提，刑事违法是情节严重的行政违法。《矿产资源法》（1996）第 39 条规定，违反本法规定，未取得采矿许可证擅自采矿的，擅自进入国家规划矿区、对国民经济具有重要价值的矿区范围采矿的，擅自开采国家规定实行保护性开采的特定矿种的，责令停止开采、赔偿损失，没收采出的矿产品和违法所得，可以并处罚款；拒不停止开采，造成矿产资源破坏的，依照《刑法》第 156 条的规定对直接责任人员追究刑事责任。单位和个人进入他人依法设立的国有矿山企业和其他矿山企业矿区范围内采矿的，依照前款规定处罚。第 40 条规定，超越批准的矿区范围采矿的，责令退回本矿区范围内开采、赔偿损失，没收越界开采的矿产品和违法所得，可以并处

① 参见苗生明、杨先德：《论行政犯的处罚原则及其实践》，载《政法论坛》2023 年第 2 期。

罚款;拒不退回本矿区范围内开采,造成矿产资源破坏的,吊销采矿许可证,依照《刑法》第 156 条的规定对直接责任人员追究刑事责任。[①]《刑法》(1997)第 343 条规定,违反《矿产资源法》的规定,未取得采矿许可证擅自采矿的,擅自进入国家规划矿区、对国民经济具有重要价值的矿区和他人矿区范围采矿的,擅自开采国家规定实行保护性开采的特定矿种,经责令停止开采后拒不停止开采,造成矿产资源破坏的,处 3 年以下有期徒刑、拘役或者管制,并处或者单处罚金;造成矿产资源严重破坏的,处 3 年以上 7 年以下有期徒刑,并处罚金。违反《矿产资源法》的规定,采取破坏性的开采方法开采矿产资源,造成矿产资源严重破坏的,处 5 年以下有期徒刑或者拘役,并处罚金。对比《刑法》(1997)第 343 条与《矿产资源法》(1996)第 39 条的规定可以看出,《刑法》上的非法采矿罪,与《矿产资源法》上的非法采矿,在违法内容上是一致的,也就是说,《刑法》上的非法采矿罪的构成要件,依赖于《矿产资源法》上的非法采矿规定,换言之,《矿产资源法》上的非法采矿规定,构成刑法上非法采矿罪的前置法。

(二)《刑法》上的非法采矿罪的要件构造

《刑法》(2023)第 343 条第 1 款规定,违反《矿产资源法》的规定,未取得采矿许可证擅自采矿,擅自进入国家规划矿区、对国民经济具有重要价值的矿区和他人矿区范围采矿,或者擅自开采国家规定实行保护性开采的特定矿种,情节严重的,处 3 年以下有期徒刑、拘役或者管制,并处或者单处罚金;情节特别严重的,处 3 年以上 7 年以下有期徒刑,并处罚金。

基于上述法律规定,现行刑法上的非法采矿罪的要件构造上,有以下三点需要阐述。

1. 非法采矿罪的"违反矿产资源法的规定"

《刑法》(2023)第 343 条第 1 款规定,对标的是《矿产资源法》(1996),因此,《刑法》第 343 条第 1 款规定中的"违反矿产资源法的规定",指的就是违反《矿产资源法》(1996)的规定,也就是《矿产资源法》(1996)第 39 条所称的"违反本法

---

① 《矿产资源法》(1986)制定和《矿产资源法》(1996)修改时,当时生效的《刑法》(1979)并未规定非法采矿罪,所以《矿产资源法》(1986)第 39 条、《矿产资源法》(1996)第 39 条、第 40 条均规定非法采矿情节严重,构成犯罪的按照《刑法》第 156 条规定对直接责任人员追究刑事责任,而根据《刑法》(1979),第 156 条(第 1 款)规定的是毁损公司财物罪。直到《刑法》(1997)才增设非法采矿罪,即该法第 343 条规定,以后历次刑法修改,本条一直延续至今。

规定”。这些规定具体包括《矿产资源法》(1996)第3条第3款规定开采矿产资源必须取得采矿权,并办理登记,第4款规定从事矿产资源开采,必须符合规定的资质条件。第16条第1款、第2款规定,开采下列矿产资源的,由国务院地质矿产主管部门审批,并颁发采矿许可证:(1)国家规划矿区和对国民经济具有重要价值的矿区内的矿产资源……(3)国家规定实行保护性开采的特定矿种……开采石油、天然气、放射性矿产等特定矿种的,可以由国务院授权的有关部门审批,并颁发采矿许可证。

2. 非法采矿罪的法益保护

《矿产资源法》(1996)第3条包括4款规定,其中第1款是关于矿产资源所有权的规定,第2款是关于国家保障矿产资源开发利用秩序的规定,第3款、第4款规定开采矿产资源必须依法取得采矿许可证。由此可以合理解释,第3款、第4款规定的采矿许可证制度是为了保护国家矿产资源所有权和国家矿产资源开发利用秩序,换言之,采矿许可证制度所保护的法律利益就是国家矿产资源所有权和国家矿产资源开发利用秩序,而违反采矿许可证制度的非法采矿违法犯罪行为,所侵犯的法律利益也就是国家矿产资源所有权和国家矿产资源开发利用秩序。由此可以认为,非法采矿罪所保护的法益是综合性法益,既包括国家矿产资源所有权,又包括国家矿产资源开发利用秩序。

3. 非法采矿罪的行为要件

《刑法》上列举了三类非法采矿行为,即未取得采矿许可证擅自采矿,擅自进入国家规划矿区、对国民经济具有重要价值的矿区和他人矿区范围采矿,或者擅自开采国家规定实行保护性开采的特定矿种。鉴于后面两种“擅自”行为,也属于未取得采矿许可证,因此,严格来说,未取得采矿许可证擅自采矿,实际上也涵盖了后两类非法采矿行为,所以司法实践中,将这两类概括为一种犯罪行为,即违反《矿产资源法》的规定,未取得采矿许可证擅自采矿的行为。

(三)本法修改对于非法采矿罪要件构成的影响

与《矿产资源法》(1996)所规定的采矿许可证综合采矿权和采矿许可两种法律关系不同,本次修改采矿权和采矿许可是相互区分的法律制度。上述区分性体现在本法第5条第1款、第23条第2款规定了采矿权,第33条第1款规定了采矿许可证,前者负载的是矿产资源国家所有权保护利益,后者负载的是国家矿产资源开采秩序利益。如前文所述,《矿产资源法》关于采矿法律制度的规定,构成非法采矿罪的前置法，后者的构成要件要结合《矿产资源法》的相关规定才能具体化，因此，《矿产资源法》关于采矿法律制度的修改，必然影响到非法采矿罪的要件构成。兹初步探讨如下。

1. 非法采矿罪的法益保护

相较于《矿产资源法》(1996)，本次修订是把原来综合负载国家所有权利益和矿产资源开采管理制度的采矿许可证，拆分为由采矿权负载国家所有权利益保护，采矿许可证负载国家矿产资源开采秩序保护，但是矿产资源所承载的两种法益保护的立法目的，并未发生改变，因此，作为两种法益保障的非法采矿罪所保护的法益，也不可能发生变更。

2. 非法采矿罪的“违反矿产资源法的规定”

与《矿产资源法》(1996)相比较，涉及采矿规定的法律条文，相应的是本法第5条第1款、第23条第2款、第33条第1款，其中违反第5条第1款、第23条第2款规定的行政违法后果，就是本条的规定；违反第33条第1款规定的行政法律后果，是本法第67条的规定。

3. 非法采矿罪的行为要件

这里我们需要讨论的是，本条规定和本法第67条规定，加上“情节严重”之后，是否都能成为非法采矿罪的行为要件规定。

先讨论本条规定是否能成为非法采矿罪的行为要件，即能否表述为“违反本法规定，未取得采矿权开采矿产资源，情节严重的”，构成非法采矿罪。根据本条释义“二、立法目的”部分的阐述，本条保障的法益既包括国家矿产资源所有权，又包括国家矿产资源开采管理秩序，与非法采矿罪所要保护的法益是一致的。因此，符合本条规定的非法采矿行为，且情节严重的，可以作为非法采矿罪的行为要件。

我们再来看本法第67条规定是否能成为非法采矿罪的行为要件，即未来的非法采矿罪规定，能否表述为“违反本法规定，采矿权人未取得采矿许可证进行矿产资源开采作业的，情节严重的”，构成非法采矿罪。根据本法第67条释义“二、立法目的”部分的阐述，本条保障的法益只包括国家矿产资源开采管理秩序，与非法采矿罪所要保护的法益并不一致。因此，是否将符合本条规定的非法采矿行为，且情节严重的，作为非法采矿罪的行为要件，是存在较大疑问的。

六、规范链接

(一)《中华人民共和国刑法》(2023 年 12 月 29 日修正)

第三百四十三条　违反矿产资源法的规定,未取得采矿许可证擅自采矿,擅自进入国家规划矿区、对国民经济具有重要价值的矿区和他人矿区范围采矿,或者擅自开采国家规定实行保护性开采的特定矿种,情节严重的,处三年以下有期徒刑、拘役或者管制,并处或者单处罚金;情节特别严重的,处三年以上七年以下有期徒刑,并处罚金。

违反矿产资源法的规定,采取破坏性的开采方法开采矿产资源,造成矿产资源严重破坏的,处五年以下有期徒刑或者拘役,并处罚金。

(二)《自然资源部关于印发非法采矿采出矿产品价值、非法采矿或破坏性采矿造成矿产资源破坏价值认定办法及技术指南的通知》(自然资规〔2024〕5 号)

四、认定规则

(一)非法采矿采出矿产品价值。根据销赃数额认定;无销赃数额,销赃数额难以查证,或者根据销赃数额认定明显不合理的,根据矿产品数量和价格认定。矿产品数量,结合采空区测量结果、矿山生产台账、地形数据、历史遥感影像、矿产资源储量报告、详查以上地质勘查报告等资料综合进行认定。非法采矿采出矿产品的价格,矿产品已经部分销售的,未销售部分按照已经销售矿产品的平均价格认定。违法行为存在明显时段连续性且可以分段计算矿产品数量的情况下,可以分别按照不同时段实施违法行为时矿产品价格进行计算。未销售、无销售证据或销售价格明显不合理的,可依据采矿所在地价格认定机构出具的价格认定结论书进行认定。

(三)《违反矿产资源法规行政处罚办法》(1993 年 7 月 19 日)

第九条　处以责令赔偿损失行政处罚的,其赔偿数额由行政处罚机关根据直接财产损失和矿产资源的损失程度确定;赔偿数额大于 50000 元的,应当由行政处罚机关组织有关专业技术人员论证确定。

对无证开采、越界开采处以没收违法所得行政处罚的,其违法所得数额应当按照销售凭据确定,没有销售凭据的,按照决定行政处罚当时、当地的市场价格计算,不得扣除开采成本;对买卖、出租、转让矿产资源处以没收违法所得行政处罚的,其违法所得数额应当按照实际非法获利额确定;对非法转让勘查许可证,非法买卖、出租采矿权处以没收违法所得行政处罚的,违法所得数额应当扣除其他固定资产在买卖、出租价款中所占的部分；对将采矿权用作抵押处以没收违法所得行政处罚的，违法所得包括因抵押取得的资金和其他财物。

处以罚款，需要根据损失情况或者违法所得确定数额的，参照本条一、二款执行。

第十条 对具有数种违反矿产资源法规行为的，分别决定处罚，合并执行；对不能合并执行的，可以决定从重处罚。

（撰稿人：孔德峰）

第六十五条 【违法压覆战略性矿产资源法律责任】违反本法规定，建设项目未经批准压覆战略性矿产资源的，由县级以上人民政府自然资源主管部门责令改正，处十万元以上一百万元以下罚款。

一、条文主旨

本条是关于违法压覆战略性矿产资源法律责任的规定。

二、立法目的

战略性矿产资源是矿产资源安全供给的重中之重。本法第32条第4款规定了非经批准不得压覆战略性矿产资源，但未对违反该义务的法律责任作出说明。为进一步强化压覆审批的强制性，充分保障战略性矿产资源安全，本条明确了违法压覆战略性矿产资源应承担的行政处罚责任，增强法律法规的适用性。

三、立法沿革

本条为此次《矿产资源法》修订的新增条款。矿业权压覆审批作为《矿产资源法》确定的一项重要管理工作，系行政许可范畴，也经常作为压覆行为违法性的判断标准。该许可所涉流程多、历年变化大，实践中也存在各省操作不一的情况，其主要变化可分为四个阶段。

（一）《矿产资源法》（1986）的原则规定

第一阶段为1986—2000年，《矿产资源法》（1986）第31条规定非经国务院授权的部门批准，不得压覆重要矿床。《矿产资源法实施细则》第35条进一步规定，建设单位在建设项目设计任务书报请审批时附具地质矿产主管部门的证明，建设项目压覆矿产资源审批制度应运而生。但在这一阶段的仅作了原则性规定，对于审批机关、审批流程等并未明确。

(二)386 号文初步确立分级审批阶段

第二阶段为2000—2010 年，386 号文规定原国土资源部负责重要矿产资源压覆审批，省级国土资源主管部门负责非重要矿产资源压覆审批。

(三)按种类规模由部、省两级主管部门负责审批阶段

第三阶段为2010—2019 年，2010 年137 号文印发，压覆非重要矿产资源审批在国家管理制度层面欠缺具体规定，但压覆重要矿产资源审批在137 号文中得以保留，实行分级管理方式，按照被压覆矿产资源的种类和规模，分别由自然资源部和省级自然资源主管部门负责。

《国土资源部关于改进和优化建设项目用地预审和用地审查的通知》(国土资规〔2016〕16 号，已失效)规定，用地预审阶段，不再对单独选址的审批类建设项目是否压覆重要矿产资源进行审查。压覆审批工作地位正在逐步降低，其保护矿产资源的功能越来越弱。

(四)强化压覆审批且增设行政处罚阶段

第四阶段为2019 年至今，《矿产资源法(修订草案)》(征求意见稿)(2019)第14 条第2 款规定，确需压覆战略性矿产资源“应当经国务院自然资源主管部门或者其授权的省、自治区、直辖市人民政府自然资源主管部门批准”。一审稿第30 条第4 款对压覆审批的规定进一步强化，不仅规定压覆战略性矿产资源应当经国务院自然资源主管部门或者其授权的省、自治区、直辖市人民政府自然资源主管部门批准，还在“法律责任”一章中增设违法压覆战略性矿产资源的行政处罚条款(第63 条)。我国对违法压覆问题的重视程度有所提高，且在国家制度层面体现。

四、规范解读

(一)规定违法压覆战略性矿产资源的认定要件

违法压覆战略性矿产资源是指项目建设单位违反本法第32 条第4 款的规定，未经国务院自然资源主管部门或者其授权的省、自治区、直辖市人民政府自然资源主管部门批准，擅自压覆战略性矿产资源。

违法压覆战略性矿产资源的认定要件：第一，压覆的对象是“战略性矿产资源”。依据本法第 32 条第 4 款的规定,战略性矿产资源原则上不得压覆。战略性矿产资源是指《全国矿产资源规划(2016—2020 年)》中列举的石油、天然气、煤炭、稀土、晶质石墨等 24 种矿产。第二,未经审批压覆。根据本法第 32 条第 4 款的规定,确需压覆战略性矿产资源应当经国务院自然资源主管部门或者其授权的省、自治区、直辖市人民政府自然资源主管部门批准。若未经审批,则属于违法压覆。

(二)违法压覆战略性矿产资源的法律后果

违法压覆战略性矿产资源需承担行政处罚责任。从行政处罚的主体来看,行政处罚的当事人为违法压覆战略性矿产资源的项目建设单位,行政处罚的执行机关是县级以上人民政府自然资源主管部门。从行政处罚的形式来看,本条规定了两种行政处罚形式——责令改正和罚款,两种处罚形式同时适用。在行政处罚条款中,条文赋予了自由裁量权行使的合理空间,规定对违法压覆战略性矿产资源的处 10 万元以上 100 万元以下罚款。在本次《矿产资源法》修订中,违法压覆战略性矿产资源的罚款最高额处于较高的水平,充分体现了我国对战略性矿产资源的高度重视。

(三)单一民事责任向民事、行政双重责任的转变

在本法修订之前,压覆审批的主要意义在于认定压覆纠纷中建设单位是否存在过错、是否构成侵权。司法实践中,法院一般根据建设单位是否依据相关法律法规及规范性文件规定履行了施工建设的前置性条件义务、取得了相关审批文件等,认定建设单位是否存在过错。根据《矿产资源法》(2009)及 137 号文的规定,若建设相关审批文件未齐备,则认定建设单位有过错,存在侵权行为,应当承担侵权赔偿责任。若审批文件齐备、相关前置程序要求完成,则认为系财产纠纷,依据相关规定进行补偿。即在本法修订之前,压覆审批主要作为认定建设单位是否构成侵权的要件,或作为判断行政机关行政行为是否违法的要件。若建设单位未按规定进行压覆审批,无须承担行政处罚。

在本法中,新增第 65 条,规定建设单位违法压覆战略性矿产资源的行政责任,实现了建设单位违法压覆由单一民事责任向民事、行政双重责任的转变。当建设单位未经审批违法压覆战略性矿产资源时,会同时涉及本法第 32 条规定的民事补偿责任与本条规定的行政处罚责任。民事责任与行政责任的承担都以建设单位未履行战略性矿产资源压覆审批流程为前提,但民事补偿责任来源于建设单位妨害矿业权人正常行使设立在先的矿业权，而行政处罚责任来源于建设单位未履行法律规定的审批程序，意味着违法压覆战略性矿产资源需承担双重责任，两者并行不悖。责任的加重是对战略性矿产资源保护的体现，在建设单位因未履行法定程序遭受行政处罚后，被侵权人依然可以通过民事诉讼维护自己的合法权益，有效加强了战略性矿产资源保护，同时提高了压覆审批的适用性与有效性，为压覆审批制度的完善奠定了良好基础。

在适用过程中，有两个问题需要强调：第一，实践中存在工程在施工时尚未取得压覆许可而嗣后取得的情形。在这种情况下，建设单位是否承担民事、行政责任应当区分为两个阶段。在压覆许可作出前，压覆行为应承担民事与行政责任；在压覆许可作出后，压覆行为属于对权利的行使，其违法性已经被压覆许可的正当性所阻却，无需承担民事侵权与行政处罚责任。第二，根据一些地方规定，建设项目选址或线路发生变更的，需要就新规划线路重新报请压覆审批，[①]此时建设项目未重新取得压覆许可是否承担民事、行政责任，需要区分对待。考察涉案矿区矿产资源压覆是否因选址或线路变更形成。如果由建设单位方案变更引起，又未重新取得压覆许可，违法事实成立；若原压覆许可已涵盖涉案矿区，则不影响压覆行为的合法性。[②]

五、规范链接

《中华人民共和国矿产资源法》(2024年11月8日修订)

第三十二条　编制国土空间规划应当合理规划建设项目的空间布局，避免、减少压覆矿产资源。

建设项目论证时，建设单位应当查询占地范围内矿产资源分布和矿业权设置情况。省级以上人民政府自然资源主管部门应当为建设单位提供查询服务。

建设项目确需压覆已经设置矿业权的矿产资源，对矿业权行使造成直接影响的，建设单位应当在压覆前与矿业权人协商，并依法给予公平、合理的补偿。

---

① 参见《湖南省自然资源厅关于规范建设项目压覆重要矿产资源管理工作的通知》、《重庆市规划和自然资源局关于规范建设项目压覆重要矿产资源审批工作的通知》(2019)、《内蒙古自治区自然资源厅关于建设项目压覆重要矿产资源有关事宜的通知》等。

② 参见叶阳：《矿产压覆案件审判中的争议及其消解》，载《人民司法》2022年第31期。

战略性矿产资源原则上不得压覆；确需压覆的，应当经国务院自然资源主管部门或者其授权的省、自治区、直辖市人民政府自然资源主管部门批准。

（撰稿人：屈晨雪、曹宇）

第六十六条 【未取得勘查许可证型非法勘查】违反本法规定，探矿权人未取得勘查许可证进行矿产资源勘查作业的，由县级以上人民政府自然资源主管部门责令改正；拒不改正的，没收违法所得以及直接用于违法勘查的工具、设备，处十万元以上五十万元以下罚款，并可以责令停业整顿。

一、条文主旨

本条是关于未依法取得勘查许可证非法探矿行为的行政法律后果的规定。理解本条的主旨，要把握以下两点：第一，本条是对未依法取得勘查许可证型非法探矿行为的法律后果的规定；第二，本条规定的法律后果在性质上属于行政法律责任。

二、立法目的

（一）维护国家矿产资源管理秩序，更具体地说是维护国家矿产资源勘查管理秩序

国家在矿产资源开发活动中，具有双重身份：一个是作为矿产资源所有者的身份，另一个是作为矿产资源开发活动管理者的身份，当然也包括作为矿产资源勘查活动管理者的身份。关于后者，《宪法》（2018）第 9 条第 2 款规定“国家保障自然资源的合理利用，保护珍贵的动物和植物……”；本法第 4 条第 2 款规定“各级人民政府应当加强矿产资源保护工作……”为落实该条规定，本法第 14 条第 1 款、第 2 款规定“国务院自然资源主管部门会同有关部门负责全国矿产资源勘查……活动的监督管理工作。县级以上地方人民政府自然资源主管部门会同有关部门负责本行政区域内矿产资源勘查……活动的监督管理工作”；本法第三章“矿产资源勘查、开采”更是用多达 14 个条文来确定国家作为管理者在管理矿产资源的勘查、开采活动中的权利和义务。

（二）国家通过矿产勘查许可证制度来实现对于矿产资源开采秩序的管理

国家作为矿产资源开发活动管理者，依据《宪法》和本法规定，对于矿产资源的开采秩序进行管理，既是其权利，也是其义务。为了实现国家对于矿产资源勘查活动的管理，国家对于矿产资源的勘查，实行行政许可制度，即公司、企业、其他组织或者自然人，要开采国家矿产资源，不仅要依法取得采探矿权，还要取得国家的行政许可，本法第 33 条第 1 款规定，矿业权人依照本法有关规定取得矿业权后，进行矿产资源勘查作业前，应当按照矿业权出让合同以及相关标准、技术规范等，编制勘查方案，报原矿业权出让部门批准，取得勘查许可证，然后才能在探矿权证划定的权利范围内实施勘查行为。并且，探矿权人在实施勘查行为时，也应当严格依据勘查许可证发放机关批准的勘查方案进行勘查作业，勘查方案发生重大调整的，应当按照规定报原矿业权出让部门批准。

三、立法沿革

《矿产资源法》于 1986 年 3 月 19 日由第六届全国人民代表大会常务委员会第十五次会议通过，自 1986 年 10 月 1 日起施行。分别经 1996 年、2009 年两次修正。但是均未对非法探矿行为及其法律后果作出规定。

四、规范解读

（一）本条规定了未取得勘查许可证型非法探矿行为

在对本法第 63 条释义时，本书将非法探矿行为区分为两种类型：第一种类型是未取得探矿权型非法探矿行为，即本法第 63 条所规定的“违反本法规定，未取得探矿权勘查矿产资源的”行政违法行为；第二种类型是本条所规定的“违反本法规定，探矿权人未取得勘查许可证进行矿产资源勘查作业的”行政违法行为，本书称为未取得勘查许可证型非法探矿行为。

（二）未取得勘查许可证型非法探矿行为的构成要件

根据本条的条文表述，运用法解释学的方法，可以归纳出未取得勘查许可证型非法探矿行为的构成要件。具体阐述如下：

1. 违法行为人只能是探矿权人。包括两种情况：一种是本法第 23 条第 1 款规定的取得探矿权的探矿权人；另一种是本法第 28 条规定的无需取得探矿权的探矿权人。

2. 违反本法第 33 条第 1 款规定，未取得勘查许可证。本法第 33 条第 1 款规定,矿业权人进行矿产资源勘查作业前,应当按照矿业权出让合同以及相关标准、技术规范等,编制勘查方案,报原矿业权出让部门批准,取得勘查许可证。

3. 实施了勘查矿产资源的作业行为。关于该点,见本书对本法第63条“实施了勘查矿产资源的作业行为”的阐述。

(三)未取得勘查许可证型非法探矿行为的法律后果

本条对于未取得勘查许可证型非法探矿行为所规定的法律后果,在责任性质上属于行政法律责任。对于本条所规定的未取得勘查许可证型非法探矿行为的法律后果的理解,要注意以下几点。

1. 违法行为的查处主体

对于未取得勘查许可证型非法探矿行为进行处罚的主体,是县级以上人民政府自然资源主管部门。

2. 违法行为的行政法律后果

本条所规定的违法行为的行政后果,有5种,具体包括责令改正、没收违法所得、没收直接用于违法勘查的工具设备、罚款、责令停业整顿。

(撰稿人:孔德峰)

第六十七条　【未取得采矿许可证型非法开采】违反本法规定,采矿权人未取得采矿许可证进行矿产资源开采作业的,由县级以上人民政府自然资源主管部门责令改正;拒不改正的,没收直接用于违法开采的工具、设备以及违法采出的矿产品,处违法采出的矿产品市场价值一倍以上三倍以下罚款,没有采出矿产品或者违法采出的矿产品市场价值不足十万元的,处十万元以上五十万元以下罚款,并可以责令停业整顿。

违反本法规定,从事石油、天然气等矿产资源勘查活动,未在国务院自然资源主管部门规定的期限内依法取得采矿许可证进行开采的,依照前款规定处罚。

一、条文主旨

本条是关于未依法取得采矿许可证型非法采矿行为的行政法律后果的规定。理解本条的主旨，要把握以下两点：第一，本条是对未依法取得采矿许可证型非法采矿行为的法律后果的规定；第二，本条规定的法律后果的性质属于行政法律责任。

二、立法目的

（一）维护国家矿产资源管理秩序，更具体地说是维护国家矿产资源开采管理秩序

矿产资源开发，不仅涉及国家矿产资源所有者权益保护，还涉及人类赖以生存的环境保护问题，因此，国家在矿产资源开发活动中，具有双重身份：一是作为矿产资源所有者的身份，二是作为矿产资源开发活动管理者的身份。关于后者，《宪法》（2018）第 9 条第 2 款规定“国家保障自然资源的合理利用，保护珍贵的动物和植物……”；本法第 4 条第 2 款规定“各级人民政府应当加强矿产资源保护工作……”，为落实该条规定，本法第 14 条第 1 款、第 2 款规定“国务院自然资源主管部门会同有关部门负责全国矿产资源勘查、开采和矿区生态修复等活动的监督管理工作。县级以上地方人民政府自然资源主管部门会同有关部门负责本行政区域内矿产资源勘查、开采和矿区生态修复等活动的监督管理工作”；本法第三章“矿产资源勘查、开采”更是用多达 14 个条文来确定国家作为管理者在管理矿产资源的勘查、开采活动中的权利和义务。

（二）国家通过采矿许可证制度来实现对于矿产资源开采秩序的管理

国家作为矿产资源开发活动管理者，依据《宪法》和本法规定，对于矿产资源的开采秩序进行管理，既是其权利，也是其义务。为了实现国家对于矿产资源开采活动的管理，国家对于矿产资源的开采，实行行政许可制度，即公司、企业、其他组织或者自然人，要开采国家矿产资源，不仅要依法取得采矿权，还要取得国家的行政许可，本法第 33 条第 1 款规定，矿业权人依照本法有关规定取得矿业权后，进行矿产资源开采作业前，应当按照矿业权出让合同以及相关标准、技术规范等，编制开采方案，报原矿业权出让部门批准，取得采矿许可证，然后才能在采矿权证划定的权利范围内实施开采行为。并且，采矿权人在实施开采行为时，也应当严格依据采矿许可证发放机关批准的开采方案进行开采作业，开采方案需作重大调整的，应当按照规定报原采矿权出让部门批准。

三、立法沿革

本次修订前的《矿产资源法》对于未依法取得采矿许可证非法采矿行为的法律后果的相关规定如下。

1.《矿产资源法》(1986)

第39条规定:"违反本法规定,未取得采矿许可证擅自采矿的,擅自进入国家规划矿区、对国民经济具有重要价值的矿区和他人矿区范围采矿的,擅自开采国家规定实行保护性开采的特定矿种的,责令停止开采、赔偿损失,没收采出的矿产品和违法所得,可以并处罚款;拒不停止开采,造成矿产资源破坏的,依照《刑法》第一百五十六条的规定对直接责任人员追究刑事责任。"

2.《矿产资源法》(1996)

第39条规定:"违反本法规定,未取得采矿许可证擅自采矿的,擅自进入国家规划矿区、对国民经济具有重要价值的矿区范围采矿的,擅自开采国家规定实行保护性开采的特定矿种的,责令停止开采、赔偿损失,没收采出的矿产品和违法所得,可以并处罚款;拒不停止开采,造成矿产资源破坏的,依照刑法第一百五十六条的规定对直接责任人员追究刑事责任。单位和个人进入他人依法设立的国有矿山企业和其他矿山企业矿区范围内采矿的,依照前款规定处罚。"

四、规范解读

(一)未取得采矿许可证型非法采矿行为

在对本法第64条释义时,本书将非法采矿行为区分为两种类型:第一种类型是未取得采矿权型非法采矿行为,即本法第64条所规定的"违反本法规定,未取得采矿权开采矿产资源的"行政违法行为;第二种类型是本条所规定的"违反本法规定,采矿权人未取得采矿许可证进行矿产资源开采作业的"行政违法行为,本书称为未取得采矿许可证型非法采矿行为。

(二)未取得采矿许可证型非法采矿行为的构成要件

根据本条的条文表述,运用法解释学的方法,可以归纳出未取得采矿许可证型非法采矿行为的构成要件。具体阐述如下:

1.违法行为人只能是采矿权人。包括两种情况:一种是本法第23条第2款所规定的,取得采矿权的采矿权人;另一种是依据本法第36条的规定,石油、天然气等矿产资源勘查过程中发现可供开采的石油、天然气等矿产资源的,探矿权人依法履行相关程序后,在法定期间内享有事实上的采矿权。

2. 违反本法第 33 条规定。本法第 33 条规定，矿业权人在进行矿产资源开采作业前，应当按照矿业权出让合同以及相关标准、技术规范等，编制开采方案，报原矿业权出让部门批准，取得采矿许可证。

3. 从事石油、天然气等矿产资源勘查活动，超过规定的期限，未取得采矿许可证。本法第 36 条规定，石油、天然气等矿产资源勘查过程中发现可供开采的石油、天然气等矿产资源的，探矿权人依法履行相关程序后，可以进行开采，但应当在国务院自然资源主管部门规定的期限内依法取得采矿权、采矿许可证。依据该规定，从事石油、天然气等矿产资源勘查活动中，可以在履行法定程序后，在国务院自然资源主管部门规定的期限内，无须取得采矿许可证即可进行合法开采。但是若超过上述规定的期限后，仍未取得采矿许可证而进行开采，则构成非法采矿。

4. 实施了开采矿产资源的作业行为。关于该点，见本书对本法第 64 条“实施了开采矿产资源的作业行为”的阐述。

（三）未取得采矿许可证型非法采矿行为的法律后果

本条对于未取得采矿许可证型非法探矿行为所规定的法律后果，在责任性质上属于行政法律责任。对于本条所规定的未取得采矿许可证型采矿行为的法律后果的理解，要注意以下几点。

1. 违法行为的查处主体

对于未取得采矿许可证型非法采矿行为进行处罚的主体，是县级以上人民政府自然资源主管部门。

2. 违法行为的行政法律后果

本条所规定的违法行为的行政法律后果，有 5 种，具体包括责令改正、没收直接用于违法开采的工具设备、没收违法采出的矿产品、罚款、责令停业整顿。

（撰稿人：孔德峰）

第六十八条　【矿业权人违法勘查、开采矿产资源的法律责任】违反本法规定，有下列情形之一，造成矿产资源破坏的，由县级以上人民政府自然资源主管部门责令改正，处十万元以上五十万元以下罚款；拒不改正的，可以责令停业整顿；情节严重的，原矿业权出让部门可以吊销其勘查许可证、采矿许可可证：

（一）未按照经批准的勘查方案、开采方案进行矿产资源勘查、开采作业；

（二）采取不合理的开采顺序、开采方法开采矿产资源；

（三）矿产资源开采回采率、选矿回收率和综合利用率未达到有关国家标准的要求。

违反本法规定，未按照保护性开采要求开采特定战略性矿产资源的，依照前款规定处罚；法律、行政法规另有规定的，依照其规定。

一、条文主旨

本条是关于矿业权人违法勘查、开采矿产资源法律责任的规定。

二、立法目的

本条为第 8 条第 3 款、第 33 条、第 35 条、第 39 条、第 41 条的关联法条，旨在强化矿业权人在矿产资源勘查和开采过程中的“违法”责任。具体而言，本条要求矿业权人必须严格遵循批准的勘查方案和开采方案，采用合理的开采顺序和方法进行作业，并确保达到国家规定的“三率”标准，并对特定战略性矿产资源按照保护性开采要求进行开采。这些规定将原本倡导性内容转变为具备法律约束力的要求，从而显著增强法律的强制力与威慑力，确保制度得到有效执行。同时，本条为自然资源主管部门的行政执法提供了明确的法律依据，体现“法无授权不得为”的法治原则，有助于避免执法过程中的恣意性。

三、立法沿革

本条为此次《矿产资源法》修订的新增条款，归属于第七章“法律责任”。

四、规范解读

（一）规定违法勘查、开采行为的基本样态

1. 勘查、开采方案的“由虚向实”。矿产资源开发利用的实践当中，勘查、开采方案工作的实际运行发生了某种偏离，未能有效实现其规范勘查、开采行为的初衷。某些情况下，“方案”编制甚至异变为取得证照，应对检查的形式主义行为。此次《矿产资源法》修订，为勘查、开采方案“长上牙齿”，明确规定未按批准

方案的勘查、开采行为构成违法，须承担相应的法律责任。这一变化标志着《矿产资源法》在制度建设上的重建，尤其是在全面取消审批后，为监管体系的完善提供了必要的法律支撑。

2. 开采顺序、方法的"合理与合法"。"采取不合理"的开采顺序、开采方法，并造成矿产资源破坏的将受到本法的否定性评价。换言之，只有不合理的行为造成破坏的结果，才会受到矿产资源监管。可以预见的是，"合理性"的标准界定及其证明将成为本条适用的关键与挑战。例如，符合开采方案要求的开采作业是否必然符合"合理性"的标准，以及是否所有偏离方案的行为都缺乏合理性，这些问题的理解与适用需要《矿产资源法》的配套法规、政策及司法裁判的共同努力。

3. 未达到"三率"国家标准的矿法评价。此次《矿产资源法》修订对未到达"三率"国家标准的行为进行了明确的否定性评价，作为特别法，其在相关条文的适用上具有优先性。

需要补充的是，本条第1款规定了违法勘查、开采的构成要件。此处所述的违法的样态只有叠加"造成矿产资源破坏的"方才可能达到本条适用要件。至于"造成矿产资源破坏"的具体界定，有赖于执法机关、司法机关和立法机关等社会共同体的持续努力与明确。

（二）规定责任承担的主要情形

本条规定的法律责任形式包括责令改正、罚款、责令停业整顿以及吊销勘查许可证和采矿许可证。值得注意的是，与《矿产资源法》（2009）相比，本次修改对违法勘查、开采行为的处罚虽然包括吊销相关许可证，但并未规定探矿权或采矿权的消灭。这体现了在"权证分离"模式下，对不同主体的违法行为进行区别对待和分别规制的原则。

本条对责任形式的设定依据违法行为的严重程度，分为三个递增的处罚档次。第一档次，对于构成法定处罚情节且导致矿产资源破坏的行为，将责令其改正并处以罚款；第二档次，对于拒不改正的，除责令改正和罚款外，还可以责令停业整顿；第三档次，针对情节严重且造成矿产资源"严重"破坏的行为，即便未满足第二档次中"拒不改正"的条件，也可直接吊销其勘查许可证和采矿许可证。至于何谓矿产资源的"严重"破坏，目前尚未有清晰的法律界定，这要求执法机关、司法机关以及立法机关在未来实践中进一步明确和细化。

（三）规定未按保护性开采要求开采矿产资源“兜底性”的法律责任

本条第2款涉及未按保护性开采要求开采特定战略性矿产资源的法律责任。这一条款在两个方面发挥了重要作用：一方面，它为特定战略性矿产资源保护性开采的法律制度设计提供了上位法的兜底救济机制，以应对特定战略性矿产资源法治建设时间紧迫和任务繁重的挑战；另一方面，它为未来可能出台的、针对未按保护性开采要求开采特定战略性矿产的规则预留了空间。

五、典型案例

（一）开采方案的矿山项目设计规模应符合相关国家、地方最低生产规模矿山标准，否则将会影响采矿权延续[①]

1. 基本案情

上诉人苍头坝红砖厂于2014年5月25日向仁怀市原国土资源局递交了延续采矿权期限申请，经仁怀市原国土资源局向市政府请示，仁怀市政府作出会议纪要明确对苍头坝红砖厂的延续采矿权许可证申请不予准许，并安排工业与信息化局、环保局等配合关闭苍头坝红砖厂。案件争议焦点之一在于涉案矿山生产规模达不到贵州省产业政策规定的最低准入规模是否会影响采矿权延续。

2. 法院观点

贵州省砂石土矿山最低生产规模的地方标准为6万立方米/年，原告的生产规模仅为4.17万立方米/年，达不到相关政策的要求。现有矿山生产规模应在2015年年底前达到现行国家和省产业政策规定的最低准入规模。未达到现行最低开采规模尚具可采储量的小矿山，应及时按不低于现行最低开采规模申请扩大生产规模变更登记，进行技改扩能。

3. 裁判结果

苍头坝红砖厂采矿许可证不能再延续，故该厂主张判令被上诉人准予延续其采矿许可证，并允许其继续经营的诉讼请求不能成立，予以驳回。

（二）采矿权转让不得未经批准擅自更改开采方法[②]

1. 基本案情

2014年被告玉门市龙川高科技发展有限公司持有玉门牧场沟化肥用砂岩矿

---

① 参见贵州省高级人民法院行政判决书，（2017）黔行终6号。

② 参见甘肃省酒泉市肃州区人民法院民事判决书，（2021）甘0902民初236号。

露天采矿证，原告张某明与被告在酒泉宏兴酒店签订了承包协议书。协议签订后，原告即带领民工在旧巷道采矿，因安全问题无法开采。2014 年 8 月 22 日，原、被告签订补充协议，协商开辟新的巷道。后原告施工至矿体，被告要求停工。其争议焦点之一为被告所属玉门市牧场沟矿区，经酒泉市安全生产监督管理局批准，开采方式为露天开采。原、被告所签补充协议将开采方式更改为“洞采”是否有效。

2. 法院观点

原、被告之间存在合同关系，故应适用合同法律同时应用矿产资源法律规范双方行为。根据《矿产资源法》（2009）第 29 条的规定，开采矿产资源，必须采取合理的开采顺序、开采方法和选矿工艺。矿山企业的开采回采率、采矿贫化率和选矿回收率应当达到设计要求。被告所属玉门市牧场沟矿区，经酒泉市安全生产监督管理局批准，开采方式为露天开采。2014 年 8 月 22 日，原、被告所签补充协议所约定的内容明显未经安全生产评估，开采方法和选矿工艺也未进行安全评估，该协议约定原、被告双方投资“洞采”内容违反该规定。

3. 裁判结果

根据原《合同法》第 52 条第 5 项的强制性规定，原、被告于 2014 年 8 月 22 日签订的补充协议无效。

（三）“三率”是认定矿产资源损失的重要参考①

1. 基本案情

原告喀什乾元矿业有限公司于 2007 年 9 月取得位于新疆维吾尔自治区喀什地区塔什库尔干县面积为 4.07 平方公里的铅矿普查探矿权证；2010 年 4 月，原告通过续期又取得该地块铅矿详查的探矿权证，有效期至 2013 年 4 月 14 日。但自 2010 年起，被告新华喀什齐热哈塔尔水电开发有限公司在该地区建设水电站，将原告的矿区面积占用，致使原告无法继续进行矿业勘探及开采。被告的侵权行为致使原告无法按照预期进行开采经营，导致巨大的可得利益损失。本案争议焦点之一为未完整勘探、开采，参照“三率”的国家标准拟定的矿产资源损失是否有效。

---

① 参见新疆维吾尔自治区喀什地区中级人民法院民事判决书，（2017）新 31 民初 17 号。

2. 法院观点

依据该评估报告可知，在原告喀什乾元矿业有限公司铅矿详查区域内已探明资源储量钼资源量为 2280 吨，铅资源量为 12893 吨；而依据《矿产资源法》(2009)第 6 条第 1 款第 1 项规定的探矿权人有权优先取得勘察作业区域内矿产资源的采矿权及原《物权法》第 117 条“用益物权人对他人所有的不动产或者动产，依法享有占有、使用和收益的权利”之规定，原告喀什乾元矿业有限公司主张以上述资源量按《国土资源部关于铁、铜、铅、锌、稀土、钾盐和萤石等矿产资源合理开发利用“三率”最低指标要求(试行)的公告》，选取合理比例，按照 2017 年 4 月长江有色金属网现货金属价格计算收益；且其考虑到实际投入情况及未来生产不确定性因素，只主张其中的 3000 万元，符合客观实际，且有事实及法律依据，法院对此予以支持。

3. 裁判结果

被告新华喀什齐热哈塔尔水电开发有限公司赔偿原告喀什乾元矿业有限公司可得利益损失 3000 万元。

六、规范链接

《中华人民共和国矿产资源法》(2024 年 11 月 8 日修订)

第八条 国家完善政策措施，加大对战略性矿产资源勘查、开采、贸易、储备等的支持力度，推动战略性矿产资源增加储量和提高产能，推进战略性矿产资源产业优化升级，提升矿产资源安全保障水平。

战略性矿产资源目录由国务院确定并调整。

对国务院确定的特定战略性矿产资源，按照国家有关规定实行保护性开采。

第三十三条 矿业权人依照本法有关规定取得矿业权后，进行矿产资源勘查、开采作业前，应当按照矿业权出让合同以及相关标准、技术规范等，分别编制勘查方案、开采方案，报原矿业权出让部门批准，取得勘查许可证、采矿许可证；未取得许可证的，不得进行勘查、开采作业。

矿业权人应当按照经批准的勘查方案、开采方案进行勘查、开采作业；勘查方案、开采方案需要作重大调整的，应当按照规定报原矿业权出让部门批准。

第三十五条 矿业权所在地的县级人民政府自然资源主管部门应当公告矿业权人勘查、开采区域范围。矿业权人在勘查、开采区域内勘查、开采矿产资源，可以依法在相邻区域通行，架设供电、供水、通讯等相关设施。

任何单位和个人不得实施下列行为：

（一）进入他人的勘查、开采区域勘查、开采矿产资源；

（二）扰乱勘查、开采区域的生产秩序、工作秩序；

（三）侵占、哄抢矿业权人依法开采的矿产品；

（四）其他干扰、破坏矿产资源勘查、开采活动正常进行的行为。

第三十九条　开采矿产资源，应当采取合理的开采顺序、开采方法，并采取有效措施确保矿产资源开采回采率、选矿回收率和综合利用率达到有关国家标准的要求。

开采矿产资源，应当采取有效措施保护地下水资源，并优先使用矿井水。

采矿权人在开采主要矿种的同时，对具有工业价值的共生和伴生矿产应当综合开采、综合利用，防止浪费；对暂时不能综合开采或者必须同时采出但暂时不能综合利用的矿产以及含有有用组分的尾矿，应当采取有效的保护措施，防止损失破坏。

国家制定和完善提高矿产资源开采回采率、选矿回收率、综合利用率的激励性政策措施。

第四十一条　采矿权人应当按照国家有关规定将闭坑地质报告报送县级以上地方人民政府自然资源主管部门。

采矿权人应当在矿山闭坑前或者闭坑后的合理期限内采取安全措施、防治环境污染和生态破坏。

县级以上地方人民政府应当组织有关部门加强闭坑的监督管理。

（撰稿人：袁智雨、曹宇）

第六十九条　【探矿权人未履行恢复义务的法律责任】违反本法规定，勘查活动结束后探矿权人未及时对勘查区域进行清理或者未及时恢复受到破坏的地表植被的，由县级以上人民政府自然资源主管部门责令改正，可以处五万元以下罚款；拒不改正的，处五万元以上十万元以下罚款，由县级以上

人民政府自然资源主管部门确定有关单位代为清理、恢复，所需费用由探矿权人承担。

一、条文主旨

本条是关于探矿权人未履行勘查活动结束后恢复义务之法律责任的规定。

二、立法目的

本条与本法第38条相关联，共同约束探矿权人矿产资源勘查活动之后的恢复行为。第38条为行为模式，本条则是探矿权人未履行第38条规定的法律责任。

在各地出台的地方性法规、规范性文件中，已有相当数量涉及探矿权人生态恢复义务的条款。如《黄石市矿山生态修复条例》(2021)、《辽宁省地质环境保护条例》(2023)、《青海省生态环境保护条例》(2022)等地方性法规中，均有相关规定。但地方性法规、一般规范性文件因立法权的设置、法律保留等原因，不能对行政强制执行等作出从无到有的创设规定，各地对规制探矿权人行为有实际需求而并无充分的立法支撑，因而在矿政管理实践中探矿权人恢复治理义务的履行及强制仍有进一步提升的空间。

本法此次修订，以法律条文的形式设定了探矿权人不履行恢复义务的法律责任，让制度"长上牙齿"。一方面给予了各地细化上位法的法律依据，为各地区法规政策的进一步优化升级提供立法支撑，也为相关规范体系的完善提供合法性基础；另一方面对行政处罚及强制执行的形式、幅度等作出具体规定，使各地在执法实践中有了统一标准，从法治化、制度化的角度出发对行政自由裁量权过大导致的惩罚畸轻畸重、地方性法规之间差异过大、缺乏可操作性等问题进行了规范。

三、立法沿革

本条为此次《矿产资源法》修订的新增条款，归属于第七章"法律责任"。

四、规范解读

本条是在实践基础上结合中央与地方性政策作出的、对矿政管理有益经验的立法确认。

(一)从主体和内容来看，义务人为"探矿权人"，主管机关为县级以上人民政府自然资源主管部门。同时也要对违法行为的性质进行界定：必须满足探矿权人勘查活动结束后“未及时对勘查区域进行清理”或者“未及时恢复受到破坏的地表植被”的条件。

（二）从责任模式来看，违反探矿权人恢复义务所涉及的法律责任，在其设定、规定与具体适用上都与行政法关系密切。本条规定的法律责任具有逐渐加重的层次性，符合过罚相当原则。

第一阶段：责令改正＋可以罚款；

第二阶段：罚款＋代履行。

根据《行政处罚法》第2条的规定，行政处罚，是指行政机关依法对违反行政管理秩序的公民、法人或者其他组织，以减损权益或者增加义务的方式予以惩戒的行为。罚款作为其中最常见的行政处罚形式，是行政机关以强制收取一定数额的金钱的方式对违法相对人进行制裁的手段。此次违反探矿权人恢复义务的法律责任正式入法，为各地的地方立法与政策实验探索提供了法律支撑。由此便可以在不违反行政处罚的适用对象、处罚种类和处罚幅度的前提下，因地制宜细化上位法、精准控制行政裁量权。

代履行，是指行政机关自己或委托无利害关系的第三人代替当事人履行义务，并在履行后向义务人收取一定费用的行政强制执行方式。需要注意的是，原则上，需同时满足“当事人拒不履行排除妨碍、恢复原状的义务＋经催告仍不履行＋已经或将要危害交通安全、造成环境污染或自然资源破坏”的条件时，行政机关才可以自己或委托无利害关系的第三人代为履行。由于行政强制执行仅能通过法律进行设定，此次违反探矿权人恢复义务的法律责任可适用代履行正式入法，为下位法提供了立法支撑。由此便可以在不抵触上位法所规定的对象、条件、种类的前提下，因地制宜作出具体规定、精准控制行政裁量权，以更具效率的方式敦促相对人承担违法责任。

（三）从该法律责任的制度设计和整体衔接来看，《民法典》侵权责任编采用专章方式，以第1229条至第1235条共7个条文对“环境污染和生态破坏责任”有关规定进行全面升级。其中，第1234条、第1235条解决了生态环境损害赔偿诉讼的法律依据问题，实现《民法典》规范与环境法中公益诉讼、生态环境损害赔偿相关规定的良好衔接。

新修订的《矿产资源法》规定探矿权人不履行生态保护修复义务，涉及行政处罚、代为修复以及生态损害赔偿诉讼，直接涉及与《民法典》《环境保护法》等相关规范的衔接。由此可见，《矿产资源法》层面的矿区生态修复法律规范与其他法律规范互动频繁，是步调一致向其他法律看齐，还是强化并保持规则的特殊性是其外部法律体系整合无法回避的课题。[①]

五、典型案例

麻江县湘黔矿业有限责任公司诉遵义市汇川区自然资源局矿山地质环境治理行政强制纠纷案[②]

1. 基本案情

遵义中寺硫铁矿洗选厂麻沟采区停产后，矿山地质环境多年未进行治理，存在岩石裸露、水土流失、矿渣自燃等问题和风险，矿区内有工棚厂房、矿渣堆积物等，压占土地资源，造成地形地貌景观破坏。2019 年 9 月 4 日，汇川区自然资源局作出责令履行地质环境治理恢复义务决定书送达原告，要求其立即开展治理工作。此后，汇川区自然资源局依次作出并送达了履行矿山地质环境治理恢复义务催告书、代履行决定书、履行矿山地质环境治理恢复义务催告书进行催告。2019 年 11 月 3 日，汇川区自然资源局委托代履行单位对遵义中寺硫铁矿洗选厂麻沟采区矿山地质环境进行治理。

原告请求确认被告强制拆除遵义中寺硫铁矿洗选厂地上建筑物、构筑物及其设备设施的行政强制行为违法。

2. 裁判结果

法院认为，被告汇川区自然资源局作为遵义市汇川区自然资源行政管理部门，对汇川区行政区域内矿山地质环境治理具有监督管理法定职责，在发现原告采矿区存在地质环境问题后，作出责令履行地质环境治理恢复义务决定书要求原告进行治理，原告在其书面承诺的期限届满后且经被告书面催告仍未开展治理工作，被告作出代履行决定，并委托第三方治理，其行为为代履行行为。

根据《矿山地质环境保护规定》(2019)第 18 条第 2 款的规定，被告责令其履

① 参见曹宇、张琪、李显冬：《“双碳”目标实现的矿产资源法回应》，载《中国人口·资源与环境》2022 年第 4 期。

② 参见贵州省遵义市播州区人民法院行政判决书，(2020)黔 0321 行初 295 号。

行矿山环境治理义务,符合法律规定。原告案涉矿山长期无人管理,已经造成自然资源破坏并存在继续恶性演变的危险。被告作出责令原告履行矿山地质环境治理义务行政决定,经催告后原告人不履行矿山地质环境治理义务,被告作出代履行决定,符合《行政强制法》第 50 条、第 51 条第 1 款有关代履行的规定。

综上,被告作出代履行决定、委托第三方代履行行为,证据充分,事实清楚,适用法律法规正确,符合法定程序。原告请求确认被告强制拆除遵义中寺硫铁矿洗选厂地上建筑物、构筑物的行为违法,没有法律依据,不予支持;原告请求确认被告强制拆除其设备设施的行为违法,没有事实依据,不予支持。驳回原告麻江县湘黔矿业有限责任公司的诉讼请求。

3. 延伸思考

该案原告开采结束后未及时对矿山地质环境进行清理,甚至长期堆积设备设施压占土地资源,造成地形地貌景观破坏;不履行责令改正的行政命令,经催告仍不履行,因此自然资源行政管理部门可以委托相关单位代为履行。本案行政相对人的前置违法行为并非探矿所致,但本次《矿产资源法》的修订一方面完善了“探矿权人”主体的有关规定,另一方面填补了探矿行为结束至采矿开始的法律空档期,为实务中已然存在的探矿权人未及时履行恢复义务的案例带来更为明确的法律支撑,使之有法可依。

六、规范链接

(一)《中华人民共和国矿产资源法》(2024 年 11 月 8 日修订)

第三十八条　勘查活动结束后,探矿权人应当及时对勘查区域进行清理,清除可能危害公共安全的设施、设备等,对废弃的探坑、探井等实施回填、封堵;破坏地表植被的,应当及时恢复。

勘查活动临时占用耕地的,应当及时恢复种植条件和耕地质量;临时占用林地、草地的,应当及时恢复植被和生产条件。

(二)《中华人民共和国土地管理法》(2019 年 8 月 26 日修正)

第七十六条　违反本法规定,拒不履行土地复垦义务的,由县级以上人民政府自然资源主管部门责令限期改正;逾期不改正的,责令缴纳复垦费,专项用于土地复垦,可以处以罚款。

(三)《矿山地质环境保护规定》(2019 年 7 月 16 日修正)

第二十一条　以槽探、坑探方式勘查矿产资源,探矿权人在矿产资源勘查活动结束后未申请采矿权的，应当采取相应的治理恢复措施，对其勘查矿产资源遗留的钻孔、探井、探槽、巷道进行回填、封闭，对形成的危岩、危坡等进行治理恢复，消除安全隐患。

第二十九条 违反本规定第二十一条规定，探矿权人未采取治理恢复措施的，由县级以上自然资源主管部门责令限期改正；逾期拒不改正的，处 3 万元以下的罚款，5 年内不受理其新的探矿权、采矿权申请。

（撰稿人：杨嘉茗、曹宇）

第七十条 【矿业权人未依法履行矿产资源储量报告义务的法律责任】未按照规定汇交地质资料，或者矿业权人未按照规定编制并报送矿产资源储量报告的，由县级以上人民政府自然资源主管部门责令改正，处二万元以上十万元以下罚款；情节严重的，处十万元以上五十万元以下罚款。

矿业权人故意报送虚假的矿产资源储量报告的，由县级以上人民政府自然资源主管部门没收违法所得，并处二十万元以上一百万元以下罚款；情节严重的，由原矿业权出让部门收回矿业权。

一、条文主旨

本条是关于矿业权人未依法履行矿产资源储量报告义务之法律责任的规定。

二、立法目的

本法第 40 条第 2 款规定了矿业权人依法编制矿产资源储量报告并报送县级以上人民政府自然资源主管部门的法律义务，而本条则对未依法履行上述义务的法律后果进行了规定。法律责任是法律、法规及规章的重要组成部分，在立法中设置法律责任条文不仅可以惩治违法行为，防止违法现象的发生，还可以保护国家利益和公民个人以及组织的合法权益。

三、立法沿革

本条为此次《矿产资源法》修订的新增条款，归属于第七章“法律责任”。

四、规范解读

矿产资源储量报告，是指综合描述矿产资源储量的空间分布、质量、数量及其经济意义的说明文字和图表资料，包括矿产资源储量的各类勘查报告、闭坑地质报告以及矿产勘查和矿山生产、水源地建设阶段用于筹资、融资、探矿权或者采矿权转让过程中说明矿产资源储量的有关资料。矿业权人为编制矿产资源储量报告的义务主体。针对各类矿产资源储量勘查报告及核实报告，有自然资源部颁布的相关法律规定、国家标准、行业标准和技术规范，[①]矿业权人在编写储量报告时，必须遵循上述规范。

《矿产资源法》第 40 条规定了矿业权人的矿产资源储量报告义务，结合自然资源部出台的《关于深化矿产资源管理改革若干事项的意见》（自然资规〔2023〕6 号）第 10 条第 1 款的规定，探矿权转采矿权、采矿权变更矿种或范围，油气矿产在探采矿期间探明地质储量、其他矿产在采矿期间累计查明矿产资源量发生重大变化的（变化量超过 30% 或达到中型规模以上的），以及建设项目压覆重要矿产，矿业权人应当编制符合相关标准规范的矿产资源储量报告，申请评审备案。实践中，有矿业权人为了通过评审在储量报告中造假，本条即规定了矿业权人未依法履行矿产资源储量报告义务所需承担的法律责任。根据矿业权人主观状态及义务违反程度的不同，本条对未依法履行储量报告义务的矿业权人课以不同的法律责任。

第一种情形为本条第 1 款规定的矿业权人未按照规定汇交地质资料，或者未按照规定编制并报送矿产资源储量报告，其主观状态为过失，承担的法律责任最轻，即应由县级以上人民政府自然资源主管部门责令改正，处 2 万元以上 10 万元以下罚款。情节严重的，加重其法律责任，处 10 万元以上 50 万元以下罚款。

第二种情形为矿业权人故意报送虚假的矿产资源储量报告，其主观状态为故意，因此更加重其法律责任，处 20 万元以上 100 万元以下罚款；有违法所得的，没收违法所得。

第三种情形为矿业权人故意报送虚假的矿产资源储量报告且情节严重的，其应当承担最严重的法律责任，即丧失其权利，由原矿业权出让部门收回矿业权，同

---

① 《固体矿产资源储量核实报告编写规范》（DZ/T 0430－2023）是 2023 年 4 月 19 日自然资源部发布，于 2023 年 8 月 1 日实施的规范，适用于矿产资源储量可能发生或已发生变化时的固体矿产资源储量报告编写。

时根据体系解释,应由县级以上人民政府自然资源主管部门处 20 万元以上 100 万元以下罚款;有违法所得的,没收违法所得;构成犯罪的,依法承担刑事责任。

五、典型案例

出让方以违法手段实施储量造假 矿业公司股权转让合同被判无效[①]

1. 基本案情

2011 年 12 月 31 日,李某和国有企业 A 公司签署《股权转让合同》,约定李某将其持有的 B 矿业公司 80% 的股权转让给 A 公司,合同价款 8000 万元。《股权转让合同》签订后,A 公司向李某支付了全部的合同价款。2014 年,李某因在 B 矿业公司股权转让中涉嫌单位行贿罪被立案侦查。后法院作出刑事判决书,确认李某是 B 矿业公司的实际控制人,李某为完成股权收购,指使 B 矿业公司工作人员实行了以造假方法虚构金矿储量的行为,编制虚假储量补充勘探地质报告,报告载明该金矿的黄金探明储量为 6984 千克,B 矿业公司金矿实际黄金储量仅有 278.79 千克,且品位低,不具有开采价值,达不到 A 公司的收购标准。法院判决 B 矿业公司及李某犯单位行贿罪;勘察大队相关人员犯受贿罪;时任 A 公司地质开发部经理的樊某等人犯受贿罪。

2. 仲裁及诉讼经过

2018 年 8 月,A 公司依据与李某于 2011 年 12 月 31 日签署的《股权转让合同》向中国国际经济贸易仲裁委员会提起仲裁申请,请求:(1)确认 A 公司与李某于 2011 年 12 月 31 日签订的《股权转让合同》无效;(2)裁决李某返还 A 公司支付的合同价款 8000 万元;(3)李某赔偿 A 公司收购 B 矿业公司股权后投入的生产、探矿等资金 2276.425 万元。

中国国际经济贸易仲裁委员会经审理认为,《股权转让合同》系当事人双方真实意思表示,且不违反法律、行政法规的强制性规定,依法成立并生效。在案涉合同的签约过程中尽管存在与交易相关的犯罪行为,但刑事犯罪行为并不当然意味着与之相关的民事法律行为均归于无效。《股权转让合同》并无对黄金储量的约定,李某造假行为除推高案涉合同交易价格外,并未转化成案涉合同的约束性条款。B 矿业公司股权收购已经完成,合同主要目的已经实现。2020 年 11 月 3

① 参见北京市第四中级人民法院民事裁定书,(2021)京 04 民特 383 号。

日，中国国际经济贸易仲裁委员会作出中国贸仲京裁字第1406号裁决书（以下简称1406号裁决），驳回A公司的全部仲裁请求。

A公司认为1406号裁决违背社会公共利益，向北京市第四中级人民法院请求撤销1406号裁决。法院认为，根据相关生效刑事判决确认的事实，B矿业公司金矿实际黄金储量仅有278.79千克，但是补充勘查地质报告却载明黄金探明储量为6984千克，虚增25倍，双方当事人对此均知情。在通常情况下，明知标的物价值虚增了25倍，还按照虚增的价格进行市场交易，有违正常市场交易规则。双方之所以签订并履行本案《股权转让合同》，明显系双方行贿受贿的结果。而且双方行贿受贿的行为，不仅意图为被申请人谋求市场交易机会，还欲借此合同骗取巨额国有资产。概言之，案涉《股权转让合同》是双方以恶意串通方式损害国家利益的行为，也符合以合法形式掩盖非法目的的情形。故《股权转让合同》成为相关人员骗取巨额国有资产的犯罪工具，但1406号裁决却认定《股权转让合同》合法有效。该裁决结果对社会最根本的公平正义的法律原则构成了危害，属于违反社会公共利益的情形，符合《仲裁法》（2017）第58条第3款的规定，故裁定1406号裁决应予撤销。

（撰稿人：尹思雨）

第七十一条　【采矿权人违反矿区生态修复义务的法律责任】 违反本法规定，采矿权人不履行矿区生态修复义务或者未按照经批准的矿区生态修复方案进行矿区生态修复的，由县级以上人民政府自然资源主管部门责令改正，可以处矿区生态修复所需费用二倍以下罚款；拒不改正的，处矿区生态修复所需费用二倍以上五倍以下罚款，由县级以上人民政府自然资源主管部门确定有关单位代为修复，所需费用由采矿权人承担。

一、条文主旨

本条是关于采矿权人违反矿区生态修复义务法律责任的规定。

二、立法目的

本条为第四章“矿区生态修复”第44 条至第49 条的关联法条，其核心目的在于加强采矿权人违反矿区生态修复义务所应承担的法律责任，以确保矿区生态修复制度具备强有力的执行力。矿区生态修复工作，旨在恢复受损矿区环境，重塑矿区生态环境的生态服务功能，维护公共利益，是对矿产资源开发过程中难以避免的负外部性作出的积极应对与有效策略。[①] 从功能主义立场上，为了切实保障矿区公共利益的实现，必须明确规定违反修复义务的法律后果，从而确保受损利益能够得到及时且妥当的救济。[②] 同时，本条为矿区生态修复法律体系的完善增添了重要的一环，进而增强了法律的威慑力，为其夯实了坚实的保障。

三、立法沿革

本条为此次《矿产资源法》修订的新增条款，归属于第七章“法律责任”。

四、规范解读

（一）规定违反矿区生态修复义务的基本样态

本条规定了应承担矿区生态修复义务的两类情形：一是“不履行矿区生态修复义务”，二是“未按照经批准的矿区生态修复方案进行矿区生态修复”。我国《民法典》第 1234 条将生态环境修复责任作为首要的责任形式，此种责任实际上是一种行为责任，其本质上是恢复原状，要求侵权人尽可能地将所破坏的生态环境恢复到损害发生前的状态。值得注意的是，矿区生态修复的实践已从单一的“事后治理”模式，积极拓展至“修复前置、过程管理、责任追究”的全方位体系。

（二）界定违反矿区生态修复义务的法律责任形式

依据义务履行的实际情况，本条设定了两种责任承担方式。对于不履行或未按规定履行矿区生态修复义务的采矿权人，县级以上人民政府自然资源主管部门有权责令其改正，并可处以矿区生态修复所需费用 2 倍以下的罚款。若采矿权人拒不改正，则将面临矿区生态修复所需费用 2 倍以上 5 倍以下的更高罚款，同时，其生态修复义务将由县级以上人民政府自然资源主管部门代为执行，所需费用由采矿权人承担。

---

① 参见曹宇、张琪、李显冬：《“双碳”目标实现的矿产资源法回应》，载《中国人口 · 资源与环境》2022 年第 4 期。

② 参见王灿发、王政：《生态环境修复法律责任性质辨析》，载《南京工业大学学报（社会科学版）》2023 年第 5 期。

本条的完整性与可操作性仍有待配套法规政策的进一步细化与补充，尤其是以下两个方面：首先，在修复主体上，除了责令行为人自行修复外，是否应允许委托具备专业资质的第三方机构进行修复；其次，关于处罚的必要性问题，鉴于生态环境修复的目标是恢复受损前的状态与功能，一旦损害已得到有效填补，作为惩戒性措施的罚款的必要性便需审慎考量。滥用罚款的威慑功能可能会客观形成违法行为人的盈亏认识障碍。① 因此，对于不履行和未按照经批准的矿区生态修复方案履行矿区生态修复义务的情形，是否应适用不同的处罚标准，尚需法律实务界与理论界的深入探讨与补充完善。

五、规范链接

（一）《中华人民共和国民法典》（2020 年 5 月 28 日）

第一千二百三十四条　违反国家规定造成生态环境损害，生态环境能够修复的，国家规定的机关或者法律规定的组织有权请求侵权人在合理期限内承担修复责任。侵权人在期限内未修复的，国家规定的机关或者法律规定的组织可以自行或者委托他人进行修复，所需费用由侵权人负担。

（二）《中华人民共和国矿产资源法》（2024 年 11 月 8 日修订）

第四十四条　矿区生态修复应当坚持自然恢复与人工修复相结合，遵循因地制宜、科学规划、系统治理、合理利用的原则，采取工程、技术、生物等措施，做好地质环境恢复治理、地貌重塑、植被恢复、土地复垦等。涉及矿区污染治理的，应当遵守相关法律法规和技术标准等要求。

国务院自然资源主管部门会同国务院生态环境主管部门等有关部门制定矿区生态修复技术规范。

国务院生态环境主管部门指导、协调和监督矿区生态修复工作。

县级以上地方人民政府应当加强对矿区生态修复工作的统筹和监督，保障矿区生态修复与污染防治、水土保持、植被恢复等协同实施，提升矿区生态环境保护和恢复效果。

---

① 参见[美]罗宾逊：《刑法的分配原则：谁应受罚，如何量刑？》，沙丽金译，中国人民公安大学出版社 2009 年版，第 34－51 页。

(三)《自然资源部关于进一步加强生产矿山生态修复监管工作的通知(征求意见稿)》(自然资源部公告 2024 年第 53 号)

(二)明确方案修编和重编情形。经审查通过的方案,应当结合实际情况每 5 年修编一次。涉及采矿权延续以及扩大矿区范围、变更开采方式或开采主矿种等情形的,应当重新编制方案。本通知印发前已通过审查的矿山地质环境保护与土地复垦方案,超过 5 年未修编的,须于本通知印发之日起 1 年内完成修编。

(撰稿人:袁智雨、曹宇)

第七十二条 【矿产资源应急状态时,有关单位和个人违反相关义务的法律责任】出现矿产资源应急状态时,有关单位和个人违反本法规定,不服从统一指挥和安排、不承担相应的应急义务或者不配合采取应急处置措施的,由省级以上人民政府自然资源主管部门或者其他有关部门责令改正,给予警告或者通报批评;拒不改正的,对单位处十万元以上五十万元以下罚款,根据情节轻重,可以责令停业整顿或者依法吊销相关许可证件,对个人处一万元以上五万元以下罚款。

一、条文主旨

本条是关于矿产资源应急状态时,有关单位和个人违反相关义务的法律责任的规定。

二、立法目的

党的二十大报告明确指出完善国家应急管理体系,提升战略性资源供应保障能力。从立法的关联性来看,本条并非独立条款,而是本法第 10 条和第 55 条的关联法条,共同明确有关单位和个人在矿产资源应急状态时的法定义务和违反相应义务的法律责任。在制度设计层面,本条秉承第 10 条"国家加强……矿产资源应急体系建设,提升矿产资源应急保供能力和水平"的规定,详细约定了有关单位和个人违反应急义务和应急处置措施的法律责任,完善矿产资源应急体系建构。从实践层面出发,本条为相关法条(第 55 条)在实践中的发挥提供保障,在执法层面规制自由裁量权，增强可操作性。

三、立法沿革

本条为此次《矿产资源法》修订的新增条款，归属于第七章“法律责任”。

四、规范解读

为完善矿产资源应急体系建设，本条以立法形式明确了在矿产资源应急状态的特殊情形出现时，相关主体违反法律规定需要承担的法律责任。本条的关联条款第 55 条明确规定矿产资源应急状态时，有关单位和个人应当承担相应的应急义务和配合采取应急处置措施的法定义务。任何不履行或不完全履行上述法定义务的行为，均构成违法行为，应当承担相应的法律责任。新增本条，旨在提升法律的威慑力，督促相关主体承担相应的应急义务和配合采取应急处置措施的法定义务。

（一）规定矿产资源应急状态的追责主体

本条规定的追责主体为“省级以上人民政府自然资源主管部门或者其他有关部门”。这一规定与《突发事件应对法》（2024）中的追责主体“履行统一领导职责或者组织处置突发事件的人民政府”相衔接。与第 55 条规定的“省级以上人民政府”相比，本条进一步明确到相应部门。

具体而言，“自然资源主管部门”在条文中的位置居前且单独以部门名称列出，突出了其在追责中的优先地位，严格落实部门责任。“自然资源主管部门”与“其他有关部门”的并列出现，表明多部门加强协调配合，确保快速反应的实践要求。

（二）规定矿产资源应急状态的担责主体

本条规定承担法律责任的担责主体。承担法律责任的担责主体为“有关单位和个人”，与第 55 条第 2 款所提到的义务主体保持一致。“有关”对担责主体的范围进行了限制，仅指矿产资源应急状态时承担相应应急义务的单位和个人。

采取上述立法表述，严格明确界定单位责任和个人责任，对在处理矿产资源应急状态中不承担相应的应急义务或者不配合采取应急处置措施的现象依法处理，有效地将突发事件带来的损失控制在最小范围内。

（三）规定矿产资源应急状态的担责行为

出现矿产资源应急状态时，有关单位和个人违反相应应急义务的担责行为具有逐渐加重的层次性。本条规定的担责主体承担责任的性质属于行政责任。

第一阶段是由省级以上人民政府自然资源主管部门或者其他有关部门责令改正，给予警告或者通报批评。该阶段通常适用于没有主观恶意、情节轻微、危害性不大的违法行为。处罚的形式分为两种：(1)责令改正属于行政命令，要求担责主体履行既有的法定义务，承担相应的应急义务，属于本应做到而未做到的“抹平”。(2)警告与通报批评归属于行政处罚中的申诫罚，主要通过警告、告诫、谴责等给担责主体产生心理上的压力，使之承担应急义务。其中警告多适用于个人，无需向社会公布。通报批评多适用于单位，是在一定范围内对违法事实予以公布，可能对其声誉、信誉造成损害。

第二阶段为有关单位和个人拒不改正的，对单位处10万元以上50万元以下罚款，根据情节轻重，可以责令停业整顿或者依法吊销相关许可证件，对个人处1万元以上5万元以下罚款。该阶段承担责任的前提是有关单位和个人拒不改正，即采用第一阶段的处罚未能达到预期的惩罚和威慑效果。在承担责任时，严格区分担责主体“有关单位和个人”：(1)罚款区分“有关单位和个人”。一般而言，单位主观恶性、违法行为造成的损失、社会危害程度均高于个人，因此单位的罚款幅度远高于个人。(2)责令停业整顿或者依法吊销相关许可证件仅适用于单位。这类行政处罚在一定时间内或者永远剥夺了行为人的行为资格和能力，属于惩处力度较重的处罚。因此给予这类处罚必须十分慎重，既要避免对相对人权利的过度侵害，也应确保这些措施能够有效地发挥其预防和惩戒的作用。

两阶段的处罚模式，规定担责主体承担责任逐渐加重的层次性。这类模式依据情节轻重，处罚种类相应加重的合理配置，恰当运用过罚相当的原则，充分体现了宽严相济。

五、实务观察

在抗灾中成长——从非典到雪灾看我国应急体系建设(节选)[①]

2008年1月10日至2月2日，南方地区连续4次暴降雨雪，历史罕见。厚达40厘米的冰冻将电线压垮，以电气化机车为主的京广大动脉瘫痪了。国务院办公厅连续发出加强鲜活农产品运输销售、煤炭生产供应、雨雪天气交通保障、电力

① 参见刘刚、李柯勇、刘健：《在抗灾中成长——从非典到雪灾看我国应急体系建设》，载中国政府网2008年2月29日，https://www.gov.cn/jrzg/2008-02/29/content_905505.htm。

需求管理四个紧急通知，各地各部门按照国务院统一部署，及时采取了一系列有力措施，控制事态进一步发展。

重庆市社科院研究员胡玻认为："应急储备不足，与我国经济的快速发展形成了鲜明对比，折射出应对灾难的意识和能力还有待提高。改革开放30年，大家都认识到'发展是硬道理'的重要性，但是对'发展要有安全性、持续性'的认识有待加深。"

在此次抗雪救灾中，铁路系统电煤发送量创历史新高的背后，人们也看到，我国目前人均铁路里程只有57毫米，运输市场需求持续增长和铁路发展滞后的矛盾已经非常明显。南方能源结构依赖电煤供应，加剧了运输矛盾。发展包括核能、风能、太阳能在内的多重能源，已迫在眉睫。

据报道，2008年我国南方雪灾事件，导致煤电供应中断。面对这场时间长、强度大、范围广的自然灾害，党中央、国务院正确决策，镇定应对，政府的应急能力经受住了考验。

尽管如此，这一突发事件不可避免地导致矿产品供需严重失衡，使经济社会发展和人民生活受到重大影响。此次雪灾凸显我国在煤炭资源应急保障方面的不足，进而催生出对煤炭应急和储备制度建设的迫切需求和深入探索。

为健全国家安全法治体系和切实提升应急保供能力，此次《矿产资源法》的修订，在立法层面明确建立和完善矿产资源应急体系。

六、规范链接

（一）《中华人民共和国突发事件应对法》（2024年6月28日修订）

第一条　为了预防和减少突发事件的发生，控制、减轻和消除突发事件引起的严重社会危害，提高突发事件预防和应对能力，规范突发事件应对活动，保护人民生命财产安全，维护国家安全、公共安全、生态环境安全和社会秩序，根据宪法，制定本法。

第二条　本法所称突发事件，是指突然发生，造成或者可能造成严重社会危害，需要采取应急处置措施予以应对的自然灾害、事故灾难、公共卫生事件和社会安全事件。

突发事件的预防与应急准备、监测与预警、应急处置与救援、事后恢复与重建等应对活动，适用本法。

《中华人民共和国传染病防治法》等有关法律对突发公共卫生事件应对作出

规定的，适用其规定。有关法律没有规定的，适用本法。

第三条 按照社会危害程度、影响范围等因素，突发自然灾害、事故灾难、公共卫生事件分为特别重大、重大、较大和一般四级。法律、行政法规或者国务院另有规定的，从其规定。

突发事件的分级标准由国务院或者国务院确定的部门制定。

（二）《中华人民共和国行政处罚法》（2021年1月22日修订）

第九条 行政处罚的种类：

（一）警告、通报批评；

（二）罚款、没收违法所得、没收非法财物；

（三）暂扣许可证件、降低资质等级、吊销许可证件；

（四）限制开展生产经营活动、责令停产停业、责令关闭、限制从业；

（五）行政拘留；

（六）法律、行政法规规定的其他行政处罚。

（撰稿人：张婉莹、曹宇）

第七十三条 【矿业权人妨碍监督检查的法律责任】违反本法规定，矿业权人拒绝、阻碍监督检查，或者在接受监督检查时弄虚作假的，由县级以上人民政府自然资源主管部门或者其他有关部门责令改正；拒不改正的，处二万元以上十万元以下罚款。

一、条文主旨

本条是关于矿业权人妨碍监督检查的法律责任的规定。

二、立法目的

本次《矿产资源法》修订基于矿政管理实务工作中涉矿产资源的违法行为“难发现、难监管、难治理”等问题，回应性地规定了矿业权人妨碍监督检查的法律责任。此次修订既回应了本法第56条规定的县级以上人民政府自然资源主管部门和其他有关部门的监督检查职责，又从实践层面出发，详细规定了法律后果，增加了相关条文的强制性以及可实施性，从监督管理层面切实保障我国矿产资源的安全，促进矿业的良性发展。

三、立法沿革

本条为此次《矿产资源法》修订的新增条款，归属于第七章"法律责任"。

四、规范解读

（一）规定矿产资源监督检查的主体

在矿产资源勘查、开采及相关活动的监督管理过程中，矿业权人是主要的监管对象，是被监督检查的主体。矿业权人作为矿产资源开发活动的直接参与者，其行为直接影响着资源的可持续利用。因此，对矿业权人的监督检查不仅是法律实施的需要，还是实现资源优化配置、促进生态文明建设的重要手段。

主管机关是县级以上人民政府自然资源主管部门或者其他有关部门，明确了监督检查权的层级和专属性。监管的级别是县级以上，包括县级，意味着县级以下的相关执法行为将面临合法性基础的缺失。监管的部门为自然资源主管部门，但涉及其他部门的，即在矿产资源监督检查中具有法定职责的其他部门也获得了概括授权。

（二）规定义务人影响监督检查的行为模式

本条明确了要认定矿业权人违反本法的规定，需要满足"拒绝、阻碍监督检查"或"在接受监督检查时弄虚作假"的条件，否则不能认定其违法。本法第57条明确规定了自然资源主管部门和其他有关部门的监督检查职责，包括现场查验勘测、询问相关人员、查阅复制文件资料、查封、扣押直接用于违法勘查的工具、设备等，以强化矿产资源监管，保障法律法规的严格执行。若矿业权人拒绝、阻碍自然资源主管部门及其他相关部门依法行使其监督职权，或向这些部门提供虚假或伪造的文件和资料，应认定为本条规定的妨碍监督检查的行为。

（三）规定义务人责任承担的层次性

根据本法第73条的规定，矿业权人违反本条规定情形，即发生妨碍主管部门监督检查的情形，县级以上人民政府自然资源主管部门或者其他有关部门可以对其责令改正。只有其仍拒不改正的情况下，上述主管部门才可以对其处2万元以上10万元以下罚款。由此可以看出，对于此违法行为的处罚是分为两个阶段的，这就要求主管部门在实际执行过程中，严格按照程序适用，切忌直接处以罚款。

采取上述两个阶段的处罚模式，给予了矿业权人补正错误的机会，既能体现国家在矿产资源监督检查方向的重视，又不一味高压罚款，体现了人文主义关怀，有利于矿业权人以及人民群众切身感受到公平正义。

五、典型案例

史某胜等敲诈勒索、非法采矿、妨害公务案①

一审查明:2013 年以来，被告人史某胜先后纠集鲁山县让河乡居民沈某伟(另案处理)及被告人高某辉、康某闯、茹某伟等人在鲁山县让河乡一带，以收取“过路费”为由，为非作恶，长期、多次对附近砂场经营人员进行敲诈勒索，逐渐形成了以被告人史某胜为首要分子，沈某伟为重要成员，被告人高某辉、康某闯、茹某伟等人为一般组织成员的恶势力犯罪集团。2016 年 9 月至 2017 年 5 月，被告人宗某铁、史某岐、翟某辉、史某波、张某东先后加入该恶势力犯罪集团，在鲁山县让河乡让西村进行非法采矿、妨害公务等违法犯罪活动，扰乱当地经济生活秩序，造成恶劣社会影响。主要犯罪事实如下:

2017 年 5 月 28 日 22 时许，鲁山县河务管理局工作人员赵某 2、靳某、张某、王某 6 驾驶车辆在鲁山县让河乡进行日常巡查时，发现被告人史某胜、宗某铁等人在鲁山县让河乡让西村经营的砂场存在非法采砂行为。赵某 2 等人上前进行制止，并将正在采砂的两辆铲车开离现场。被告人史某胜、宗某铁闻讯后，指使被告人史某岐、翟某辉等人追赶、拦截鲁山县河务管理局工作人员。被告人史某岐、翟某辉等人遂驾驶车辆将鲁山县河务管理局工作人员的车辆强行拦停。被告人史某胜、宗某铁等人赶到现场后，先对赵某 2 等 4 人进行滋扰辱骂，后又对 4 人进行暴力殴打，并强行将两辆铲车抢回。暴力抗法中，致执法人员赵某 2、张某、王某 6 受伤，张某等人 3 部手机毁损。

随后，赵某 2 等人欲驾车离开时，被告人史某胜仍不罢休，又纠集被告人宗某铁、史某岐、翟某辉、张某东、周某头、茹某伟、史某波、高某辉、康某闯、陈某超、鲁某雨等人前去围堵，由被告人张某东驾驶电动车将鲁山县河务管理局工作人员的车辆拦截后，上述被告人随即上前聚众造势，对赵某 2 等 4 人再行辱骂，拍打车辆，进行纠缠、威胁、恐吓后离开现场。

① 参见河南省平顶山市中级人民法院刑事裁定书，(2019)豫 04 刑终 90 号。

经法医鉴定，赵某2、张某、王某6损伤均属轻微伤。经价格评估，被损毁3部手机共计价值人民币2057元。

原判认定该起事实，有鲁山县河务管理局证明、鲁山县水利局行政执法委托书等书证，证人靳某、母某等人证言，被害人赵某2、张某、王某6陈述，被告人史某胜、宗某铁、史某岐、翟某辉、张某东、周某头、史某波、茹某伟、高某辉、康某闯、陈某超、鲁某雨等人供述与辩解，法医学活体损伤检验鉴定书、价格认定结论书，辨认笔录等证据证实。

关于刑事附带民事公益诉讼部分的事实，与审理查明前述非法采矿罪认定的基本事实一致，并有前列证据予以证明，予以确认：2016年9月至2017年5月，被告人史某胜、宗某铁在未取得河道采砂许可证和采矿许可证的情况下，伙同被告人史某岐、翟某辉、徐某霞、赵某1在鲁山县让河乡让西村附近河道及土地上非法采砂。非法采砂共计163425.2立方米，严重损害社会公共利益，造成国家资源损失共计4902756元。

二审查明：根据一、二审庭审质证确定的有效证据，法院查明：一审公诉机关指控"2013年至2016年，浙江省义乌市居民王某4经营的万顺砂场被迫向被告人史某胜等人支付人民币共计8万元。2014年至2016年，浙江省义乌市居民丁某经营的让西砂场被迫向被告人史某胜等人支付人民币共计12万元"系指控数额错误。原判依据庭审证据认定为"2013年至2016年，浙江省义乌市居民王某4经营的万顺砂场被迫向被告人史某胜等人支付人民币共计12万元。2014年至2016年，浙江省义乌市居民丁某经营的让西砂场被迫向被告人史某胜等人支付人民币共计8万元"。

其他事实与原判认定一致。

尽管该案的发生、裁判发生在《矿产资源法》修订之前，但是史某胜等人涉及黑恶势力，非法采矿且妨害公务，拒不配合相关人员的监督与制止，态度、情节恶劣的行为已属于违反本条规定的典型样态，应当按《矿产资源法》的规定承担相应责任。构成犯罪的，需要依照《刑法》追究刑事责任。

六、规范链接

（一）《中华人民共和国矿产资源法》（2024年11月8日修订）

第五十七条　县级以上人民政府自然资源主管部门和其他有关部门实施监督检查，可以采取下列措施：

（一）进入勘查、开采区域等实施现场查验、勘测；

（二）询问与检查事项有关的人员，要求其对有关事项作出说明；

（三）查阅、复制与检查事项有关的文件、资料；

（四）查封、扣押直接用于违法勘查、开采的工具、设备、设施、场所以及违法采出的矿产品；

（五）法律、法规规定的其他措施。

自然资源主管部门和其他有关部门依法实施监督检查，被检查单位及其有关人员应当予以配合，不得拒绝、阻碍。

自然资源主管部门和其他有关部门及其工作人员对监督检查过程中知悉的国家秘密、商业秘密、个人隐私和个人信息依法负有保密义务。

（二）《自然资源行政处罚办法》（2024 年 1 月 24 日修订）

第十七条　立案后，自然资源主管部门应当指定具有行政执法资格的承办人员，及时组织调查取证。

调查取证时，案件调查人员不得少于两人，并应当主动向当事人或者有关人员出示执法证件。当事人或者有关人员有权要求调查人员出示执法证件。调查人员不出示执法证件的，当事人或者有关人员有权拒绝接受调查或者检查。

当事人或者有关人员应当如实回答询问，并协助调查或者检查，不得拒绝或者阻挠。

第十八条　调查人员与案件有直接利害关系或者有其他关系可能影响公正执法的，应当回避。

当事人认为调查人员与案件有直接利害关系或者有其他关系可能影响公正执法的，有权申请回避。

当事人提出回避申请的，自然资源主管部门应当依法审查，由自然资源主管部门负责人决定。决定作出之前，不停止调查。

第十九条　自然资源主管部门进行调查取证，有权采取下列措施：

（一）要求被调查的单位或者个人提供有关文件和资料，并就与案件有关的问题作出说明；

（二）询问当事人以及相关人员，进入违法现场进行检查、勘测、拍照、录音、摄像，查阅和复印相关材料；

（三）依法可以采取的其他措施。

（三）《自然资源执法监督规定》（2020 年 3 月 20 日修正）

第二条　本规定所称自然资源执法监督，是指县级以上自然资源主管部门依照法定职权和程序，对公民、法人和其他组织违反自然资源法律法规的行为进行检查、制止和查处的行政执法活动。

第十四条　县级以上自然资源主管部门履行执法监督职责，依法可以采取下列措施：

（一）要求被检查的单位或者个人提供有关文件和资料，进行查阅或者予以复制；

（二）要求被检查的单位或者个人就有关问题作出说明，询问违法案件的当事人、嫌疑人和证人；

（三）进入被检查单位或者个人违法现场进行勘测、拍照、录音和摄像等；

（四）责令当事人停止正在实施的违法行为，限期改正；

（五）对当事人拒不停止违法行为的，应当将违法事实书面报告本级人民政府和上一级自然资源主管部门，也可以提请本级人民政府协调有关部门和单位采取相关措施；

（六）对涉嫌违反自然资源法律法规的单位和个人，依法暂停办理其与该行为有关的审批或者登记发证手续；

（七）对执法监督中发现有严重违反自然资源法律法规，自然资源管理秩序混乱，未积极采取措施消除违法状态的地区，其上级自然资源主管部门可以建议本级人民政府约谈该地区人民政府主要负责人；

（八）执法监督中发现有地区存在违反自然资源法律法规的苗头性或者倾向性问题，可以向该地区的人民政府或者自然资源主管部门进行反馈，提出执法监督建议；

（九）法律法规规定的其他措施。

第三十一条　阻碍自然资源主管部门依法履行执法监督职责，对自然资源执法人员进行威胁、侮辱、殴打或者故意伤害，构成违反治安管理行为的，依法给予治安管理处罚；构成犯罪的，依法追究刑事责任。

（四）《矿山地质环境保护规定》（2019 年 7 月 16 日修正）

第三十条　违反本规定，扰乱、阻碍矿山地质环境保护与治理恢复工作，侵占、损坏、损毁矿山地质环境监测设施或者矿山地质环境保护与治理恢复设施的，由县级以上自然资源主管部门责令停止违法行为，限期恢复原状或者采取补救措施，并处3万元以下的罚款；构成犯罪的，依法追究刑事责任。

（撰稿人：张清云、曹宇）

第七十四条 【公益诉讼】违反本法规定，破坏矿产资源或者污染环境、破坏生态，损害国家利益、社会公共利益的，人民检察院、法律规定的机关和有关组织可以依法向人民法院提起诉讼。

一、条文主旨

本条是关于矿产资源领域公益诉讼的规定。

二、立法目的

矿产资源属于国家所有，破坏矿产资源侵犯了国家对矿产资源的所有权。本条将公益诉讼机制引入矿产资源领域，从法律层面对破坏矿产资源的行为可以提起公益诉讼作出肯定。违法勘查、开采矿产资源容易造成土壤侵蚀、地下水污染、地质结构受损等负面生态环境影响，违反本法规定开采矿产资源造成环境污染、生态破坏的，可以依据本条提起环境公益诉讼，本条为在矿产资源领域提起环境公益诉讼提供了法律依据。

三、立法沿革

本条为此次《矿产资源法》修订的新增条款，归属于第七章“法律责任”，与公益诉讼制度衔接。

四、规范解读

（一）依据本条提起公益诉讼的构成要件

1. 违反本法规定

本条明确规定，在矿产资源领域提起公益诉讼，存在违反本法规定行为是前提。需要注意的是，违反本法同时违反《环境保护法》的，本法作为特别法，在适用上具有优先性。

2. 存在破坏矿产资源或者污染环境、破坏生态的行为

存在破坏矿产资源或者污染环境、破坏生态的行为是依据本条提起公益诉讼的构成要件之一。“前者”属于矿产资源领域新增的公益诉讼制度。“后者”以违反国家规定勘查、开采矿产资源为前提。

3. 损害了国家利益、社会公共利益

破坏矿产资源或者污染环境、破坏生态的行为还需造成损害国家利益、社会公共利益的后果。如果没有造成损害国家利益、社会公共利益的后果，就没有提起公益诉讼的必要性。需要注意的是，公益诉讼的目的是保护社会公共利益，而不是针对个人的权益受损，公益诉讼并不影响私益诉讼的进行。人民检察院、法律规定的机关和有关组织向人民法院提起公益诉讼的，并不影响因同一勘查开采行为受到人身、财产损害的自然人、法人或者非法人组织依据《民事诉讼法》第122条的规定提起诉讼。

（二）本条“破坏矿产资源”与“污染环境、破坏生态”为并列关系

“或者”前后词语为并列关系，本条依照文义解释应当理解为：“违反本法规定，破坏矿产资源，损害国家利益、社会公共利益”或者“违反本法规定，污染环境、破坏生态，损害国家利益、社会公共利益”，人民检察院、法律规定的机关和有关组织可以依法向人民法院提起诉讼。

本条规定从立法层面明确了违反《矿产资源法》提起公益诉讼的适用范围。就适用的范围而言，“前者”属于新增的类别，将破坏矿产资源的情形纳入《矿产资源法》设定的公益诉讼范围。“后者”在当前生态环境领域的公益诉讼中已有实践支撑。但归类到此处将对提起公益诉讼的“法律规定的机关”的认定产生影响。按照当前的制度体系，更多是由生态环境主管部门提起公益诉讼，此次修订将意味着本法规定的情况将由自然资源主管部门提起。

（三）对“破坏矿产资源”的理解

破坏矿产资源的主体不仅包括未取得矿业权和勘查许可证、采矿许可证的非法采矿人，还包括矿业权人。矿业权人违反本法规定勘查、开采矿产资源，也可能造成矿产资源破坏。根据本法第68条第1款的规定，可能造成矿产资源破坏的有以下三种情形：第一，未按照经批准的勘查方案、开采方案进行矿产资源勘查、开采作业。第二，采取不合理的开采顺序、开采方法开采矿产资源。第三，矿产资源开采回采率、选矿回收率和综合利用率未达到有关国家标准的要求。

破坏矿产资源的客体不仅包括依法登记的矿种，还包括采矿中发现的共伴生矿产。根据本法第39条第3款的规定，采矿权人在开采主要矿种的同时，对具有工业价值的共生和伴生矿产应当综合开采、综合利用，防止浪费；对暂时不能综合开采或者必须同时采出但暂时不能综合利用的矿产以及含有有用组分的尾矿，应当采取有效的保护措施，防止损失破坏。

需要注意的是，公益诉讼的目的是预防国家利益和社会利益受到损失，对"破坏矿产资源"的理解不能局限于矿产资源的价值实际受到损失。根据《最高人民法院关于审理环境民事公益诉讼案件适用法律若干问题的解释》(2020)第1条的规定，对已经损害社会公共利益或者具有损害社会公共利益重大风险的污染环境、破坏生态的行为可以提起诉讼。该规定将环境民事公益诉讼的受案范围拓宽至"具有损害社会公共利益重大风险"的事前预防案件，对矿产资源领域新设的公益诉讼具有参考价值。

(四)依据本条提起公益诉讼的主体

1. 人民检察院

本条增加了人民检察院可以提起公益诉讼的相关规定。这样规定既可以把现行有关的公益诉讼包括自然资源损害赔偿的诉讼都纳入规定，也为生态环境法典编纂留下了非常好的接口。[①] 根据《民事诉讼法》第58条第2款的规定，人民检察院在履行职责中发现破坏生态环境等损害社会公共利益的行为，在没有法律规定的机关和组织或者法律规定的机关和组织不提起诉讼的情况下，可以向人民法院提起环境民事公益诉讼。根据《行政诉讼法》第25条第4款的规定，矿区所在地的县级以上人民政府在矿区生态修复责任人灭失或者不能确认责任人的情况下，未依法组织开展矿区生态修复，致使国家利益或者社会公共利益受到侵害的，人民检察院应当向行政机关提出检察建议，督促其依法履行职责。行政机关不依法履行职责的，人民检察院可以依据该条提起环境行政公益诉讼。因此，检察机关作为《宪法》规定的法律监督机关，基于法律的明确授权，可以通过提起民事公益诉讼或行政公益诉讼，在保护矿产资源和生态环境权益方面发挥最后的屏障作用。

---

① 参见赵晨熙：《增加提起检察公益诉讼相关规定》，载《法治日报》2024年11月7日，第2版。

2. 法律规定的机关和有关组织

为保护国家利益和社会公共利益免受侵害，需要有公共利益的代表者对侵权人进行追究。通过法律规定，赋予特殊群体向侵权行为人提起诉讼的权利，追究其侵权责任。本法并未对法律规定的机关和有关组织进行明确规定，但《环境保护法》(2014)第58条第1款及《最高人民法院关于审理环境民事公益诉讼案件适用法律若干问题的解释》第2条至第5条对可以提起公益诉讼的社会组织做了严格限制，社会组织需要依法在设区的市级以上人民政府民政部门登记，同时要符合专门从事环境保护公益活动连续5年以上且无违法记录的条件，本法规定的有关组织可以参照适用。至于法律规定的机关，上文已经予以讨论，此处不再赘述。

五、典型案例

(一)王某甲、高某某等人非法采矿刑事附带民事公益诉讼案①

1. 基本案情

2021年4月，王某甲等人在盗采点以实施修复工程之名，非法开采叶蜡石达170余吨。案发现场因盗采行为形成多个矿坑，周边林木破坏严重，原本生产种植条件遭到破坏。2021年11月23日，门头沟区人民检察院对王某甲、高某某等5人提起刑事附带民事公益诉讼。后在门头沟区人民法院的主持下，门头沟区人民检察院与王某甲就附带民事公益诉讼部分达成调解协议，约定由王某甲缴纳生态损害赔偿金和鉴定费用共计85.03万元。2022年7月7日，门头沟区人民法院作出刑事附带民事调解书，对调解协议予以司法确认。

2. 生态损害赔偿金的收取、管理与使用的实践探索

案件发生时，门头沟区对生态环境损害赔偿金的收取、管理、使用尚未形成标准化的处理模式。当事人愿意缴纳这笔费用固然节省了司法成本，但如何交？交给谁？怎么管理？怎么使用？一系列问题随之而来。通过解决个案问题积极推动地方出台生态损害赔偿金管理办法，真正确保生态环境损害赔偿金充分用于生态修复。2023年1月5日，门头沟区政府出台了《北京市门头沟区生态环境损害赔偿资金管理办法》，吸收了在办理王某甲等人非法采矿案件中形成的生态环境损害赔偿金收取、管理方式，要求将该款作为政府非税收入纳入一般预算管理，由

---

① 参见简洁、王雪、郭琦：《拯救叶蜡石》，载《检察日报》2023年8月17日，第5版。

赔偿权利人及其指定的政府职能部门或相关机构编制预算，上报区政府同意后，向财政部门申请用于开展修复工作。

（二）左某某等人非法采矿刑事附带民事公益诉讼案①

1. 基本案情

2019 年，左某某等未经许可在山东省济南市市中区东潟马村北侧鲍家峪山体开采建筑石料用灰岩售卖牟利，造成该处山体大面积不可逆性损坏。受损山体系不同侵权人在不同时间段累积造成，为确保过责相当，明确左某某等人的侵权责任，济南市市中区人民检察院聘请专业人员现场勘验，对受损山体进行区块划分，并经左某某等人现场确认具体破坏面积后，依法委托专门机构鉴定评估，确定本案违法行为造成的环境治理工程费用为 522781.5 元。对于其他山体破坏责任人已无法确定的情况，济南市市中区人民检察院依据《矿山地质环境保护规定》（2019）第 16 条的规定，主动与自然资源和规划部门进行磋商，督促其对案涉受损矿山在内的山体进行整体修复治理。

2. 明确区分侵权人责任，确保过责相当

环境破坏现状系不同侵权人在不同时间段累积造成的，检察机关区分并明确被告侵权责任，保证过错与责任相当，在打击犯罪、震慑不法行为的同时，依法维护被告合法权益，有助于被告认罪认罚并积极履行赔偿责任。生态环境损害责任人无法确定的部分，检察机关积极督促政府履行先行修复职责，对受损生态环境进行及时、有效、整体修复。

3. 延伸思考

本条选取的两个案例均为非法开采矿产资源造成生态环境破坏的环境民事公益诉讼案件。我国环境民事公益诉讼和生态环境损害赔偿制度已经日臻成熟，其中积累的大量实践经验和有益探索可以应用到《矿产资源法》新设的公益诉讼条文中，以提高本条实践中的高质量适用性。例如，对于矿区生态环境损害赔偿金额的确认，除了考虑开采区域的林草、水土、生物资源及其栖息地等生态环境要素的受损情况，还应当关注矿产资源本身的损失，综合资源与环境的受损情况，加以认定。再如，矿业权人按照批准的矿区生态修复方案要求，完成生态修

---

① 参见山东省济南市市中区人民检察院诉左某某等人非法采矿刑事附带民事公益诉讼案，最高人民检察院发布督促整治非法采矿检察公益诉讼典型案例第二批（2023 年）。

复并验收合格，又基于同一勘查开采行为提起环境公益诉讼，原则上不应得到支持。

六、规范链接

（一）《中华人民共和国环境保护法》（2014 年 4 月 24 日修订）

第五十八条　对污染环境、破坏生态，损害社会公共利益的行为，符合下列条件的社会组织可以向人民法院提起诉讼：

（一）依法在设区的市级以上人民政府民政部门登记；

（二）专门从事环境保护公益活动连续五年以上且无违法记录。

符合前款规定的社会组织向人民法院提起诉讼，人民法院应当依法受理。

提起诉讼的社会组织不得通过诉讼牟取经济利益。

（二）《中华人民共和国民事诉讼法》（2023 年 9 月 1 日修正）

第五十八条　对污染环境、侵害众多消费者合法权益等损害社会公共利益的行为，法律规定的机关和有关组织可以向人民法院提起诉讼。

人民检察院在履行职责中发现破坏生态环境和资源保护、食品药品安全领域侵害众多消费者合法权益等损害社会公共利益的行为，在没有前款规定的机关和组织或者前款规定的机关和组织不提起诉讼的情况下，可以向人民法院提起诉讼。前款规定的机关或者组织提起诉讼的，人民检察院可以支持起诉。

（三）《生态环境损害赔偿管理规定》（环法规〔2022〕31 号）

第二十一条　赔偿权利人及其指定的部门或机构应当在合理期限内制作生态环境损害索赔磋商告知书，并送达赔偿义务人。

赔偿义务人收到磋商告知书后在答复期限内表示同意磋商的，赔偿权利人及其指定的部门或机构应当及时召开磋商会议。

第二十二条　赔偿权利人及其指定的部门或机构，应当就修复方案、修复启动时间和期限、赔偿的责任承担方式和期限等具体问题与赔偿义务人进行磋商。磋商依据鉴定意见、鉴定评估报告或者专家意见开展，防止久磋不决。

磋商过程中，应当充分考虑修复方案可行性和科学性、成本效益优化、赔偿义务人赔偿能力、社会第三方治理可行性等因素。磋商过程应当依法公开透明。

第二十三条　经磋商达成一致意见的，赔偿权利人及其指定的部门或机构，应当与赔偿义务人签署生态环境损害赔偿协议。

第二十四条　赔偿权利人及其指定的部门或机构和赔偿义务人，可以就赔偿协议向有管辖权的人民法院申请司法确认。

对生效判决和经司法确认的赔偿协议，赔偿义务人不履行或不完全履行的，赔偿权利人及其指定的部门或机构可以向人民法院申请强制执行。

第二十五条　对未经司法确认的赔偿协议，赔偿义务人不履行或者不完全履行的，赔偿权利人及其指定的部门或机构，可以向人民法院提起诉讼。

第二十六条　磋商未达成一致的，赔偿权利人及其指定的部门或机构，应当及时向人民法院提起诉讼。

（四）《最高人民法院、最高人民检察院关于检察公益诉讼案件适用法律若干问题的解释》（2020 年 12 月 28 日修正）

第十三条　人民检察院在履行职责中发现破坏生态环境和资源保护，食品药品安全领域侵害众多消费者合法权益，侵害英雄烈士等的姓名、肖像、名誉、荣誉等损害社会公共利益的行为，拟提起公益诉讼的，应当依法公告，公告期间为三十日。

公告期满，法律规定的机关和有关组织、英雄烈士等的近亲属不提起诉讼的，人民检察院可以向人民法院提起诉讼。

人民检察院办理侵害英雄烈士等的姓名、肖像、名誉、荣誉的民事公益诉讼案件，也可以直接征询英雄烈士等的近亲属的意见。

（五）《最高人民法院关于审理环境民事公益诉讼案件适用法律若干问题的解释》（2020 年 12 月 23 日修正）

第二条　依照法律、法规的规定，在设区的市级以上人民政府民政部门登记的社会团体、基金会以及社会服务机构等，可以认定为环境保护法第五十八条规定的社会组织。

第三条　设区的市，自治州、盟、地区，不设区的地级市，直辖市的区以上人民政府民政部门，可以认定为环境保护法第五十八条规定的“设区的市级以上人民政府民政部门”。

第四条　社会组织章程确定的宗旨和主要业务范围是维护社会公共利益，且从事环境保护公益活动的，可以认定为环境保护法第五十八条规定的“专门从事环境保护公益活动”。

社会组织提起的诉讼所涉及的社会公共利益，应与其宗旨和业务范围具有关联性。

第五条　社会组织在提起诉讼前五年内未因从事业务活动违反法律、法规的规定受过行政、刑事处罚的,可以认定为环境保护法第五十八条规定的“无违法记录”。

第十八条　对污染环境、破坏生态,已经损害社会公共利益或者具有损害社会公共利益重大风险的行为,原告可以请求被告承担停止侵害、排除妨碍、消除危险、修复生态环境、赔偿损失、赔礼道歉等民事责任。

（撰稿人:苏继成、张瑶）

第七十五条　【相关法律、行政法规的衔接】违反本法规定,造成他人人身财产损害或者生态环境损害的,依法承担民事责任;构成违反治安管理行为的,依法给予治安管理处罚;构成犯罪的,依法追究刑事责任。

一、条文主旨

本条是关于矿产资源法律关系综合法律调整中,与相关法律、行政法规衔接的规定。

二、立法目的

本条的立法目的是弥补《矿产资源法》缺失的民事责任的规定,并优化《矿产资源法》中有关公法的规制。本条的设置改变了长久以来我国矿产资源违法行为法律责任失衡的状况。[①] 违反《矿产资源法》的行为主体承担相应的民事责任不仅能有效填补违法行为造成的人身、财产损害,还能对矿产资源违法行为造成的生态环境自身财产价值和生态价值的损害进行弥补。1997 年《刑法》修订,使《矿产资源法》中援引式的附属刑法与《刑法》的规定出现冲突,导致无法适用或适用错误。对此,本条将援引式的附属刑法规定修改为原则性的附属刑法,更好地衔接了《矿产资源法》与《刑法》相关规定。

---

① 参见张璐:《矿产资源损害法律责任的结构失衡与矫正》,载《甘肃政法学院学报》2011 年第 4 期。

三、立法沿革

本条为此次《矿产资源法》修订的新增条款，归属于第七章“法律责任”，其渊源可以追溯到《矿产资源法》(2009)第41条、第48条有关追究矿产资源的违法行为刑事责任和行政责任的规定。

《矿产资源法》(2009)虽然有涉及民事责任的内容，但所涉内容并不明晰，且主要偏重行政属性。《矿产资源法》(2009)中“责令赔偿损失”的规定体现了《矿产资源法》中民事法律责任与行政法律责任的混同。[①]《矿产资源法》将“损失”的表述修改为“人身财产损害”，契合了《民法典》损害赔偿的相关规定。

四、规范解读

(一)规定矿产资源违法行为民事、刑事和行政责任的衔接

1.“违反本法规定”是行为人适用本条承担民事责任、治安管理处罚责任、刑事责任的共同前提。“违反本法规定”是指相关主体没有遵守《矿产资源法》的禁止性规定，或者没有履行其规定的强制性义务。

2.关于矿产资源违法行为民事责任的衔接问题，本条规定“造成他人人身财产损害或者生态环境损害的，依法承担民事责任”。“造成他人人身财产损害”的“他人”应当理解为既包括矿业权人，也包括因矿产资源违法行为受到损害的第三人。“人身财产损害”包括侵害人身造成的损害和侵害财产造成的损害。侵害人身造成的损害包括人身损害、财产损失、精神损害。侵害财产造成的损害应当单纯理解为财产损失，不包括侵害具有人身意义的特定物造成的精神损害。[②] 本条中的“生态环境损害”是指矿产资源开发利用污染环境、破坏生态造成大气、地表水、地下水、土壤、森林等环境要素和植物、动物、微生物等生物要素的不利改变，以及上述要素构成的生态系统功能退化。[③]

3.关于矿产资源违法行为治安管理责任的衔接问题。本条规定为“构成违反治安管理行为的，依法给予治安管理处罚”。例如，违反《矿产资源法》第73条“矿业权人拒绝、阻碍监督检查”的行为，可能构成《治安管理处罚法》(2012)第50条第1款第2项“阻碍国家机关工作人员依法执行职务”，则该行为在承担《矿

---

① 参见《重构〈矿产资源法〉法律责任体系的路径》，载人民网2014年3月4日，http://politics.people.com.cn/n/2014/0304/c70731-24522267.html。

② 参见李承亮：《〈民法典〉损害赔偿责任体系论纲》，载《荆楚法学》2022年第6期。

③ 参见《生态环境损害赔偿管理规定》(环法规〔2022〕31号)第4条。

产资源法》规定的行政责任外,也要接受《治安管理处罚法》规定的处罚。

4.关于矿产资源违法行为刑事责任的衔接问题,本条规定为“构成犯罪的,依法追究刑事责任”。如果违反《矿产资源法》的行为构成《刑法》所规定的犯罪,那么行为人要依法承担刑事责任。我国《刑法》规定了两个与矿产资源直接相关的罪名,包括“非法采矿罪”和“破坏性采矿罪”。需要注意的是,此次《矿产资源法》的重构性修订的体系效应将会延伸至《刑法》关于涉矿犯罪条文的修正。除此之外,违反《矿产资源法》的行为还可能构成其他类型的犯罪,需要具体认定。

(二)规定民事责任的承担问题

本条所规定的矿产资源违法行为应承担的民事责任主要是指侵权责任,而非违约责任。在矿业权的取得、流转过程中,各方当事人可以就违约行为所应承担的民事责任进行约定。一方的矿产资源违法行为如同时构成违约,造成对方的人身、财产损失,此时违约责任与侵权责任出现竞合,由受到损害的一方选择民事责任承担所依据的基础法律关系。若受损害一方选择追究违约责任,则直接依据当事人的约定和《民法典》合同编的具体规定即可,并不涉及本条的适用问题。根据本条的规定,追究违法行为的民事侵权责任,主要分为两种情况:

首先,是“行为造成他人人身财产损害”,这一情况主要是指违法行为造成了私益损害。无论是违法行为造成了矿业权人还是第三人的损害,都可以将行为人的侵权行为分为一般侵权和特殊侵权中的生态环境侵权。对于一般的侵权行为,其构成要件为有加害行为、有损害事实的存在、加害行为与损害事实之间有因果关系、行为人主观上有过错。生态环境侵权是指侵权人实施污染环境、破坏生态行为,造成他人人身、财产损害,不论行为人有无过错,都要依法承担相应的民事责任,并且被侵权人可以要求侵权人承担惩罚性赔偿。

其次,是“造成生态环境损害”,与前述的生态环境侵权责任不同,根据《生态环境损害赔偿管理规定》,造成生态环境损害主要是对生态环境公共利益的损害。这一内容已详细规定在本法第 74 条之中,详情参见前文关于第 74 条的解释。

实践中,民事责任的认定和承担可能存在以下困境。第一,生态环境检察民事公益诉讼与损害赔偿制度的衔接存在问题。实践中可能出现针对同一损害生态环境的行为,检察机关或法律规定的机关或组织都认为其属于自己的工作范围,并同时提起诉讼,造成司法资源的浪费。同时,也可能出现“两不管”的情况。

对此,应当建立诉前磋商机制。检察机关在开展生态环境检察公益诉讼时,应当依照规范发出公告,同时也可将诉讼的请求通报给相关行政机关。相关行政机关在开展生态环境损害赔偿磋商或提起诉讼前,可以邀请检察机关参与,就诉讼请求进行充分沟通,对赔偿的范围、内容、方式以及是否全面保护公共利益达成共识。[①]

第二,矿产资源违法行为民事责任的承担方式需要根据案件具体情况综合考虑社会公共利益进行调整。例如,在云和县某叶腊石矿诉某电力公司排除妨害纠纷案[②]中,法院认为,被告压覆矿产资源,侵害了矿业权人的合法利益。但在责任承担方式上,应综合考虑输电线路等国家重点建设工程关涉国家利益和社会公共利益,投资巨大并已投入运营等因素,不宜径行判令拆除。在矿业权人仅请求排除妨碍的情形下,人民法院应予以充分释明,告知其可另行主张适当的责任方式,兼顾国家利益、社会公共利益和矿业权人的合法权益,适应国家产业政策与社会经济发展需要。

(三)规定治安管理处罚与刑事责任的竞合问题

一个违反《矿产资源法》的行为,可能同时违反《治安管理处罚法》和《刑法》的规定,合理地处理二者的衔接问题是适用本条的关键。

首先,治安管理处罚作为一种行政处罚,其适用并不影响行为人承担相应的刑事责任。根据《行政处罚法》第 8 条的规定,违反《矿产资源法》的行为,如构成违反治安管理的行为,要依法给予治安管理处罚,如果同时构成犯罪,则依法追究刑事责任。

其次,违法行为人仅接受治安管理处罚或仅承担刑事责任,抑或二者兼有需要在实践中具体认定,不可一概而论。我国规定的违反治安管理行为中有大量行为与《刑法》中规定的相关犯罪行为形成竞合关系。[③] 这些竞合行为有的虽然构成规范上的竞合,但处罚后果能够形成良好的衔接;有的能够通过相应的司法解释消解竞合;有的只能在执法和司法中依靠执法者和司法者的自由裁量权去

---

① 参见梅建、汤任武:《生态环境检察民事公益诉讼与损害赔偿制度的衔接思路》,载最高人民检察院网 2023 年 5 月 11 日,https://www.spp.gov.cn/spp/llyj/202305/t20230511_613729.shtml。

② 云和县某叶腊石矿诉某电力公司排除妨害纠纷案,浙江省丽水市中级人民法院民事判决书,(2015)浙丽民终字第 189 号。

③ 参见郑新:《治安管理处罚与刑罚的衔接研究》,中国人民公安大学 2018 年博士学位论文。

解决。

最后,治安管理处罚与刑事责任的程序衔接主要体现在"行政程序优先"。《公安机关办理行政案件程序规定》第65条规定:"对发现或者受理的案件暂时无法确定为刑事案件或者行政案件的,可以按照行政案件的程序办理。在办理过程中,认为涉嫌构成犯罪的,应当按照《公安机关办理刑事案件程序规定》办理。"因此,如果公安机关在调查违反《矿产资源法》的行为过程中,暂时无法确定该行为是刑事案件还是行政案件,可以先按照行政程序办理。《公安机关办理行政案件程序规定》第172条第1款第5项规定:"公安机关根据行政案件的不同情况分别作出下列处理决定:违法行为涉嫌构成犯罪的,转为刑事案件办理或者移送有权处理的主管机关、部门办理,无需撤销行政案件。公安机关已经作出行政处理决定的,应当附卷。"上述条文强调违法行为若构成犯罪,不可"以罚代刑",即行政处罚结束后,需要予以刑事处罚的必须要移送司法机关进行刑事制裁。

五、典型案例

(一)刑事、民事、行政三种责任统筹协调问题

1. 基本案情①

在宋某友非法采砂案中,宋某友在未取得采砂许可证的情况下,在承包的土地内挖砂,并销售获利。经鉴定,宋某友非法采砂19955.37立方米,造成矿产资源破坏价值518840元。其间,原市国土资源局经济技术开发区分局对宋某友非法采砂行为进行了查处,给予罚款65997元的行政处罚。后宋某友到公安机关投案,主动退缴违法所得3万元。经评估,涉案土地复垦费用为342816.72元,宋某友已缴纳该款项。检察机关提起刑事附带民事公益诉讼。

2. 裁判观点

法院认为,被告人宋某友违反《矿产资源法》的规定,未取得采矿许可证擅自采砂,情节严重,构成非法采矿罪。宋某友被行政主管机关处罚与本案系同一事实。宋某友非法采矿破坏生态环境应当承担民事赔偿责任。

① 参见宋某友非法采砂案,最高人民法院发布10件人民法院依法惩处盗采矿产资源犯罪典型案例(2022年7月8日)。

3. 案件评析

该案中，非法采矿的行为违反了《矿产资源法》的规定，在依法予以行政处罚的同时，要依法认定其造成生态环境损害的民事责任，并且可以将主动履行民事责任情形作为刑事处罚酌情从轻情节，明确就同一事实缴纳的行政罚款可以折抵罚金。该案在追究违法行为责任的过程中，做到了刑事、民事、行政三种责任的统筹协调。

（二）法院判决督促有关行政主管机关纠正“以罚代管”问题

1. 基本案情①

奇台县某服务部违反《矿产资源法》的规定，未取得采矿许可证擅自开采黄金；被告人林某斌作为该单位的法定代表人和直接负责的主管人员，具体实施了上述非法开采行为。林某斌将非法开采、提炼的合质金出售给河南洛阳某黄金冶炼公司，销售金额共计15309083.64元。其间，青河县原国土资源局3次对奇台县某服务部作出行政处罚决定，分别罚款6万元、5万元、2万元。

2. 裁判观点

法院认为，被告单位奇台县某服务部违反《矿产资源法》的规定，未取得采矿许可证擅自开采黄金；被告人林某斌作为该单位的法定代表人和直接负责的主管人员，具体实施了上述非法开采行为，均构成非法采矿罪，情节特别严重。判处奇台县某服务部罚金50万元；判处林某斌有期徒刑4年6个月，并处罚金15万元；追缴林某斌的违法所得15309083.64元。

3. 案件评析

该案中，虽然行政主管机关多次对被告单位非法采矿行为予以罚款，但未采取进一步管理措施，既未督促其依法申请办理采矿许可证，也未对其整顿、关停、治理，而是简单地“一罚了之”，存在“以罚代管”的问题。对于被告单位并未缴纳的行政罚款，原审判决在罚金中未予抵扣。该案是人民法院依法惩处盗采矿产资源单位犯罪的代表性案例，有效维护了当地矿产资源可持续开发利用、并督促有关行政主管机关积极纠正“以罚代管”问题。

---

① 参见奇台县某服务部、林某斌非法开采金矿案，最高人民法院发布10件人民法院依法惩处盗采矿产资源犯罪典型案例（2022年7月8日）。

六、规范链接

（一）《中华人民共和国民法典》（2020 年 5 月 28 日）

第一千二百二十九条　因污染环境、破坏生态造成他人损害的，侵权人应当承担侵权责任。

第一千二百三十三条　因第三人的过错污染环境、破坏生态的，被侵权人可以向侵权人请求赔偿，也可以向第三人请求赔偿。侵权人赔偿后，有权向第三人追偿。

第一千二百三十四条　违反国家规定造成生态环境损害，生态环境能够修复的，国家规定的机关或者法律规定的组织有权请求侵权人在合理期限内承担修复责任。侵权人在期限内未修复的，国家规定的机关或者法律规定的组织可以自行或者委托他人进行修复，所需费用由侵权人负担。

（二）《中华人民共和国治安管理处罚法》（2012 年 10 月 26 日修正）

第三十五条　有下列行为之一的，处五日以上十日以下拘留，可以并处五百元以下罚款；情节较轻的，处五日以下拘留或者五百元以下罚款：

（一）盗窃、损毁或者擅自移动铁路设施、设备、机车车辆配件或者安全标志的；

（二）在铁路线路上放置障碍物，或者故意向列车投掷物品的；

（三）在铁路线路、桥梁、涵洞处挖掘坑穴、采石取沙的；

（四）在铁路线路上私设道口或者平交过道的。

第五十条　有下列行为之一的，处警告或者二百元以下罚款；情节严重的，处五日以上十日以下拘留，可以并处五百元以下罚款：

（一）拒不执行人民政府在紧急状态情况下依法发布的决定、命令的；

（二）阻碍国家机关工作人员依法执行职务的；

（三）阻碍执行紧急任务的消防车、救护车、工程抢险车、警车等车辆通行的；

（四）强行冲闯公安机关设置的警戒带、警戒区的。

阻碍人民警察依法执行职务的，从重处罚。

（三）《最高人民法院关于审理生态环境侵权责任纠纷案件适用法律若干问题的解释》（2023 年 8 月 14 日）

第一条　侵权人因实施下列污染环境、破坏生态行为造成他人人身、财产损害，被侵权人请求侵权人承担生态环境侵权责任的，人民法院应予支持：

（一）排放废气、废水、废渣、医疗废物、粉尘、恶臭气体、放射性物质等污染环境的；

（二）排放噪声、振动、光辐射、电磁辐射等污染环境的；

（三）不合理开发利用自然资源的；

（四）违反国家规定，未经批准，擅自引进、释放、丢弃外来物种的；

（五）其他污染环境、破坏生态的行为。

第二条 因下列污染环境、破坏生态引发的民事纠纷，不作为生态环境侵权案件处理：

（一）未经由大气、水、土壤等生态环境介质，直接造成损害的；

（二）在室内、车内等封闭空间内造成损害的；

（三）不动产权利人在日常生活中造成相邻不动产权利人损害的；

（四）劳动者在职业活动中受到损害的。

前款规定的情形，依照相关法律规定确定民事责任。

（撰稿人：苏继成、李瑞鑫）

第七十六条 【行政责任的转介】勘查、开采矿产资源、开展矿区生态修复，违反有关生态环境保护、安全生产、职业病防治、土地管理、林业草原、文物保护等法律、行政法规的，依照有关法律、行政法规的规定处理、处罚。

一、条文主旨

本条是关于行政责任的转介条款的规定。

二、立法目的

本条为本次《矿产资源法》修订新增的转介条款，是“法律责任”一章中的最后一条。本条内容将《环境保护法》《安全生产法》《职业病防治法》等法律规范中的相关责任条款转介至本法中，以明晰《矿产资源法》与其他法律规范在责任承担方面的衔接。为相关责任的设置、落实与追究提供充分的法律依据，为现有相关法律责任规定进入该领域留出通道，为将来的相关责任立法进行充足“留白”，展现出《矿产资源法》的开放性。

矿业的发展面临诸多挑战和责任，本条以法律的形式明确各方矿业主体所须承担的法律责任，目标构建安全、稳定、经济的资源保障体系，形成节约高效、环境友好、矿地和谐的绿色矿业发展模式，以基本建成统一开放、竞争有序、富有活力的现代矿业市场体系，显著提升整个矿业发展的质量和效益，塑造资源安全与矿业发展新格局。①

三、立法沿革

本条为本次《矿产资源法》修订的新增条款，归属于第七章“法律责任”。

四、规范解读

（一）本条是《矿产资源法》与相关法律、法规的转介条款

从条文性质上分析，本条属于“转介条款”，即在《矿产资源法》内构建让管制法规及政策考虑“流入”其法律关系的管道。转介条款并非意在穷举矿产资源法律规范，而是将其他法律规范、强制标准中所举明的必要、合理的义务纳入其中，统合社会价值，形成制度完备、价值统一的法律体系。② 勘查、开采矿产资源、开展矿区生态修复不仅可能违反《矿产资源法》的规定，还可能违反相关的法律、法规。本条转介其他法律规范规定，将其他法律规范中相关责任条款间接引入矿产资源的领域中发挥规范、约束作用。被转介的规范相对模糊，具体适用还需依靠法官裁量，但同时也更具体系上的重要性。转介条款概括提供了《矿产资源法》与其他法律规范之间的接口，能够在需要的时候将特定的管制法“拉”进来。③

本条的设置主要作用在于消解矿产资源领域中有关法律责任落实过程中的封闭性，以避免追究有关责任时，受限于仅能依据本法现有明文规定的责任条款之封闭性。所以此种转介条款在责任承担方面缓解了《矿产资源法》与诸多法律、行政法规在相关责任承担上的不一致、不衔接、不协调的情况，其相互之间协调对接，统一整个法律规范系统，建立起责权一致、协同运行的矿产资源开发利用

---

① 参见《国土资源部：落实政府责任，抓好矿产资源规划实施》，载中国政府网 2016 年 12 月 15 日，https://www.gov.cn/xinwen/2016-12/15/content_5148492.htm#1。

② 参见苏永钦：《寻找新民法》，北京大学出版社 2012 年版，第 249 页。

③ 参见茅少伟：《寻找新民法典：“三思”而后行　民法典的价值、格局与体系再思考》，载《中外法学》2013 年第 6 期。

法律法规的规范系统，编织严密的责任法律网络，不断提高依法治矿的能力和矿产资源法治化水平。

（二）本条采用“列举、概括”的通用模式明晰责任范围

本条规范框定矿业主体所需承担的责任范围，沟通《矿产资源法》与相关法律法规关于“处罚”的规定。本次修订，在“法律责任”一章中明确规定了相关主体在取得和行使探矿权、采矿权，以及进行矿区生态修复等活动时，所须承担的核心责任义务，此部分责任与矿产资源权益一体两面、紧密相关，规范明确细致。《矿产资源法》是调整矿产资源勘查、开采以及矿区生态修复的主要法律，但并非唯一的法律，这些活动也受其他法律的调整。

《矿产资源法》在立法中需维护其独立性，保持与其他法律规范之间的明确界限，无法以穷尽的方式规定各类责任。该转介条款为缓解其局限性先以列举的方式明确相关主体从事矿产资源开发利用时，在生态环境保护、安全生产、职业病防治、土地管理、林业草原、文物保护方面须承担的法定责任，增加法律、法规适用的便捷性。后通过“等法律、行政法规”的概括表述，增加法律、法规适用的开放性，“等”意味着“概括”和“兜底”，同时具有解释层面上的开放性。

五、典型案例

中国生物多样性保护与绿色发展基金会与合浦县白沙镇独山泰盛石场生态环境保护民事公益诉讼案①

1. 基本案情

合浦县白沙镇独山泰盛石场（以下简称泰盛石场）在生产经营过程中存在违法开采行为，涉案石场及周边地区的生态环境遭到了损害，且该损害与泰盛石场的开采行为存在因果关系。

中国生物多样性保护与绿色发展基金会由此提起诉讼，请求：（1）判令泰盛石场停止对涉案石场占地范围及周边地区的生态环境破坏侵权行为；（2）判令泰盛石场修复涉案石场占地范围及周边地区的生态环境，使其恢复到被告开采矿石之前的状态；（3）判令泰盛石场赔偿上述区域内生态环境破坏至修复期间生态系统服务功能的损失；（4）判令泰盛石场就其破坏生态环境，损害社会公共利益的

① 参见广西壮族自治区高级人民法院民事判决书，（2020）桂民终 14 号。

行为在国家级媒体上向社会公众赔礼道歉。

2. 法院裁判

鉴于泰盛石场的开采行为与本案生态环境被破坏之间存在因果关系,泰盛石场应对其破坏的生态环境负有修复的责任。

泰盛石场应赔偿生态系统服务功能损失 405.32 万元。为确保泰盛石场赔偿的该项损失费用不被挪为他用,仅用于修复被损害的生态环境,判决泰盛石场将该款项汇入北海市财政局设立的"生态环境损害赔偿金"基金账户,并由该局负责监管使用,符合《生态环境损害赔偿资金管理办法(试行)》第 15 条的规定,便于统筹用于开展的生态环境修复相关工作,确保了赔偿费用后续的使用、管理。

3. 裁判理由及依据

广西壮族自治区高级人民法院在审理此案的过程中,援引《矿产资源法》、《环境保护法》、《民事诉讼法》、《侵权责任法》(已失效)、《最高人民法院关于审理环境民事公益诉讼案件适用法律若干问题的解释》、《最高人民法院关于审理环境侵权责任纠纷案件适用法律若干问题的解释》等多部法律规范,分别对中国生物多样性保护与绿色发展基金会作为适格诉讼主体的合法性、泰盛石场破坏环境承担侵权责任的必需性以及其赔偿经济损失、恢复生态环境等责任承担方式予以确认。

该案作为优秀案例,以《矿产资源法》的责任归置为出发点,援引、适用《环境保护法》等多部相关法律法规,进行综合评判,系统考量,全面评价法律行为,落实各方责任,充分展现出该条适用的灵活性和开放性。本法第 74 条作为《矿产资源法》责任条款中的转介条款,在追究相关主体责任的过程中提供强有力法律依据的同时,也为其他法律规范中相关责任条款的进入调整提供了通道。

六、资料索引

中共中央、国务院关于推进安全生产领域改革发展的意见[①]

全面贯彻党的十八大和十八届三中、四中、五中、六中全会精神,以邓小平理

---

① 参见《中共中央、国务院关于推进安全生产领域改革发展的意见》,载中央人民政府网,https://www.gov.cn/zhengce/2016-12/18/content_5149663.htm。

论、“三个代表”重要思想、科学发展观为指导，深入贯彻习近平总书记系列重要讲话精神和治国理政新理念新思想新战略，进一步增强“四个意识”，紧紧围绕统筹推进“五位一体”总体布局和协调推进“四个全面”战略布局，牢固树立新发展理念，坚持安全发展，坚守发展决不能以牺牲安全为代价这条不可逾越的红线，以防范遏制重特大生产安全事故为重点，坚持安全第一、预防为主、综合治理的方针，加强领导、改革创新，协调联动、齐抓共管，着力强化企业安全生产主体责任，着力堵塞监督管理漏洞，着力解决不遵守法律法规的问题，依靠严密的责任体系、严格的法治措施、有效的体制机制、有力的基础保障和完善的系统治理，切实增强安全防范治理能力，大力提升我国安全生产整体水平，确保人民群众安康幸福、共享改革发展和社会文明进步成果。

（撰稿人：赵靖玉、曹宇）

第八章　附　则

第七十七条　【外商投资的特别规定】外商投资勘查、开采矿产资源，法律、行政法规另有规定的，依照其规定。

一、条文主旨

本条是关于外商投资勘查、开采矿产资源的特别规定。

二、立法目的

外商投资我国的矿产资源勘查、开采，适用相关特别规定。

三、立法沿革

本条为此次《矿产资源法》修订的保留条款，与《矿产资源法》(2009)第50条的规定基本一致。

四、规范解读

矿产资源是关系国计民生的重要自然资源，矿产资源特别是战略性关键矿产资源的勘查、开采等矿业活动，往往还涉及国家安全，因此在坚持“国民待遇”原则基础上，有必要对外商投资勘查、开采矿产资源予以特别的规定。这些规定往往分散在《外商投资法》及其实施条例和其他相关法律、行政法规中，在与《矿产资源法》的规定不一致时，前述规定优先适用。

五、规范链接

(一)《中华人民共和国外商投资法》(2019年3月15日)

第二十八条　外商投资准入负面清单规定禁止投资的领域，外国投资者不得投资。

外商投资准入负面清单规定限制投资的领域，外国投资者进行投资应当符合负面清单规定的条件。

外商投资准入负面清单以外的领域，按照内外资一致的原则实施管理。

第三十五条 国家建立外商投资安全审查制度，对影响或者可能影响国家安全的外商投资进行安全审查。

依法作出的安全审查决定为最终决定。

（二）《外商投资安全审查办法》（2020 年 11 月 27 日）

第四条 下列范围内的外商投资，外国投资者或者境内相关当事人（以下统称当事人）应当在实施投资前主动向工作机制办公室申报：

（一）投资军工、军工配套等关系国防安全的领域，以及在军事设施和军工设施周边地域投资；

（二）投资关系国家安全的重要农产品、重要能源和资源、重大装备制造、重要基础设施、重要运输服务、重要文化产品与服务、重要信息技术和互联网产品与服务、重要金融服务、关键技术以及其他重要领域，并取得所投资企业的实际控制权。

前款第二项所称取得所投资企业的实际控制权，包括下列情形：

（一）外国投资者持有企业 50% 以上股权；

（二）外国投资者持有企业股权不足 50%，但其所享有的表决权能够对董事会、股东会或者股东大会的决议产生重大影响；

（三）其他导致外国投资者能够对企业的经营决策、人事、财务、技术等产生重大影响的情形。

对本条第一款规定范围（以下称申报范围）内的外商投资，工作机制办公室有权要求当事人申报。

（三）《中华人民共和国对外合作开采陆上石油资源条例》（2013 年 7 月 18 日修订）

第十三条 中方石油公司与外国企业合作开采陆上石油资源必须订立合同，除法律、法规另有规定或者合同另有约定外，应当由签订合同的外国企业（以下简称外国合同者）单独投资进行勘探，负责勘探作业，并承担勘探风险；发现有商业开采价值的油（气）田后，由外国合同者与中方石油公司共同投资合作开发；外国合同者并应承担开发作业和生产作业，直至中方石油公司按照合同约定接替生产作业为止。

（四）《中华人民共和国对外合作开采海洋石油资源条例》（2013年7月18日修订）

第八条　中国海洋石油总公司通过订立石油合同同外国企业合作开采海洋石油资源，除法律、行政法规另有规定或者石油合同另有约定外，应当由石油合同中的外国企业一方（以下称外国合同者）投资进行勘探，负责勘探作业，并承担全部勘探风险；发现商业性油（气）田后，由外国合同者同中国海洋石油总公司双方投资合作开发，外国合同者并应负责开发作业和生产作业，直至中国海洋石油总公司按照石油合同规定在条件具备的情况下接替生产作业。外国合同者可以按照石油合同规定，从生产的石油中回收其投资和费用，并取得报酬。

（五）《外商投资矿产勘查企业管理办法》（2008年7月18日）（已失效）

第十七条　外商投资矿产勘查企业应按照国家有关规定，仅在允许外国人进入的区域从事勘查经营活动。

第十八条　外国投资者以其在中国境内的矿产勘查成果在境外上市的，应将上市情况向商务部、国土资源部书面备案。

第十九条　外商投资矿产勘查企业转让探矿权的，应依法向国土资源管理部门办理有关审批手续，并向商务部门备案。

第二十二条　外商投资矿产勘查企业探明的主矿种属于《外商投资产业指导目录》规定禁止外商勘查开采的，可将探矿权转让；探明的共伴生矿属于禁止外商勘查开采的，外国投资者需和主矿种一并勘查开采的，由国土资源部、商务部批准后，按规定办理相应的变更登记。

（撰稿人：武立宏）

第七十八条　【境外组织和个人实施危害国家矿产资源安全行为的法律责任】中华人民共和国境外的组织和个人，实施危害中华人民共和国国家矿产资源安全行为的，依法追究其法律责任。

一、条文主旨

本条是关于境外的组织和个人若实施危害我国国家矿产资源安全的行为，应依据法律追究其责任的规定。

二、立法目的

相较于《矿产资源法》(2009)，本条为此次《矿产资源法》修订的新增条款。《矿产资源法》(2009)第六章"法律责任"仅规定在我国境内涉及矿产资源违法犯罪行为的法律责任及承担方式，无法满足国家矿产资源安全保障的现实需求。这一新增条款为追究实施危害国家矿产资源安全行为的境外组织和个人的法律责任、实现国家矿产资源安全提供了明晰的法律依据。

三、立法沿革

本条为此次《矿产资源法》修订的新增条款，归属于第八章"附则"。

四、规范解读

(一)矿产资源安全

国家安全是国家生存和发展的最重要的基础，保证国家安全是我们党治国理政的基本目标。党的十九大报告指出，坚持总体国家安全观，统筹发展和安全，增强忧患意识，做到居安思危，是我们党治国理政的一项重大原则。总体国家安全观，就是系统、全面地定位和把握国家安全问题。矿产资源安全是国家安全的重要组成部分，并在国家安全中占有基础地位。因此，坚持总体国家安全观，必须保障我国矿产资源安全。这是因为矿产资源安全与经济安全息息相关，而经济安全关系到国家的经济可持续发展、政治稳定以及人民生活水平的提高等。在我国能源消费构成中，90%以上为矿产资源，80%以上的工业原材料、70%以上的农业生产资料都与矿产资源有关。随着工业化、城镇化的推进，我国对矿产资源的需求仍处于高位，主要战略性矿产资源对外依存度也持续上升。因此，唯有确保矿产资源安全，国家安全才有切实保证。

矿产资源安全由两部分组成：一是矿产资源供给的稳定性(经济安全性)，指满足国家生存和发展正常需求的矿产资源供应保障的稳定程度。二是开发使用的安全性，指矿产资源开发及使用不应对人类自身的生存和发展环境构成威胁。前者侧重于经济安全，后者侧重于生态环境安全与生产安全。具体而言，矿产资源安全应包括：保障供给，以保证经济安全；减轻生态破坏、环境污染，以保证生态环境安全;减少或避免伤亡事故,以保证生产安全。要实现上述目标,最根本的还在于提高由经济实力和国际竞争力组成的综合实力。因此,我国应树立“互利合作、多元发展、协同保障”的新矿产资源安全观,广泛开展国际合作,在做好自我保护的基础上,扩展矿产经济安全的边界,开发国外资源,进军国际市场,参与国际贸易规则的制定和获取重要战略资源市场的相应定价权力,全方位保障国家矿产资源安全。

(二)依法追究实施危害行为的境外组织和个人的法律责任

中华人民共和国境外的组织和个人包括具有中国国籍的组织和个人、具有外国国籍的组织和个人、无国籍的组织和个人。按照国际惯例,现在多数国家对无国籍人通常给予一般外国人的待遇。根据国际法,一国可以依据管辖权对特定的人、物和事件进行管辖或施加影响。[①] 管辖权源自国家主权,是国家的一项基本权利。在一国国内,国家行使管辖权通常采用制定、执行、适用国内法的形式。从职能上看,管辖权可分为立法管辖权、执行管辖权和司法管辖权。在国际法上,一般将国家管辖权分为属地管辖权、属人管辖权、保护性管辖权和普遍性管辖权。其中,属地管辖权和属人管辖权是主要的。

对于实施危害国家矿产资源安全行为的、身处境外具有中国国籍的组织和个人,我国可依据属人管辖权对其犯罪行为进行管辖,依据法律追究其责任。属人管辖权亦称国籍管辖权,是指国家对具有其本国国籍的组织和个人进行管辖的权利,无论该人在国内还是在国外。属人管辖权的行使受这些组织和个人所在的境外国家属地管辖权的限制。也就是说,对实施危害我国国家矿产资源安全行为的、身处境外具有中国国籍的组织和个人,如果没有所在国有关当局的协助,一般不能采取强制措施。

对于实施危害国家矿产资源安全行为的、身处境外不具有中国国籍的组织和个人或无国籍的组织和个人,我国可依据保护性管辖权对其进行管辖,依据法律追究责任。保护性管辖权是指国家对于外国人在该国领域外侵害该国的国家或公民的重大利益的犯罪行为行使管辖的权利。这种管辖是国家为了保护本国的安全、领土完整和重大经济利益(包括本国国民的重大利益)免受犯罪行为的严重侵害而实施的。

---

① 参见《国际公法学》编写组:《国际公法学》,高等教育出版社 2022 年版,第 133 页。

通常根据保护性管辖权进行司法管辖的对象是外国人在国外从事的犯罪行为。这些行为一般都是世界各国公认的犯罪行为，如间谍行为、伪造一国的货币或印章罪、杀人罪、纵火罪等。矿产资源安全是国家整体安全的组成部分，关乎国家和公民重大利益，危害矿产资源安全的行为也应列入保护性管辖权行使的范围。

保护性管辖权是国家在例外的情形下对本国领土外的外国国民所具有的一种有限的管辖权，其行使受到罪行发生地国属地管辖权的限制。也就是说，对于在境外实施危害我国国家矿产资源安全行为的、不具有中国国籍的组织和个人，我国保护性管辖权的实际行使需通过以下途径：引渡犯罪嫌疑人至国内、人民法院作出缺席判决、公安机关在罪犯进入我国领土时依法将其逮捕。

五、规范链接

《中华人民共和国刑法》（2023 年 12 月 29 日修正）

第七条　中华人民共和国公民在中华人民共和国领域外犯本法规定之罪的，适用本法，但是按本法规定的最高刑为三年以下有期徒刑的，可以不予追究。

中华人民共和国国家工作人员和军人在中华人民共和国领域外犯本法规定之罪的，适用本法。

第八条　外国人在中华人民共和国领域外对中华人民共和国国家或者公民犯罪，而按本法规定的最低刑为三年以上有期徒刑的，可以适用本法，但是按照犯罪地的法律不受处罚的除外。

（撰稿人：白荣梅）

第七十九条　【国际条约】中华人民共和国缔结或者参加的国际条约与本法有不同规定的，适用国际条约的规定；但是，中华人民共和国声明保留的条款除外。

一、条文主旨

本条是关于矿产资源案件适用国内法律及我国缔结或参加的国际条约的

规定。

二、立法目的

相较于《矿产资源法》(2009),本条为此次《矿产资源法》修订的新增条款。这一新增条款符合我国经济飞速发展、在矿产资源勘探、开发、利用及保护方面开展国际合作的现实需求,明晰了国际条约在我国国内法律体系中的地位、效力及适用原则。

三、立法沿革

本条为此次《矿产资源法》修订的新增条款,归属于第八章"附则"。

四、规范解读

(一)适用国际条约

根据《维也纳条约法公约》(1969)第 2 条和《关于国家和国际组织间或国际组织相互间条约法的维也纳公约》(1986)第 2 条的规定,条约是国家之间、国际组织之间以及国家与国际组织之间缔结的受国际法支配的书面国际协议。条约的特征包括由国家或国际组织缔结、受国际法支配、是书面协议。广义的条约包括所有符合上述特征的国际协议,常见的条约名称有条约、公约、议定书、备忘录或谅解备忘录等。

在国际法上对一国发生法律效力的条约,如何在该国国内法体系中发生效力,成为该国法律的组成部分,并被该国法院作为司法裁判的依据?对此,各国的制度不尽相同,大体有"转化"和"并入"两种方式。"转化"是指通过一国立法机关的单独立法程序使一项在国际法上已经对该国有效的条约在其国内法律体系中生效。"并入"是指一国通过宪法或法律的统一规定,从整体上将依照国际法对其生效的条约并入其国内法律体系。相较而言,"并入"的方式有利于条约的完整适用,很多条约的监督机构因此提倡缔约国以"并入"的方式适用条约。

从立法、行政和司法机关的实践看,我国一般以"并入"的方式直接适用国际条约。很多条约在国际法上对我国生效与在我国国内法律体系中生效是同时发生的。换言之,我国缔结或者参加的一些国际条约在生效时,就当然地被纳入国内法律体系中,由各主管机关直接予以适用。有些条约则是通过制定、修改或补充相关国内法律、法规间接予以适用。

本条中"中华人民共和国缔结或者参加的国际条约与本法有不同规定的,适用国际条约的规定”是关于条约适用的明确规定，表明我国缔结或者参加的矿产资源的相关条约在我国具有可直接适用的性质。最早作此类规定的是通过的《民事诉讼法(试行)》(1982)第189条。《民法通则》(1986)第142条第2款规定：“中华人民共和国缔结或者参加的国际条约同中华人民共和国的民事法律有不同规定的，适用国际条约的规定，但中华人民共和国声明保留的条款除外。”此后，还有一系列实体法和程序法作出类似规定。《民法典》虽未保留《民法通则》(1986)第142条的规定，但在第11条明确提出：“其他法律对民事关系有特别规定的，依照其规定。”《票据法》《海商法》《民用航空法》等特别法都保留着类似《民法通则》(1986)第142条的规定。

截至2024年11月，我国缔结或者参加的涉及矿产资源的国际条约主要是相关部门与一些国家签署的关于矿产资源调查评价、地质勘察及技术开发等领域的谅解备忘录，如2002年1月签署的《国土资源部与斐济群岛共和国土地和矿产资源部关于在矿业领域合作的谅解备忘录》、2005年9月15日签署的《中华人民共和国国土资源部与印度共和国矿产部关于在矿业领域合作的谅解备忘录》、2009年12月签署的《国家发展和改革委员会与加拿大自然资源部关于建立矿产资源合作对话机制的谅解备忘录》、2015年9月9日签署的《中华人民共和国国土资源部与瑞典企业和创新部关于矿业合作的谅解备忘录》等。上述条约自签署之日起生效，依据本条规定，具体内容如与本法规定不一致，在实践中可直接适用条约规定。

(二)适用国际条约时我国声明保留的条款除外

根据《维也纳条约法公约》(1969)和《关于条约保留的实践指南》(2011)，条约的保留是指“一国或一国际组织在签署、批准、正式确认、接受、核准或加入条约，或一国发出继承条约的通知时所作的单方声明，不论其措辞或名称如何，该国或该组织意图借此排除或更改条约中某些规定对该国或该组织适用时的法律效果”。双边条约一般不发生保留的问题，因为任一缔约方对条约内容持有异议时，双方可持续协商以达成一致意见。多边条约因缔约国众多，难以达成完全一致，因此有必要适用保留制度，从而有利于实现条约的普遍性。

“保留”具有以下基本特征：(1)保留是一种单方面声明，是一个国际法主体对条约的某些条款表示不能接受而单方面做出的一种行为；(2)保留的目的在于排除或改变条约中某些规定对提出保留的缔约方适用时的法律效果；(3)保留必须以书面形式做出；(4)保留一般要在缔约方表示同意接受条约约束时提出。

我国对缔结或参加的部分条约提出了保留。这些保留的提出主要是由于相关条款与我国现行的国内法相抵触、在履行条约方面存在技术困难、相关条款的履行可能损害我国的主权及利益或与我国的政治制度及外交政策不相符等。除上述原因外，我国对涉及争端解决方式的条款提出保留的数量是最多的。

按照本条规定，人民法院在处理矿产资源的涉外案件时对我国缔结或者参加的国际条约声明保留的条款不予适用。目前，我国尚未缔结或者参加涉及矿产资源的多边公约，前文中提及的自然资源部与一些国家签署的谅解备忘录均为双边条约，因此没有声明保留的条款。

（撰稿人：白荣梅）

第八十条　【施行日期】本法自 2025 年 7 月 1 日起施行。

后　　记

2014 年 7 月，我顺利地通过了博士论文答辩。正如博士论文"结论"部分所言，我国矿产资源开发利用的法治保障依赖于私法与公法的综合调整，但限于主题集中与篇幅限制的考虑，博士阶段的研究遗憾颇多。"任何理论的建构和制度的设计，更多地属于纸面上的作业，论文所提出的矿产资源开发的系统性法律规制构想同样面临着实践的考验。"我的导师龙卫球教授、付翠英教授鼓励我勇敢地坚持，在矿产资源法治的探索中继续拓宽、深钻。2018 年，经龙卫球教授推荐和支持，以我的博士论文为基础的《矿产资源开发私法机制研究——偏私型公私综合法论及其展开》出版，一定程度上弥补了之前的研究缺憾，但我终究没有尝试作为主编去完成一本"矿产资源法理解"类著作的写作。这既有《矿产资源法》没有完成修订的原因，也有能力不足的恐惧与担忧。

2025 年我有幸作为主编在法律出版社完成《中华人民共和国矿产资源法理解与适用》一书的出版。本书的主编、撰写以及出版治愈了我的"恐惧"与"担忧"，为我的矿产资源法治研究打开了新的视界。一方面是研究对象从理论研究切换至条文理解。前者关注的是《矿产资源法》实施以来的问题意识与基础理论，后者的注意力更多地聚焦到修订后的《矿产资源法》的理解与适用。前者更多地偏重理论的创新以及制度应用，后者偏向于具体的条文解读及其体系效应。另一方面是呈现的方式从专著切换至编著。显然当主编不是一件容易的事。团队的搭建、稿件的撰写、分工的协调、出版的筹划等，事无巨细，费心费力。我独立撰写了 14 个条文，合作撰写 30 余条，通读、修改全部稿件，力争高质量地扮演好主编与作者的双重角色。当稿件提交给出版社的时候，当亲手捧着这本书的时候，这种心力的付出发生了转换，它成了收获，成了欣喜。感谢法律出版社李争春老师为本书出版的辛勤付出。

2015 年 6 月，我入职内蒙古大学法学院。这是我的法学之梦开始的地方，也是一个能够踏实地、安静地从事法学教学科研工作的地方。一路前行，得到了内蒙古大学法学院的领导们、老师们的呵护与支持。我因为两地分居，常年在呼和浩特和北京之间往返，但课程安排非常友好，让我发现距离不再那么的遥远。不知不觉间，我工作的第一个十年无声无息地从指缝中溜走了。这个十年，学生教过的越来越多了，成果发表的越来越多了，但终究逃脱不了的是头发越来越少了。“多”与“少”的变化背后，不变的是矿产资源法治的研究方向与兴趣。

本书的顺利出版，具有浓厚的内蒙古大学法学院底色。其一，写作团队的构成上，涵盖了内蒙古大学法学院的老师们、同学们和校友们。白荣梅、苏继成、刘琬乔等老师们依托各自的研究基础倾心参与。在内蒙古自然资源系统工作的魏敏、王宝新两位校友将自然资源法治的实务经验引入条文写作，提供了丰富的实践养分。本书的写作获得了内蒙古大学法学院硕士研究生的踊跃参与，他们呈现出不畏困难、敢打敢拼的精神面貌。其二，出版经费的资助上，得到了内蒙古大学法学院的鼎力支持。法学院领导们的一再鼓励，全心支持，使本书在出版社的选择、经费的保障、印刷的质量等各个方面不再受限。

2019 年 4 月，受我的博士后导师李显冬教授的提携，我参加了自然资源部《矿产资源法》修订专家座谈会。在李老师的倾力推荐叠加个人“担保”之下，我获得了参与《矿产资源法》修订工作的宝贵机会。感谢起草小组领导们的认可，感谢起草小组诸位同人的关心，收获满满的《矿产资源法》修订之旅让我终生难忘。2020 年 2 月《矿产资源法（修订草案）》提交国务院之后，我陆续跟随李显冬教授参加了《矿产资源法》修订在司法部、全国人大常委会等不同阶段的讨论与研究。自然资源部咨询研究中心曹树培老师一如既往地支持、鼓励以及指导让我受益良多。作为亲历者和研究者，我激动地目睹了《矿产资源法》几十年磨一剑的重构性修订。《中华人民共和国矿产资源法理解与适用》的出版，正是这种激动的外化表达，以此热烈祝贺《矿产资源法》的新修订。

2024 年 6 月 22 日，内蒙古大学与内蒙古自治区自然资源厅完成“自然资源法治建设全面合作协议”的签约，内蒙古自然资源法治研究中心同步揭牌。内蒙古自然资源法治研究中心的成立，承载着双方协同推进自然资源法治建设迈入新阶段的共同期许。合作共建的过程中，内蒙古自治区自然资源厅与内蒙古大学双方的领导不约而同地指出，合作要落到实处，中心要建在地上，务必避免“热热闹闹搞仪式，冷冷清清做研究”的“面子工程”。本书作为内蒙古自然资源法治研究中心的第一份学术成果，作为自然资源法治建设全面合作的具体努力，得到了内蒙古大学与内蒙古自治区自然资源厅的亲切关爱，得到了内蒙古大学法学院与内蒙古自治区自然资源厅法规处"双重且厚重"的支持。我作为内蒙古自然资源法治研究中心的负责人，深知"承诺的践行"并非易事，承诺的实现远比承诺本身要付出更多的努力与坚持。幸好，《中华人民共和国矿产资源法理解与适用》如约而至！

按照惯例，是要在"后记"中表达感谢的。但敲出来的字，删了写，写了再删。千言万语，又不知从何说起。感谢所有的遇见，祝大家一切都好！

曹　宇
内蒙古自然资源法治研究中心主任
内蒙古大学法学院副教授